JN410966

역주 악서 5

譯註樂書

악도론 樂圖論

호부(胡部) 팔음(八音), 속부(俗部) 팔음(八音)

Treatise on Music

지은이 **진양**(陳暘)은 북송말의 복주(福州) 사람으로 자는 진지(晉之)이다. 생몰 연대는 1040(+30)~1110(+30) 무렵이며, 휘종대(徽宗代, 1100~1125)에 태상박사 겸 비서성정자(太常博士兼秘書省正字)와 예부시랑(禮部侍郎) 등을 지냈다.

옮긴이 **조남권**(趙南權)은 1989년에 온지서당을 개설하여 후학들을 위한 한문강독과 국역사업을 추진해왔으며, 1995년에 한서대학교 부설 동양고전연구소 초대소장에 취임하여 2012년 6월까지 재직하였다. 국역서로 『紀年通攷』, 『趙龍門先生集』, 『竹溪日記』 등 다수가 있다.

옮긴이 **김종수**(金鍾洙)는 1979년에 서울대 독문과 졸업한 후에 동 대학원 국악과에서 석사와 박사학위를 취득했다. 저서로 『조선시대 궁중연향과 여악연구』가 있으며, 국역서로 『增補文獻備考·樂考』와 『戊申進饌儀軌』, 『大禮儀軌』 등이 있다. 현재 서울대학교 국악과와 한국예술종합학교 예술학과에서 강의를 하고 있다.

역주 악서譯註樂書 **5**—**악도론**(樂圖論)

1판 1쇄 인쇄 2017년 11월 15일 **1판 1쇄 발행** 2017년 11월 25일

지은이 진양 **옮긴이** 조남권 · 김종수 **펴낸이** 박성모 **펴낸곳** 소명출판
등록 제13-522호 **주소** 137-878 서울시 서초구 서초중앙로6길 15(란빌딩 1층)
대표전화 (02) 585-7840 **팩스** (02) 585-7848
이메일 somyungbooks@daum.net **홈페이지** www.somyong.co.kr

ISBN 979-11-5905-227-9 94820 값 23,000원
ISBN 978-89-5626-770-8 (세트)

이 번역도서는 2007년도 정부재원(교육인적자원부 학술연구조성사업비)으로 한국연구재단의 지원에 의하여 연구되었음.

역주 악서 5

악도론(樂圖論)

호부(胡部) 팔음(八音)、 속부(俗部) 팔음(八音)

진양 지음

조남권 · 김종수 옮김

譯註樂書

소명출판

◆ 일러두기

1. 본서는 진양(陳暘)이 1103년에 송(宋) 휘종(徽宗)에게 헌정한 『악서(樂書)』 200권을 역주(譯註)한 것이다. 대본은 국립국악원에서 광서 병자년(光緒丙子年, 1876) 판본의 『악서』를 영인(影印)하여 『韓國音樂學資料叢書』 제8·9·10권으로 발행한 것이다.
2. 연구자들에게 도움이 될 수 있도록 필요한 경우 각 경전의 출처를 밝혀 놓았는데, 한국사사료연구소 인터넷사이트의 '國學 東洋學 硏究資料集成'의 분류번호를 따랐다.
   실례) 『論語』 述而 7-1 : 『論語』 권7 述而의 첫 번째 대문.
   『禮記』 曲禮上 1-19 : 『禮記』 권1 曲禮上의 19번째 대문.
   『春秋左氏傳』 桓公 9년(4) : 『春秋左氏傳』 桓公 9년 4번째 기사.
   『荀子』 樂論 20-5 : 『荀子』 제20편 樂論 5번째 내용.
   『史記』 樂書 24 / 1236쪽 : 24는 권수, 1236은 쪽수임.
3. 한국사사료연구회에 자료가 올려 있긴 하나, 분류번호를 매겨 놓지 않은 경우나, 한국사사료연구회에 올려 있지 않은 자료는 권수와 편명만을 명시하였다.
   실례) 『列子』 권5 湯問.
4. 편의상 『대본』에 분류번호를 매겨놓았다.
   실례) 『樂書』 3-2 : 『樂書』 권3의 2번째 대문.
5. 번역문에서 출처를 밝힐 때 범위를 알 수 있는 경우는 범위를 표시하지 않았고, 범위를 명확히 알 수 없는 경우는 범위를 표시하였다.
   실례) 상사(喪事)에 임해서 웃지 않으며, 상엿줄을 잡고 갈 때 웃지 않으며, 널을 바라볼 때 노래하지 않으며, 묘소에 갈 때 노래하지 않았거늘,1) 하물며 기일에서랴! 「제의(祭義)」에 "기일(忌日)에 다른 일을 하지 않는 것은 기일이 상서롭지 않아서가 아니라, 기일에 어버이에 대한 생각이 간절하여 감히 개인적인 일에 마음을 쏟을 수 없음을 말한다"2)라고 하여, 기일에 제사 외의 일을 하지 않았으니, 악을 즐기지 않았음을 미루어 알 수 있다.
   1) 상사(喪事)에~않았거늘 : 『禮記』 曲禮上 1-35.
   2) 『禮記』 祭義 24-6.
6. 대본으로 삼은 광서 병자년(光緒丙子年, 1876) 판본의 『樂書』에 궐문(闕文)이나 오자(誤字)가 있는 경우, 건륭 신축년(乾隆辛丑年, 1781) 판본의 『樂書』 및 인용된 경전을 참조하여 바로잡았다. 건륭 신축년 판본은 사고전서에 수록되어 있다. 다만 그림은 병자년 판본보다 신축년 판본이 선명하므로 일괄적으로 신축년판본의 그림을 실어놓았다.
7. 악기(樂器)·예기(禮器) 등의 그림 자료를 책 말미에 부록으로 첨부하였다.
8. 참고한 번역서는 다음과 같다.
   金碩鎭 譯, 『大産周易講解』, 大有學堂, 1993.
   成百曉 譯註, 『書經集傳』, 전통문화연구회, 1998.
   吳江原 譯註, 『儀禮』, 청계, 2000.
   安炳周·田好根 共譯, 『譯註 莊子』, 전통문화연구회, 2001~2006.
   鄭太鉉 譯, 『譯註 春秋左氏傳』, 전통문화연구회, 2001~2008.
   宋明鎬·文志允 共譯, 『禮記集說大全』, 높은 밭, 2002~2006.
   李相玉 譯著, 『新完譯 禮記』, 明文堂, 2003.
   이충구·임재완·김병헌·성당제 공역, 『이아주소』, 소명출판, 2004.
   青儒經傳硏究會 譯, 『論語集註』, 文耕出版社, 2005.
   신동준 역주, 『국어』, 인간사랑, 2005.
   김학주 역, 『순자』, 을유문화사, 2008.
   실시학사 경학연구회 역, 『역주 시경강의』, 사암, 2008.
   정하현 역, 『呂氏春秋』, 소명출판, 2011.
9. 2013년 12월에 우선 제1책에서 제3책까지를 발행했고, 2014년 10에 제4책을 발행했다. 그 이후 제5책을 교열하다 보니, 이미 발행한 책에서 잘못된 부분이 눈에 띄었다. 그래서 이번에 제5책 말미에 수정사항을 실었다.

악도론(樂圖論)

악도론(樂圖論)

호부(胡部) 팔음(八音), 속부(俗部), 팔음(八音)

권125 악도론(樂圖論)

호부(胡部) / 팔음(八音) / 금지속(金之屬)

호부(胡部) 서(序)

125-1. 周官, 韎師掌教韎樂, 旄人掌教舞夷樂, 鞮鞻氏掌四夷之樂與其聲歌, 凡祭祀饗燕用焉. 然則胡部之樂, 雖先王所不廢, 其用之, 未嘗不降于中國雅部之後也. 故韎師・旄人・鞮鞻氏, 所以居大司樂之末歟. 後世以觱篥爲頭筦, 進之雅部之前, 失先王所以立樂之方也.

臣嘗觀, 漢明帝時, 北單于來請音樂, 詔報曰: "前單于言, 先帝時, 賜呼韓邪竽瑟箜篌, 皆敗願復裁賜. 念單于國尙未安, 方屬武節以攻戰爲務, 竽瑟之用, 不如良弓利劍, 故不以齎. 朕不愛小物于單于也" 然則匈奴亦通用中國樂矣. 用華音變胡俗可也, 以胡音亂華, 如之何而可?

『주례』에 '매사(韎師)는 매악(韎樂)의 교육을 관장하고, 모인(旄人)은 이

악(夷樂)에 맞추어 추는 춤의 교육을 관장하며, 제루씨는 사이(四夷)의 악과 그 성가(聲歌)를 관장하여, 제사와 향례(饗禮)와 연례(燕禮)에 쓴다'[1]고 하였다. 이처럼 선왕이 호부의 악을 폐지하지는 않았지만, 이를 쓸 때는 언제나 낮추어 중국 아부(雅部)의 악보다 뒤에 놓았다. 그러므로 『주례』에서 매사 · 모인 · 제루씨 항목을 대사악의 끝에 배치하였다. 그런데 후세에 피리를 관악기의 으뜸으로 삼아 그것을 아부 앞에 놓은 것은 선왕이 악을 세운 방법을 잃은 것이다.

살펴보건대, 한 명제(재위 57~75)[2] 때 북선우(北單于)[3]가 와서 음악을 요청하자, 황제가 조서를 내려 회답하기를 "전에 선우가 '돌아가신 황제께서 호한야[4]에게 하사한 우(竽) · 슬 · 공후가 모두 망가졌으니 다시 하사해 주십시오' 라고 했지만, 짐은 선우의 나라가 안정되지 못하여 계속 무절(武節)[5]을 숭상하여 공격하고 싸우는 데 힘쓰고 있으므로, 우와 슬이 좋은 활이나 날카로운 칼처럼 애용되지 못할 것이라 생각하여, 요청한 악기를 보내주지 않았다. 짐이 선우에게 작은 물건을 아끼려고 한 것은 아니다" 하였다. 그렇다면 흉노도 중국 음악을 통용했던 것이다. 중국음악[華音]으로 오랑캐 풍속을 변경시키는 것은 옳지만, 호음(胡音)으로 화음(華音)을 혼란시키는 것이 어찌 옳겠는가?

---

1 『周禮』 春官 / 韎師 0; 春官 / 旄人 0; 春官 / 鞮鞻氏 0.

2 『資治通鑑』 권44에 의거하면, '明帝'가 아니라 '光武帝'여야 맞다. 북선우가 음악을 요청한 일이 광무제 建武 28년(52)에 있었기 때문이다.

3 북선우(北單于) : 북흉노의 22대 선우인 난제포노(欒提浦奴). 선우는 흉노 왕의 칭호로 넓고 크다는 뜻을 지니고 있다.

4 호한야(呼韓邪) : B.C.?~B.C.31 흉노의 14대 선우 이름. 형과의 다툼에서 패하여 한(漢)에 귀의했으며, 원제(元帝)의 후궁 왕장(王嬙 : 昭君)을 아내로 맞이했다.

5 무절(武節) : 용감하고 씩씩한 기개. 무를 숭상하는 정신.

방향(方響) 【향철(響鐵)】

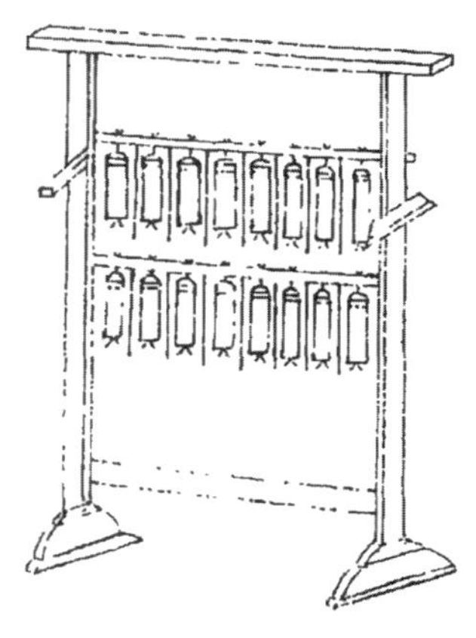

방향(方響)

125-2. 大周正樂, 載西[6]涼清樂. 方響一架一六枚, 具黃鍾大呂二均聲. 唐武宗朝, 朱崖李太尉有樂吏廉郊, 嘗攜琵琶于池上, 彈蕤賓調, 忽聞芰荷間. 有物躍出其岸, 視之, 乃方響蕤賓鐵也. 豈指撥精妙, 能致律呂之應然邪! 和凝有響鐵之歌, 蓋本諸此.

『대주정악(大周正樂)』[7]에 "서량악[8]과 청악[9]에는 16매짜리 방향 1가(架)가 있으며, 황종균과 대려균을 갖추었다"라고 하였다. 당 무종(재위 840~846) 때 활약했으나 선종(재위 846~859)때 주애[10]로 좌천된 이태위[11]에게 악리(樂吏)[12] 염교가 있었다. 어느 날 염교가 연못가에서 비파를 유빈조(蕤賓調)로 타고 있었는데, 갑자기 마름과 연꽃 사이에서 어떤 소리가

6 대본에 '四'로 되어 있으나, 사고전서 『樂書』에 의거하여 '西'로 바로잡았다.

7 대주정악(大周正樂) : 후주 세종(재위 954~959) 때 오제(五帝)에서 후주에 이르기까지의 악(樂)과 관련된 것을 엮은 책. 〈『舊五代史』 권145 樂志〉

8 서량악(西涼樂) : 부견(苻堅) 휘하의 여광(呂光)이 383년 서역 원정에 나갔다가 돌아오는 길에 비수(淝水) 싸움에서 전진(前秦)이 대패했다는 소식을 듣고 그대로 고장(姑臧)을 점령하고 양주를 점거했다. 구자성(龜茲聲)을 변화시켜 진한기(秦漢伎)라고 했는데, 북위의 태무제(재위 423~452)가 하서 지역을 평정하여 이를 얻고서 서량악이라 불렀다. 서량악은 서역음악과 중원음악의 융합의 산물이다.

9 청악(清樂) : ≪청상삼조(淸商三調)≫에서 비롯된 것으로 한족의 전통 민간악무이다.

10 주애(朱崖) : 애주(崖州)를 고친 이름으로서 지금의 해남성(海南省) 해구시(海口市)이다.

11 이태위(李太尉) : 787~850. 이덕유(李德裕)를 이른다. 무종 회창(會昌, 841~846) 연간에 회남절도사로 있다가 재상이 되고 번진(藩鎭)의 소요를 막았다. 이종민(李宗閔) · 우승유(牛僧孺) 등의 반대파를 탄압하였고, 폐불(廢佛)을 단행하였다. 선종(宣宗) 즉위와 함께 실각하여, 우승유의 공격을 받아 애주사호(崖州司戶)로 폄척되었다.

12 악리(樂吏) : 음악에 종사하는 관리.

들렸다. 연못가에 삐죽이 나온 물건이 있어서, 자세히 살펴보니 바로 유빈 음이 나는 방향 철판이었다. 이는 아마 신묘한 비파 소리가 율려의 감응을 불러일으킨 것이었으리라! 화평한 분위기 무르익을 때 《향철가(響鐵歌)》를 부르는 것은 대개 여기에 근본한다.

편종(編鐘 : 호악(胡樂)에 편성되는 편종)

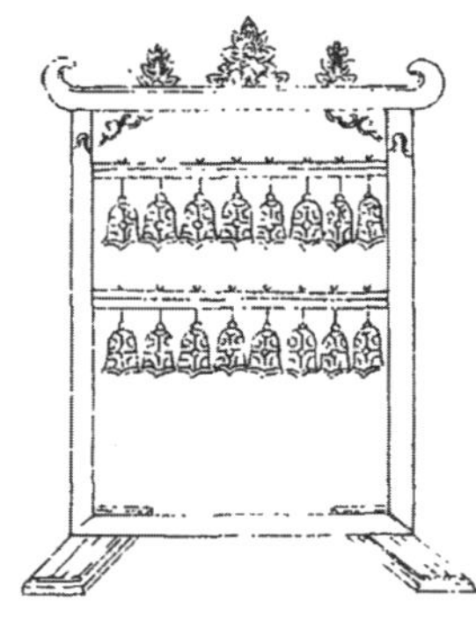

편종(編鐘)

125-3. 唐西涼部, 非特有方響, 亦有編鍾焉, 豈中國之制, 流入於四夷邪! 齊武帝始通使于魏, 僧虔謂其兄子儉曰 : "古語謂, '中國失禮, 問之四夷' 計樂亦如之, 非虛言也"

당 서량부[13]에 방향 뿐 아니라 편종도 있으니, 이는 아마 중국 제도가 사이(四夷)로 흘러 들어간 것이리라. 제 무제[14]가 위(魏)[15]에 사신을 보내 처음 교류했는데, 승건[16]이 형의 아들 검에게, "옛말에 '중국이 예를 잃어 오히려 오랑캐에게 물었다'는 말이 전하는데, 악이

13 수의 대업(大業, 605~617) 중에 구부기(九部伎)가 있었고, 당 태종 때는 십부기로 확대했다. 십부기는 청악·서량기·천축기·고려기·구자기·안국기·소륵기·강국기·고창기·연악기이다.

14 제는 5호 16국 시대 소도성(蘇道成)이 세운 남제(南齊)이며, 무제는 제2대인 소색(蘇賾, 재위 482~493)을 이른다.

15 5호 16국 시대 척발규(拓跋珪, 371~409)가 세웠던 북위(北魏 : 後魏라고도 함)를 이른다. 역년(歷年)은 15대 171년간(386~556)이다.

16 승건(僧虔) : 426~485. 왕희지(王羲之)의 4대 족손(族孫)인 왕승건(王僧虔)을 가리킨다. 남제의 태조가 승건에게 누가 서예 솜씨가 뛰어난지 말해보라고 하니, "제가 보기에는 제 글이 낫지만 폐하께서 쓰신 글도 제일이라 하겠습니다"라고 답한 일화가 있다. 음률을 이해했으며, 특히 서예에 뛰어났다. 저서에 『논서(論書)』 등이 있다.

이와 같은 실정이니, 헛말이 아니다"라고 말했다.

정동발(正銅鈸)

125-4. 銅鈸本南齊穆士素所造, 其圓數寸. 大者出于扶南・高昌・疎勒之國, 其圓數尺. 隱起如浮漚[17], 以韋貫之, 相繫以和樂. 唐之燕樂法曲, 有銅鈸相和之樂. 今浮屠氏法曲用之, 蓋出于夷音也.【唐胡部合諸樂, 繫小銅鈸子合曲. 西梁部・天竺部・龜茲[18]部・安國部・康[19]國部, 亦用之一】然有正與和, 其大小淸濁之辨歟!

정동발(正銅鈸)

동발은 본래 남제의 목사소가 만들었으며, 둘레가 몇 촌에 지나지 않았다. 그런데 둘레가 몇 척이나 되는 큰 동발이 부남[20]・고창[21]・소륵[22]에 등장하였다. 물 위에 떠 있는 거품처럼 생긴 둥근 철판을 가죽끈으로 꿰어 서로 연결시켜 악을 조화롭게 한다. 당 연악(燕樂)의 법곡에 《동발상화지악(銅鈸相和之樂)》이 있으나, 현재 불교의 법곡에 쓰이는 것으로 보아 동발은 오랑캐 음악에서 유래된 것이다.【당나라에서 호부(胡部)의 음악을 합주할 때 작은 동발을 썼으니,

17 대본에는 '漚'으로 되어 있으나, 사고전서 『樂書』에 의거하여 '漚'로 바로잡았다.
18 대본에는 '法'으로 되어 있으나, 사고전서 『樂書』에 의거하여 '茲'로 바로잡았다.
19 대본에는 '東'으로 되어 있으나, 사고전서 『樂書』에 의거하여 '康'으로 바로잡았다.
20 부남 : 오늘날의 캄보디아와 베트남 남부에 위치했던 나라 이름.
21 고창 : 중국의 신장 웨이우얼 자치구의 타클라마칸 사막의 북쪽 주변에 건설된 고대 서역 국가. 〈부록-그림 1〉 참조.
22 소륵 : 중국 신장의 카쉬가르 지역의 고대 서역 국가. 〈부록-그림 1〉 참조.

서량부 · 천축부[23] · 구자부[24] · 안국부[25] · 강국부[26]에서 모두 이 악기를 썼다.][27] 정동발과 화동발은 악기의 대소와 청탁에 따른 구별이다.

화동발(和銅鈸) 【동반(銅盤)】

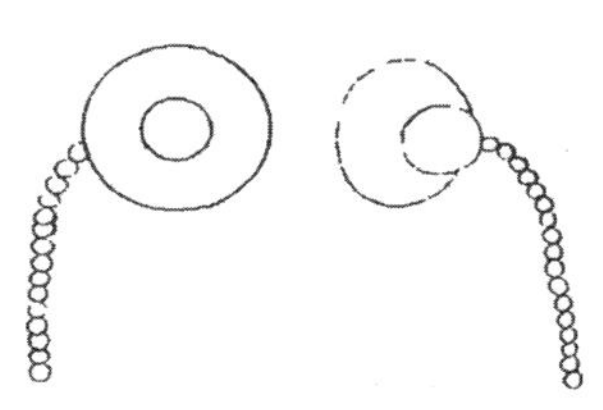

화동발(和銅鈸)

125-5. 銅鈸, 謂之銅盤, 本西戎南蠻之器也. 昔晉人有銅藻盤, 無故自鳴. 張茂先謂人曰: "此[28]器與洛陽宮鍾聲相諧, 宮中撞鐘, 故鳴也." 後驗之, 果爾. 大抵音比則和, 聲同則應, 非有物使之然也.

동발은 동반(銅盤)을 일컫는다. 본래 서융과 남만의 악기였다. 옛날에 진(晉)나라 사람이 동조반(銅藻盤)을 가지고 있었는데 까닭 없이 절로 울리자, 장무선[29]이 말하기

23 천축 : 인도의 옛 이름. 〈부록－그림 1〉 참조.

24 구자 : 구자는 쿠차의 음역(音譯)이다. 고대 서역에 있었던 나라 이름으로 불교가 성했으나 회교도의 침입 이후 불교가 쇠퇴했다. 굴지국(屈支國), 굴자국(屈茨國)이라고도 한다. 〈부록－그림 1〉 참조.

25 안국 : 현재 우즈베키스탄의 보카라(Bokhara) 지역에 건설된 고대 서역 국가. 〈부록－그림 1〉 참조.

26 강국 : 현재 우즈베케스탄의 사마르칸트 지역에 건설된 고대 서역 국가. 〈부록－그림 1〉 참조.

27 남북조 시대에는 북방민족이 화북을 차지하여 한족이 양쯔강 남쪽으로 이동하였다. 북조는 당시의 인도 및 이란의 문화의 영향을 받아 크게 발달한 서역 여러 나라의 악무를 받아들였다. 후에 북조에서 일어나 중국을 통일한 수나라에서는 개황(開皇, 581～600) 초에 서역음악과 고구려 음악 및 중국음악 등을 궁중의 연향악으로 삼았는데, 이를 7부기(七部伎)라 하였다. 대업(大業, 605～616) 때 9부기로 확장했으며, 당 태종 때는 10부기로 확장했다. 서량부 · 천축부 · 구자부 · 안국부 · 강국부는 모두 7부기나 9부기, 10부기에 속한다.

28 대본에는 '北'으로 되어 있으나, 사고전서 『樂書』에 의거하여 '此'로 바로잡았다.

29 장무선(張茂先) : 232～300. 장화(張華). 무선은 자(字)이다. 저서로 풍부한 약물 지식이 담겨 있는 『博物志』 10권과 시문집 『장사공집(張司空集)』이 있다.

를 "이 악기는 낙양궁의 종소리와 조화를 이루는데, 궁중에서 종을 쳤기 때문에 울리는 것이다"라고 했다. 그 후 시험했더니 과연 그러했다. 대체로 음이 비율이 맞으면 조화를 이루고, 소리가 같으면 절로 호응하는 것이지, 외물(外物)이 고의로 만드는 것이 아니다.

동요(銅鐃)

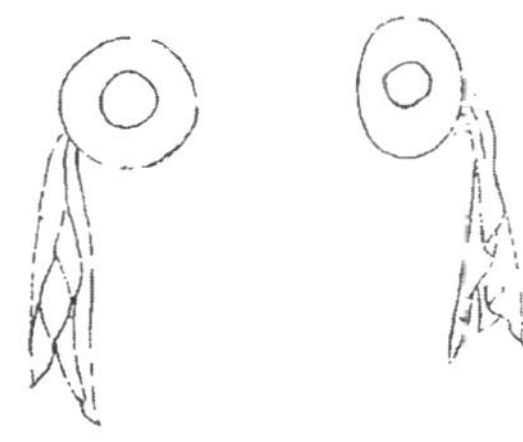

동요(銅鐃)

125-6. 浮屠氏所用浮漚, 器小而聲淸, 世俗謂之鐃. 其名雖與四金之鐃同, 其實固異矣.

절에서 쓰는 부구(浮漚)는 작으면서 소리가 맑아 세속에서 '요(鐃)'라고 부른다. 사금(四金)[30]의 요(鐃)와 이름이 같지만, 실제로는 이 둘은 서로 다르다.

30 사금(四金) : 쇠로 만든 4종류의 악기, 즉 순(錞)·탁(鐲)·요(鐃)·탁(鐸)을 가리킨다.

동정(銅鉦)

동정(銅鉦)

125-7. 鉦如大銅疊縣而擊之, 南蠻之器也.

정(鉦)은 큰 구리 쟁반처럼 생긴 것을 겹쳐 매달아 놓고 치는 것이니, 남만의 악기이다.

동각(銅角) 【취금(吹金)】

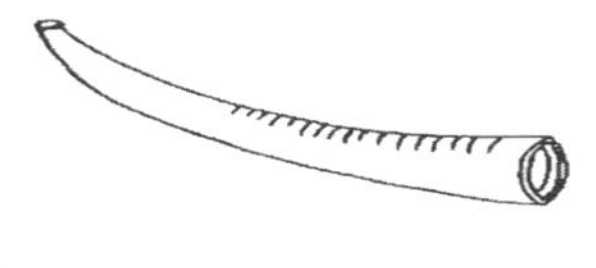

동각(銅角)

125-8. 銅角高昌之樂器也. 形如牛角, 長二寸. 西戎有吹金者, 銅角是也. 陶侃表, 有奉獻金口角之說. 謂之吹金, 豈以金其口而名之邪! 或云本出吳越, 非也.

동각은 고창의 악기이다. 쇠뿔처럼 생겼

고, 길이는 2촌이다. 서융에 있는 취금이 바로 이 동각이다. 도간[31]의 표(表)에 '금구각(金口角)을 바쳤다'는 말이 나온다. 이를 '취금'이라고 부르는 것은 아마 취구가 쇠로 되었기 때문일 것이다. 어떤 사람은 이 악기가 오월[32]에서 유래되었다고 하나, 틀린 것이다.

용두각(龍頭角)

125-9. 晉書安帝記曰："相玄製龍頭角. 或曰所謂亢[33]龍角者也." 大抵角頭象龍, 其詳不可得而知之. 史苓武昌記曰："武昌有龍山, 欲雨上有聲如吹角" 然則龍頭角, 豈推本而爲之乎! 傳曰："角十二具於鼓左右後列, 各六具以代金", 然則四[34]金之制不同,[35] 其來舊矣.

『진서』「안제기」에 "상현이 용두각을 만들었다. 혹자는 이를 항룡각이라고 부른다"라고 하였다. 각의 머리 부분이 용모양이라는 것 외에는 상세한 것은 알 수 없다. 사령의 『무창기』에 "무창에 용산이 있는데, 비가 오려고 하면 산 위에서 각을 부는 것 같은 소리가 난다"라고 하

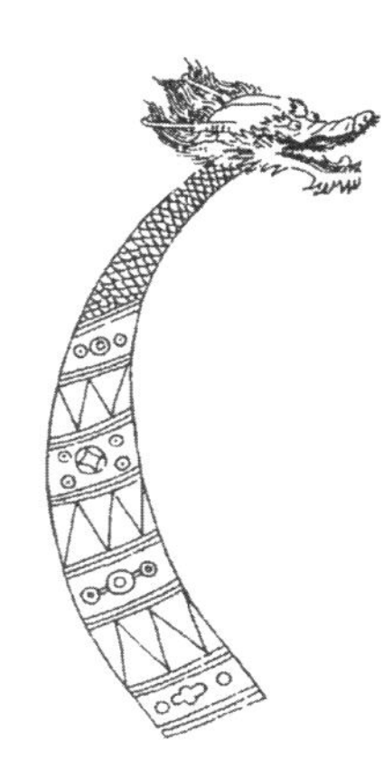

용두각(龍頭角)

31 도간(陶侃)：259~334. 도연명(陶淵明)의 증조부. 서진의 혜제 때 강하태수가 되고, 영가(永嘉)의 난(307~312) 때 무창을 지켜 공을 세웠다. 명제 때는 왕돈(王敦)의 반란과 소준(蘇峻)의 변을 평정하는 등 많은 공을 세웠고, 벼슬이 시중태위(侍中太尉)에 이르고, 장사군공(長沙郡公)에 봉해졌다

32 오월(吳越)：중국 5대 10국의 하나. 907년에 당 절도사였던 전유(錢鏐)가 항주에 도읍하고 세운 나라로, 978년까지 유지되었다.

33 대본에는 '元'으로 되어 있으나, 사고전서 『樂書』에 의거하여 '亢'으로 바로잡았다.

34 대본에는 '四'가 없으나, 사고전서 『樂書』에 의거하여 보충하였다.

35 대본에는 '尙'으로 되어 있으나, 사고전서 『樂書』에 의거하여 '同'으로 바로잡았다.

였다. 그렇다면 용두각은 어쩌면 이를 근거로 만든 것일 것이다. 전(傳)에 "각(角) 12개가 북 좌우의 뒷줄에 있는데, 각각 6개가 금을 대신한다"라고 했다. 그렇다면 사금(四金)의 제도와는 같지 않은 것이니, 그 유래가 오래되었다.

대동고(大銅鼓)[36]

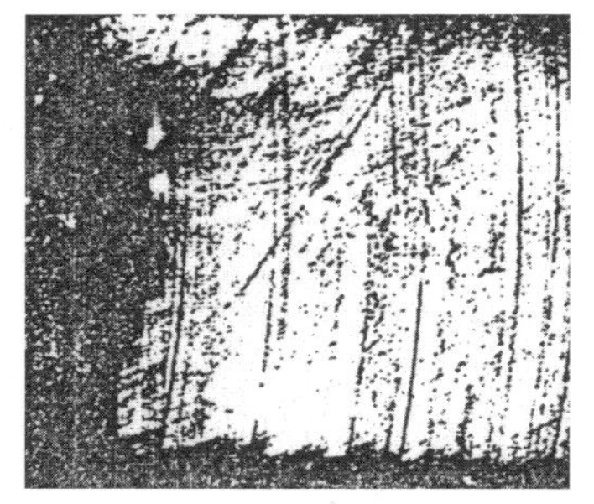
대동고(大銅鼓)

125-10. 銅鼓鑄銅爲之, 作異獸以爲飾, 惟以高大爲貴, 面闊丈餘. 出於南蠻天竺之國也. 昔馬援南征交阯, 得駱越銅鼓, 鑄爲馬式, 此其迹也. 今祕閣所藏頗多, 特其大小異制爾.

동고는 구리[銅]를 주조하여 만드는데, 특이한 짐승 모양으로 장식한다. 오직 높고 큰 것을 귀하게 여기고, 면(面)이 넓어 1장(丈) 남짓이나 된다. 남만의 천축국에서 온 것이다.

옛날에 마원[37]이 남쪽의 교지[38]를 정벌하고 낙월동고[39]를 얻어서, 이를

36　역주『악서』의 그림은 사고전서『樂書』(신축년 판본)의 것을 실었는데, 대동고의 그림이 사고전서『樂書』에 빠져 있어서, 상태가 안 좋지만 부득이 국립국악원에서 간행한 영인본『樂書』(병자년 판본)의 것을 실었다.

37　마원(馬援) : B.C.14~A.D.49. 왕망이 세운 신(新)에서 벼슬을 했으나 왕망의 정책에 반대하는 반란이 전국 각지에서 일어나자 왕망의 정적(政敵)들과 손잡고, 결국에는 광무제(재위 25~57)를 도와 후한을 세웠다. 화남 태수로 임명되어, 남쪽으로 지금의 북베트남에 이르는 지역까지 중국의 지배권을 다시 확립했다. 45년에는 북방 국경지대로 파견되어 중앙아시아의 흉노족을 제압하는 데 힘썼다.

38　교지(交阯) : 한대의 군명(郡名)으로, 지금의 베트남 북부인 통킹・하노이 지방. 후에 교주(交州)라 일컬어졌다.

39　낙월족(駱越族) : 지금의 운남성(雲南省)・귀주(貴州)・광서(廣西)에 걸쳐 살았던 종

주조하여 마식(馬式)으로 삼았으니, 동고는 그 흔적이다. 궁중 창고에 소장되어 있는 것이 자못 많은데, 다만 대소의 차이가 있을 뿐이다.

중동고(中銅鼓)

125-11. 銅鼓之小者, 或大首纖腹, 或容體廣面. 雖以銅爲體, 要須待革成聲也.

동고 중에서 작은 것이다. 혹 머리는 크고 배 부분은 잘록하기도 하고, 혹 그냥 원통처럼 널찍하기도 하다. 구리로 몸체를 만드는데 가죽을 메워야만 소리가 난다.

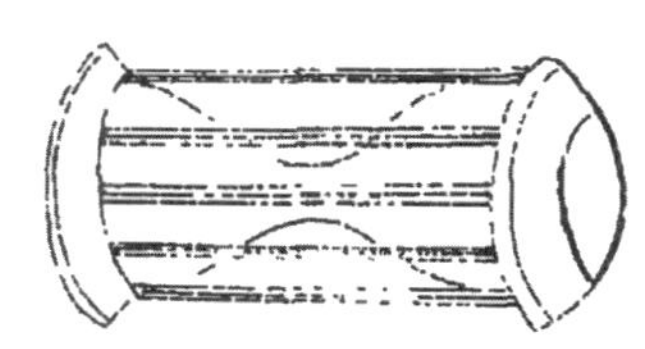

중동고(中銅鼓)

소동고(小銅鼓)

125-12. 唐樂圖所傳, "天竺部用之. 蓋以革冒其一面, 形如腰鼓, 面廣二[40]尺, 面與身連遍, 有蟲魚草之狀. 擊之響亮, 不下鳴[41]鼉" 唐貞[42]元中, 驃國進樂, 亦有是鼓. 咸通末, 龔州刺史張直方, 因葺城池, 掘得一銅鼓, 以爲無

족의 이름. 동고(銅鼓)는 〈부록－그림 2〉 참조.

40 대본에는 '三'으로 되어 있으나, 사고전서『樂書』와『文獻通考』에 의거하여 '二'로 바로잡았다.

41 대본에는 '鳥'로 되어 있으나, 사고전서『樂書』에 의거하여 '鳴'으로 바로잡았다.

42 대본에는 '正'으로 되어 있으나, 사고전서『樂書』에 의거하여 '貞'으로 바로잡았다.

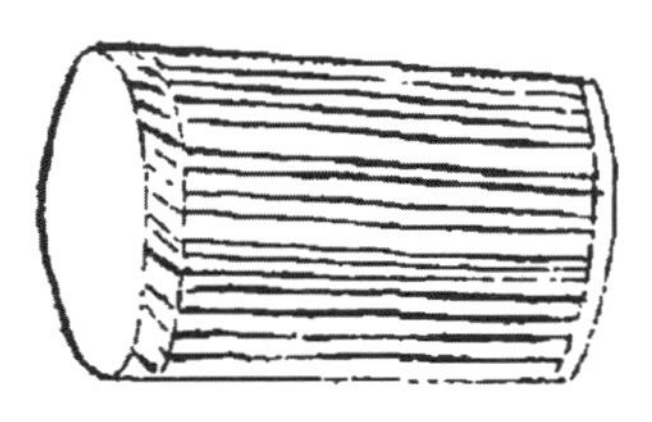

소동고(小銅鼓)

用之物, 捨于延慶寺, 以代木魚, 其不好事如此.

僖宗朝, 林藹守高州, 鄉墅牧童聞田[43]中蛤鳴. 欲進捕之, 一蛤躍入穴中, 掘而取之, 得一銅鼓, 其上隱起, 多鑄蛙[44]黽之狀. 豈鳴蛤乃銅鼓之精邪!

『당악도』에 "천축부에서 소동고를 쓴다. 가죽으로 1면(面)을 메웠고, 모양은 요고와 같다. 면의 너비가 2척이고, 북면과 몸통이 연결되어 있고, 곤충과 물고기 및 풀의 형상이 새겨져 있다. 이것을 치면 맑게 울려서, 타고[45] 소리에 뒤지지 않는다"라고 하였다. 당나라 정원[46] 연간에 표국[47]에서 바친 악기 중에 이 북이 포함되어 있었다. 함통[48] 말기에 공주자사 장직방이 성의 연못을 수리하려고 바닥을 파다가 동고 하나를 얻었는데 쓸모없는 것이라 여겨 연경사에 희사했더니, 절에서는 그것으로 목어(木魚)[49]를 대신하였다. 당시에 동고를 별로 좋아하지 않음이 이와 같았다.

희종조(873~888)에 임애가 고주 태수였을 때 시골 목동이 밭 가운데에서 청개구리 울음소리를 들었다. 그것을 잡으려고 다가서자 청개구리 한 마리가 구멍 속으로 쏙 들어갔다. 그것을 잡으려고 땅을 팠다가 동고 하나를 얻었다. 그 위에는 개구리와 맹꽁이 형상이 많이 주조되어 있었으니, 어쩌면 울었던 청개구리는 동고의 정령일 것이다!

43 대본에는 '日'로 되어 있으나, 사고전서 『樂書』에 의거하여 '田'으로 바로잡았다.

44 대본에는 '蛀'로 되어 있으나, 『文獻通考』 권134에 의거하여 '蛙'로 바로잡았다. 『文獻通考』는 원(元)의 마단림(馬端臨)이 지은 책인데, 『樂書』를 인용한 글이 많이 나오므로, 『樂書』에 혹 오자(誤字)가 있는 경우 『文獻通考』를 통해 정자(正字)를 유추할 수 있다.

45 타고(鼉鼓) : 세워놓고 치는 북의 일종. 〈『樂書』 138-8 참조〉

46 정원(貞元) : 785~805. 당 덕종 때의 연호이다.

47 표국(驃國) : 지금의 미얀마 경내에 있던 옛 나라. 〈부록-그림 1〉 참조.

48 함통(咸通) : 860~873. 당 의종(懿宗) 때의 연호이다.

49 목어(木魚) : 나무를 깎아 잉어 모양으로 만들고 속을 파내고 그 속을 두드려 소리를 내는 불구(佛具). 물고기는 밤낮으로 눈을 뜨고 있는 데서, 수행자의 마음이 흐트러지는 것을 경계하기 위해 사용했다고 한다.

철박판(鐵拍板)

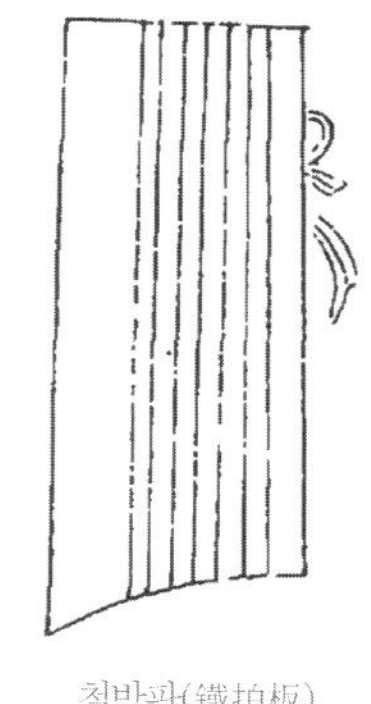
철박판(鐵拍板)

125-13. 胡[50]部夷樂, 有拍板, 以節樂句. 蓋本無譜也, 唐明皇遣黃幡綽造譜, 乃於紙上, 畫兩耳進之. 上問, 對曰: "聰聽[51]則無失節奏矣" 韓文公自爲樂句. 大周正樂所傳, 連九枚, 今教坊所用, 連六枚, 蓋古今異制也.

호부 오랑캐 음악은 박판으로 악구를 마디짓는다. 본래 악보가 없었으므로, 당 명황(현종, 재위 712~756)이 황번작[52]으로 하여금 악보를 만들도록 하니, 종이 위에 두 개의 귀를 그려 진상했다. 임금이 묻자, "총명하게 들으면 절주를 놓치는 일이 없을 것이기 때문입니다"라고 답했다.

한문공[53]은 스스로 악구를 지었다. 『대주정악』에 전하는 것은 9매를 연결한 것인데, 현재 교방에서 쓰는 것은 6매를 연결한 것이니, 고금의 제도가 다르다.

---

50 대본에는 '九'로 되어 있으나, 사고전서 『樂書』에 의거하여 '胡'로 바로 잡았다.

51 대본에는 '但有耳道'로 되어 있으나, 사고전서 『樂書』에 의거하여 '聰聽'으로 적었다.

52 황번작(黃幡綽) : 당 현종 때의 시관(侍官)으로 음악에 조예가 깊었다. '어느 날 현종이 그를 불렀으나 제 때에 도착하지 않자 화가 난 채 갈고를 연주하였다. 황번작은 도착했는데도 자신이 온 것을 알리지 않다가 몇 곡조를 더 연주한 뒤에야 현종을 뵈었다. 연주소리를 듣고 화가 났는지 풀어졌는지를 알 수 있었으므로, 화가 풀어졌을 때를 맞춰서 들어왔다'는 일화가 전한다. 〈『太平廣記』 권205〉

53 한문공(韓文公) : 한유(韓愈). 768~824. '문'은 시호이다. 자는 퇴지(退之)이고, 창려선생(昌黎先生)으로도 불린다. 원화(元和) 10년(815)에 「논불골표(論佛骨表)」를 지어 헌종의 노여움을 사 조주자사로 좌천되었으나, 후에 목종의 부름으로 수도로 돌아와 이부시랑이 되었다. 송나라 이후의 도학(道學)의 선구자가 되었다. 저서에 『창려선생집』 40권과 『외집(外集)』 10권, 『유문(遺文)』 1권 등이 있다. 당송팔대가 가운데 한 사람이다.

동라(銅鑼)[54]

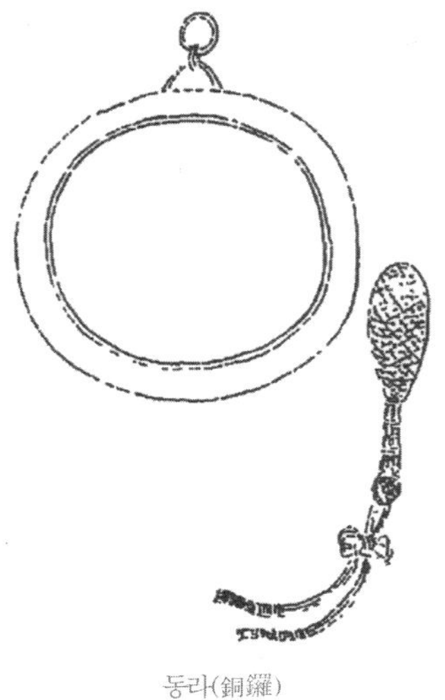
동라(銅鑼)

125-14. 後魏孝文帝, 討淮漢, 收其聲伎, 江左所傳中原舊曲, 明君聖主公莫白鳩之屬, 及江南吳歌, 荊楚西聲, 總謂淸商. 至於殿庭[55]饗燕, 兼奏之. 其員丘・方澤・上辛地祇・五郊・四時拜廟・三元冬至社稷・馬射・藉田, 樂人之數, 各有差等焉.

自宣武以後, 始好胡音, 洎於遷都, 屈茨琵琶・五絃・箜篌・胡笛・胡鼓・銅鈸・打沙鑼. 其聲大抵初頗紓緩, 而轉躁急. 蓋其音源出西域而被之土木. 故感其聲者, 莫不奢淫躁競, 擧止佻輕, 或踴或躍, 乍動乍息, 蹻脚彈拍, 撼頭弄目, 情發於中而不能自止. 此誠胡聲之敗華俗也, 可不禁之哉?

후위[56] 효문제(재위 471~499)가 회한을 토벌하고, 가무 등의 기예를 얻었다. 강좌[57]에 전하는 중원 구곡(舊曲)인 《명군성주(明君聖主)》・《공막(公莫)》・《백구(白鳩)》, 강남의 《오가(吳歌)》, 형초[58]의 《서성(西聲)》 등을 모두 청상기라 부르는데, 궁전 뜰에서 벌이는 향연(饗燕)에 연주되었다.

원구(圓丘),[59] 방택(方澤),[60] 상신(上辛)[61]에 지내는 지기(地祇) 제사, 오교(五

54 대본에는 '鑼'으로 되어 있으나, 사고전서 『樂書』에 의거하여 '鑼'로 바로잡았다.
55 대본에는 '廷'으로 되어 있으나, 사고전서 『樂書』에 의거하여 '庭'으로 바로잡았다.
56 후위(後魏) : 선비족인 탁발규(拓跋珪)가 중국 화북지역에 세운 북조 최초의 왕조(386~534)이다. 원위(元魏)・북위(北魏)라고도 한다. 후에 동위와 서위로 분열되었다.
57 강좌(江左) : 양자강의 동쪽 지방. 곧 지금의 강소성(江蘇省).
58 형초(荊楚) : 초나라 최초 영토가 형주 지역이었으므로, 초를 달리 이르는 말이다. 지금의 호북성・호남성 일대의 땅이다.
59 원구(圓丘) : 동짓날 하늘에 제사 지내는 둥근 모양의 높은 단.

郊),[62] 사시(四時)에 행하는 배묘(拜廟), 정월 초하루와 동지에 지내는 사직 제사, 마사(馬射),[63] 및 적전에서 연주하는 악인의 수가 각각 차등이 있었다.

선무제(재위 499~515) 이후부터 호음(胡音)을 좋아하여, 천도한 도읍에 굴자비파·오현·공후·호적·호고(胡鼓)·동발·타사라(打沙鑼) 등이 매우 유행했는데, 그 소리가 대체로 처음에는 자못 느리지만 갈수록 조급해졌다.

대개 그 음악은 서역에서 유래했으며 보잘것없는 악기로 연주되었다. 그러므로 그 소리를 접하면 음란하며 조급해져, 행동거지가 경박하여 뛰거나 발을 구르고 갑자기 움직이다가 갑자기 쉬며, 발을 번쩍번쩍 쳐들고 손뼉 치며 머리를 흔들고 눈을 이리저리 굴려가며, 마음속에서 발하는 감정을 스스로 제어하지 못한다. 이는 진실로 호성(胡聲)이 중화의 풍속을 망가뜨리는 것이니, 어찌 이를 금지하지 않을 수 있겠는가?

---

60 방택(方澤) : 하짓날 지기(地祇)에 제사 지내는 네모진 단.

61 상신(上辛) : 그 달의 첫째 신(辛)이 드는 날.

62 오교(五郊) : 동교(東郊)·남교(南郊)·중교(中郊)·서교(西郊)·북교(北郊)를 일컫는 말. 또는 이러한 오교에 나아가 오행(五行)의 신에게 제사지내는 것을 뜻하기도 한다.

63 마사(馬射) : 말을 타고 활을 쏘는 일.

권126 악도론(樂圖論)

호부(胡部) / 팔음(八音) / 석지속(石之屬)

이악론(夷樂論)

126-1. 王者用先王之樂, 明有法也, 用當代之樂, 明有制也, 用四夷之樂, 明有懷也. 東夷之樂曰昧, 持矛以助時生, 南夷之樂曰任, 持弓以助時養, 西夷之樂曰株離, 持鉞以助時殺, 北夷之樂曰禁, 持楯以助時藏. 皆于四門之外右辟, 四夷之樂也. 東夷之音怨而思, 南蠻之音急而苦, 西戎之音悲而洌, 北狄之音雄以怒, 四夷之聲也. 東夷之舞緩弱而淫裔, 南夷之舞蹻迅而促速, 西夷之舞急轉而無節, 北夷之舞沉壯而不揚, 四夷之舞也. 四夷樂舞如之, 則其歌可知.

先王之於夷樂, 雖有所不廢. 然夷不可亂華, 哇不可干雅, 蓋亦後之而弗先, 外之而弗內. 此夾谷之會 而齊人奏之, 孔子所以却 而欲兵之歟! 然周官夷樂必使鞮鞻氏掌之, 何也? 曰, 以王制推之, 被髮文身爲東夷, 雕題交趾爲南夷, 衣羽毛爲北夷, 至于西夷則被髮衣皮. 而謂西方曰狄鞮. 鞮[64]鞻氏, 以衣皮名官也, 鞮則去毛以爲革, 有去彼適我之意, 而所履者有是而無非矣. 揚雄所謂東鞮, 後世有鞮者, 亦是意也. 匈奴謂漢曰若鞮, 豈知禮義者之言乎! 由是觀之, 鞮鞻蓋四夷所履也, 記禮者以之名方, 周禮[65]以之名其官, 非特所履爲然. 韎師以所服名之, 旄人以所執名之, 是夷人之樂, 不可得而詳, 所可得而知者, 不過是三者而已. 明堂位曰 "納夷蠻之樂於太廟, 言廣魯于天下也" 今夫四夷之樂, 惟天子得用之, 豈魯以蕞爾之國, 亦得用之乎? 以爲 周公有人臣不可及之功, 用之于太廟, 可也, 以爲廣魯於天下, 是啓魯公僭亂之心, 非達禮者之言也. 竊意, 魯之俗儒溢美其國而張大之, 以欺惑後世歟.

왕이 선왕의 악을 쓰는 것은 법이 있음을 밝히는 것이고, 당시의 악을 쓰는 것은 제도가 있음을 밝히는 것이며, 사이(四夷)의 악을 쓰는 것은 널리 포용함을 밝히는 것이다.

동이의 악을 매(昧)라고 하니, 창[矛]을 가지고 봄에 만물이 생성되는 것을 돕는다는 뜻이다. 남이(南夷)의 악을 임(任)이라 하니, 활을 잡고 여름에 만물이 성장하는 것을 돕는다는 뜻이다. 서이(西夷)의 악을 주리(株離)라고 하니, 도끼를 가지고 가을에 만물의 기운이 쇠락하는 것을 돕는다는 뜻이다. 북이(北夷)의 악을 금(禁)이라고 하니, 방패[楯]를 가지고 겨울에 만물이 저장되는 것을 돕는다는 뜻이다.[66] 모두 사문(四門) 밖의 오른쪽 벽에서 연주하니, 이것이 사이(四夷)의 악이다.

동이의 음(音)은 한이 많으면서 수심이 깊고, 남만의 음은 급하면서 괴로움을 토로하고, 서융의 음은 슬프면서 냉정하고, 북적의 음은 웅장하

---

64 대본에는 '鞮'가 없으나, 『樂書』 53-5에 의거하여 보충하였다.

65 대본에는 없으나, 『樂書』 53-5에 의거하여 '以之名方, 周禮'를 보충하였다.

66 참고로 『白虎通義』에 인용된 『樂元語』의 내용은 이와 약간 달리 다음과 같이 되어 있다. 「樂元語曰 : "東夷之樂, 持矛舞助時生也, 南夷之樂, 持羽舞助時養也, 西夷之樂, 持戟舞助時煞也, 北夷之樂, 持干舞助時藏也"」

면서도 노기를 띠니, 이것이 사이의 소리이다.

동이의 춤은 느리고 나약하고 길게 이어지며, 남이의 춤은 빠르고 촉박하며, 서이의 춤은 갑자기 변화하여 절도가 없으며, 북이의 춤은 지나치게 장엄하여 흥이 나지 않는다. 이것이 사이의 춤이다. 사이의 악무가 이와 같으니, 그 노래도 미루어 알 수 있다.

선왕이 사이의 악을 폐지하지 않았을지라도 오랑캐 악이 중화의 악을 어지럽혀서는 안 되고, 음란한 악이 아정한 악을 어지럽히면 안 된다. 따라서 사이의 악을 뒤에 연주하고 먼저 연주하지 않았으며, 문 밖에 두고 안으로 들이지 않았다. 이 때문에 협곡의 회동에서 제나라 사람들이 이를 연주하려 하자 공자가 물리쳤던 것이다.[67]

그런데 주관(周官)에서 이악(夷樂)을 제루씨로 하여금 관장하게 한 것은 무엇 때문인가? 「왕제」로 미루어 보건대, 머리털을 풀어헤치고 몸에 문신하는 자들은 동이이고, 이마에 먹물로 무늬를 새기고, 누워있을 때 발을 안쪽으로 두어 발가락이 서로 향하게 하는 자들은 남이이며,[68] 새깃털과 짐승털로 옷을 만들어 입는 자들은 북이이고, 머리털을 풀어헤치고 가죽옷을 입는 자들은 서이이다. 서방의 통역관은 적제(狄鞮)라고 하였다.[69]

제루씨[70]는 가죽신을 뜻하는 용어로 관직명을 삼은 것이다. 제(鞮)는 털을 제거해서 가죽으로 만든 것이니, 저것을 제거하여 나에게 알맞게 했으므로, 이것으로 만든 신은 편안하여 나쁜 점이 없다. 양웅이 이른바 '동쪽의 제(鞮)'[71]라고 한 것과 후세에 '제(鞮)가 있었다'라고 한 것 또한

67 노나라 정공(定公) 10년에 제후(齊侯)와 협곡(夾谷)에서 회합을 가졌다.〈『春秋左氏傳』 定公 10년(2)〉

68 공영달(孔穎達)의 소(疏)에 「蠻臥時, 頭嚮外, 而足在內而相交, 故云交趾」라 한 것을 참고하였다.

69 머리털을~하였다 : 『禮記』 王制 5-40.

70 제루씨(鞮鞻氏) : 사이(四夷)의 악(樂)과 그 성가(聲歌)를 관장하던 주나라 관직명.

71 『法言』 孝至 13-25. 「漢德其可謂允懷矣. 黃支之南 · 大夏之西 · 東鞮 · 北女, 來貢其珍. 漢德其可謂允懷矣. 世鮮焉[한나라의 덕은 진실로 먼 나라 사람들까지도 귀복시켰다고 할 만하다. 남쪽의 황지국으로부터 서쪽의 대하국까지, 또 동쪽의 제(鞮)와

이런 뜻이 담겨 있다. 흉노는 자신들의 임금을 '약제(若鞮)'[72]라고 하였는데, 아마 예의를 아는 자의 말일 것이다.

이로 보건대, 제루(鞮鞻)는 사이(四夷)가 신는 신발인데, 『예기』에서는 이것이 방위를 가리키는 명칭으로 쓰였고,[73] 『주례』에서는 관직명으로 쓰였다. 신발만 이런 것은 아니다. 매사(韎師)[74]는 가죽옷으로 관직명을 삼은 것이고 모인(旄人)[75]은 손에 쥐는 의물(儀物)로 관직명을 삼은 것이다. 사이의 음악에 대해 상세히 알 수는 없고, 알 수 있는 것은 이 셋(제루씨, 매사, 모인)에 불과할 따름이다.

「명당위」에 "동이와 남만의 음악을 태묘에서 연주한 것은 노나라의 공업(功業)이 천하에 널리 미쳤음을 말한다"[76]라고 하였다. 그러나 사이의 악은 천자만이 쓸 수 있는 것인데, 어찌 노나라처럼 작은 나라에서 썼는가? 남들이 도저히 미치지 못할 막대한 공을 주공이 세웠으므로 태묘에서 사이의 악을 연주했다고 하는 것은 괜찮으나, 노나라의 공업이 천하에 널리 미쳤기 때문이라고 하는 것은 노나라 임금에게 참람(僭濫)한 마음을 열어주는 단서가 되니, 예에 통달한 자의 말은 아니다. 그윽이 생각하건대, 노나라의 세속적인 유생들이 자기 나라를 지나치게 미화하고 과장하여 후세 사람들을 기만하고 현혹시킨 것이다!

북쪽의 여진족도 모두 그들의 진기한 보물들을 가지고 내조해 조공을 바쳤으니, 한 나라의 덕은 먼 나라 사람들까지도 귀복시켰다고 할 만하다. 이는 세상에서 드문 일이다.]」

72 흉노말로 효도를 '뤄디[若鞮]'라고 한다. 한나라 황제의 시호에 '孝'를 붙이는 것을 선망하여 선우(單右 : 흉노의 왕의 칭호) 앞에 '약제(若鞮)'를 붙였다.〈『後漢書』 南匈奴傳〉

73 오방의 백성들은 언어가 통하지 않고 기호(嗜好)가 같지 않으므로 통역이 필요하다. 통역관을 동방에서는 기(寄), 남방에서는 상(象), 서방에서는 적제(狄鞮), 북방에서는 역(譯)이라 한다.〈『禮記』 王制 5-40〉

74 매사(韎師) : 동이의 악인 매악(韎樂)을 가르치는 것을 관장하던 주나라 관직명.

75 모인(旄人) : 산악(散樂)과 이악(夷樂)에 맞추어 추는 춤의 교육을 관장하던 주나라 관직명.

76 『禮記』 明堂位 14-5.

편경(編磬)

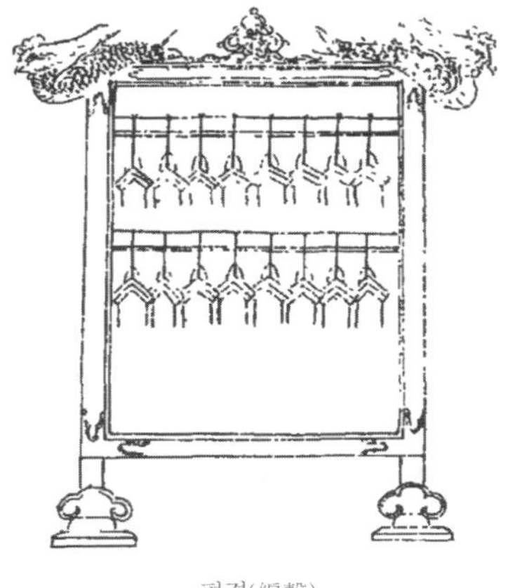
편경(編磬)

126-2. 唐西涼部之樂, 非特有編鐘, 亦有編磬者焉, 段安節樂府雜錄, 論之詳矣. 以西涼方響推之, 一架用十六枚, 則其編鐘編磬, 亦不過十六爾.

당 서량부의 악에 편종 뿐 아니라 편경도 편성되었으니, 단안절[77]의 『악부잡록』에 상세히 설명되어 있다. 서량부의 방향에 16매의 철판이 매달려 있듯이 서량부의 편종과 편경에도 16매가 매달려 있다.

옥라(玉蠡)

126-3. 唐貞[78]元中, 天子宅位二十有三載, 輔臣司徒公鎭蜀, 十有七年, 五印度種落, 有驃國王子獻樂器. 躬總樂工, 凡一十二曲, 皆演釋氏經, 吹蠡擊鼓, 式歌且舞. 纓絡四垂, 珠璣粲發, 周流萬變, 爛然可觀. 自漢以還, 有德所感文字或至聲樂, 未聆如斯之盛也. 已而, 付史臣下太常附[79]伶官, 隷樂章薦淸廟, 而唐次爲之作頌, 使焜燿圖牒, 被後世而垂

77 단안절(段安節) : 당나라 초기의 명장 단지현(段志玄)의 후예로 음악에 소질이 있었고, 저서로 『樂府雜錄』이 있다.
78 대본에는 '正'으로 되어 있으나, 당나라 연호를 참조하여 '貞'으로 바로잡았다.
79 대본에 '時'로 되어 있으나, 사고전서 『樂書』에 의거하여 '附'로 바로잡았다.

無窮, 亦一時盛事也.【蠡聲若竽籟】林邑每擊鼓以警衆, 吹蠡以即戎, 則蠡又不特用於樂矣.

당 덕종이 즉위한 지 23년이 되는 해이자, 보좌하는 신하 사도공이 촉을 진압한 지 17년이 되는 해인 정원(785~805) 중에, 인도의 다섯 왕국 중 하나인 표국의 왕자가 악기를 바쳤다. 몸소 악공을 거느리고 12곡을 연주했는데, 모두 불경을 암송하고, 라(蠡)를 불고 북을 쳤으며 노래하고 춤추었다. 이삭 모양의 꾸미개를 사방에 드리우고, 영롱한 구슬이 반짝반짝 빛을 내며, 다채롭게 변화하는 것이 찬란하여 볼 만하였다. 한나라 이후 감동적인 글이 더러 성악으로 만들어졌지만, 이같이 성대한 것은 들은 적이 없었으므로, 얼마 후에 사신(吏臣)을 통해 태상시에 내려 영관(伶官)으로 하여금 연주하게 하고, 악장에 예속시켜 청묘(淸廟)에 올렸다. 당에서는 이를 송(頌)으로 지어 《혼요도첩(焜燿圖牒)》을 만들어 후세에 무궁하게 전해지도록 했으니, 또한 한때의 성대한 일이다.【라 소리는 우뢰(竽籟)[80]와 같다.】 임읍[81]에서는 매양 북을 쳐서 대중을 경계시키고, 라를 불어서 군대를 나아가게 하니, 라는 음악에만 쓰일 뿐이 아니다.

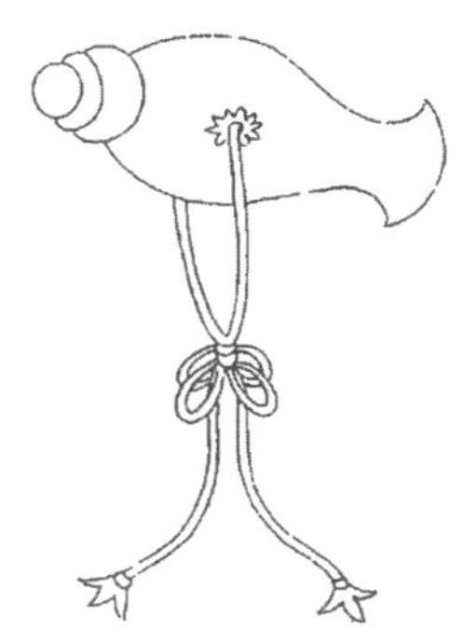
옥라(玉蠡)

80 우뢰(竽籟) : 우(竽)에서 나는 소리. 참고로 『莊子』 「齊物論」에 천뢰(天籟) · 지뢰(地籟) · 인뢰(人籟)라는 말이 나오는데, 각각 하늘이 내는 소리, 대지가 내는 소리, 인간이 만든 악기로 내는 소리를 뜻한다.

81 임읍(林邑) : 베트남 중부 지방에 위치해 있던 인도네시아계의 참족이 세운 왕국이다. 당대에는 임읍(林邑), 송대에는 점성(占城)으로 불리웠다. 〈부록-그림 1〉 참조.

골관(骨管)·아관(牙管)

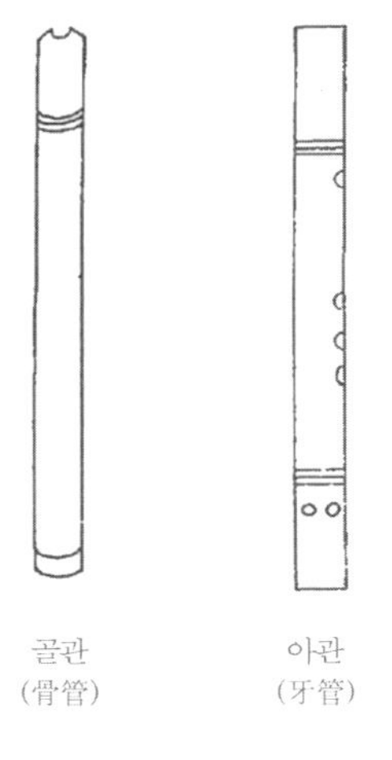

골관(骨管)　　아관(牙管)

126-4. 哀笳以羊骨爲管, 而無孔, 惟恤禮用之. 今鼓吹備而不用, 以觱篥代之. 鹵簿與熊羆十二案, 工員尙存焉. 聖朝更以紅象牙管竅而吹之. 其聲與律, 隔八相吹. 仍存[82]羊骨舊制焉.

애가(哀笳)는 양 뼈로 관을 만들며, 지공(指孔)이 없고 휼례(恤禮)[83]에 사용된다. 지금은 고취에 갖추어 놓기만 하고 연주하지는 않으므로 피리가 그 역할을 대신하고 있지만, 노부(鹵簿)[84]와 웅비십이안(熊羆十二案)에는 애가 연주자가 아직도 있다.

성조(聖朝 : 宋)[85]에서는 붉은 상아로 관을 만들고 지공을 만들어 부는데, 성(聲)과 율(律)이 여덟을 간격으로 하여 서로 만들어진다. 양 뼈로 만든 옛 제도도 그대로 두었다.

82 대본에는 없으나, 사고전서 『樂書』에 의거하여 '存'을 보충하였다.

83 휼례(恤禮) : 춘추시대에 제후들 사이에서 행한 흉례의 하나. 전란을 만난 나라에 사자(使者)를 보내어 위문의 뜻을 표하던 예.

84 노부(鹵簿) : 제왕이 거동할 때 따르는 의장대. 한대 이후에는 후비·태자·왕공대신 행차에 따랐고, 당대에는 4품 이상 관원의 외출에도 따랐다.

85 성조(聖朝 : 宋) : 오대(五代) 유일의 명군인 후주(後周) 세종이 죽은 뒤 그의 부장(部將)인 조광윤(趙匡胤 : 太祖)이 근위병의 추대를 받고 천자 자리에 올라 960년에 건국된 나라로 1279년까지 유지되었다. 『樂書』의 저자 진양이 송나라 사람이므로, '聖朝'라는 표현을 쓴 것이다.

토지속(土之屬)

호부(胡缶)

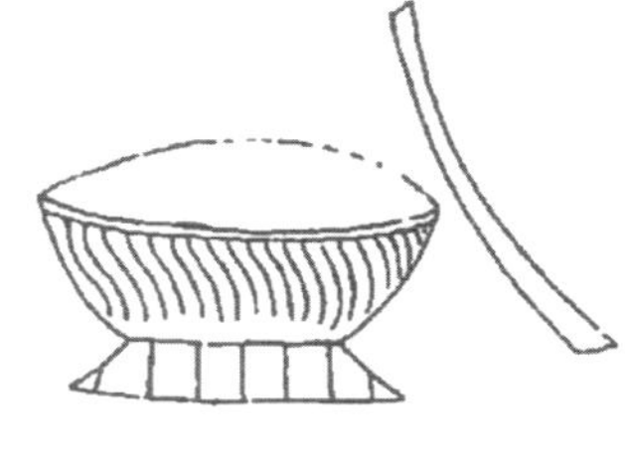
호부(胡缶)

126-5. 古者西戎用缶以爲樂, 黨項國亦擊缶焉. 然則缶本中國樂, 竊意夷人竊而用之也. 李斯[86]曰 : "擊甕扣缶, 眞秦之聲" 豈以秦人盡有西戎之地, 而爲此聲故也.

옛날에 서융이 부를 악기로 썼고, 당항국[87]에서도 또한 부를 쳤다. '부'는 본래 중국 악기인데, 오랑캐들이 언제부터인가 쓰게 된 것이라 생각된다. 이사[88]가 "옹기를 두드리며 부를 치는 것이 진(秦) 음악의 특징이다"라고 말 한 것은, 어쩌면 진나라 사람이 서융 지역을 차지하면서 부를 연주하게 되었기 때문일 것이다.

---

86 대본에는 '其'라 되어 있으나, 『樂書』 146-6과 『史記』 권87에 의거하여 '斯'로 바로잡았다.

87 당항국(黨項國) : 당항족은 중국 소수 민족 중의 하나인 강족(羌族)의 한 갈래로서 북송 때 감숙・섬서・내몽고 일대에 서하(西夏)를 세웠다.

88 이사(李斯) : B.C.284~B.C.208. 순자(荀子)의 제자이며, 뒤에 진왕(秦王) 정(政, 진시황)을 설득하여 중국을 통일하는 데 큰 공을 세웠다. 분봉제(分封制)를 폐지하고 군현제를 만들고 백가(百家)의 서적을 모두 없애버리자고 주장하였다. 중앙집권 통치를 위한 각종 법률 제정에 참가했다. 진시황 사후에 조고(趙高)와 음모하여 조서를 위조하여 황제의 장자인 부소(扶蘇)를 자살하게 만들고, 호해(胡亥)를 2세 황제로 등극하게 만들었다. 뒤에 조고의 시기로 저자거리에서 허리가 잘리고, 삼족이 멸문 당했다.

권127 악도론(樂圖論)

호부(胡部)/ 팔음(八音)/ 혁지속(革之屬)

갈고(羯鼓) 상(上)

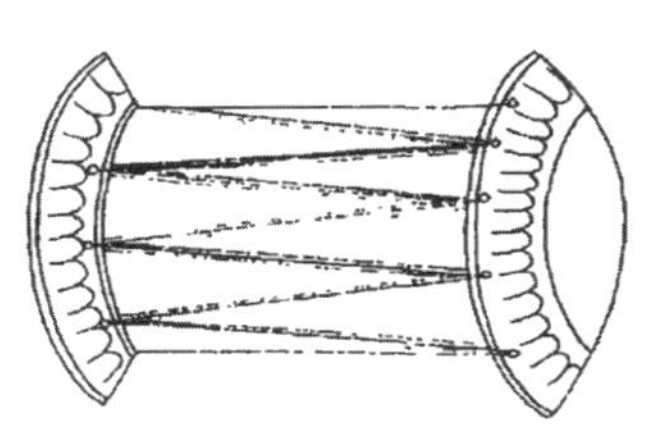

갈고(羯鼓) 상(上)

127-1. 羯鼓, 龜茲・高昌・疏勒・天竺部之樂也, 狀如漆桶. 下承以牙床, 用兩杖擊之. 其聲噍殺明烈, 合太蔟一均, 在雞婁鼓之上, 都曇・荅臘之下也.

唐明皇, 素達音律, 尤善於此. 嘗謂羯鼓八音之領袖, 自制曲以奏之. 宋璟亦謂明皇曰 : "頭如青山峯, 手如白雨點, 此則羯鼓之能事也." 臣嘗觀齊魯夾谷之會, 齊侯作夷樂, 以悅魯君, 孔子必歷階而斥去之, 盖夷樂不可亂華如此, 又況宋璟之相明皇, 躬親悅之, 以啓君心之淫乎! 已而卒有戎羯安氏之禍, 誠一時君臣有以召之也. 由是觀之, 明皇之失, 肇自宋璟, 然則宋璟. 有不爲仲尼罪人乎! 杜鴻漸蓋嘗酣奏之, 猨鳥驚飛, 犬羊變態, 雖曰能之, 君子不貴也.

갈고는 구자부·고창부·소륵부·천축부의 악기로, 옻칠한 통(桶)처럼 생겼다. 아상(牙床)[1]에 올려놓고 두 개의 채로 치는데, 소리가 빠르고 가늘면서도 밝고 옹골차서 태주균과 합치하니, 계루고 보다는 높고 도담고·답랍고 보다는 낮다.

당 명황[2]은 본래 음률에 통달했으며, 특히 갈고에 능숙했다. 어느 날 명황이 갈고를 팔음(八音)의 으뜸이라 칭찬하면서, 스스로 곡을 지어 연주하자, 송경[3]이 "채로 갈고를 치는 솜씨가 청산 봉우리에 소나기가 내리듯 세차고 빠르니, 참으로 명수(名手)이십니다"라고 칭찬하였다.

그러나 내가 일찍이 제나라와 노나라의 협곡 회담을 살펴보니, 제나라 임금이 이악(夷樂)을 연주하여 노나라 임금을 기쁘게 하려고 하자, 공자가 성큼성큼 계단을 올라가 물리친 사실이 있다. 이처럼 오랑캐 음악이 중화를 어지럽혀서는 안 되는 것이다. 그런데 송경은 명황을 보필하면서 오히려 자신이 그것을 즐거워하여 임금의 마음이 음란해지는 길을 열어 주었고, 얼마 후에 마침내 융갈족 안록산[4]이 일으킨 난을 겪게 되었으니,

1 아상(牙床) : 상아로 장식한 아름다운 평상(平床).

2 당 명황 : 당나라 6대 황제인 현종(玄宗, 재위 712~756)을 가리킨다. 예종의 3남인데, 위씨의 난을 진압한 공으로 황태자가 되었다. 712년 황제로 즉위하여 요숭(姚崇)·송경(宋璟) 등을 등용하여, '개원의 치(治)'를 이루었다. 그러나 후기에 사치스런 생활을 했으며, 안사의 난이 발발하자 사천으로 피신하고 숙종에게 양위했다.

3 송경(宋璟) : 663~737. 측천무후 시대에 어사중승으로서 총신(寵臣) 장씨 형제의 주벌(誅伐)을 주청하여 강직한 인품이 널리 알려졌다. 예종이 복위하자 이부상서동중서문하삼품(吏部尙書同中書門下三品)으로 외척과 공주의 정치 간섭을 힘써 견제하면서 인재를 등용하고자 노력했다. 현종 개원 4년(716)에 요숭을 이어 승상이 되었는데, 근검절약을 솔선하여 국력 배양을 도모하고 개원의 치세를 이루는 데 기여하였다.

4 안록산(安祿山) : ?~757. 본성은 강(康). 현종 때 난을 일으켜 낙양을 함락한 후, 웅무황제(雄武皇帝)라 칭하고 국호를 연(燕), 연호를 성무(聖武)라고 하였으나, 아들

진실로 임금과 신하가 함께 난을 불러온 것이다. 이로 보건대, 명황의 실책은 송경으로부터 비롯된 것이다. 그렇다면 송경은 중니[5]에게 죄인이 아니겠는가?

두홍점[6]이 어느 날 흥에 겨워 연주하자, 원숭이와 새가 놀라서 움직이고 개와 양이 평소와 달리 폴짝폴짝 뛰었다고 한다. 그렇지만 연주가 아무리 능숙하더라도, 군자는 이를 귀하게 여기지 않는다.

갈고(羯鼓) 중(中)【양장고(兩杖鼓)】[7]

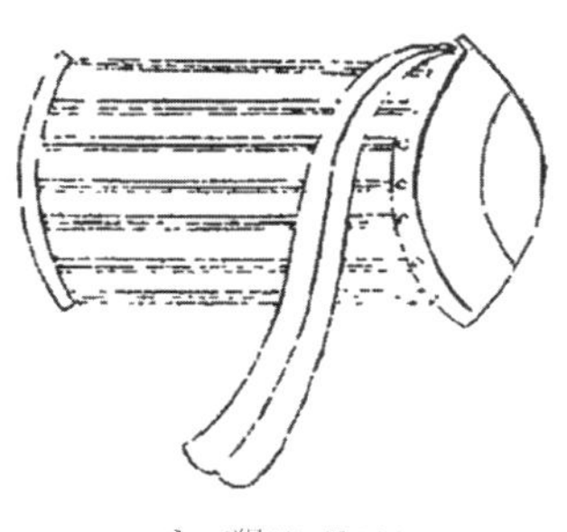

갈고(羯鼓) 중(中)

127-2. 大周正樂所傳羯鼓之制, 其色尚赤, 上無帶下無座, 蓋與唐代樂圖後世教坊者異矣. 世俗亦謂之兩杖鼓云.

『대주정악』에 전하는 갈고는 붉은 색이며, 위에 띠가 없고 아래에 좌대(座臺)가 없어서, 『당악도』나 후세 교방의 것과는 다르다. 세속에서는 이를 양장고라고 부르기도 한다.

경서(慶緖) 등에게 피살되었다.

5 중니(仲尼) : 공자(BC 557~BC 479)의 자(字)이다.

6 두홍점(杜鴻漸) : 709~769. 안록산의 난에 공을 세웠고, 숙종이 즉위하는 데 일조했다. 대종(代宗) 광덕(廣德) 2년(764) 병부시랑동중서문하평장사(兵部侍郎同中書門下平章事)가 되었다. 최간(崔旰)이 성도를 근거지로 할거(割據)하자, 진무(鎭撫)의 임무를 띠고 그 곳에 갔는데, 최간의 기세에 압도당해 그에게 정치를 맡겼으며, 얼마 뒤 문하시랑에 올랐다.

7 대본에는 '兩杖鼓'란 소제목이 '羯鼓下'에 붙여 있으나, 사고전서 『樂書』에 의거하여, '羯鼓中'에 붙여 놓았다.

갈고(羯鼓) 하(下)

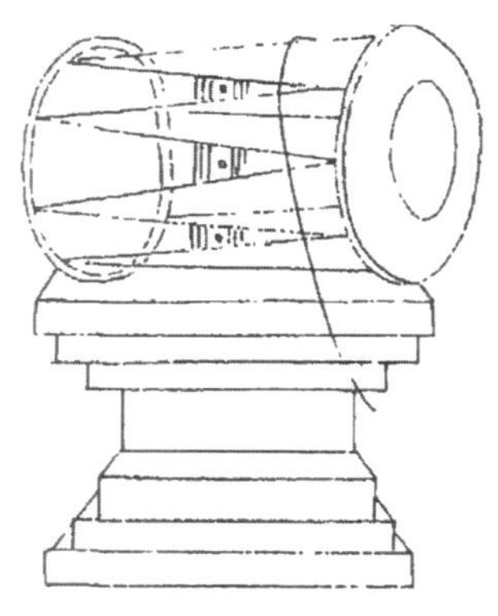

갈고(羯鼓) 하(下)

127-3. 羯鼓之制, 壴桑用山桑, 棬用銅鐵, 杖用黃檀·狗骨·花楸. 然鐵不精練, 棬不至匀, 則應條高下, 紐榥不停, 鼓面緩急, 若琴暄之頑病者矣. 杖不絶濕氣, 而復柔膩, 則其聲不能發越而響亮, 戰褢而健擧矣.

曹嗣王皐爲荊南節度, 有客懷二棬見之, 皐捧而歎曰 : "此至寶也, 必開元中供御棬也" 已而問之, 果得於高力士矣. 杜鴻漸爲三川副元帥, 成都匠者, 有以二杖獻之, 鴻漸示於衆曰 : "此尤物也, 必常衣襟下收之積時也" 已而問之, 果養之脊溝中, 二十年矣. 李琬爲[8]雙流縣丞, 嘗至長安, 夜聞羯鼓聲. 曲頗妙, 謂鼓工曰 : "君以擊者, 豈非耶婆色雞[9]乎. 雖至精能, 然而無尾, 何也?" 工大異之曰 : "君固知音者" 具言所以. 琬曰 : "夫耶婆色雞, 屈柘[10]急徧解之" 工如所敎, 果得諧協, 而盡其聲矣.【如柘枝用渾脫解, 甘州用結了頭解之類是也】由是觀之, 深於羯鼓者, 不過此三人爾. 豈非用志不分, 乃凝於神然邪?

唐明皇遇中春, 殿庭景致[11]明媚, 柳杏將吐. 因謂 : "勝概若此, 安可不賞?" 獨高力士遣取羯鼓, 上自製春光好詞, 臨軒奏擊, 神思自得, 柳杏頓[12]坼. 謂左右曰 : "不以我爲天公得乎?" 又製秋風高, 每至秋空逈徹奏之, 淸[13]風倏來, 庭葉紛墜, 其妙絶如此.

---

8 대본에는 '難'이 있으나, 사고전서 『樂書』에 의거하여 이를 삭제했다.
9 대본에는 '難'으로 되어 있으나, 사고전서 『樂書』에 의거하여 '雞'로 바로잡았다.
10 대본에는 '掘拓'로 되어 있으나, 사고전서 『樂書』에 의거하여 '屈柘'로 바로잡았다.
11 대본에는 '物'로 되어 있으나, 사고전서 『樂書』에 의거하여 '致'로 바로잡았다.
12 대본에는 '頻'으로 되어 있으나, 사고전서 『樂書』에 의거하여 '頓'으로 바로잡았다.

갈고의 제도는 몸통은 산뽕나무로 만들고, 테는 동철로 만들며, 채는 황단(黃檀)[14]이나 구기자나무 또는 마가목[15]으로 만든다. 철이 정련되지 않거나 테가 고르지 않으면, 죄는 줄이 높거나 낮게 되고 조이개가 고정되지 않아서, 두드리는 면(面)이 너무 헐렁하거나 짱짱하여, 마치 금(琴)에서 휘(暉)가 제 위치에 박혀 있지 않아 조화로운 음이 나오지 않는 것처럼 되고 만다. 채가 습기 때문에 누눅해지면, 탄력있게 움직여지지 않아 맑은 소리를 낼 수 없다.

조사왕 고가 형남절도사였을 때, 어떤 나그네가 테 2개를 가지고 와서 보이거늘, 고가 받아 보고는 "이것은 대단한 보배이다. 필시 개원(713~741) 중에 왕에게 바친 것일 것이다"라며 감탄했는데, 얼마 후에 물어보니, 과연 고역사[16]에게서 얻은 것이었다.

두홍점이 삼천 부원수였을 때 성도의 장인(匠人)이 채 2개를 바쳤다. 홍점이 뭇사람들에게 보이며, "이것은 아주 귀중한 물건이다. 필시 장인의 수중에 들어오기까지 오랜 시간이 걸렸을 것이다"라고 말했는데, 얼마 후 물으니 과연 척구에서 기른 지 20년이나 된 것이었다.

이완이 쌍류현 승이 되어 어느 날 장안에 갔는데, 밤에 갈고 소리가 들렸다. 곡이 자못 묘하여 악공에게 "그대가 연주한 것이 《야파색계(耶婆色雞)》 아닌가? 지극히 정교하나 종결부가 없는 것은 어째서인가?"라고 물으니, 악공이 깜짝 놀라며 "당신은 참으로 음악을 아시는 분입니다"라고 말하고 그 까닭을 갖추어 말하였다. 이완이 "《야파색계》는 《굴자급편(屈柘急徧)》을 써서 풀어야 한다"고 하므로, 악공이 그가 가르쳐 준 대로 하니, 과

13 대본에는 '遠'으로 되어 있으나 사고전서『樂書』에 의거하여 '淸'으로 바로잡았다.

14 황단(黃檀) : 단향목(檀香木)의 한 종류.

15 마가목[花楸] : 장미과에 속하는 낙엽 활엽교목으로서 높이는 6~8m 가량이다.

16 고역사(高力士) : 684~762. 본성은 풍(馮)인데 환관 고연복(高延福)의 양자가 되어 성을 바꾸었다. 예종 때 내급사(內給事)가 된 후, 현종 때는 사방의 주청을 그가 먼저 훑어 본 후에 올릴 정도로 총애가 극진하였다. 또 간신 이임보(李林甫)와 결탁하여 국정을 어지럽히고, 안녹산을 조정에 추천하여 후에 안사의 난을 유발했다.

연 조화를 이루어 절묘한 소리를 냈다.【《자지(柘枝)》는 《혼탈(渾脫)》을 써서 풀고, 《감주(甘州)》는 《결료두(結了頭)》를 써서 푸는 따위가 이것이다.】

이로 보건대, 갈고에 조예가 깊은 사람은 이 세 사람뿐이다. 마음을 한 군데로 모아 정신을 집중해서 그런 경지에 도달한 것이 아니겠는가?

따뜻한 봄날 궁전 뜰의 경치가 참으로 곱게도 버드나무와 살구나무가 꽃망울을 터뜨리려 하자, 당 명황이 "이처럼 아름다우니 어찌 감상하지 않을 수 있으리오?"라고 하니, 고역사가 사람을 보내 갈고를 가져오게 하였다. 명황 자신이 《춘광호사(春光好詞)》를 지어 난간에서 연주하며 무아의 경지에 이르자, 버드나무와 살구나무가 갑자기 꽃망울을 터뜨리니, 측근의 사람들에게 이르기를 "내가 조물주가 하는 일을 한 것이 아니겠는가?"라고 하였다. 또 《추풍고(秋風高)》를 지어 높은 가을 하늘 아래에서 연주할 때마다 시원한 바람이 갑자기 불어와 정원에 나뭇잎이 우수수 떨어졌으니, 그 절묘함이 이와 같았다.

담고(檐鼓)

127-4. 檐鼓, 西凉·高麗之器也. 狀如甕而小, 先冒以革而漆之, 是其制也.

담고는 서량과 고려[17]의 악기이다. 항아리처럼 생겼는데 작으며, 가죽을 씌우고 옻칠을 하였다.

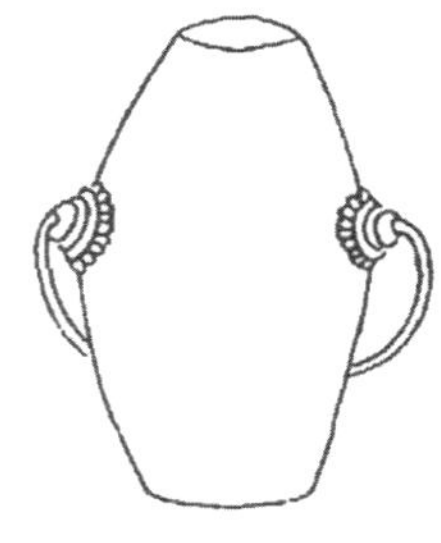

담고(檐鼓)

17 우리나라에서는 고구려와 고려를 분명히 구분하여 말하지만, 중국을 비롯한 외국에서는 이를 구분하지 않고 '고려'라고 범칭하는 경우가 많다. 우리나라에서 당악기·당견(唐絹)·당약재(唐藥材)라고 할 때의 '당'이 반드시 당나라를 가리키는 것이 아니라 중국을 범칭하는 것과 마찬가지이다. 여기서는 '고려'가 고구려를 뜻한다.

도담고(都曇鼓)

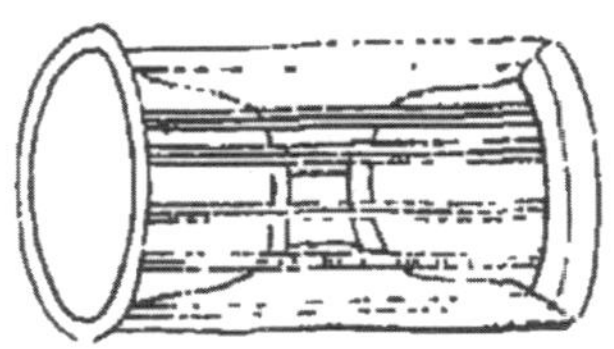

도담고(都曇鼓)

127-5. 都曇鼓, 扶南・天竺之器也. 其狀似腰鼓而小, 以小槌擊之.

도담고는 부남과 천축의 악기이다. 요고처럼 생겼는데 작으며, 작은 채로 친다.

모원고(毛貟鼓)

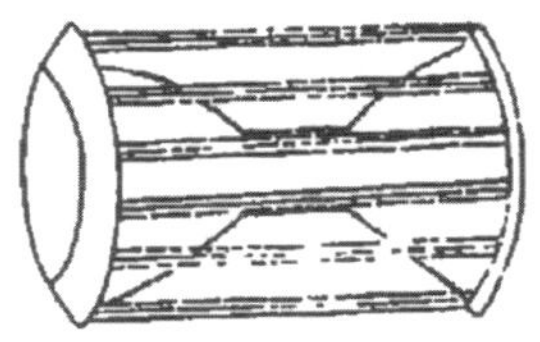

모원고(毛貟鼓)

127-6. 毛員鼓, 其制類都曇而大, 扶南・天竺之樂器也.

모원고는 그 제도가 도담고와 같은데 크며, 부남과 천축의 악기이다.

답랍고(答臘鼓) 상(上)

127-7. 答臘鼓, 龜兹・疎勒之器也. 其制如羯鼓, 抑又廣而且短. 以指楷之, 其聲甚震, 亦謂之楷鼓也. 後世敎坊, 奏龜兹曲用焉.

답랍고는 구자와 소륵의 악기이다. 그 제도는 갈고와 같은데, 갈고보다 넓으면서 짧다. 손가락으로 또박또박 치면 그 소리가 낭랑하게 울리므로 '해고(楷鼓)'라고도 한다. 후세에 교방에서 구자곡을 연주할 때 쓰였다.

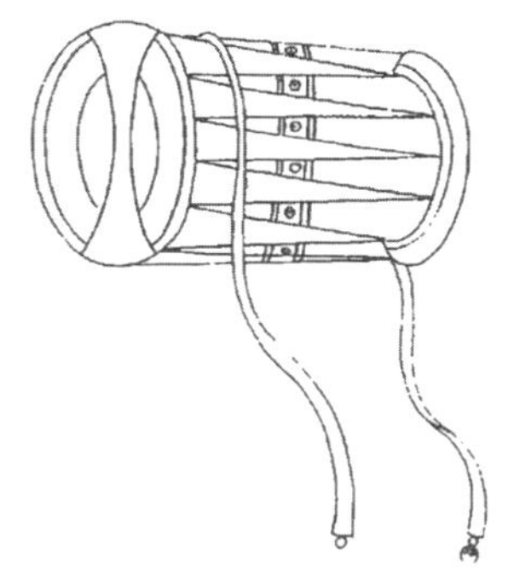

답랍고(答臘鼓) 상(上)

답랍고(答臘鼓) 중(中)

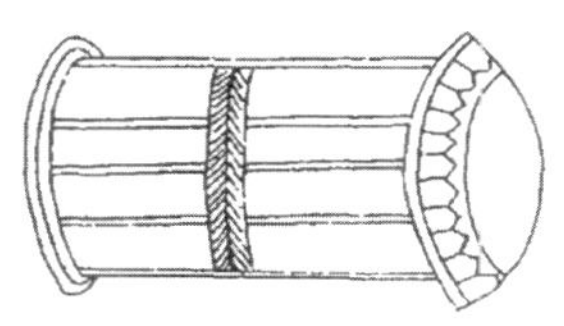

답랍고(答臘鼓) 중(中)

127-8. 中答臘鼓, 大周正樂用之.
중간 크기의 답랍고는 대주정악에 쓰였다.

답랍고(答臘鼓) 하(下)

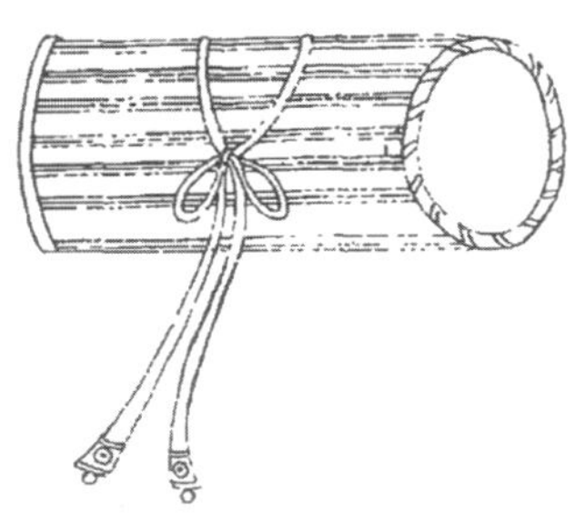
답랍고(答臘鼓) 하(下)

127-9. 唐樂圖所傳, 龜玆·疎勒部用之. 其制大抵與後世教坊者相類, 特其設色異耳.

『당악도』에 전하길 "답랍고는 구자부와 소륵부에서 쓴다. 그 제도는 대체로 후세의 교방에 있는 것과 서로 비슷하며, 색칠이 다를 뿐이다" 하였다.

계루고(雞婁鼓) 상(上)

계루고(雞婁鼓) 상(上)

127-10. 雞婁鼓, 其形正而圓, 首尾所擊之處, [18]可數十[19]. 龜玆·疎勒·高昌之器也.

계루고는 그 형체가 반듯하면서 둥글므로 앞에서 뒤에까지 칠 수 있는 부분이 수십 곳이다. 구자·소륵·고창의 악기이다.

---

18 대본에는 '平'이 있으나, 사고전서 『樂書』에 의거하여 삭제했다.
19 대본에는 '寸'으로 되어 있으나, 사고전서 『樂書』에 의거하여 '十'으로 바로잡았다.

계루고(雞婁鼓) 하(下)

127-11. 後世敎坊, 奏龜玆曲, 用雞婁鼓. 左手持鼗牢, 腋挾此鼓, 右手擊之, 以爲節焉.

후세 교방에서 구자곡을 연주할 때에 계루고를 썼다. 왼손으로 도뢰(鼗牢)를 잡고 겨드랑이에 계루고를 끼고 오른손으로 쳐서 절도를 맞추었다.

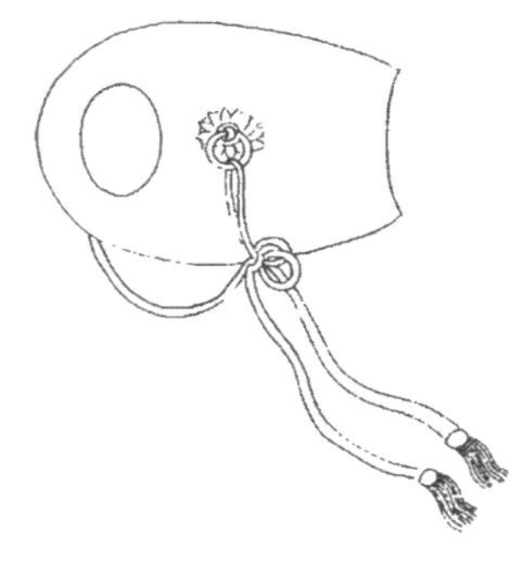
계루고(雞婁鼓) 하(下)

제고(齊鼓) 상(上)

127-12. 齊鼓, 狀如漆桶, 一頭差大. 設齊於鼓面, 如麝臍然. 西涼・高麗之器也.

제고는 옻칠한 통처럼 생겼는데 한 쪽 머리가 약간 크다. 북을 두드리는 면에 볼록 튀어나온 것이 마치 사향노루 배꼽과 같다. 서량과 고려의 악기이다.

제고(齊鼓) 상(上)

제고(齊鼓) 하(下)

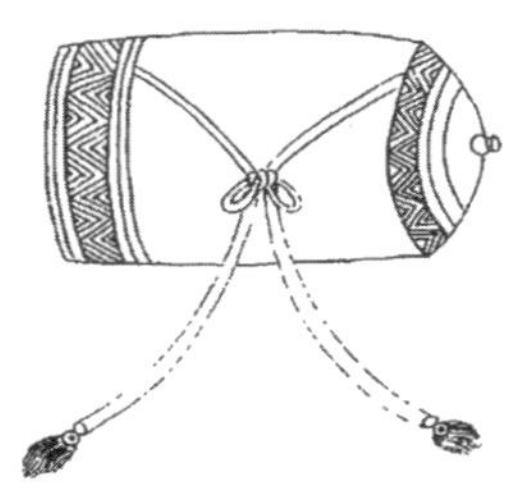

제고(齊鼓) 하(下)

127-13. 大周正樂所傳齊鼓, 其形狀, 雖不甚相遠, 其設飾, 故不得而同也.

『대주정악』에 전하는 제고는 그 모양이 많이 다르지는 않고, 장식을 달았다는 점에서 다르다.

한고(漢鼓) 【진고(震鼓)】

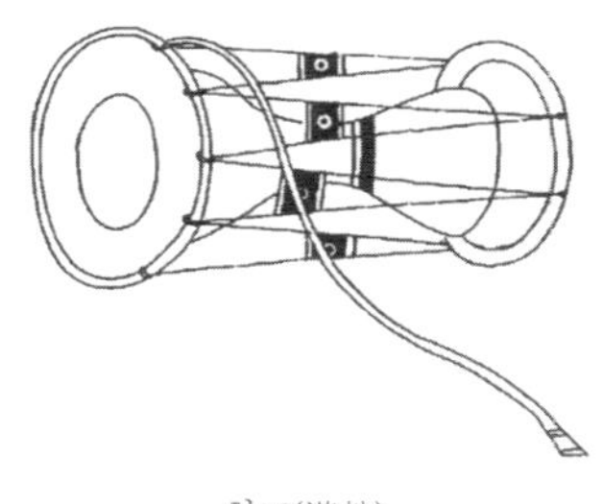

한고(漢鼓)

127-14. 震鼓之制, 廣首而纖腹. 漢人所用之鼓, 亦謂之漢鼓.[20]

진고의 제도는 머리는 넓고 배는 홀쭉하다. 한인들이 썼으므로 한고(漢鼓)로도 불리운다.

위고(魏鼓) 【장고(杖鼓)·박고(拍鼓)·세요고(細腰鼓)·정고(正鼓)·화고(和鼓)】

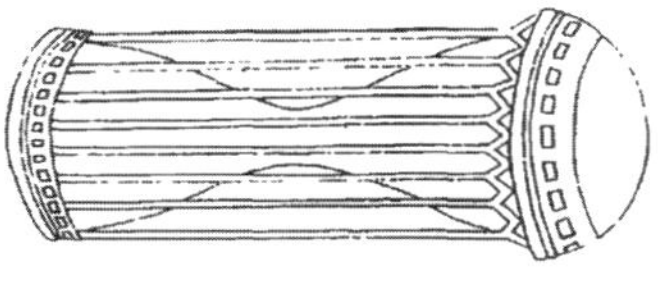

제일고(第一鼓 : 魏鼓 · 正鼓)

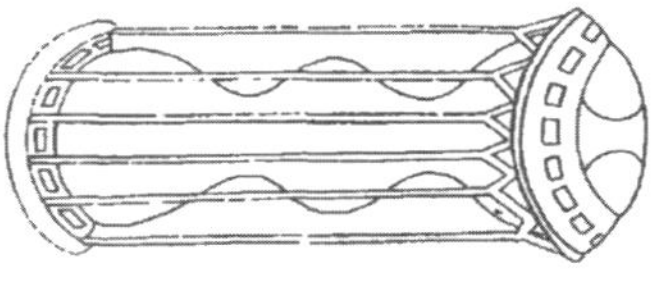

제이고(第二鼓 : 魏鼓 · 和鼓)

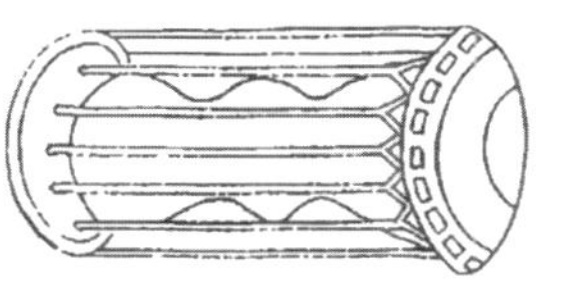

제삼고(第三鼓 : 魏鼓 · 和鼓)

127-15. 昔符堅破龜玆國, 獲羯鼓·鞚鼓·杖鼓·腰鼓. 漢魏用之. 大者以瓦, 小者以木類, 皆廣首纖腹, 宋蕭思話, 所謂細腰鼓是也. 唐有正鼓和鼓之別, 後周有三等之制. 右擊以杖, 左拍以手, 後世謂之杖鼓·拍鼓, 亦謂之魏鼓. 每奏大曲入破時, 與羯鼓·大鼓同震作, 其聲和壯而有節也. 唐宋璟與明皇, 論制作之法, 不是青州石, 未即曾山花, 其言過矣. 今契丹拍鼓, 如震鼓而小.

20 대본에는 '深'으로 되어 있으나, 사고전서 『樂書』에 의거하여 '謂之漢鼓'로 바로잡았다.

옛날에 부견[21]이 구자국을 패망시키고 갈고·개고(革皆鼓)·장고·요고를 획득했다. 한나라와 위나라에서 썼는데, 큰 것은 반죽한 흙을 구워서 만들고 작은 것은 나무로 만들었다. 모두 머리는 넓고 배는 홀쭉하니, 송나라의 소사화(蕭思話)[22]가 세요고라고 말한 것이 이것이다. 당에는 정고(正鼓)와 화고(和鼓)의 구별이 있었고, 후주에는 3등급의 제도가 있었다.

오른쪽은 채로 치고[杖] 왼쪽은 손으로 두드리므로[拍], 후세에 장고 또는 박고로 불렀으며, 또한 위고(魏鼓)로도 불렀다. 대곡입파(大曲入破)를 연주할 때마다 갈고·대고와 함께 치는데, 그 소리가 화평하고 씩씩하면서도 절도가 있다. 당나라의 송경이 명황(明皇 : 玄宗)과 더불어 제작법을 논할 때 청주석(青州石)이 아니면 증산화자(曾山花瓷)[23]가 될 수 없다고 한 것은 그 말이 지나치다. 오늘날 거란의 박고는 진고(震鼓)와 같은데, 작다.

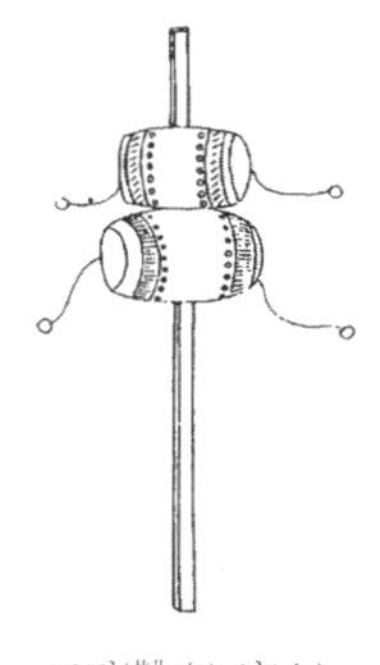
도뢰(鞉牢) 상(上)

도뢰(鞉牢) 상(上)

127-16. 鞉牢龜茲部樂也. 形如路鞉, 而一柄疊二[24]枚焉, 古人嘗謂, 左手播鞉牢, 右手擊雞婁鼓, 是也.

---

21 부견(苻堅) : 338~385. 5호 16국의 하나인 전진(前秦)의 군주로 357년에 사촌형인 부생(苻生)을 죽이고 제위에 올라, 전연(前燕)과 전량(前涼)을 무찌르는 등, 16국 중 최강자가 되었다. 한인 왕맹(王猛) 등을 중용하여 학문을 장려하고 농경을 활발히 일으켜 국세를 크게 떨쳤다. 동진을 공략하다가 비수 전투에서 크게 패한 후 요장(姚萇)에게 피살되었다.

22 소사화(蕭思話) : 406~455. 효의황후(孝懿皇后)의 조카다. 원가(元嘉 424~453) 연간에 청주자사가 되고, 효무제 때 상서좌복야에 오른 뒤 나중에 영주자사가 되었다. 젊을 때 노는 것을 일삼았으나, 훗날 이를 반성하여 학업에 매진했다. 양흔(羊欣)에게 글씨를 배워 이왕(二王)이후의 제1인자가 되었다.

23 대본에는 없으나, 『說郛』(元 陶宗儀 撰) 권101下에 의거하여 '瓷'를 보충하여 번역했다.

24 대본에는 '三'으로 되어 있으나, 사고전서 『樂書』에 의거하여 '二'로 바로잡았다.

도뢰는 구자부의 악기이다. 노도(路鞉)처럼 생겼고, 자루 하나에 2개의 북통이 겹쳐있다. 옛사람이 일찍이 '왼손으로 도뢰를 흔들고 오른손으로 계루고를 친다'고 한 것이 이것이다.

도뢰(鞉牢) 하(下)

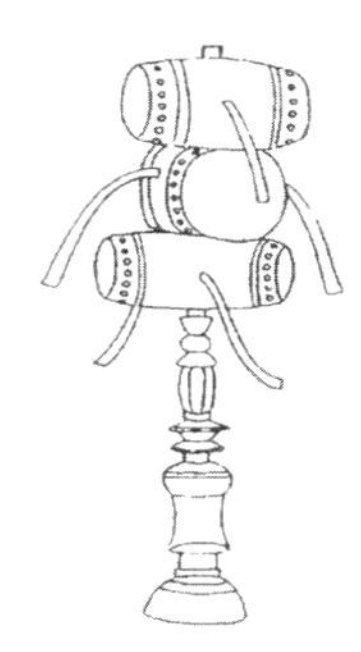
도뢰(鞉牢) 하(下)

127-17. 唐樂圖所傳, 形製如此. 亦龜玆部用之.

『당악도』에 전하는 것은 이와 같이 생겼다. 또한 구자부에서 이것을 쓴다.

낙월고(駱越鼓)

127-18. 後漢馬援好騎善別名馬, 得交阯駱越銅鼓, 鑄爲馬式焉.

후한의 마원[25]은 말타기를 즐겼고 명마를 잘 고를 줄 알았다. 교지에서 낙월동고를 얻어서, 이를 주조하여 마식(馬式)으로 삼았다

25 마원(馬援) : BC 14~AD 49. 광무제가 후한을 세우는 것을 도왔으며 교지(交阯)의 난을 진압하고 흉노족을 쳐서 공을 세웠다. 그의 딸이 후한 2대 황제인 명제(明帝, 재위 58~75)의 황후가 되는 등 영화를 누렸지만, 언제나 검소하게 살았다.

밀수고(密須鼓)

127-19. 左傳云 : “分唐叔以密須之鼓” 又曰 : “密須之鼓與其大輅, 文王所以大蒐也”

『좌전』에 “당숙(唐叔 : 晉의 시조)에게 밀수[26]의 북을 나누어 주었다”[27]라고 하고, 또 “밀수고와 대로(大輅)[28]는 문왕이 군대를 검열할 때 사용하였다”[29]라고 하였다.

고반(鼓柈)

127-20. 風土記 : “越俗飮讌, 卽鼓柈[30]以爲樂, 取大素圜柈, 以廣尺五六者, 抱以着腹, 以右手五指更彈之, 以爲節, 舞者擽地擊掌, 以應拌節而舞焉”

『풍토기』에 “월나라 풍속에 술을 마시며 잔치를 할 때 쟁반을 두드리며 즐긴다. 너비가 1척 5~6촌 되는 둥글고 큰 쟁반을 안아서 배에 대고, 오른쪽 다섯 손가락으로 번갈아 쳐서 박자를 짚으면, 춤추는 자들이 발로 땅을 구르고 손바닥을 치면서 쟁반의 절주에 응하여 춤춘다”라고 하였다.

---

26 밀수(密須) : 은대(殷代)에 있었던 길성(姞姓)의 나라 이름. 주 문왕에게 망하였다.

27 『春秋左氏傳』 定公 4년(1).

28 대로(大輅) : 천자가 타는 수레.

29 『春秋左氏傳』 昭公 15년(7).

30 대본에는 ‘拌’으로 되어 있으나, 사고전서 『樂書』에 의거하여 ‘柈’으로 바로잡았다.

권128 악도론(樂圖論)

호부(胡部) / 팔음(八音) / 사지속(絲之屬) 상(上)

호금(胡琴)

128-1. 唐文宗朝, 女伶鄭中丞善彈胡琴, 昭宗末, 石潨善胡琴, 則琴一也, 而有擅場然胡漢之異, 特其制度殊耳.

당 문종(재위 826~840) 때 여령[1] 정중승이 호금을 잘 탔고, 소종(재위 888~904) 말기에 석총이 호금을 잘 탔다. 호금은 금(琴)과 같은 종류이지만 호(胡)와 한(漢)의 차이만큼이나 제도가 다르다.

---

1 여령(女伶) : 악가무를 전문으로 하는 여자 음악인. 여악(女樂) · 여기(女技)라고도 한다.

해금(奚琴)

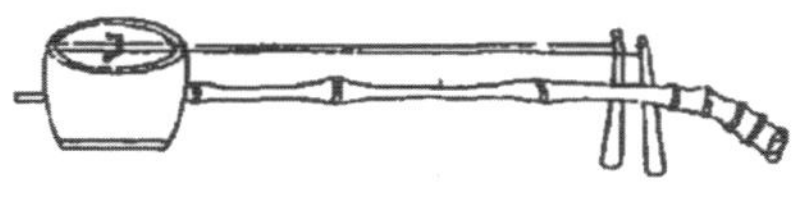
해금(奚琴)

128-2. 奚琴本胡樂也. 出於絃鼗而形亦類焉, 奚部所好之樂也. 蓋其制兩絃間, 以竹片軋之, 至今民間用焉, 非用夏變夷之意也.

해금은 본래 호부(胡部)[2]의 악기다. 현도(絃鼗)에서 유래한 것으로 모양도 또한 비슷하다. 해족이 좋아하는 악기로서, 그 제도는 두 줄 사이를 대쪽으로 마찰한다. 지금도 민간에서 쓰고 있으니, 중화의 문화로 오랑캐를 변화시키지 못한 것이다.

포금(匏琴)

128-3. 隋煬帝平林邑國, 獲扶南樂工及匏琴. 其制至陋不可用. 但以天竺樂, 傳寫其聲, 其不齒樂部宜矣.

수 양제[3]가 임읍국[4]을 평정하고 부남의 악공과 포금을 얻었는데, 그 제도가 매우 비루하여 쓸 수 없었다. 다만 천축 악기로 그 소리를 모사했을 따름이니, 악부에 끼이지 못한 것이 마땅하다.

---

2 호(胡) : 고대에는 북방과 서방에 살았던 흉노만을 일컬었으나, 후대에는 변방 밖의 소수민족의 범칭으로 쓰였다.

3 양제(煬帝) : 재위 604~617. 수의 제2대 황제이다. 대운하와 거대한 궁전을 건설하여 백성들을 도탄에 빠뜨렸고, 세 번이나 고구려 원정에 나섰으나 모두 실패했다.

4 임읍국(林邑國) : 베트남 중부 지방에 위치해 있던 인도네시아계의 참족이 세운 왕국이다.

호슬(胡瑟)

128-4. 弁韓國其樂器有瑟, 其形如筑, 彈之有音曲. 蓋與胡琴類矣.

변한국[5]의 악기에 슬이 있는데 축(筑)과 비슷하며, 그 악기로 타는 음곡이 있다. 호금과 유사하다.

호롱(胡弄)

128-5. 越裳操者, 因越裳獻雉而作也. 趙師曹善鼓琴. 忉利天王子般遮, 彈之而聲聞, 舍利爲之起舞焉. 摩訶兜勒, 張騫入西域所得者也. 晉楚人劉琨, 世爲樂吏,[6] 制胡笳五弄. 趙耶利所修者也, 胡笳[7]四弄. 有上舞・下舞・上間絃・下間絃, 明君所傳者也.

今夫彈操弄者, 前緩後急, 妙曲之分布也, 時中急後緩, 節奏之停歇也, 或疾打則聲如劈竹, 或緩挑則韻平風生, 亦有聲正厲, 而以指按殺, 亦有響絶, 而意猶未盡. 是以知聲不知音, 彈絃不彈意也. 陶潛嘗曰: "但得琴中趣, 何勞絃上聲", 可謂深于琴者矣.

《월상조》[8]는 월상에서 꿩을 바친 일로 인해 지어진 악곡이다. 조사(趙

5 변한국(弁韓國): 삼한(三韓) 중의 한 나라. 마한(馬韓)의 동쪽, 진한(辰韓)의 서쪽에 위치하여, 12개의 부락 국가로 이루어졌다. 후에 신라에 병합되었다.

6 대본에는 '史'로 되어 있으나, 사고전서『樂書』에 의거하여 '吏'로 바로잡았다.

7 대본에는 '家'로 되어 있으나,『文獻通考』권137에 의거하여 '笳'로 바로잡았다.

8 월상조(越裳操)는 주공이 지은 것이라 한다. 월상은 교지(交趾: 지금의 베트남 북부인 통킹・하노이 지방) 남쪽에 있었던 나라 이름이다. 주 성왕 때 주공이 섭정하면서 예악을 제정하여 천하가 화평하니, 월상에서 흰꿩을 성왕에게 바쳤다.〈『通志』권49〉

師)는 금을 매우 잘 탄 사람이다. 도리천의 왕자 반차가 금을 타면, 그 소리를 듣고 '사리'로 불리우는 고운 새가 너울너울 춤추었다.

《마하도륵》은 장건[9]이 서역에 들어갔을 때 얻은 것이다. 진초인(晉楚人) 유곤은 대대로 악리(樂吏)였으며, 《호가오롱(胡笳五弄)》을 지었다. 조야리[10]가 연주한 것은 《호가사롱》이다. 《상무(上舞)》·《하무(下舞)》·《상간현(上間絃)》·《하간현(下間絃)》은 명군(明君)[11]이 전한 것이다.

롱(弄)을 타는 방법은 일반적으로 전반부는 완만하게 연주하다가 후반부는 급촉하게 연주하는데, 때로 중간을 급촉하게 연주하다가 뒤에 완만하게 연주하여 절주에 변화를 주기도 한다. 혹 빨리 타서 대나무를 쪼개듯 명쾌한 소리를 내기도 하고, 혹 완만하게 뜯어서 바람이 살랑거리듯 감미로운 소리를 내기도 한다. 손놀림의 강약에 따라 때로는 부드럽게 때로는 세차게 울리되, 이루 다 마음을 표현할 수 없을 때는 오히려 아무 소리도 내지 않는다. 그러므로 '성(聲)'은 알아도 '음(音)'을 알지 못하는 경우가 있듯이, 줄을 퉁기는 것으로 마음을 표현할 수 없는 경우도 있다. 도잠[12]이 일찍이 "금의 고아한 운치를 터득하면, 어찌 굳이 금의 줄을 퉁

9 장건(張騫) : B.C.?~B.C.114. 무제 때 대월지(大月氏)에 사신으로 갔다가 흉노에 억류되었다. 10여년만에 도망하여 돌아온 뒤 한이 흉노를 공격할 때 길을 인도하는 공을 세워 박망후(博望侯)로 봉해지고, 오손(烏孫) 등지에 사신으로 나갔다. 이로부터 동서의 교역이 비롯되었다.

10 조야리(趙耶利) : 539~639. 당 초기의 금(琴) 연주가이다. 금을 타는 기예가 뛰어나서 세상 사람들이 그를 존중하여 조사(趙師)라고 불렀다.

11 명군(明君) : 왕소군(王昭君). 후한 때의 『서경잡기(西京雜記)』에 의하면, 대부분의 후궁들이 화공(畵工)에게 뇌물을 바치고 아름다운 초상화를 그리게 하여 황제의 총애를 구했으나 왕소군은 뇌물을 바치지 않았으므로 추하게 그려졌고, 그 때문에 오랑캐의 아내로 뽑혔다. 소군이 말을 타고 떠날 즈음에 원제가 보니 절세미인이었다. 원제는 크게 노하여 소군을 추하게 그린 화공 모연수(毛延壽)를 참형에 처하였다는 유명한 일화가 있다. 진(晉)나라 때에는 문제 사마소(司馬昭)의 이름과 글자가 같은 것을 피하기 위하여 왕명군(王明君) 또는 명비(明妃)로 불렀다.

12 도잠(陶潛) : 365~427. 자는 연명(淵明)이다. 젊어서 잠깐 관직에 있었을 뿐이고 향리로 돌아가 자연의 아름다움을 즐기면서 시를 썼다. 그의 시풍은 당대(唐代)의 맹호연(孟浩然), 왕유(王維), 저광희(儲光羲) 등 많은 시인들에게 영향을 줬다. 주요 작품으로 ≪오류선생전≫, ≪도화원기≫, ≪귀거래사≫ 등이 있다.

겨 소리를 내겠는가?"라고 하였으니, 금에 조예가 깊은 자라고 할만하다.

대공후(大箜篌)·소공후(小箜篌)【감후(坎篌)·공후(空篌)】

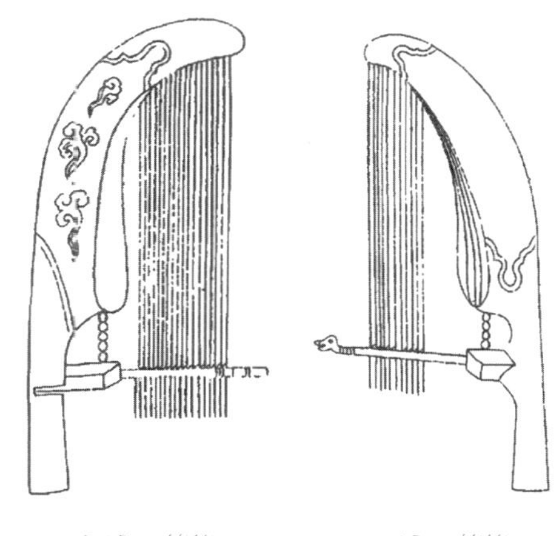
대공후(大箜篌) 소공후(小箜篌)

128-6. 劉熙釋名曰："箜篌師延所作靡靡之樂, 蓋空國之侯所存也. 後出桑間濮上, 師涓爲晉平公鼓焉. 鄭魏分其地. 因命淫樂, 爲鄭衛焉" 或謂："漢武帝使樂人侯暉, 作坎侯, 蓋取其聲坎坎, 以應樂節. 後世聲訛, 爲箜篌爾." 二說, 蓋皆有所受之也.

舊說："皆如琴制. 唐制似瑟而小, 其絃有七, 用木撥彈之, 以合二變. 故燕樂有大箜篌·小箜篌. 音逐手起, 曲隨絃成, 蓋若鶴鳴之嘹唳, 玉聲之淸越者也." 然非夷狄之制, 則鄭衛之音, 非燕樂所當用也. 或謂取其空中名之, 眞臆說歟.

昔有白首翁溺于河, 其妻麗玉, 素善十三絃箜篌, 作爲公無渡河曲, 以寄哀情. 唐咸亨初第一部, 有張小子, 太和初, 有李齊皐, 及其女並善此伎. 敎坊雖亦有人, 能者未有一二爾. 幽明錄述, "陳女阿登善彈箜篌, 亦異事也. 唐敎坊謝大善歌, 嘗唱烏夜啼, 明皇親御箜篌和之" 以帝王之尊, 親御胡人之樂, 何其失君之體也.

유희의 『석명』에 "공후는 사연(師延)[13]이 퇴폐적인 음악을 연주할 때 쓰인 악기이므로, '공국지후(空國之侯)'라는 이름으로도 불렸다. 훗날 상간복상[14]에서 퇴폐적인 음악이 들렸고, 사연(師涓)[15]이 진 평공을 위해 이를 모사하여 연주했다. 상간은 정나라와 위나라가 나뉘는 지점에 있다. 따라서 음란한 음악을 가리킬 때는 정·위의 음악이라 한다"라고 하였다. 혹은 "한 무제[16]가 악인 후휘를 시켜 악기를 만들게 했는데, 그 소리가 감감하게[17] 악절에 응하므로 '감후'라고 했다. 그러나 후세에 와전되어 공후로 불렸다"라고 말하기도 한다. 두 가지 설이 모두 어떤 근거가 있을 것이다.

구설에 "공후는 모두 금의 제도와 같다. 당제(唐制)는 슬과 같은데 작으며, 7현이고, 목발(木撥)[18]을 써서 타고, 2변성까지 낸다. 그러므로 연악(燕樂)에 대공후와 소공후가 연주되었다. 손놀림에 따라 음이 일어나고 현을 따라 곡이 이루어지니, 학이 아스라이 우는 듯하고 옥소리가 멀리 울려 퍼지는 듯하다"[19]라고 하였다.

---

13 사연(師延) : 은나라 주왕(紂王) 때의 악사. 왕자년의 『拾遺記』에 따르면, "주왕이 여색에 빠져 사연을 가둬놓고 극형에 처하고자 했다. 사연은 갇혀 있으면서 ≪청상(淸商)≫ ≪유치(流徵)≫ ≪척각(滌角)≫ 등의 음악을 연주했다. 감옥을 관리하는 자가 주왕에게 이를 들어보라 청하니, 고리타분하다며 내쳤다 이에 사연이 정신을 미혹시키는 음악으로 바꾸어 연주함으로써 형벌을 면할 수 있었다. 주 무왕이 군사를 일으키자 사연은 복수(濮水)에 빠져 죽었다"라고 하였다.

14 상간복상(桑間濮上) : 상간은 복수(濮水)의 상류인 위(衛)나라 지명.

15 사연(師涓) : 사연이 위나라 영공(靈公)을 모시고 진(晉)으로 가는 길에 복수 근처에서 묵게 되었는데, 밤에 음악소리가 들리자 사연에게 가락을 베끼게 했다. 진에 도착하여 사연이 진 평공 앞에서 연주하자 진나라 악사 사광(師廣)이 '이는 紂王을 쾌락에 빠뜨리게 한 음악'이라며 저지하였다.

16 한(漢) 무제(武帝) : B.C.156~B.C.87. 재위 B.C.141~ B.C.87. 유학을 바탕으로 하여 국가를 다스렸으며 해외 원정을 펼쳐 당시 중국 역사상 가장 넓은 영토를 만들어 전한의 전성기를 열었다. 그의 치세에 장건이 서역과 통하는 실크로드를 개척하였고, 위청과 곽거병 등으로 하여금 흉노를 소탕케 하였으며 또한 고조선을 멸망시켜 한사군을 설치하였다.

17 감감(坎坎) : 의성어이다.

18 목발(木撥) : 현악기의 줄을 튕기는 나무채.

19 『御定淵鑑類函』 권189 「增文獻通考曰 : "箜篌, 唐制似瑟而小. 其絃有七, 用木撥彈之, 以合二變. 故燕樂有大箜篌小箜篌. 音逐手起, 曲隨絃成. 蓋若鶴鳴之嘹唳, 玉聲之淸越者也.」

오랑캐 제도를 그르게 여긴다면 정·위의 음악을 연악에 써서는 안 된다. 망해가는 나라[空國]에서 즐겨 타던 악기라는 뜻에서 악기 이름에 '공'을 썼다는 설은,[20] 참으로 억설이다.

옛날에 머리가 하얗게 센 노인이 황하에 빠져 죽고 말았다. 그의 아내 여옥[21]이 평소에 13현 공후를 잘 탔으므로, 《공무도하곡》을 지어 슬픈 마음을 표현했다. 당나라 함형(670~673) 초기의 장소자 및 태화(827~835) 초기의 이제고와 그 딸이 또한 공후를 잘 탔다. 교방에도 연주자가 있긴 하지만, 능한 자가 한두 사람도 없다.

『유명록』에 "진(陳)나라 여인 아등이 공후를 잘 탔으니, 또한 특이한 일이다. 당나라 때 교방의 사대란 자가 노래를 잘했는데, 어느 날 《오야제(烏夜啼)》를 부르니, 명황이 친히 공후를 연주하여 화답하였다"라고 하였다. 존귀한 제왕이 친히 호인의 악기를 연주했으니, 임금의 체통을 잃은 것이다.

수공후(竪箜篌) 【벽공후(擘箜篌)·호공후(胡箜篌)[22]】

128-7. 竪箜篌胡樂也, 其體蓋曲而長, 其絃二十有三, 植抱于懷, 用兩手齊奏之. 俗謂之擘箜篌, 亦謂之胡箜篌.

高麗等國, 有竪箜篌臥箜篌之樂, 其引則朝鮮津卒霍里子高, 所作也.

---

20 『歷代詩話』(歸安 吳景旭 撰) 권24 「樂府雜錄云, 箜篌乃鄭衛之音權輿也, 以其亡國之音, 故號空國之侯 【『악부잡록』에 이르기를, "공후는 정·위의 음란한 음악의 시초로서 망해가는 나라의 음이 되었으므로 '空國之侯'로 불리웠다"라고 하였다.】

21 『樂書』 128-6에서는 여옥을 백수광부의 아내라고 했지만, 『古今注』에서는 여옥을 곽리자고의 아내라고 했다.

22 대본의 표제에는 '臥箜篌 【擘箜篌·胡箜篌】'로 되어 있으나, 내용상으로는 벽공후·호공후가 수공후의 딴 이름이므로, '竪箜篌 【擘箜篌·胡箜篌】'로 바로잡았다.

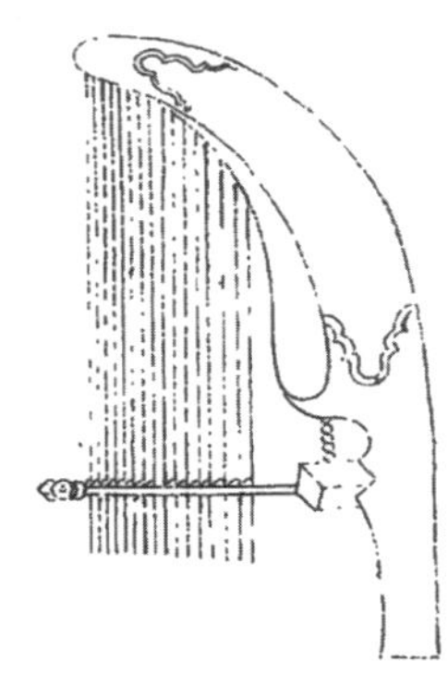
수공후(竪箜篌)

【霍里子高, 晨刺舡. 有一白首狂夫, 被髮提壺亂流而渡, 其妻隨而止之, 遂不能及, 竟墜河而死. 于是悽傷, 援琴作歌而哀之, 以象其聲. 故曰箜篌引.】

漢靈帝素好此樂, 以人主而好夷樂, 則臣下化之, 中國幾何不夷之乎? 唐明皇之善羯鼓, 而有胡鶵亂華之禍. 然則後世之君, 可不以漢唐爲戒哉? 後世教坊亦用焉, 去之可也.

수공후는 호부의 악기이다. 몸체가 길면서 윗부분이 굽어 있고, 23현이다. 세워서 가슴에 안고 두 손으로 나란히 연주하는데, 세속에서 '벽공후(擘箜篌)' 또는 '호공후(胡箜篌)'라 부른다.

고려 등의 나라에 수공후와 와공후로 연주하는 음악이 있으니, 《공후인》은 조선의 뱃사공 곽리자고가 지은 것이다.[23] 【곽리자고가 새벽에 배를 젓는데, 백수광부가 머리를 풀어 헤친 채 호리병을 끼고 비틀거리면서 강을 건너는 것이었다. 뒤쫓아 온 그의 아내가 그를 말리려 했으나, 이미 때는 늦어 백수광부가 빠져 죽고 말았다. 곽리자고는 너무나 애달

23 이와 달리 『古今注』에서는 ≪공후인≫의 작자를 곽리자고의 아내 여옥이라 하였다. 그 내용을 소개하면 다음과 같다. 「箜篌引朝鮮津卒霍里子高妻麗玉所作也. 子高晨起刺船而櫂, 有一白首狂夫被髮提壺亂流而渡. 其妻隨呼止之, 不及遂墮河水死. 於是援箜篌而鼓之作公無渡河之歌, 聲甚悽愴, 曲終自投河而死. 霍里子高還以其聲語妻麗玉, 玉傷之乃引箜篌而寫其聲. 聞者莫不墮淚飮泣焉. 麗玉以其聲傳鄰女麗容, 名曰箜篌引焉【≪공후인≫은 조선의 뱃사공 곽리자고의 아내 여옥이 지은 것이다. 어느 날 새벽에 곽리자고가 배를 젓는데, 백수광부가 머리를 풀어헤친 채 술병을 끼고 비틀거리면서 강물을 건너는 것이었다. 뒤쫓아 온 그의 아내가 그를 말리려 했으나, 이미 때는 늦어 그 백수광부는 결국 죽고 말았다. 그의 아내가 울부짖다가 문득 갖고 있던 공후를 타면서 ≪공무도하가≫를 불렀는데 그 소리가 아주 슬펐다. 노래를 다 부르자 아내도 물에 몸을 던져 스스로 목숨을 끊었다. 뜻밖의 광경을 목격한 곽리자고는 돌아와 자기 아내 여옥에게 그 이야기를 하고 구슬펐던 노래를 들려 주었다. 이야기를 들은 여옥은 어느새 눈물을 흘리며 그 노래를 바탕으로 공후를 연주하니, 눈물을 흘리지 않는 사람이 없었다. 여옥은 이웃에 사는 아낙네 여용(麗容)에게도 이 노래를 가르쳐 주어 전하고, ≪공후인≫이라 이름 붙였다.】」

파서 금(琴)을 잡아 당겨 노래를 지어 슬퍼했는데, 그가 탄 곡은 '백수광부의 아내가 공후를 타면서 슬픔을 토로한 소리'를 본떴으므로 《공후인》으로 불리웠다.[24]】

한 영제[25]가 평소 이 악기를 좋아했다. 왕이 오랑캐 음악을 좋아하면, 신하들이 물들어 중국이 오랑캐처럼 되지 않는 경우가 얼마나 되겠는가? 당 명황이 오랑캐 악기인 갈고를 잘 치자, 안록산과 같은 오랑캐 조무래기가 중화를 어지럽힌 불행한 일이 터졌으니, 후세 임금들이 어찌 한 영제와 당 명황의 일을 경계삼지 않아서야 되겠는가? 후세의 교방에서 또한 이것을 쓰고 있으나, 제거하는 것이 옳다.

와공후(臥箜篌)

128-8. 酉陽雜俎 : "魏高陽王雍美人徐月華, 能彈臥箜篌, 爲明妃出塞聲. 有田僧超, 能吹笳, 爲壯士歌項羽吟. 將軍崔延伯, 出師每臨敵, 令僧超爲壯士聲, 遂單騎入陣"

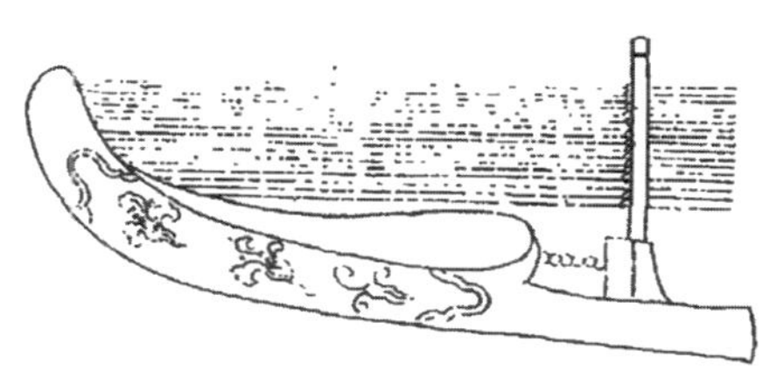

와공후(臥箜篌)

『유양잡조』[26]에 "위나라 고양왕

24 『樂書』 179-6의 「尋霍里子高晨朝刺舡而濟, 有白首狂夫, 被髮提壺, 亂流而度, 其妻追止之不及. 遂溺而死. 於是鼓箜篌而歌曰 '公無渡河, 公竟渡河, 將奈公何.' 曲終赴河而歿. 子高聞其歌悲, 援琴而哀切以象其聲, 是也.」를 참조하여 번역했다.

25 영제(靈帝) : 156~189, 재위 168~189. 후한의 제12대 황제이다. 슬하에 자식이 없던 환제의 유지에 따라 5촌 조카인 영제가 13세의 나이로 제위에 올랐다. 189년에 34세의 나이로 붕어하였다. 영제의 죽음을 계기로 군웅할거 시대가 열려, 삼국 시대로 이어졌다.

26 유양잡조(酉陽雜俎) : 당나라의 단성식(段成式, ?~863)이 지은 수필집. 이상한 사건,

옹[27]의 미인(美人)[28] 서월화가 와공후로 《명비출새성(明妃出塞聲)》[29]을 잘 연주했고, 전승초는 가(笳)로 《장사가(壯士歌)》와 《항우음(項羽吟)》[30]을 잘 연주했다. 장군 최연백이 전쟁에 나가 적과 싸울 때마다 전승초에게 《장사성》을 연주하게 하고 홀로 말을 타고 진영에 들어갔다"라고 하였다.

봉수공후(鳳首箜篌)

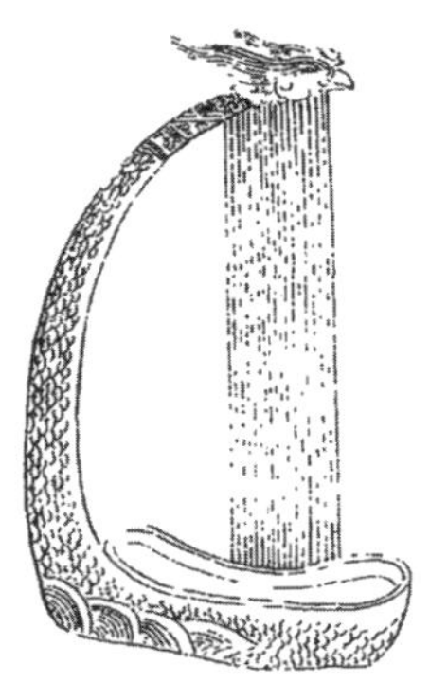

봉수공후(鳳首箜篌)

128-9. 鳳首箜篌出于天竺伎也, 其制作曲頸鳳形焉. 扶婁・高昌等國鳳首箜篌, 其上頗奇巧也.

봉수공후는 천축기에서 유래되었는데, 울림통과 줄을 연결하는 구부러진 목 부분이 봉황 모양으로 장식되었다. 부루국과 고창국 등의 봉수공후는 윗부분이 상당히 정교하게 만들어졌다.

황당무계한 이야기를 비롯하여 도서・의식(衣食)・풍습・동식물・의학・종교・인사(人事) 등 온갖 사항에 관한 것을 탁월한 문장으로 흥미있게 기술하여, 당나라 사회를 연구하는 데 귀중한 사료가 되고 있다.

27 고양왕(高陽王) 옹(雍) : ?~528. 북위 헌문제(獻文帝, 재위 465~471)의 아들로, 영태후(靈太后) 섭정 때 승상을 지냈다.

28 미인(美人) : 비빈(妃嬪)의 칭호.

29 명비출새성(明妃出塞聲) : 흉노와의 화친을 위해 한(漢)의 궁녀 왕소군(王昭君)이 흉노족의 선우(單于)와 혼인하러 변방으로 떠날 때의 슬픈 정경을 표현한 곡. 왕소군은 진(晉) 문제(文帝) 사마소(司馬昭)의 이름을 피하기 위해 왕명군(王明君) 또는 명비(明妃)로 불렸다.

30 항우(項羽) : B.C.232~B.C.202. 진(秦)나라 말기에 유방(劉邦)과 천하를 놓고 다툰 무장. 진나라가 혼란에 빠지자 봉기하여 진군을 도처에서 무찌르고 관중으로 들어갔다. 진을 멸망시킨 뒤 서초 패왕이라 칭했으나 해하에서 유방에게 포위되어 자살했다.

권129 악도론(樂圖論)

호부(胡部) / 팔음(八音) / 사지속(絲之屬) 하(下) /

추비파(搊琵琶) 【오현(五絃)】

129-1. 五絃琵琶蓋出于北國, 其形制如琵琶而小. 舊彈以木, 至唐太祖時, 始有手彈之法, 所謂搊琵琶是也. 國史補曰 : "趙璧之彈五絃, 人問其術. 璧曰, '始則心驅之, 中則神遇之, 終則天隨之方. 吾浩然眼如耳, 耳如鼻, 不知五絃之爲璧, 璧之爲五絃也' 然趙璧之爲五絃, 妙則妙矣, 然非正始之音, 古人不取也.

추비파(搊琵琶)

唐之德宗嘗詔嬪御彈之, 而元稹有五賢並用調五常, 五常旣敘三光耀[1]之說, 可謂正救之臣矣. 方之宋璟, 以羯鼓腰鼓悅明皇, 不猶賢乎哉.【白樂天亦云, '人情重今, 多賤古. 古瑟有絃, 人不撫, 更從趙璧. 藝成來二十五絃不如五', 亦諷諫之道也】

오현비파는 북국에서 유래되었으며, 비파처럼 생겼는데 작다. 옛날에는 목발(木撥)[2]로 탔으나 당 태조[3] 때 비로소 손으로 타는 수법이 생겼으니,[4] 이른바 추비파[5]가 이것이다.

『국사보』에 "조벽이 5현을 타자 사람들이 그 비법을 물었다. 벽은 '처음에는 생각으로 음(音)을 좇아갔고, 중간에는 정신으로 음을 느꼈으며, 마지막에는 자연스럽게 그 음에 따랐을 따름입니다. 제가 음악에 푹 빠져들 때면, 눈으로 보는 것은 듣는 것과 같아지고, 귀로 듣는 것은 코로 냄새를 맡는 것과 같아져서 오현이 조벽이 된 것인지 조벽이 오현이 된 것인지 모릅니다'라고 답하였다"라고 하였다. 조벽이 오현과 일체가 된 경지가 참으로 묘하긴 하지만, 정시지음(正始之音)[6]이 아니므로 옛사람이 탐탁하게 여기지 않았다.

당 덕종[7]이 어느 날 빈어(嬪御)[8]에게 추비파를 타게 하자, 원진(元稹)[9]이

---

1 대본에는 '序三光'으로 되어 있으나, 문맥상 元稹의 《五弦彈》을 참조하여 '五常既敘三光耀'로 입력하였다.

2 목발(木撥): 현악기의 줄을 튕기는 나무채.

3 당 태조: 당 고조 이연(李淵, 566~635)이 건국하고 황제로 즉위함에 따라 그의 조부 이호(李虎)를 태조로 추숭하였다.

4 손으로 타는 수법이 처음 생긴 시기를 진양의 『樂書』에서는 당 태조 때라고 했지만, 『舊唐書』에서는 당 태종 정관(貞觀, 627~649) 때라고 하였다.
『舊唐書』 권29 「五絃琵琶稍小, 蓋北國所出. 風俗通云以手琵琶之因爲名. 案舊琵琶皆以木撥彈之, 太宗貞觀始有手彈之法. 今所謂搊琵琶者是也.」

5 추(搊)는 손가락으로 줄을 튕긴다는 뜻이다.

6 정시지음(正始之音): 白居易의 五弦彈詩에 '正始之音其若何 朱絃疏越淸廟歌'라는 구절이 나온다. 따라서 정시지음이란 바로 '지나치게 맑거나 빠르지 않은 아정한 음악'을 가리킨다. 현을 누여서 붉은 빛이 돌면 음(音)이 탁하여 맑지 않고, 공명통 밑바닥의 구멍을 크게 하면 자연히 현 사이의 간격이 넓어져 음이 지나치게 빨라지지 않게 되기 때문이다.

7 덕종(德宗): 당의 9대 황제. 재위 779~805. 수도 장안의 상업을 더욱 늘려, 혹 '中興의 治'로 불리우기도 하지만, 집권력을 강화하는 과정에서 환관들을 많이 등용하여

"오현(五賢)이 오상(五常)을 지키어 오상(五常)이 행해지면 해·달·별이 빛난다"라는 글을 지어 임금을 경계시켰으니, 임금을 바르게 인도한 신하라고 할 수 있다. 갈고와 요고로 명황(현종)을 기쁘게 송경과 비교하면, 참으로 현명하지 않은가? 【백낙천[10]이 또한 "사람들이 대부분 당시 유행하는 음악만 중하게 여겨 옛것을 천하게 여겨서, 고슬(古瑟)과 같은 현악기가 있으나 사람들이 이를 타지 않고, 조벽이 타는 악기를 좋아하니, 예술적으로 고상한 25현의 슬이 오현보다 못한 취급을 받는 셈이다"라고 말한 것은 넌지시 잘못을 꼬집은 것이다.】

대비파(大琵琶)·소비파(小琵琶)

129-2. 琵琶之制, 刳桐絃蕠而鼓之. '龜腹鳳頸, 熊據龍旋',[11] 其器則琵琶[12]也. 中虛外實, 天地象也. 盤圓柄直, 陰陽序也. 象柱十二, 配律呂也. 絃四法四時也. 長三尺五寸, 法三才五行也. 杜摯曰 : "秦末, 百姓苦長城之役, 爲是器以寫憂心焉" 至漢武帝, 遣烏孫公主, 適昆彌國, 使工

훗날 당나라 멸망의 빌미를 제공하기도 했다.

8 빈어(嬪御) : 임금의 시첩(侍妾), 또는 궁녀. 빈첩(嬪妾).

9 원진(元稹) : 779~831. 자는 미지(微之). 백거이와 함께 원진은 문학을 교화와 사회 개혁의 도구로 인식하였으며, 사회적 저항과 관련된 옛 민가의 전통을 되살리려고 했다. 그가 쓴 소설『앵앵전(鶯鶯傳)』은 중국문학에서 설화 장르의 새 기준을 마련했다.

10 백낙천(白樂天) : 772~846. 낙천은 백거이(白居易)의 字. 호는 향산거사(香山居士)·취음선생(醉吟先生). 일상적인 언어 구사와 풍자에 뛰어나며, 평이하고 유려한 시풍은 원진(元稹)과 함께 원백체(元白體)로 통칭된다. 작품에 ≪장한가((長恨歌)≫, ≪비파행(琵琶行)≫이 유명하고, 시문집에『백씨문집』등이 있다.

11 대본에는 '放'으로 되어 있으나,『御定歷代賦彙』권94에 의거하여 '旋'으로 바로잡았다.

12 대본에는 '箜篌'로 되어 있으나, 薛收의 ≪琵琶賦≫의 구절이 인용된 것이므로, 문맥상 '琵琶'로 바로잡았다.

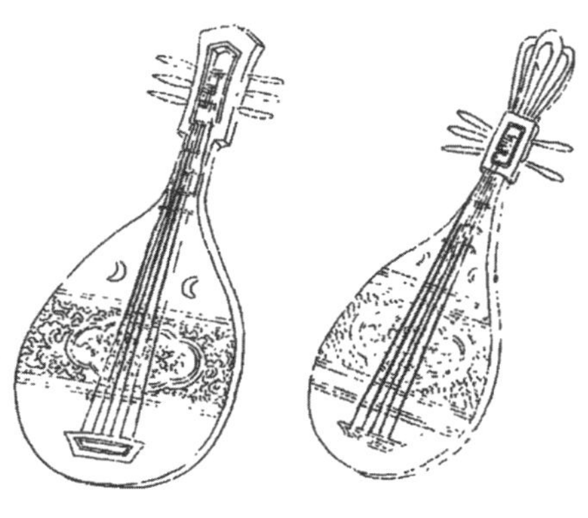
대비파(大琵琶)　　소비파(小琵琶)

師裁箏筑, 爲馬上樂也.

宮調八十一, 旋宮三調, 而所樂非琴非瑟, 特變徵新聲而已. 唐明皇嘗悅而善之, 時有中官使蜀, 得異木奇文琵琶以獻. 楊妃每奏于梨園, 諸王貴主, 競爲琵琶弟子. 天寶之亂, 嘗奏是器於凝碧池上, 舊人李龜年, 徒能欷歔而已. 然則時君世主, 一溺于胡啼蕃語之樂, 其禍卒至于此, 可不愼哉?

비파는 오동나무를 파서 오목하게 만들어 현(絃)을 걸어매고 타는 것이다. '거북의 배와 봉황의 목처럼 생겼는데, 이를 탈 때는 곰의 발톱으로 할퀴는 듯하기도 하고 용이 소용돌이 치는 듯하기도 한다'[13]라는 구절은 바로 비파를 읊은 것이다. 속이 비고 겉이 꽉찬 것은 하늘과 땅을 상징하고, 몸통이 쟁반처럼 둥그스름하고 목이 곧은 것은 음(陰)과 양(陽)을 상징하며, 12괘는 12율에 배합된다. 4현은 4계절을 본뜬 것이고, 길이 3척 5촌은 삼재오행[14]을 본뜬 것이다.

두지[15]는 "진(秦) 말기에 백성이 만리장성의 부역이 고통스러웠으므로, 이 악기[16]를 만들어 괴로움을 토로했다"라고 하였고, 부현(傅玄)[17]의 《비

13　당(唐) 설수(薛收)의 ≪비파부(琵琶賦)≫에 나오는 구절이다.

14　삼재오행((三才五行) : 삼재는 천(天)・지(地)・인(人)을 가리키고, 오행은 .금(金)・목(木)・수(水)・화(火)・토(土)를 가리킨다.

15　두지(杜摯) : 진(秦) 효공 때 상앙(商鞅)과 더불어 개혁에 대해 논쟁을 벌였는데, 두지는 "이익이 백 배가 못되면 법을 변경하지 아니하고, 공적이 10배가 아니면 기구를 바꾸지 않는다"라며, 보수파의 견해를 대변했다

16　당비파의 원형(原形)으로 생각되는 현도(絃鼗)를 가리킨다.〈『山堂肆考』 권162 (明 彭大翼 撰) 「古今樂錄琵琶出於絃鞉. 杜摯以爲秦末苦於長城之役, 故百姓絃鞉而鼓之」〉

17　부현(傅玄) : 217년～278. 자는 휴혁(休奕)이다. 『위서(魏書)』 편찬에 참가했으며, 나중에 홍농태수를 역임했다. 진(晉) 무제(武帝)가 즉위하자 옛 의례를 바탕으로 악장을 제정했는데, 그에게 사(詞)를 짓도록 했다. 순고자(鶉觚子)에 봉해지고, 산기상시

파부)》 서(序)에서는 "한 무제 때 오손공주[18]를 곤미국으로 시집보낼 때, 악공들로 하여금 쟁(箏)·축(筑) 등으로 마상악(馬上樂)을 연주하게 했다"[19]라고 하였다.

궁조 81과 선궁(旋宮) 3조(調)가 있는데, 당시 사람들이 즐긴 것은 금도 아니며 슬도 아니었으며, 악곡 또한 변치로 된 신성(新聲)일 따름이었다. 당 명황이 이를 좋아하고 연주를 잘했으므로, 어떤 중관(中官)이 촉에 사신으로 갔다가 특이한 목재와 기이한 문채로 꾸며진 비파를 구해서 바쳤는데, 양귀비[20]가 매양 이원(梨園)에서 연주하자, 여러 왕과 존귀한 공주들이 다투어 비파를 배웠다.

천보[21]의 난이 일어나자, 일찍이 이 악기를 응벽지(凝碧池)[22] 가에서 연주 했던 연로한 악사 이귀년[23]이 흐느껴 울 따름이었다. 임금이 호악에 빠져 이런 난리를 겪게 되었으니, 삼가지 않을 수 있겠는가?

(散騎常侍)가 되어 간직(諫職)을 관장했다.

18 오손공주(烏孫公主) : 강도왕(江都王) 유건(劉建)의 딸 세군(細君)이다. 오손은 전한 때 서역지방에 할거하던 터키계 유목민족이다. 북방 몽골 땅을 근거지로 하여 한나라를 끊임없이 침범하던 흉노족을 막기 위해, 세군을 한 무제의 딸로 위장하여 오손에 시집보내 정략결혼의 희생양으로 삼았다.

19 『명의고(名義考)』에 따르면, 한나라 공주를 오손으로 시집보낼 때 가는 도중에 고향 생각에 젖을 것을 생각하여 악공들로 하여금 쟁(箏)·축(筑)·공후(箜篌) 등을 연주하게 했는데, 오손 말로는 이들 악기를 모두 비파라고 불렀다고 한다. 악기를 연주할 때 손을 앞으로 내미는 것을 '비'라 하고 손을 뒤로 끌어당기는 것을 '파'라 하는데, 이들 악기는 모두 현을 밀거나 당겨서 연주하기 때문이다.
『名義考』(明 周祈 撰) 권12「傅玄琵琶賦序:"故老云, 漢遣公主嫁烏孫, 念其行道思慕, 使知音者, 裁箏筑箜篌之聲" 以方語目之曰琵琶. 方語烏孫語也. 推手前曰琵引手後曰琶. 烏孫謂箏筑箜篌皆曰琵琶, 以有絃可推引也.」

20 양귀비 : 719~756. 현종의 마음을 사로잡아 황후 이상의 권세를 누렸다. 안녹산의 난이 일어나 도주하던 중 살해되었다.

21 천보(天寶)의 난 : 천보는 당 6대 황제 현종이 742~756에 사용한 연호이다. 천보의 난은 바로 안녹산의 난을 가리킨다.

22 응벽지(凝碧池) : 당(唐) 때 궁정의 뜰에 있던 못 이름. 안녹산이 반란을 일으키고 장안에 진입했을 때 병사들에게 잔치를 베푼 곳.

23 이귀년(李龜年) : 당 현종 때의 유명한 악사로 음률에 정통했다. 나중에 강남을 유랑하다가 두보(杜甫)를 만난 적이 있는데, 두보는 ≪강남봉이구년(江南逢李龜年)≫이란 시를 남겼다. 작품에 ≪위주곡(渭州曲)≫이 있다.

진한비파(秦漢琵琶)

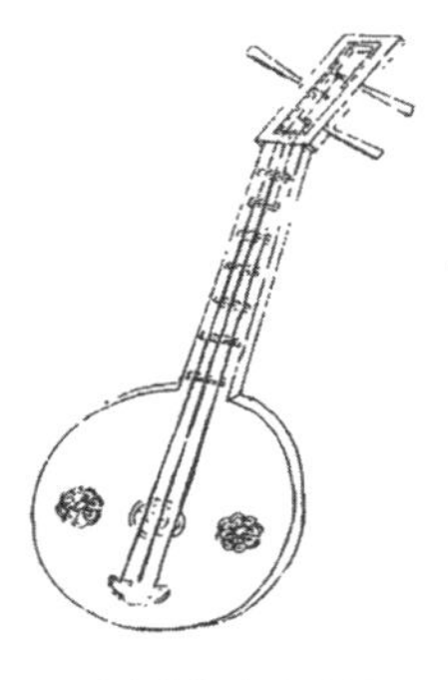
진한비파(秦漢琵琶)

129-3. 秦漢琵琶, 本出于胡人絃鼗之制. 圓體修頸如琵琶, 而小柱十有二, 惟不開目爲異. 蓋通用奏漢之法, 四絃四隔, 合散聲四隔聲十二, 總二十聲.

唐貞元中, 有曹綱裴興奴, 並善其藝, 綱善運撥若風雨, 興奴長于攏撚. 時人謂, '綱有右手, 興奴有左手'. 安節門中, 又有樂吏[24]楊志善此. 其姑尤妙, 自珍其藝, 誓死不傳志, 嘗竊聽彈弄, 私以鞋帶, 記其節奏, 因携樂就姑彈之, 姑大驚異, 悉傳其藝. 夫以一藝之精, 古人且重以傳之. 況有大于此者, 苟非其人, 其可輕授之哉?

진한비파는 본래 호인(胡人)이 타던 현도(絃鼗)라는 악기에서 유래되었다. 비파처럼 공명통은 둥글고 목은 길며, 12개의 작은 괘가 있으며, 눈[目]을 열지 않은 점이 특이하다. 대개 통용되는 진한비파 제도는 4현(絃)·4격(隔)이니, 산성(散聲) 4, 격성(隔聲) 16,[25] 합해서 총 20성(聲)이 난다.

당 정원(785~805) 중에 조강과 배홍노가 기예에 뛰어났는데, 조강은 비바람이 몰아치듯 운지(運指)를 잘 했고, 배홍노는 농현(弄絃)에 뛰어났으므로, 당시 사람들이 '조강은 오른손 수법이 능하고 배홍노는 왼손 수법이 능하다'고 일컬었다.

안절(安節)[26] 문하의 악리(樂吏) 양지가 이 악기를 잘 탔다. 그 고모는 더

24 대본에는 '史'로 되어 있으나, 사고전서『樂書』에 의거하여 '吏'로 바로잡았다.

25 『太平御覽』 권584 '又曰二絃未詳所起, 形如琵琶, 二絃四隔孤柱一. 合散聲二隔聲八柱聲一, 總十一聲, 隨調應律. (…中略…) 又曰六絃史盛作. 天寶中進. 形如琵琶而身長. 六絃四隔孤柱一. 合散聲六隔聲二十四柱聲一, 總三十一聲, 隔[隨]調應律'이라 한 것으로 미루어 보면, 격과 현의 수를 곱한 수만큼 격성이 난다. 진한비파가 4현4격이면, 격성은 16이라야 맞다. 따라서 원문에 '十二'로 되어 있지만 16으로 바로잡아 번역하였다.

26 唐代에 『樂府雜錄』을 지은 단안절(段安節)을 가리킨다.

절묘하게 탔는데, 스스로 그 기예를 보배로 여겨 죽을 때까지 전수하지 않고자 했다. 그러나 어느 날 양지가 몰래 고모가 연주하는 것을 듣고 남모르게 신발 끈에 그 절주를 기록하고는, 악기를 들고 고모에게 가서 연주하니, 고모가 크게 놀라며 기이하게 여겨 그 기예를 다 전수해주었다. 이처럼 옛사람은 한 기예의 정수를 신중하게 전수했는데, 하물며 이보다 더 큰 것은 진실로 적임자가 아니면 경솔하게 전수할 수 있겠는가?

곤륜비파(崑崙琵琶)

129-4. 唐貞元中, 長安大旱, 詔移兩市祈雨. 街東有康崑崙琵琶號爲第一手, 謂街西必無己敵也, 遂登樓, 彈一曲新翻調綠腰, 【樂工進曲, 上令錄書要者, 乃以爲名, 誤言綠腰也】街西亦建一樓, 東市大誚之. 及崑崙度曲, 西樓出一女郎, 抱樂器, 亦彈此曲, 移在楓香調中, 妙絶入神. 崑崙驚駭, 請以爲師. 女郎遂更衣出, 乃裝嚴寺段師善本也. 翼日德宗召之, 佳獎異常, 乃令崑崙彈一曲, 段師曰 : "本領何雜, 兼帶邪聲" 崑崙驚曰 : "段師神人也" 德宗令授崑崙, 段師奏曰 : "且請崑崙不近樂器十數年, 使忘其本領然後可教" 詔許之, 後果窮段師之藝矣.

당 정원(785~805) 연간에 장안에 가뭄이 심하게 들자, 조서를 내려 시장 두 곳을 이전하고 비를 빌었다. 시가지 동쪽에 비파의 최고 명인 강곤륜이 살았는데, 시가지 서쪽에 필시 자기와 대적할만한 사람이 없을 것이라고 말하고는 누각에 올라 새로운 풍의 《녹요(綠腰)》를 탔다. 【악공이 곡을 연주하자 임금이 서요(書要)에 기록하고 이것으로 이름을 삼도록 했는데, 와전되어 '녹요'로 된 것이다】 시가지 서쪽에서 또한 하나의 누각을 세우자 동쪽 시가지 사람들이 비웃었다.

곤륜이 곡을 지어 연주하자, 서쪽 누각에서 여랑(女郎)[27]이 나와 악기를 안고 또한 이 곡조를 풍향조(楓香調)로 이조(移調)하여 연주했는데 신의 경지에 들어간 듯 절묘하였다. 곤륜이 깜짝 놀라 스승이 되어달라고 부탁하였다. 여랑이 옷을 갈아입고 나오니, 바로 장엄사(裝嚴寺)의 선사(禪師) 단선본이었다. 다음날 덕종(재위 779~805)이 이들을 불러 비상한 재주를 칭찬하고 곤륜에게 한 곡을 타게 했는데, 단사(段師)가 "기예에 잡된 것이 섞여 있고 부정한 소리가 난다"고 평하였다. 곤륜이 깜짝 놀라며 "단사는 신인(神人)입니다"라고 말하였다. 덕종이 곤륜에게 전수해주도록 명하니, 단사가 "곤륜이 악기를 십수 년을 멀리 하여 그가 익힌 기예를 다 잊은 뒤에야 가르칠 수 있습니다"라고 아뢰매, 임금이 윤허하였다. 후에 과연 곤륜은 단사의 기예를 모두 습득하였다.

구자비파(龜玆琵琶)

129-5. 後魏曹婆羅門, 受龜玆琵琶于商人, 世傳其業. 至孫妙達,[28] 尤爲北齊高帝所重, 常自擊胡鼓以和之, 失人君之體也.

후위[29]의 조바라문[30]이 상인에게서 구자비파를 배워서 대대로 그 업을

27 여랑(女郎) : 남자와 같은 재주나 기질을 가진 여자.

28 대본에는 '遠'으로 되어 있으나, 사고전서 『樂書』와 『舊唐書』에 의거하여 '達'로 바로잡았다.

29 후위(後魏) : 북위. 선비족의 탁발규((拓跋珪)가 중국 화북지역에 세운 북조 최초의 왕조(386~534)이다.

30 조바라문(曹婆羅門) : 서역 출신인데, 북위 말년부터 중원에 살았다. 그의 아들 조승노(曹僧奴)와 손자 조묘달이 북제에서 음악으로 이름을 떨쳤고, 조승노의 딸은 비파를 잘 탔으며, 북제 후주(後主) 고위(高緯)의 빈(嬪)이 되었다. 당 덕종 연간의 유명한 비파 연주가 조보(曹保)·조선재(曹善才)·조망(曹綱)의 삼대는 조묘달의 후예들이다. 대대로 비파를 직업으로 삼은 이들은 본래 중앙아시아의 조나라에서 살다가

전해 왔는데, 손자 묘달에 이르러 북제[31]의 고제(高帝 : 高洋)에게 많은 총애를 받았다. 고제는 항상 스스로 호고(胡鼓)를 쳐서 화답했으니, 임금의 체통을 잃은 것이다.

사피비파(蛇皮琵琶)

129-6. [32]〈扶南高麗龜玆疎勒西凉等國, 其樂皆有蛇皮琵琶. 以蛇皮爲措, 厚一寸餘, 鱗介具焉. 亦以楸木爲面, 其捍撥以象牙[33]爲之. 圖其國王騎象, 象其精妙也. 近代以琵琶旋宮, 但歷均調, 不分淸濁, 倍絃[34]應律, 多非正聲, 華音所不取也.

부남・고려・구자・소륵・서량 등의 악에 모두 사피비파가 있다. 뱀가죽으로 공명통을 씌우는데 두께는 1촌 남짓이며, 뱀비늘도 붙어 있다. 추목(楸木)으로 공명통을 만들고, 도발(捍撥)[35]은 상아로 만드는데, 공명통에는 국왕이 코끼리를 탄 모습을 그려 정묘함을 다 하였다.

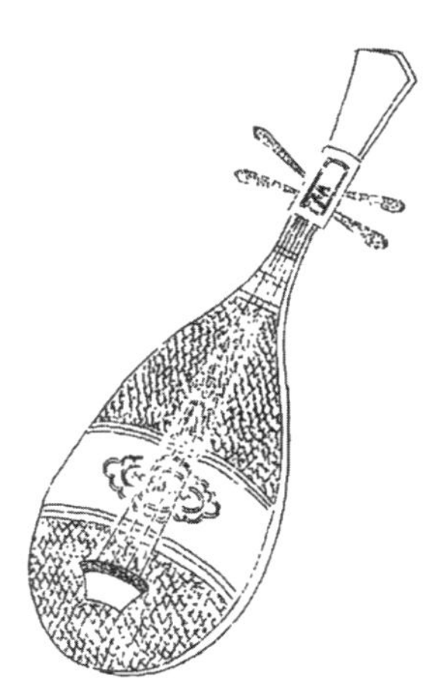
사피비파(蛇皮琵琶)

중국으로 귀화하여, 나라 이름을 성으로 삼은 집안이다.

31 북제(北齊) : 고양(高洋)이 동위를 폐하고 550년에 세운 나라로 577년에 북주에 망했다.

32 『樂書』 129-6, 129-7, 129-8은 대본에 없으므로, 사고전서 『樂書』에 의거하여 보충하고, 〈 〉 표시를 해놓았다.

33 사고전서 『樂書』에는 '皮'로 되어 있으나, 『樂府雜錄』에 의거하여 '牙'로 바로잡았다. 〈『樂府雜錄』(唐 段安節 撰) 「蛇皮琵琶, 盖以蛇皮爲槽, 厚一寸餘, 鱗介具焉, 亦以楸木爲面, 其捍撥以象牙爲之, 畵其國王騎象, 极精妙也.」〉

34 사고전서 『樂書』에는 '絃'으로 되어 있으나, 『文獻通考』 권137에 의거하여 '絃'으로 바로잡았다.

35 도발(捍撥) : 비파를 탈 때 쓰는 도구.

근대에는 비파로 선궁(旋宮)을 하는데, 다만 균조(均調)를 두루 할 뿐, 청탁(淸濁)을 구별하지 않고 현을 배로 하여 율에 맞추니, 대다수가 정성(正聲)이 아니므로, 중국음악이 취할 바가 아니다.

굴자비파(屈茨琵琶)

129-7. 後魏宣武以後酷嗜胡音, 其樂器有屈茨琵琶. 說者謂制度不存, 八音之器所不載. 以意推之, 豈琵琶爲屈茨之形然也.

후위 선무제(재위 499~515) 이후부터 호음(胡音)을 매우 좋아했는데, 그 악기 중에 굴자비파가 포함되어 있었다. 그러나 그 제도가 남아 있지 않고 팔음의 악기에도 실려 있지 않다고 한다. 글자로 추리해보건대 굽은 가시나무처럼 생긴 비파인 것 같다.[36]

와쟁(臥箏)·추쟁(搊箏)

129-8. 高麗樂器用彈箏一·搊箏一·臥箏一. 自魏至隋並存其器, 至于制度之詳, 不可得而知也. 唐平人女以容色選入內者, 敎習琵琶·五

36 중앙아시아 타클라마칸 사막의 북쪽 가장자리 무자트 강의 남쪽에 위치한 고대 왕국 중에 '龜玆'가 있었는데, 굴지(屈支)·굴자(屈茨)·구자(邱玆) 등으로도 기록되었다. 따라서 역자는 진양의 추론과 달리 '屈茨琵琶'는 '龜玆琵琶'와 같은 것이 아닐까 생각한다.

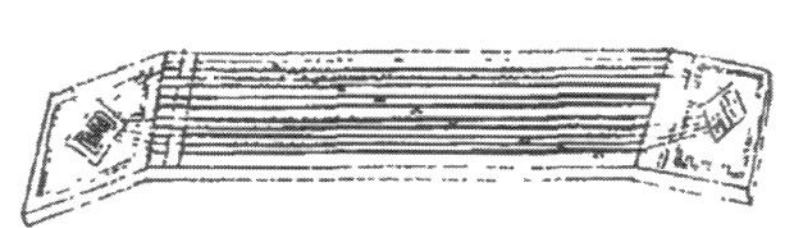

와쟁(臥箏)

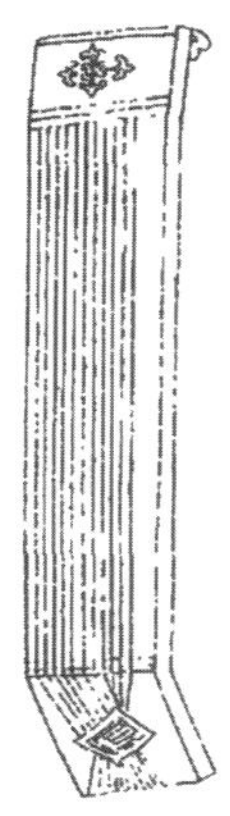

추쟁(搊箏)

弦·箜篌·箏者, 謂之搊彈家. 開元初, 制聖壽樂, 令諸女衣五方色衣歌舞之, 宜春院爲首尾. 搊彈家在行間, 效之而已.〉

고려악에 탄쟁 1, 추쟁 1, 와쟁 1이 있다. 위(魏)에서 수(隋)에 이르기까지 이 악기들이 모두 존재했으나, 그 상세한 제도는 알 수 없다. 당나라 때 평민 여자 중에 자색이 뛰어난 자를 선발하여 궁궐 안으로 들인 뒤, 비파·오현·공후·쟁을 가르쳤는데, 이들을 추탄가(搊彈家)라고 호칭했다. 개원(713~741) 초에 《성수악(聖壽樂)》을 지어, 여인들에게 오방색 옷차림을 하고 노래하고 춤추게 했는데, 기녀출신들이 주축이 되어 앞과 뒤에서 이를 담당했으며, 평민 출신의 추탄가들은 행렬의 중간에서 이들을 따라 했을 따름이었다.

권130 악도론(樂圖論)

호부(胡部) / 팔음(八音) / 죽지속(竹之屬)[37]

피리[觱篥]

130-1. 觱篥一名悲篥一名笳管, 羌胡龜茲之樂也. 以竹爲管, 以蘆爲首, 狀類胡笳, 而九竅. 所法者, 角音而已. 其聲悲栗, 胡人吹之, 以驚中國馬焉. 唐天后朝, 有陷寃獄者, 其室配入掖庭. 善吹觱篥, 乃撰別[38]離難曲, 以寄哀情, 亦號怨回鶻焉.

後世樂家者, 流以其旋[39]宮, 轉器以應律管, 因譜其音爲衆器之首. 至

37 대본에는 '竹之屬'이 없으나, 사고전서 『樂書』에 의거하여 보충하였다.

38 대본에는 '別撰'으로 되어 있으나, 사고전서 『樂書』에 의거하여 '撰別'로 바로잡았다.

39 대본에는 '族'으로 되어 있으나, 『文獻通考』 권138에 의거하여 '旋'으로 바로잡았다. 『文獻通考』는 원(元)의 마단림(馬端臨)이 지은 책인데, 『樂書』를 인용한 글이 많이 나오므로, 『樂書』에 혹 오자(誤字)가 있는 경우 『文獻通考』를 통해 정자(正字)를 유추할 수 있다.

今鼓吹教坊用之, 以爲頭管. 是進夷狄之音, 加之中國雅樂之上, 不幾于以夷亂華乎? 降之雅樂之下, 作之國門之外, 可也. 聖朝元會, 乘輿行幸, 並進之以冠雅樂, 非先王下管之制也.

然其大者九竅, 以觱篥名之, 小者六竅, 以風管名之. 六竅者, 猶不失乎中聲, 而九竅者, 其失蓋與太平管同矣. 【今教坊所用, 上七空後二空. 以五凡工尺上一四六勾合十字譜其聲】

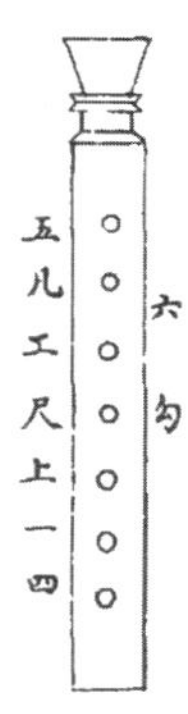

피리[觱篥]

일명 '비율(悲篥)' 또는 '가관(笳管)'으로 불리우는 피리는 강호(羌胡) 구자의 악기이다. 대나무로 관을 만들고 갈대로 서[舌, reed]를 만드는데, 호가(胡笳)처럼 생겼고, 9공(孔)이며, 각음(角音)을 법으로 삼았다. 그 소리가 비통하면서 웅골차므로, 호인들이 이것을 불어 중국의 말[馬]을 놀라게 했다.

당 측천무후[40] 통치 때 억울하게 옥살이하는 자의 아내가 액정(掖庭)[41]에 들어오게 되었다. 피리를 잘 불었으므로 《별리난곡(別離難曲)》을 지어 슬픈 감정을 달랬는데, 《원회골(怨回鶻)》로 불리기도 한다.

후세의 악가(樂家)들이 선궁(旋宮)하는 것에 휩쓸려, 악기를 변화시켜 율관에 응하게 하고, 그 음(音 : 피리)을 뭇 악기 앞에 놓았는데, 지금까지 고취와 교방에서 쓰면서 두관(頭管)[42]이라 한다. 이는 오랑캐 악기를 중국 아악기보다 더 중요하게 여기는 것이니, 오랑캐 문물이 중화 문화를 어지럽히는 것에 가깝지 않은가? 오랑캐 악기를 아악기 보다 낮추어 국문(國門) 밖에서 연주하도록 하는 것이 옳다. 그러나 성조[宋]에서 원회(元會)[43]와 행행(行幸) 때 피리를 아악기보다 앞에 놓으니, 선왕이 '관악기를

40 측천무후(則天武后) : 625~705. 당 고종(재위 649~683)의 비(妃)로 들어와 황후의 자리에까지 올랐으며 40년 이상 중국을 실제적으로 통치했다. 생애 마지막 15년(690~705) 동안은 국호를 당에서 주(周)로 변경하고 천수(天授)라는 연호를 썼다.

41 액정(掖庭) : 비빈(妃嬪)과 궁녀들이 거처하는 궁전.

42 두관(頭管) : 피리의 별칭으로 고대 관악기의 일종. 악기 이름에 관악기의 우두머리라는 의미가 담겨있는 것으로 추정된다.

43 원회(元會) : 정월 초하룻날의 조회.

당하(堂下)에 배치하던 제도[下管之制]'가 아니다.

9공짜리 큰 것은 피리라 하고, 6공짜리 작은 것은 풍관이라 한다. 6공짜리는 중성을 잃지 않았지만, 9공짜리는 중성을 잃었다는 점에서 태평관과 같다. 【지금 교방에서 쓰는 것은 앞에 7공이 있고, 뒤에 2공이 있다. 오(五)·범(凡)·공(工)·척(尺)·상(上)·일(一)·사(四)·육(六)·구(勾)·합(合)의 십자보로 음 높이를 기보한다.】

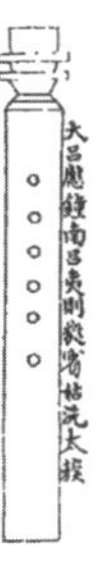

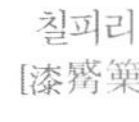
칠피리
[漆觱篥]

칠피리[漆觱篥]

130-2. 唐九部夷樂, 有漆觱篥焉.
당의 구부이악[44]에 칠피리가 있다.

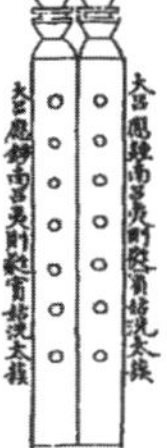
쌍피리
[雙觱篥]

쌍피리[雙觱篥]

130-3. 胡部安國樂器, 有雙觱篥焉, 唐樂圖所傳也.
호부의 안국 악기 중에 쌍피리가 있으며, 『당악도』에 전한다.

---

44 구부이악(九部夷樂): 수와 당의 궁정에 두었던 여러 민족 음악인 청악(淸樂)·서량기(西涼伎)·구자기(龜茲伎)·천축기(天竺伎)·강국기(康國伎)·소륵기(疏勒伎)·안국기(安國伎)·고려기(高麗伎)·예필(禮畢: 文康伎)을 가리킨다. 수의 개황(581~600) 초에 7부기(七部伎)를 설치했고, 대업(605~617) 때 9부기로 확장했는데, 당에서 이를 이어받았으며, 태종 때는 예필을 빼고 고창기(高昌伎)·연악기(燕樂伎)를 추가하여 10부기를 설치했다.

은자피리[銀字觱篥]【은자관(銀字管)】

130-4. 唐德宗朝有將尉遲青, 素善觱篥, 冠絶古今. 時幽州有王麻奴, 河北推爲第一手. 後訪尉遲, 令於高般涉調中吹勒部羝曲, 曲終尉遲頷頤而已. 謂麻奴曰: "何必高般涉也?" 卽自取銀字管于般涉中吹之. 麻奴恭聽愧謝, 自此不復言音律矣.

元和·太[45]和以來, 有黃日遷·劉楚材[46]·尙六六[47]·史敬約·史漢瑜之徒, 皆雅能者. 然方尉遲, 邈乎其天冠而地屨也.【懿皇命史敬約, 以觱篥引聲[48]道調上, 謂是曲乃悞拍乃隨拍製成此曲.】

은자피리
[銀字觱篥]

당 덕종조(779~805)의 장군 울지청이 본래 피리를 잘 불어서 고금에 단연 으뜸인데, 그 당시 유주에서는 옥마노가 하북에서 제일가는 명수로 추앙받았다. 훗날 울지청을 방문하여 고반섭조 중에서 《늑부저곡(勒部羝曲)》을 연주하였다. 곡이 끝나자 울지청이 고개를 끄덕거리면서 마노에게 "어찌 반드시 고반섭조로만 연주하십니까?"라고 말하고, 즉시 은자관으로 반섭조로 연주하였다. 마노가 경청하고는 자신의 연주를 부끄럽게 여기고 물러 나와 다시는 음률에 대해 말하지 않았다.

원화(806~820)·태화(827~835) 연간 이래로 황일천·유초재·상육륙·사경약·사한유 등이 모두 연주에 능한 자들이나, 울지청과 비교하면 하늘과 땅만큼이나 까마득한 차이가 난다.【의황(懿皇)[49]이 악공 사경약에게

45 대본에는 '大'로 되어 있으나, 사고전서『樂書』에 의거하여 '太'로 바로잡았다.
46 대본에는 '楚林'으로 되어 있으나,『舊唐書』권175와『御定淵鑑類函』권191에 의거하여 '劉楚材'로 바로잡았다.
47 『說郛』(元 陶宗儀 撰) 권100에는 '尙陸陸'으로 되어 있다.
48 대본에는 '何弄'으로 되어 있으나, 사고전서『樂書』에 의거하여 '引聲'으로 바로잡았다.
49 『近事會元』(宋 李上交 撰) 권4에「道調子: 唐懿宗命樂工史敬約, 吹蘆管, 初弄道調上,

피리로 《도조(道調)》를 연주하라고 명하면서 이 곡의 박(拍)을 잘못 말했는데, 사경약이 그 박을 따라 연주하여 잘못을 덮어주었다.】[50]

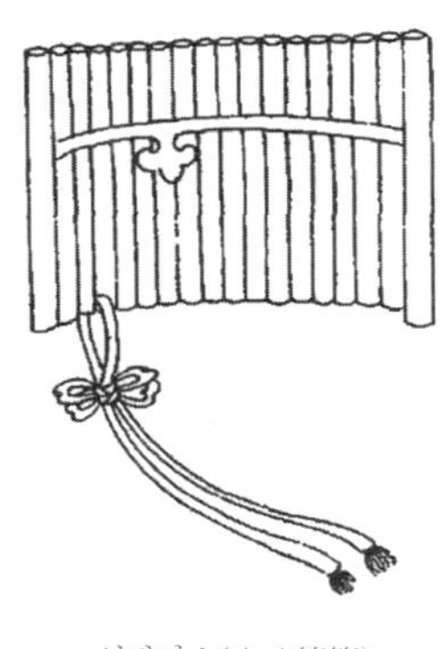
십팔관소(十八管簫)

십팔관소(十八管簫)

130-5. 唐樂圖所傳之簫, 凡十八管, 取五聲四淸倍音, 通林鍾黃鍾二均聲. 西梁部用之.

『당악도』에 전하는 18관소는 5성과 4청성의 9성을 두 배한 것이며, 임종균과 황종균의 2균성과 통한다. 서량부에서 이 악기를 쓴다.

誤謂曲拍之」라고 한 것과 『樂書』 139-6에 「唐咸通初, 有王文擧尤妙羯三杖, 打撩萬不失一. 懿皇師之, 失人主之體也」라고 한 것에 근거하여, 의황(懿皇)은 당 의종(재위 859~ 873)을 가리키는 것임을 알 수 있다. 함통은 당 의종의 연호이다.

50 문맥상 『近事會元』(宋 李上交 撰) 권4의 '隨其拍轉成此曲 以隱其誤也'라는 구절을 참조하여 번역하였다.

이십일관소(二十一管簫)

이십일관소(二十一管簫)

130-6. 二十一管簫, 取七音而三倍之, 龜茲部所用. 豈宜存之, 以亂華音哉?

21관소는 7음을 3배한 것으로 구자부에서 쓰인다. 그러나 어찌 이를 존속시켜 중화 음악을 교란시키는 것이 옳겠는가?

가소(歌簫)

130-7. 隋煬帝七年征遼東, 歌簫及笳各四面, 則後世亦用簫歌者矣, 非古制也. 唐鐃吹部, 有鼓簫笳幷歌四種, 凡七曲本諸此歟.【歌簫笳工, 服武弁・朱韝衣・革帶】

수 양제 7년(611) 요동을 정벌할 때 가소(歌簫)와 가(笳)를 각각 4면(面)씩 썼고, 후세에 또한 소가(簫歌)[51]를 썼지만 옛 제도는 아니다. 당 요취부(鐃吹部)에 고(鼓)・소(簫)・가(笳)・노래의 4종이 있었으며, 7곡은 모두 여기에 근본한 것이다.【가소(歌簫)와 가(笳)의 공인은 무변(武弁)[52]・주구의(朱韝衣)・혁대를 착용한다.】

51 『文獻通考』 권138에는 '簫歌'가 아니라 '簫吹'로 되어 있다.

52 무변(武弁) : 무관(武官)이 쓰는 관(冠). 〈부록－그림 3〉 참조

쌍각(雙角) 【장명(長鳴)】

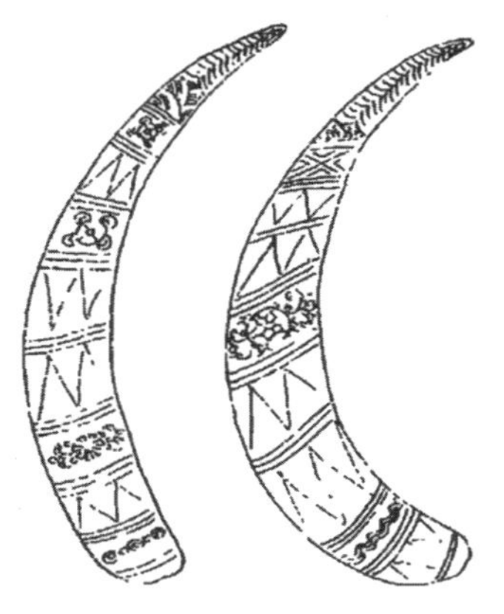
쌍각(雙角)

130-8. 谷儉曰 : "黃帝會羣臣於泰山, 作淸角之音, 似兩鳳雙鳴, 二龍齊吟, 丹蛇繞首, 雄虹帶天. 橫吹雙角之實, 不過如此." 樂錄亦云 : "蚩尤氏率魑魅, 與黃帝戰于涿鹿之野, 黃帝乃命吹角, 爲龍吟以禦之." 晉庾翼與燕王書曰 : "今敢畫長鳴角一雙, 幡毦副是其遺制也." 沈約·徐廣並謂, "經史所不載." 則黃帝之說, 豈先儒傅會而言之邪?

곡검이 이르기를 "황제(黃帝)가 여러 신하들을 태산에 모아 놓고 《청각지음(淸角之音)》을 연주하니, 봉황 두 마리가 함께 울고 용 두 마리가 나란히 포효하는 듯했으며, 붉은 뱀이 똬리를 틀고 수무지개[雄虹][53]가 하늘에 떴다. 횡취와 쌍각의 소리가 이와 같다"라고 하고, 『악록』에 또한 "치우씨[54]가 도깨비를 거느리고 황제와 탁록 들판에서 싸웠는데, 황제가 각으로 용이 포효하는 소리를 내어 치우를 막았다"라고 하였다.

그러나 진(晉) 유익[55]이 연왕에게 보낸 글에 "지금 감히 장명각 1쌍을

53 수무지개[雄虹] : 쌍무지개에서 유난히 맑고 고운 무지개. 이와 반면에 빛이 엷고 흐린 무지개는 암무지개라고 한다.

54 치우씨(蚩尤氏) : 중국 고대 신화에 나오는 거인족의 우두머리이다. 염제(炎帝)의 후예이다. 전설에 의하면 81명의 형제가 있었는데 모두 동(銅)으로 된 머리와 철로 된 이마를 가지고 있었고, 머리 위에는 긴 뿔이 있었으며, 매우 모질고 사나웠다고 한다. 과(戈)·모(矛)·극(戟) 등의 병기를 만들었다. 황제(黃帝)와의 전쟁에서 패해 죽었다. 후대에 와서 치우는 전쟁신으로 받들어졌다.

55 유익(庾翼) : 305 ~345. 한 때 왕희지와 나란히 거론될 정도로 서예에 뛰어났으나, 정치와 군사 활동에 쫓겨 서법에 매진하지는 못했다. 처음에 도간(陶侃)의 태위부참군(太尉府參軍)을 지냈다. 석성(石城)이 포위되자 여러 차례 기묘한 병술을 써서 몰래 식량을 보급하여 도정후(都亭侯)에 봉해졌다. 340년 그의 형 유량(庾亮)이 죽자 그

그렸는데, 번이부(幡毦副)가 그 유제(遺制)입니다"라고 하고, 심약[56]과 서광[57]이 모두 "쌍각은 경전이나 역사서에 기재되어 있지 않다"라고 하였으니, 각과 관련된 황제의 이야기는 아마 선유들이 견강부회하여 말한 것일 것이다.

중명(中鳴) 【파라형(簸邏迴)】

130-9. 胡角本應胡笳之聲, 通長鳴中鳴, 凡有三部. 魏武帝北征烏桓, 越沙漠, 軍士聞之, 靡不動鄕關之思. 於是, 武帝半減之爲中鳴, 其聲尤更悲切. 蓋其制, 並五采衣幡掌畫交龍五采脚. 故律書樂圖以謂, "長鳴一曲三聲, 並馬上嚴警用之. 第一聲曰龍吟, 二曰彪吼, 三曰阿聲. 其中鳴一曲二聲, 一爲盪聲, 二爲牙聲, 亦馬上嚴警用之也. 其大者, 謂之簸邏迴" 胡人用之, 本所以驚中國馬, 非中華所宜用也.

聖朝審定音樂, 更制鼓吹, 雖角之尺度均一, 聲比鍾律. 內之乘輿行幸, 外之郡邑警備, 莫不奏之, 以爲警嚴. 是用羌胡之音, 以和軍旅, 以節聲樂, 曷爲不易之以先王雅樂, 以爲鼓吹乎? 存之有虧中國之制, 削

를 대신해 강주와 형주 등 6주의 제군사(諸軍事)를 총괄하고 형주자사가 되어 무창을 지켰다. 343년 조(趙)나라와 성한(成漢)을 공격했다가 실패하고 얼마 뒤 죽었다.

56 심약(沈約) : 441~513. 시부(詩賦)에 뛰어나 사조(謝朓) 등과 함께 영명체(永明體)를 창안했고 성운팔병설(聲韻八病說)을 제기했다. 『사성보(四聲譜)』·『진서(晉書)』·『송서(宋書)』·『제기(齊紀)』·『양무기(梁武紀)』 등 저술이 많으나 『송서』만 전해지고 있다. 100권이나 되는 문집도 현재는 『심은후집(沈隱侯集)』 2권과 『심휴문집(沈休文集)』 9권 등이 남아 있을 뿐이다.

57 서광(徐廣) : 352~425. 동진인(東晉人). 사현(謝玄)이 불러 종사(從事)로 삼았고, 비서감에 올랐으며, 낙성후(樂成侯)에 봉해졌다. 12년 동안 심혈을 기울여 『진기(晉紀)』를 편찬했다. 유유(劉裕)가 진을 대체하여 송을 세우자 나이를 이유로 퇴직하고 귀향했다.

중명(中鳴)

之則華音著而胡音息. 豈非强中國弱夷狄之意歟? 【隋大[58]角工, 平巾幘絳衫帛大口袴, 內宮鼓樂服色准之, 大鼓長鳴工服, 靑地苣文】

호각(胡角)은 본래 호가(胡笳) 소리에 응하는 것으로, 장명(長鳴)·중명(中鳴)과 통하며 무릇 3부가 있다. 위 무제[59]가 북쪽으로 오환[60]을 정벌하여 사막을 건넜는데, 군사들이 호각 소리를 듣고 고향 생각을 하지 않는 사람이 없었다. 이에 무제가 그것을 반으로 줄여 중명으로 만들었는데, 그 소리가 더욱 구슬펐다. 그 제도는 오채색을 칠하고 번장(幡掌)에 교룡오채각(交龍五采脚)을 그려 넣었다.

그러므로 『율서악도』에 "장명 1곡은 3성(聲)이니, 모두 말 위에서 엄중하게 경각심을 일으킬 때 쓴다. 제1성은 《용음(龍吟)》, 제2성은 《표후(彪吼)》, 제3성은 《아성(阿聲)》이다. 중명 1곡은 2성이니, 제1성은 《탕성(盪聲)》, 제2성은 《아성(牙聲)》이며, 또한 말 위에서 엄중하게 경각심을 일으킬 때 쓴다. 큰 것은 파라형이라 부른다"라고 하였다. 각은 호인들이 쓰던 것으로 본래 중국 말[馬]을 놀라게 했던 것이니, 중화에서 쓸 것이 못된다.

성조[宋]에서 음악을 정비할 때 고취를 다시 제정했으니, 각의 척도를 균일하게 하고 소리를 종률에 맞추어, 안으로 임금님이 행행할 때와 밖으로 군읍을 경계시킬 때 이를 연주하여 경각심을 일으켜 엄숙하게 하였다. 이는 강호(羌胡)의 악기를 써서 군대를 화합시키고 성악을 절도 있게

58 대본에는 '天'으로 되어 있으나, 사고전서 『樂書』에 의거하여 '大'로 바로잡았다.

59 위(魏) 무제(武帝) : 한대(漢代, BC 206~AD 220) 말기의 유명한 장군인 조조(曹操)이다. 그가 죽은 후 아들 조비(曹丕)가 한의 제위를 찬탈하여 위(220~265)를 세움에 따라 조조를 무제로 추증하였다.

60 오환(烏桓) : 한나라 때부터 위(魏)나라 초기에 걸쳐서 내몽고 동쪽에서 활동하던 유목 민족. 수렵이나 교역 이외에 계절적 농업을 하였으며, 샤머니즘을 믿고 세습을 하지 않는 대인(大人)에 의하여 통솔되었다. 위나라의 조조에게 패했으며 북위에 복속되어 한족과 융화되었다.

한 것이니, 어찌 이를 선왕의 아정한 악기로 바꾸어 고취로 삼지 않는가? 이를 존속시키면 중국 제도가 이지러지지만, 제거하면 중화 음악이 뚜렷이 드러나고 호음(胡音)이 사라질 것이니, 어찌 중국을 강하게 하고 이적을 약하게 할 계책이 아니겠는가? 【수나라 대각 공인은 평건책(平巾幘)·강삼(絳衫)[61]·백대구고(帛大口袴)[62]를 착용했고, 내궁(內宮)의 고악(鼓樂) 복색도 이와 같았다. 대고(大鼓)와 장명 공인의 복색은 푸른 바탕에 횃불문양이 있었다.】

경각(警角)

130-10. 晉大司馬桓溫屯中堂, 夜吹警角, 御史中丞司馬恬, 奏劾大不敬. 厥明, 溫見之歎曰 : "此兒乃敢彈我, 眞可畏也" 又陸士衡爲河北都督, 內懷憂懣, 聞軍中[63]警角鼓吹, 謂其司馬孫極曰 : "我今聞此, 不如華亭鶴鳴" 然則軍中用警角尙矣.

衛公兵法曰 : "軍城及野營行軍在外, 日出沒時, 撾鼓千搥三百三十三搥爲通. 鼓音止角音動, 吹十二聲爲一疊, 三角三鼓而昏明畢"是也. 宋張興世謂父曰 : "天子鼓角, 非田家翁所吹" 然則桓溫人臣屯中堂而用之, 雖欲勿劾得乎哉? 聖朝警角天下郡邑, 並得用之, 非特武嚴之事也. 然用之邊郡可也, 徧用諸郡邑, 恐未爲盡善之制邪!

진 대사마 환온[64]이 중당에 진을 치고 밤중에 경각을 불자, 어사중승

61 강삼(絳衫) : 도포처럼 위아래가 연결된 진홍빛 겉옷.

62 백대구고(帛大口袴) : 통이 넓은 비단 바지.

63 대본에는 '衆軍'으로 되어 있으나, 사고전서 『樂書』에 의거하여 '軍中'으로 바로잡았다.

64 환온(桓溫) : 312~373. 동진의 장군. 목제(穆帝, 재위 343~361) 때 전관인 도간(陶侃)이 쌓아놓은 군공(軍功)을 이용하여 촉의 성도를 공략하여 멸망시켰다. 궁정의 조그

경각(警角)

사마염이 매우 무례하다며 탄핵하였다. 다음날 아침에 환온이 염을 보고 "이 자가 감히 나를 탄핵하다니 참으로 대단하다"라고 감탄하였다. 또 육사형[65]이 하북도독이 되었다가 참소를 당해 극심한 번민에 빠져 있을 때 군중에서 경각 고취를 듣고, 사마손극에게 "지금 들리는 이 소리는 화정[66]의 학 울음만 못하다"라고 말한 일이 있으니, 군중에서 경각을 쓴 지 오래되었다.

『위공병법』[67]에 "군성(軍城)과 야영 및 밖에서 행군할 때 일출과 일몰에 1,000번씩 북을 두드리는데, 333번 두드리는 것을 1통이라 한다. 북소리가 그치면 각이 울리는데, 12성(聲)을 1첩이라 한다. 각을 3번 불고 북을 3번 두드리면 어둠과 밝음을 알리는 신호가 끝난다"라고 한 것이 이것이다.

송[68] 장흥세가 그 아버지에게 "천자의 고(鼓)·각(角)을 시골농부가 불어서는 안 된다"라고 말했으니, 그렇다면 환온이 신하의 신분으로 중당에서 경각을 쓴 일은 탄핵을 피할 수 없는 행위였다.

이와 달리 성조(聖朝 : 宋)에서는 경각을 군대의 경계 신호로만 쓰지는 않고 천하의 군읍(郡邑)에 두루 쓰는데, 변방 고을에서 쓰는 것

만 반란을 계기로 해서공(海西公) 사마혁(司馬奕, 재위 365~371)을 황제로 세웠다가 6년 뒤 폐위시키고, 사마욱(司馬昱) 간문제(簡文帝, 재위 371~372)를 옹립했다. 사마욱도 이듬해 사망하고 효무제(孝武帝, 재위 372~396)가 즉위했다. 이에 차츰 자신이 제위를 차지하려는 야망을 키워갔으나, 뜻을 이루지는 못했다.

65 육사형(陸士衡) : 262~303. 육기(陸機). 사형은 자(字)이다. 할아버지 손(遜)은 오나라의 재상, 아버지 항(抗)은 군사령관을 지냈다. 동생 육운(陸雲)도 문재(文才)가 있어 그와 함께 '이륙(二陸)'으로 불렸다. 오나라가 멸망하자 고향으로 돌아가 10년간 학문에만 전념했고, 진(晉) 무제 때 동생과 함께 낙양으로 나가 문재(文才)로 명성을 얻었다. 얼마 후 혜제(惠帝) 때 팔왕(八王)의 난에 휘말려 동생과 함께 죽임을 당하였다. 육조시대 화려한 시풍의 선구자이며, 또 그가 지은 『문부(文賦)』는 문학비평의 방법을 논한 내용으로 유명하다.

66 화정(華亭) : 오늘날 상해 교외 송강(松江)의 옛 이름으로 육사형의 고향이다. 육사형이 참소를 당해 죽을 때 화정에서 우는 학 울음소리를 다시는 들을 수 없다고 탄식했다고 한다. 〈『晉書』 陸機傳〉

67 위공병법(衛公兵法) : 이정(李靖, 571~649)이 지은 병법서.

68 420년에서 479년까지 8대 60년간 존재했던 유유(劉裕)가 세운 남조 송을 가리킨다.

은 괜찮으나, 여러 군읍에서 두루 쓰는 것은 바람직하지 않은 것 같다.

대호가(大胡笳) 【대고(大篴)】

대호가(大胡笳)

130-11. 胡笳似觱篥而無孔, 後世鹵簿用之, 蓋伯陽避入西戎所作也. 劉琨嘗披而吹之, 杜摯嘗序而賦之, 豈張博望所傳摩訶[69]兜勒之曲邪! 晉有大篴·小篴, 蓋其遺制也. 沈遼集, 大胡笳十八拍, 世號爲沈家聲, 小胡笳十九拍末拍, 爲契聲, 世號爲祝家聲. 唐陳懷古·劉光緒嘗勘, 停歇句度無謬, 可謂備矣. 楚調有大胡笳鳴·小胡笳鳴, 並琴箏笙得之, 亦其遺聲歟. 杜德曾序笳賦, 以爲老子所作, 非也.

호가는 피리와 비슷하나 구멍이 없고, 후세에 노부(鹵簿)에 쓰였으며, 서융으로 피해 들어간 백양이 만들었다. 유곤[70]이 일찍이 포위망을 풀고자 호가를 불었고, 두지가 일찍이 호가에 대해 서(序)와 부(賦)를 지었다. 어쩌면 장박망[71]이 전해온 《마하도륵》이라는 곡도 호가의 곡일 것이다. 진(晉)의 대고(大篴)와 소고(小篴)는 호가의 유제(遺制)이다.

『심료집』에 실린 《대호가18박》을 세상에서는 심씨의 음악이라 부른다. 《소호가19박》의 말박(末拍)은 계성(契聲)인데, 세상에서는 축씨의 음악

---

69 대본에는 '阿'로 되어 있으나, 사고전서 『樂書』에 의거하여 '訶'로 바로잡았다.

70 유곤(劉琨) : 271~318. 진(晉)나라의 시인으로 자는 월석(越石)이다. 수령으로 있을 때 난리를 당하여 성을 지키면서 밤이면 창을 베고 잤고, 오랑캐의 기마병들에게 포위를 당해서 오랑캐 곡조를 부니 그들이 듣고는 포위를 풀고 갔다고 한다. 작품집으로 『유월석집(劉越石集)』이 있다.

71 장박망(張博望) : ?~B.C.114. 장건(張騫)을 가리킨다. 무제 때 대월지(大月氏)에 사신으로 갔다가 흉노에 억류되었다. 10여년만에 도망하여 돌아온 뒤 한이 흉노를 공격할 때 길을 인도하는 일로 공을 세워 박망후(博望侯)로 봉해지고, 오손(烏孫) 등지에 사신으로 나갔다. 이로부터 동서의 교역이 비롯되었다.

이라 부른다. 당 진회고와 유광서가 일찍이 정헐(停歇)·구도(句度)를 교감(校勘)했는데 틀린 것이 없었으니, 잘 갖추어진 것이라고 할만하다. 초나라 악곡에 《대호가명(大胡笳鳴)》과 《소호가명(小胡笳鳴)≫이 있고, 금·쟁(箏)·생(笙)도 같이 연주하는데, 또한 그 유성(遺聲)일 것이다.

그런데 두덕(杜德 : 杜摰)[72]이 쓴 가부(笳賦)의 서문에 '노자가 가(笳)를 만들었다'[73]고 한 것은 잘못이다.

노가(蘆笳)

노가(蘆笳)

130-12. 胡人卷蘆葉爲笳, 吹之以作樂, 漢箏篴錄有其曲. 李陵有胡笳互動之說, 是也.

호인들이 갈댓잎을 말아서 가(笳)를 만들어 불었는데, 한나라의 『쟁적록』에 그 곡이 실려 있다. 이릉[74]이 "호가 소리가 마음을 서글프게 한다"[75]라고 한 것이 이것이다.

72 德은 두지(杜摰)의 字이다.

73 『通志』 권50 「笳 : 杜摰有笳賦云, 李伯陽入西戎所造. 晉先蠶注, 車駕住吹小菰, 發吹大菰, 菰卽笳也.」
B.C. 6세기경 『도덕경』을 지었다고 전해지는 중국 주대(周代)의 사상가인 노자의 이름은 이이(李耳), 시호는 담(聃), 자는 백양(伯陽)이므로, 진양은 두지의 笳賦에 나오는 '李伯陽'을 노자로 본 것이다.

74 이릉(李陵) : ?~BC 72. 전한의 무장(武將). 자는 소경(少卿)이다. BC 99년 부하 5,000명을 거느리고 흉노를 무찌르고 돌아오는 길에 적의 강력한 대군을 만나 항복하고 말았다. 크게 노한 무제가 그의 일족을 몰살시키려고 하자 사마천이 그를 변론하다가 무제의 분노를 사서 궁형(宮刑)에 처해진 이야기는 유명하다. 흉노 왕은 투항한 이릉을 사위로 삼고 우교왕(右校王)으로 봉했다.

75 이릉이 쓴 ≪답소무서(答蘇武書)≫에 나오는 구절이다. 「自從初降 以至今日, 身之窮困, 獨坐愁苦, 終日無覩. 但見異類. (…中略…) 涼秋九月, 塞外草衰. 夜不能寐, 側耳遠聽, 胡笳互動 【처음 적에게 항복한 뒤로 오늘까지 몸 둘 곳이 궁색하여 홀로 앉아

취편(吹鞭)

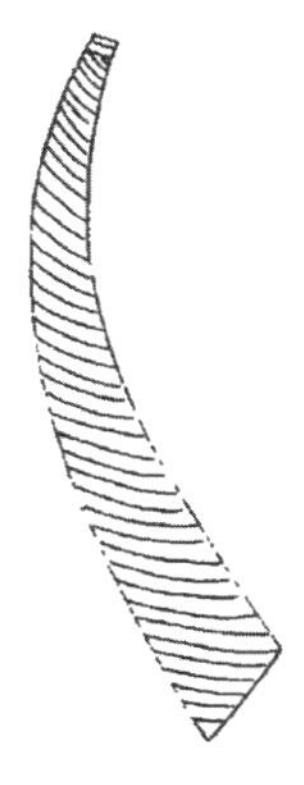

취편(吹鞭)

130-13. 漢有吹鞭之號, 笳之類也, 其狀大類鞭焉者. 今牧童捲蘆葉吹之.

한나라에서 취편이라 불린 악기는 가(笳)의 부류로 대뿌리[鞭]와 매우 비슷하게 생겼다. 지금은 목동들이 갈댓잎을 말아 분다.

소호가(小胡笳) 【소고(小箛)】

소호가(小胡笳)

130-14. 晉先蠶儀注, '凡車駕所止吹小箛, 發吹大箛', 其實胡笳也. 古之人激南楚, 吹胡笳. 叩角動商鳴羽發徵, 風雲爲之搖動, 星辰爲之變度, 況人乎! 劉疇嘗避亂塢壁, 賈胡欲害之者百數. 疇援而吹之, 爲出塞之聲, 動遊客之思, 羣胡卒泣遯而去. 劉越石爲胡騎圍之者數重, 越石中夜奏之, 羣胡卒棄圍而奔. 由此觀之, 笳聲之感人如此, 其深施之於戎貉, 可也. 晉之施於車駕儀注, 不幾乎變夏於夷邪? 【劉疇事出曹嘉之晉書, 劉越石事出世說.】

진(晉) 선잠의(先蠶儀) 주에 '거가(車駕)를 정지시킬 때는 소고(小箛)를 불

마음속으로 근심스럽고 괴로워 하루종일 아무것도 보이지 않았습니다. 보이는 것은 모두 낯설었습니다. …차디찬 9월이 오면 변방 밖의 풀은 말라 버립니다. 밤에는 잠이 오지 않아 멀리서 들리는 호가 소리를 듣고는 서글퍼집니다.」

고, 출발시킬 때는 대고(大鼓)를 분다'고 하였는데, 실은 호가이다. 옛 사람이 말하길, '남쪽 초나라를 칠 때 호가를 불었다. 각(角)을 두드리고 상(商)을 진동시키며 우(羽)를 울리고 치(徵)를 내니, 이로 인해 바람과 구름이 요동치고 별들이 운행도수를 변경했다'고 했는데,[76] 하물며 사람이겠는가!

유주[77]가 오벽으로 피란 갔을 때 100명이 넘는 호인(胡人) 장사꾼들이 그를 해치려 하자, 유주가 호가를 꺼내어 《출새지성(出塞之聲)》을 연주하여 나그네의 향수를 불러일으키자, 호인들이 갑자기 눈물을 흘리며 물러났고, 유월석[78]이 호인의 기병(騎兵)들에게 몇 겹으로 포위되었는데, 한밤중에 호가를 연주하니 호인들이 갑자기 포위를 풀고 달아났다.

이로 보건대, 호가 소리가 이토록 사람을 감동시키니, 융맥(戎貉)[79]에서 널리 유행하는 것은 괜찮으나, 진나라 거가 의주(儀注)에까지 쓰인 것은 중화가 이적의 문물에 물든 것에 가깝지 않은가? 【유주의 일은 조가(曹嘉)의 『진서』에 실려 있고, 유월석의 일은 『세설』에 실려 있다.】

---

76 『太平御覽』 권581 「夏仲御別傳曰 : "激南楚, 吹胡笳, 風雲爲之搖動, 星辰爲之變度"」

77 유주(劉疇) : 진인(晉人). 자(字)는 왕교(王喬). 영가(永嘉, 307~313) 연간에 염정(閻鼎)에게 죽임을 당했다. 염정은 영가의 난 때 낙양을 빠져나온 진왕(秦王) 사마업(司馬鄴 : 孝愍帝)을 옹립한 인물이다.

78 유월석(劉越石) : 271~318. 진나라의 시인 유곤(劉琨)이다. 월석은 자(字)이다. 작품집으로 『유월석집(劉越石集)』이 있다.

79 융맥(戎貉) : 융족과 맥족. 서북방에 사는 소수민족의 범칭.

노관(蘆管)

130-15. 蘆管之制, 胡人截蘆爲之. 大槪與觱篥相類, 出于北國者也. 唐宣宗善吹蘆管, 自製楊柳枝新傾盃二曲, 數拍不均. 嘗命俳優辛骨䶉, 拍不中, 因瞋目視之, 骨辛骨䶉憂懼, 一夕而斃, 非寬仁之主也.【唐咸通中, 丞相李蔚, 自大梁移鎭淮海. 嘗搆池亭, 目曰賞心. 有小校薛陽陶, 因獻朱崖・李相・陸暢元, 自所撰蘆管歌篇一軸, 次出其管, 玆亭奏之. 蓋其管絶微, 每欲一觱篥管中, 常容三管. 桂苑叢談所載也.】

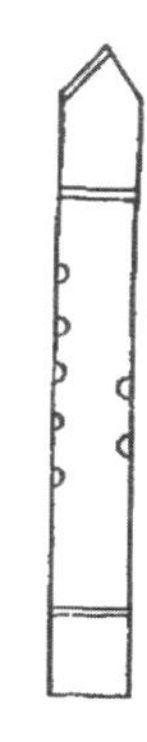
노관(蘆管)

노관은 호인이 갈대를 꺾어 만든 것이다. 대체로 피리와 비슷하며 북국에서 유래되었다. 당 선종(재위 846~859)이 노관을 잘 불어 스스로 《양류지》와 《신경배》라는 2곡을 지었는데, 곶 박이 고르지 않았다. 어느 날 배우 신골골에게 연주하라고 명했는데, 박자가 맞지 않자 화를 내며 눈을 부릅떴다. 골골이 두려움에 벌벌 떨다가 하룻저녁에 죽었으니, 너그럽고 인자한 임금이 아니다.【당 함통(860~873) 연간에 승상 이울이 대량에서 회해로 옮겨와 다스렸는데, 일찍이 연못에 정자를 짓고 '상심정'이라 이름지었다. 소교 설양도가 주애・이상・육창원이 지은 노관의 가편(歌篇) 1축을 바치고, 노관을 꺼내 상심정에서 연주하였다. 이 노관은 매우 작아서 피리 하나에 3개의 노관이 들어갈 정도였다. 이 이야기는 『계원총담』에 실려 있다.】

호지(胡篪)【소지(小篪)】

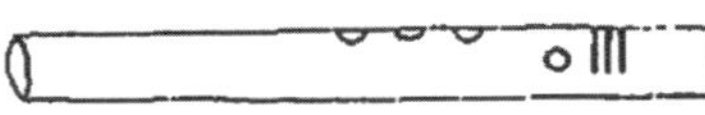
호지(胡篪)

130-16. 沈約曰 : “胡篪出於胡吹, 非雅器也.” 今太樂雅篪, 長一尺二寸, 則篪之小者, 非尺有四寸之大者也. 孔子上出三分名翹. 後世有笛吹, 謂之小篪, 豈亦出於胡吹歟. 篪或作鷈者, 與龠不齊故也.

심약은 “호지는 호취에서 나온 것으로서 아악기가 아니다”[80]라고 하였다. 지금 태악에서 쓰는 1척 2촌의 아지(雅篪)는 지의 작은 것으로서 1척 4촌짜리 큰 지(篪)가 아니다. 지 위로 3분정도 솟아오른 구멍은 ‘교(翹)’라 한다. 후세의 적취(笛吹)는 소지로 불리는데, 아마 호취에서 나왔을 것이다. 지(篪)를 때로 ‘지(鷈)’로 쓰는 이유는 약(龠)처럼 가지런하지 않기 때문이다.

강적(羌笛 : 五孔)【호적(胡笛)】

130-17. 馬融賦笛, 以謂出于羌中. 舊制四孔而已, 京房因加一孔, 以備五音. 風俗通, 漢武帝時, 丘仲作尺四寸笛, 後更名羌笛焉. 宋書云 “有胡笛小篪出於鼓吹”, 豈梁之胡歌邪! 靈帝好胡笛, 而漢室以傾, 明皇喜胡篇, 而唐祚幾墜. 以中華萬乘之主, 耽擅胡淫亂之音, 則天下何以

80 梁나라의 沈約이 쓴 『宋書』 권19에 나오는 말이다.

觀化焉[81]哉? 然而不亂且亡, 未之有也. 廣雅曰: "篇謂之笛. 七孔有黃鍾大呂二均聲" 蓋不考笙師篇篴異器之過也.

古者羌笛有落梅花曲, 開元中有李謨善吹, 獨步當時. 越州刺史皇甫政, 月夜泛鑑湖, 命謨吹笛, 謨爲之盡妙. 時有一老父, 泛舟聽之, 因奏一聲. 湖波搖動, 笛遂中裂, 卽探懷中一笛以畢其曲. 政視之, 有三龍, 翊舟而聽. 老父曲終, 以笛付謨, 謨吹之, 竟不能聲, 而老父亦失所在矣. 大中以來, 有王六六王師簡亦妙手也.

마융[82]은 《부적(賦笛)》에서 "적은 강족(羌族)에서 나왔다. 옛날에는 4공뿐이었는데, 경방[83]이 1공을 더하여 5음을 갖추었다"라고 하고, 『풍속통』에 "한 무제 때 구중이 1척 4촌의 적을 만들었는데, 뒤에 강적으로 이름을 고쳤다"라고 하였다.

『송서』에 "호적과 소지(小篪)가 고취에서 나왔다"라고 한 것은 아마 양나라의 호가(胡歌)일 것이다. 한 영제[84]가 호적을 좋아하자 한나라 황실이 기울었고, 당 명황이 호소(胡簫)를 즐기자 국운이 끊어질 뻔하였다. 중국 천자가 오랑캐의 음란한 음악을 탐닉했으니, 천하가 어찌 교화되겠는가? 이렇게 하고서도 혼란해져 망하지 않은 나라는 없다.

『광아』[85]에 "약(籥)은 적을 가리킨다. 7공이며 황종·대려의 2균성을 낸다"라고 잘못 서술한 것은, 대개 『주례』「생사」에 '약과 적(篴)이 다른

강적
(羌笛:
五孔)

81 대본에는 '爲'로 되어 있으나, 사고전서 『樂書』에 의거하여 '焉'으로 바로잡았다.

82 마융(馬融): 79~166. 고전에 주석을 가(加)하여 훈고학을 시작한 후한의 학자로, 정현(鄭玄)·노식(盧植) 등 고명한 제자를 두었다.

83 경방(京房): B.C. 77~B.C.37. 본성은 이(李)인데 자신이 경씨로 고쳤다. 초연수(焦延壽)에게 『주역』을 배웠고, 경방역학을 창시했다. 재변을 인사(人事)와 관련지어 설명하는 천인감응설(天人感應說)을 주장하였다. 종래의 12율을 확대해서 60율을 개발하였고, 13현의 율준(律準)을 만들었다. 저서로 『京氏易傳』이 있다.

84 한(漢) 영제(靈帝): 156~189, 재위 168~189. 후한의 제12대 황제이다. 슬하에 자식이 없던 환제의 유지에 따라 5촌 조카인 영제가 13세의 나이로 제위에 올랐다. 189년에 34세의 나이로 붕어하였다. 영제의 죽음을 계기로 군웅할거 시대가 열리며, 이는 곧 삼국 시대로 이어졌다.

85 광아(廣雅): 위(魏)의 장읍(張揖)이 지은 자서(字書). 『이아』의 체제를 따라 널리 한대 학자의 주석 등을 채록하여 18,150자를 19편으로 구성하였다.

악기로 서술된 것'을 살펴보지 않았기 때문이다.

옛날에 강적으로 연주하는 《낙매화곡》이 있었는데, 개원(713~741) 중에 이모가 독보적으로 잘 불었다. 월주자사 황보정이 달밝은 밤에 감호에서 뱃놀이 하면서 이모에게 적을 불게 하니 묘한 기량을 다 펼쳤다. 이때 어떤 한 노인이 배를 타고 가다가 그 소리를 듣고 감흥이 일어 한 곡조를 연주하니, 호수의 물결이 요동쳤다. 도중에 적이 쩍 갈라지자 노인은 즉시 품안에 있던 적 하나를 꺼내 곡을 다 마쳤다. 황보정이 살펴보니, 세 마리의 용이 배를 호위하며 듣고 있었다. 곡을 마치자 노인이 적을 이모에게 주었는데, 이모가 그것을 불었지만 소리 나지 않았고, 노인은 온데간데없이 사라졌다. 대중(847~860) 이후로는 왕육륙과 왕사간이 잘 불었다.

대횡취(大橫吹)

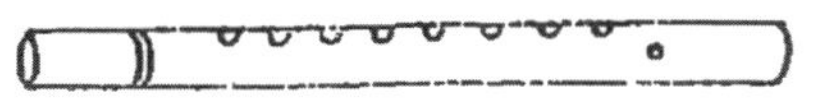

대횡취(大橫吹)

130-18. 古者更鹵簿作鼓吹. 鼓吹之樂, 在魏晋則輕, 在江左則重. 至隋始分爲四等, 一搖鼓, 二鐃鼓, 三大橫吹, 四小橫吹. 唐又別爲五部, 一鼓吹, 二羽葆, 三鐃吹, 四大橫吹, 五小橫吹. 大駕則晨嚴夜警施之, 鹵簿爲前後部, 皇后・皇太子以下, 咸有等差. 迨于聖朝, 總號鼓吹云.

옛날에 노부를 고쳐서 고취로 만들었다. 고취악이 위・진에서는 약소했으나, 강좌[86]에서는 성대했다. 수나라 때 비로소 4등급으로 나뉘었으니,

86 강좌(江左): 양자강 하류의 동남 지방. 즉, 동진・송・제・양・진(陳)의 왕조가 통치하던 지역.

첫째는 요고(搖鼓), 둘째는 요고(鐃鼓), 셋째는 대횡취, 넷째는 소횡취이다. 당에서는 5부로 구별했는데 첫째는 고취, 둘째는 우보, 셋째는 요취, 넷째는 대횡취, 다섯째는 소횡취이다.

대가(大駕 : 황제)는 신엄(晨嚴)과 야경(夜警 : 야간 경계)을 행할 때 노부에 전부(前部)와 후부(後部)를 갖추었으며, 황후와 황태자 이하 모두 등급에 따른 차이가 있었다. 그러나 성조(聖朝 : 宋)에 이르러 총괄하여 고취로 호칭했다.

소횡취(小橫吹)

소횡취(小橫吹)

130-19. 大橫吹・小橫吹, 並以竹爲之, 笛之類也. 律書樂圖云 "橫吹胡樂也" 昔張博望入西域, 傳其法於西京, 得摩訶兜勒一曲. 李延年因之, 更造新聲二十八解, 乘輿以爲武樂, 漢時常給邊將. 魏晉以後, 二十八解又不復存, 其所用者, 唯黃鶴・隴頭水・出關・入關・出塞・入塞・折楊柳・黃覃子・赤之楊・望行人十四曲也.

唐樂圖所載, 大橫吹部, 有節鼓角笛簫笳觱篥七色, 小橫吹部, 有角笛簫笳觱篥桃皮觱篥六色. 惟大橫吹二十四曲內三曲馬上警嚴, 用之.【一曰權樂樹, 二曰空口蓮, 三曰賀六運】其餘二十一[87]曲備擬所用.【一曰覃界崔[88], 二曰達和若輪空, 三曰白淨王子, 四曰他賢逸勤, 五曰鳴和羅緒羽王追, 六曰歎度熱, 七曰吐久利能比倫, 八曰玄比敦, 九曰植普離, 十

87 대본에는 '一'이 없으나, 사고전서『樂書』에 의거하여 보충하였다.

88 대본에는 '覃界崔'로 되어 있으나, 사고전서『樂書』에는 '靈泉崔'로 되어 있다.

曰胡笛爾笛，十一曰鳴羅特罰，十二曰比久決大汗，[89] 十三曰於理眞斤，十四曰素和斛律，十五曰鳴纔眞，十六曰烏鐵甘，十七曰特介汗，十八曰度賓哀，十九曰阿若于樓達，二十曰大賢眞，二十一曰破陣樂】

대횡취와 소횡취는 모두 대나무로 만들며, 적(笛)의 종류이다. 『율서악도』에 "횡취는 호악(胡樂)이다"라고 하였다. 옛날에 장박망[張騫]이 서역에 들어갔을 때 그 법을 서경에서 전해받고 《마하도륵》 1곡을 얻었다. 이를 바탕으로 이연년[90]이 다시 신성(新聲) 28해(解)를 지으니, 황제가 무악(武樂)으로 삼았다. 한나라 때는 항상 변방 장수에게 이를 주었으나, 위·진 이후에는 28해가 다 전승되지 않아 《황학》·《농두수》·《출관》·《입관》·《출새》·《입새》·《절양류》·《황담자》·《적지양》·《망행인》 등 14곡만[91] 쓰였다.

『당악도』에는 대횡취부에 절고(節鼓)·각(角)·적(笛)·소(簫)·가(笳)·피리·도피피리[92]의 7종이 실려 있고, 소횡취부에는 각·적·소·가·피리·도피피리의 6종이 실려 있다. 대횡취의 24곡 중 3곡은 말 위에서 경계를 엄중하게 할 때 쓰였다.【첫째는 《권악수》요, 둘째는 《공구련》이요, 셋째는 《하륙운》이다.】 그 나머지 21곡은 방비할 때 쓰였다.【첫째는 《담계최》

89 사고전서 『樂書』에는 '比久伏大汗'으로 되어 있다.

90 이연년(李延年) : ?~B.C.87. 법을 어겨 궁형(宮刑)을 받고 궁중에서 사냥개를 관리했는데 무제가 그의 음악적 재능을 아끼어 협률도위(協律都尉)에 봉했다. 춤 잘 추는 그의 누이동생은 한 무제의 총애를 받아 이부인(李夫人)이 되었고, 큰 형 광리(廣利)는 대완(大宛)을 정벌한 공으로 해서후에 봉해졌다. 《교사가(郊祀歌)》 19장을 지어 악부(樂府) 발전에 기여했다. 이부인이 죽은 후 그도 점차 임금으로부터 멀어졌고, 이광리가 흉노에게 투항했으며, 동생 이계(李季)는 후궁을 간란(奸亂)한 것에 연루되어, 전 가족이 모두 한 무제에 의해 죽었다.

91 참고로 『晉書』 권23에는 「魏晉以來二十八解，不復具存. 用者，有黃鵠·隴頭·出關·入關·出塞·入塞·折楊柳·黃覃子·赤之楊·望行人十曲」라 하여 10곡이 남아 있다고 하였다.

92 대본에는 '桃皮篳篥'이 없으나, 『樂府詩集』(宋 郭茂倩 輯)를 참조하여 보충 번역하였다. 『樂府詩集』 권21 「自隋已後始以橫吹用之 (…中略…) 一曰棡鼓部 : 其樂器有棡鼓金鉦大鼓小鼓長鳴角次鳴角大角七種，棡鼓金鉦一曲，夜警用之. 大鼓十五曲小鼓九曲大角七曲，其辭並本之鮮卑. 二曰鐃鼓部 : 其樂器有歌鼓簫笳四種，凡十二曲. 三曰大橫吹部 : 其樂器有角節鼓笛簫篳篥笳桃皮篳篥七種，凡二十九曲. 四曰小橫吹部 : 其樂器有角笛簫篳篥笳桃皮篳篥六種，凡十二曲.」

요 둘째는 《달화약륜공》이요, 셋째는 《백정왕자》요, 넷째는 《타현일근》이요, 다섯째는 《명화라순우퇴》요, 여섯째는 《탄도열》이요, 일곱째는 《토구리능비륜》이요, 여덟째는 《현비돈》이요, 아홉째는 《식보리》요, 열째는 《호적이적》이요, 열한째는 《명라특벌》이요, 열둘째는 《비구결대한》이요, 열셋째는 《어리진근》이요, 열넷째는 《소화곡률》이요, 열다섯째는 《명재진》이요, 열여섯째는 《오철감》이요, 열일곱째는 《특개한》이요, 열여덟째는 《도빈애》요, 열아홉째는 《아약우루달》이요, 스물째는 《대현진》이요, 스물한째는 《파진악》이다.】

용경적(龍頸笛)

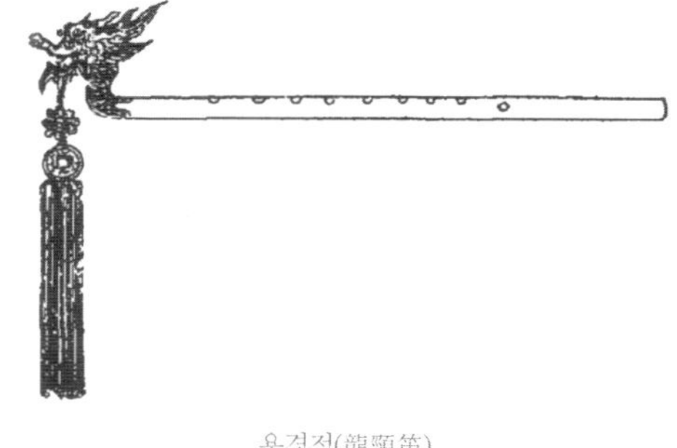
용경적(龍頸笛)

130-20. 橫吹出自北國, 梁橫吹曲曰 : "下馬吹橫笛" 是也, 今教坊, 用橫笛八孔鼓吹, 世俗號爲龍頸笛焉. 梁天監中, 時有事太廟. 詔曰 : "禮稱齊日不樂, 今親奉始出宮, 振作鼓吹[93]外, 可詳議" 是時叅議請 : "輿駕始出, 鼓吹從而不作, 還宮如常儀" 帝從之, 遂爲定制. 至隋代, 享廟日始不設鼓吹, 殿庭亦勿設樂縣, 自王公以下祭私廟日, 亦不得作音樂, 質之人情, 古禮爲近之矣. 梁制美則美矣, 然於人情古禮, 似未爲有合也.

횡취는 북국에서 유래되었으니, 양나라 횡취곡에 "말에서 내릴 때 횡

93 대본에는 '內'로 되어 있으나, 사고전서 『樂書』에 의거하여 '吹'로 바로잡았다.

적을 분다"고 한 것이 이것이다. 지금 교방에서 고취로 쓰고 있는 8공(孔)의 횡적을 세속에서는 '용경적'이라 부른다.

양나라 천감[94] 연간에 태묘 제향이 다가오자, 조서를 내리기를 "예에 재계하는 동안 음악을 듣지 않는다고 하니, 출궁할 때의 고취 진작(振作)에 대해 상세히 의논하라"라고 하였다. 이때 참의가 "여가(輿駕)[95]가 출궁할 때 고취가 따라가되 진작하지는 않고, 환궁할 때는 평소 의식대로 하면 됩니다"라고 아뢰니, 황제가 이를 따랐으며 드디어 제도로 확정하였다.

수나라 때 비로소 종묘 제향일에 고취를 진설하지 않았고, 전정에도 악현을 진설하지 말도록 했으며, 왕공 이하가 사묘(私廟)에 제사 지낼 때도 또한 음악을 연주하지 않았다. 이는 인정에 바탕을 둔 것으로 고례(古禮)에 가깝다. 이에 반해 양나라 제도는 아름답기는 하나 인정과 고례에 합치되지는 않는 것 같다.

의취적(義觜笛)

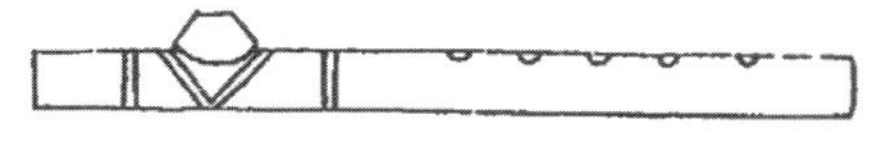
의취적(義觜笛)

130-21. 義觜笛如橫笛, 而加觜. 西梁樂也, 今高麗亦用焉.

의취적은 횡적과 비슷한데 부리처럼 생긴 것이 덧대어 있다. 서량 악기이며, 지금 고려에서 이것을 쓰고 있다.

---

94 천감(天監) : 502~519. 양(梁) 무제(武帝) 때 쓰던 연호이다.

95 여가(輿駕) : 황제와 황후가 타는 수레. 인신(引伸)하여 황제와 황후. 여기서는 제사와 관련된 경우이니 황제가 타는 수레를 가리킨다.

권131 악도론(樂圖論)

호부(胡部) / 팔음(八音) / 포지속(匏之屬)/

십칠관우(十七管竽)·십구관우(十九管竽) 이십삼관우(二十三管竽)

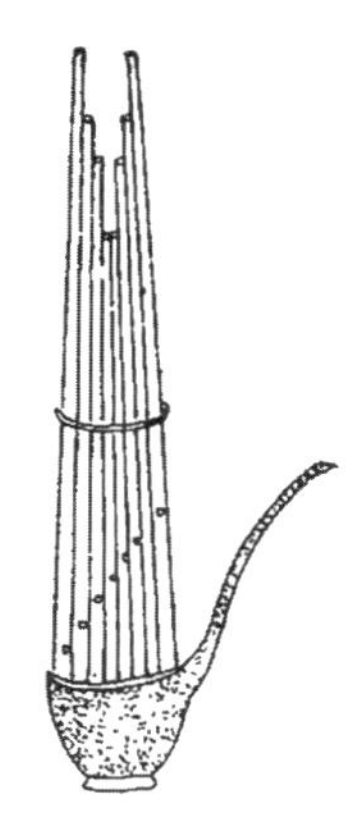

십칠관우(十七管竽)

131-1. 聖朝太樂諸工, 以竽巢和併爲一器, 率取胡部十七管笙爲之, 所異者, 特以宮管移之左右, 而不在中爾. 雖名爲雅樂, 實胡音也. 或二十三管, 或十九管, 二十三[1]管則兼[2]乎四淸二變, 十九管則兼乎十二律七音, 要皆非古制也.

李照雖更制大竽, 然不能革舊器而兼用之, 亦未爲

1 대본에는 '二'라 되어 있으나, 사고전서 『樂書』에 의거하여 '三'으로 바로 잡았다.
2 대본에는 '美'라 되어 있으나, 사고전서 『樂書』에 의거하여 '兼'으로 바로 잡았다.

深知樂也. 昔齊宣王悅南郭之吹竽, 廩食數百人, 喜鄒忌鼓琴, 卒授之國政. 彼其好世俗之樂, 徇末忘本如此. 孰知與人與衆, 以反樂之本乎!

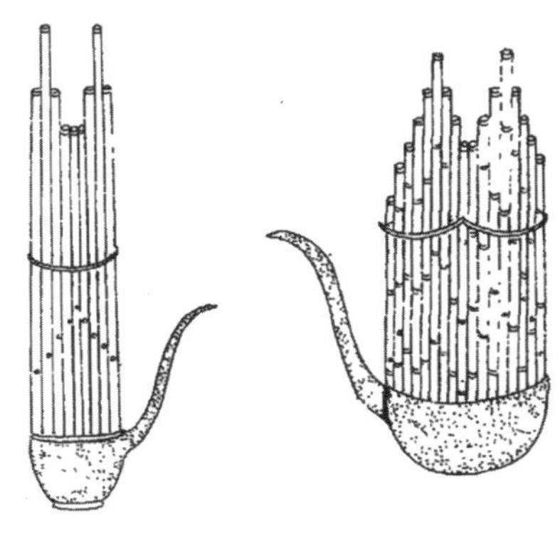

십구관우(十九管竽)　　이십삼관우(二十三管竽)

성조 태악서의 여러 악공들이 우(竽)·소(巢)·화(和)를 한 종류의 악기로 여기는 것은 이들 악기들이 모두 호부 십칠관생을 취해서 만들며, 궁관을 좌우로 옮겨 중앙에 있지 않은 점만 다를 뿐이기 때문이다. 이 악기들을 아악기라고 부르긴 하지만 실은 호음(胡音)이다. 23관짜리와 19관짜리가 있는데, 23관짜리는 4청성과 2변성을 아울러 내고, 19관짜리는 12율과 7음을 아울러 내니, 모두 고제가 아니다.

이조[3]는 대우(大竽)를 고쳤지만 옛 악기를 혁파하지 못하고 함께 썼으니, 또한 악에 통달한 것이 아니다. 옛날에 제 선왕은 남곽의 우 연주를 좋아하여 같이 연주하는 수백 명의 악공에게 양식을 주었고,[4] 추기[5]의 금 연주를 좋아하여 마침내 그에게 국정을 맡겼다. 그가 세속 음악을 좋아

3 이조(李照) : 악률에 밝아 북송 인종 2년(1035)에 황종의 음고(音高)를 정하였다. 북송 초년(960)부터 숭녕(崇寧) 3년(1104)까지 140년간 북송의 궁정 악률가들이 아악 황종율의 음고 표준을 6번 정해 올렸는데, 이조도 그 중 한 사람이다.

4 『韓非子』 제26편 內儲說上「齊宣王使人吹竽必三百人, 南郭處士請爲王吹竽, 宣王說之, 廩食以數百人. 宣王死, 湣王立, 好一一聽之, 處士逃【제 선왕은 언제나 300명에게 우(竽)를 불게 하였는데 남곽처사가 왕을 위해 우를 불겠다고 간청하자, 선왕이 기뻐하며 수백 명의 악공들에게 양식을 주었다. 선왕이 죽고 민왕이 즉위했는데, 선왕과 달리 독주를 좋아하므로 처사는 자신의 연주 실력이 탄로날까봐 달아났다.】」

5 추기(鄒忌) : B.C.385~B.C.319. 제 선왕의 아버지인 위왕(威王, 재위 B.C.356~B.C.320)에게 간언하여, 훌륭한 임금이 되도록 한 일화가 유명하다. 추기가 왕 앞에서 금을 안고 있을 뿐 연주하지 않는 것을 보고 위왕이 그 이유를 물으니, 추기는 "전하께서도 훌륭한 금을 가지고 계시면서도 10년 동안이나 타지 않고 계십니다. 백성들은 전하께서 멋들어지게 금을 타 주시기를 기다린 지 오래입니다"라고 답하였다. 그 말을 듣고 크게 깨달은 위왕은 이후 국사에 전념하여 국정을 쇄신했다.

하여 말단적인 즐거움만 추구하고 근본을 잊은 것이 이와 같았다. 그렇지만 왕은 백성들과 더불어 즐김으로써 악의 근본으로 돌아갈 줄 알아야 한다.

날우(埒竽)

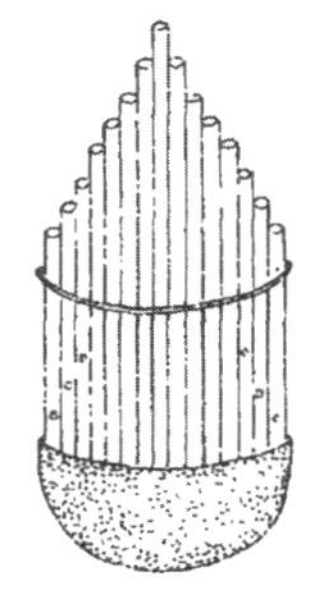
날우(埒竽)

131-2. 樂府錄謂 : "埒竽形類小鐘, 以手埒之則鳴矣" 非古制也.

『악부록』에 "날우는 작은 종처럼 생겼으며, 그것을 손으로 문지르면 소리가 난다"라고 했는데, 고제는 아니니다.

아황(雅簧)

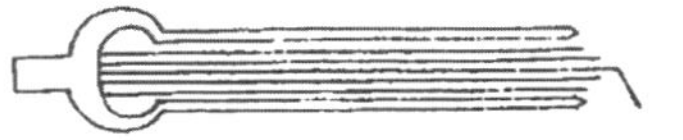
아황(雅簧)

131-3. 三禮圖 : "有雅簧上下各六聲韻諧律, 亦一時之制也" 潛夫論曰 : "簧削銳其頭, 有傷害之象, 塞蠟蜜, 有口舌之類, 皆非吉祥善應也" 然則巧言如簧, 而詩人所以傷讒, 良有以也. 唐樂圖 : "以線爲首尾直一線, 一手貫其紐, 一手鼓其線, 橫於口中, 噓吸成音, 直野人之所樂耳."

『삼례도』[6]에 "아황의 위 · 아래에서 소리 나는 각 6개의 성운(聲韻)이 율과 어울리니, 또한 한때의 제도이다"라고 하고, 『잠부론』[7]에 "황(簧)은 윗부분을 뾰족하게 하여 자칫 다치게 할 것처럼 보이고, 밀납으로 메꾸어 혀처럼 만든 것이니, 모두 길상(吉祥)과 어울리지는 않는다"라고 하였다. 따라서 참소하여 상처 주는 말을 시인이 '황처럼 교묘한 말'[8]이라고 빗댄 것은 이 때문이다.

『당악도』에 "줄을 머리에서 끝까지 곧게 일직선이 되게 하고, 한 손으로는 그 끈을 꿰차고 다른 한 손으로는 줄을 튕기는데, 가로로 눕혀서 취구를 입에 대고, 숨을 들이쉬기도 하고 내쉬기도 하여 소리를 내는 것으로, 야인들이 즐긴 악기이다"라고 하였다.

죽황(竹簧) 【진거황(震虡簧)】

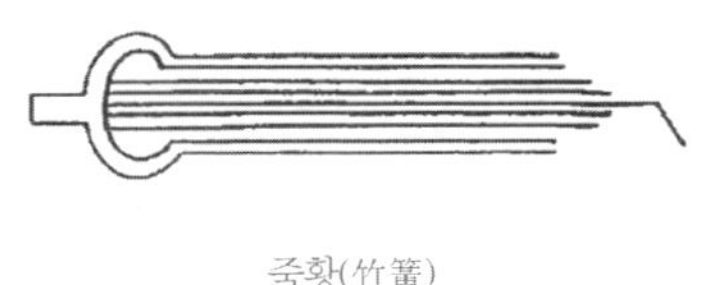
죽황(竹簧)

131-4. 漢書內傳: "西王母命侍女[9]許飛瓊, 鼓震虡之簧" 神仙傳: "王遙有五舌竹簧三, 在石室中, 遙自取其一, 以其二與室中人, 對鼓之" 然則震虡之簧, 豈亦竹簧歟! 震爲蒼筤竹故也.

『한서』「내전」에 "서왕모가 시녀 허비경에게 '진거황을 연주하게 하였다"라고 하고, 『신선전』[10]에 "왕요[11]에게 오설죽황[12]이 3개 있었다. 석

6 삼례도(三禮圖): 송 섭숭의(聶崇義)가 지은 것으로, 삼례에 관련된 기물(器物)을 그림과 함께 설명하였다.

7 잠부론(潛夫論): 후한 왕부(王符)가 편찬한 10권의 책으로, '잠부'라는 가공인물이 천하의 이치와 자신의 의견을 대화체로 토론한 독특한 서술형식을 취했다. 왕충(王充)의 『논형(論衡)』, 중장통(仲長統)의 『창언(昌言)』과 함께 후한의 3대 저작이다.

8 『詩經』 小雅/ 巧言.

9 대본에는 '友'로 되어 있으나, 사고전서 『樂書』에 의거하여 '女'로 바로 잡았다.

10 신선전(神仙傳): 동진 갈홍(葛洪)이 고대 전설에 나오는 94명의 신선들의 이야기를

실에 들어가 1개는 왕요 자신이 갖고 나머지 2개는 석실에 미리 와있던 두 사람에게 주어서 서로 마주보고 불었다"라고 하였다. 그렇다면 진거황은 아마 죽황일 것이다. 진(震)이 창랑죽을 뜻하기 때문이다.

호로생(胡蘆笙) 【표생(瓢笙)】

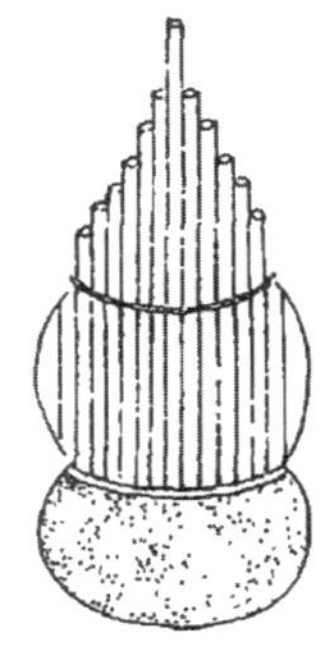

호로생(胡蘆笙)

131-5. 唐九部夷樂, 有胡盧笙. 聖朝至道初, 西南蕃諸蠻人貢, 吹瓢笙, 豈葫蘆笙邪!

당나라 구부이악(九部夷樂)[13]에 호로생이 있었다. 성조 지도(至道, 995~997) 초에 서남 변방의 오랑캐가 조공을 바칠 때 연주한 표생이 아마 호로생일 것이다.

수록한 책이다. 이 책은 후한의 「열선전(列仙傳)」에 계승되었다.

11 왕요(王遙) : 병을 고치는데 자못 능력이 있었는데, 침이나 약 또는 부적을 쓰지 않고 다만 8척의 베를 땅에 펴고 앉아 절식(絶食)함으로써 고쳤다. 요괴로 인해 병에 걸린 경우는 왕요가 땅에 감옥을 그려 그 요괴를 감옥에 가둠으로써 치료했다고 한다.

12 오설죽황(五舌竹簧) : 5개의 떨판이 있는 죽황.

13 구부이악(九部夷樂) : 수의 개황(開皇, 581~600) 초에 7부기를 설치했고, 대업(大業, 605~617) 때 9부기로 확장했는데, 당에서 수의 제도를 이어받았다. 구부이악은 청악(淸樂)·서량기(西涼伎)·구자기(龜玆伎)·천축기(天竺伎)·강국기(康國伎)·소륵기(疏勒伎)·안국기(安國伎)·고려기(高麗伎)·예필(禮畢 : 文康伎)이다. 당태종 때는 예필을 빼고 고창기(高昌伎)·연악기(燕樂伎)를 추가하여 10부기를 설치했다.

호식(胡篴)

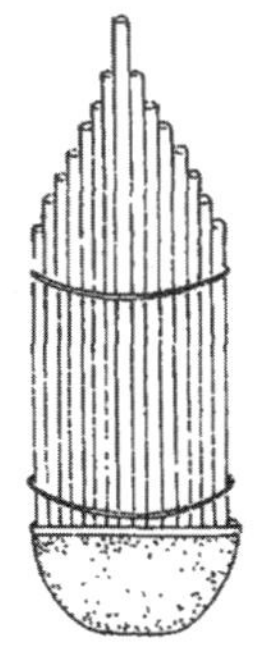
호식(胡篴)

131-6. 後魏宣武素悅胡聲. 其樂器有胡鼓胡篴, 玉篇謂篴笙是也.

후위 선무제(재위 499~515)가 평소에 호성(胡聲)을 좋아했다. 그 악기에 호고(胡鼓)와 호식이 있는데, 『옥편』에 식(篴)은 생(笙)이라고 하였다.

취생(吹笙)

131-7. 釋名曰 : "笙生也, 象物貫地而生" 白虎通曰 : "笙之爲言, 施也牙也, 萬物始施而牙" 然則 笙之義可知矣. 穆天子傳謂 : "西王母吟月吹笙鼓簧" 呂氏春秋謂 : "墨子見荊王, 衣錦吹笙" 則笙雖堂下之樂, 古人未嘗不重吹之也.

『석명』에 "생(笙)은 생(生)과 통하니, 만물이 땅을 뚫고 나오는 것을 형상한 것이다"라고 하고, 『백호통의』[14]에 "생(笙)이란 말은 '베풀다' '싹이 돋아나다'라는 뜻이니, 만물이 뻗어나가 싹이 트는 것을 상징한다"[15]라고 했으니, 생의 뜻을 짐작할 수 있다. 『목천자전』[16]에 "서왕모가 달빛을 즐

---

14 백호통의(白虎通義) : 『백호통』이라고도 한다. 후한 장제(章帝)가 79년에 북궁(北宮)의 백호관(白虎觀)에 여러 유학자들을 모아 놓고 오경(五經)의 다른 점을 강론하게 해 『백호통덕론(白虎通德論)』을 만들고, 반고(班固)에게 명하여 찬집하게 하였다.

15 『白虎通義』 제6편 禮樂.

16 목천자전(穆天子傳) : 서진 때인 281년에 부준(不準)이란 자가 전국시대 위(魏) 양왕(襄王)의 묘에서 발굴된 급총주서(汲冢周書)의 하나로 작자는 미상이다. 모두 6권으

기며 생을 불고 황을 울렸다"라고 하고, 『여씨춘추』에 "묵자가 형왕(荊王 : 楚王)을 만날 때 비단옷을 입고 생을 불었다"[17]라고 했으니, 생은 당하에서 연주하는 악기이긴 하지만 옛사람들이 중하게 여겼던 것이다.

로, 앞의 5권은 주(周) 목왕(穆王)이 서정(西征)한 일을 묘사했고, 뒤의 1권은 도중에 성희(盛姬)가 죽자 돌아가 장례 치른 일을 기록한 것이다. 역사와 신화전설을 바탕으로 하여 적당한 허구와 과장을 가미한 일종의 역사소설이라 할 수 있다.

17 『呂氏春秋』 愼大覽/ 貴因.

권132 악도론(樂圖論)

호부(胡部)[1] / **팔음**(八音) / **목지속**(木之屬)

대박판(大拍板) · 소박판(小拍板)

132-1. 拍板長闊, 如手重. 大者九板, 小者六板, 以韋編之. 胡部以爲樂節, 蓋所以代抃也. 唐人或用之, 爲樂句.

明皇嘗令黃幡綽撰譜, 幡綽乃畫一耳進之. 明皇問其故, 對曰 : "但能聰聽, 則無失節奏", 可謂善諷諫矣. 聖朝教坊所用, 六板長寸, 上銳薄而下圓厚, 以檀若桑木爲之, 豈亦柷敔之變體歟!

1 대본과 사고전서 『樂書』에는 '俗部'로 되어 있으나, 내용이 '胡部'에 속하므로 바로잡았다. 『樂書』 권125부터 권131까지 호부의 금 · 석 · 토 · 혁 · 사 · 죽 · 포만 실려 있어서 권132의 목까지 합해야 팔음이 된다. 또한 권133에 '俗部' 서문이 나오고, 권150에 속부의 木之屬이 나오므로, 권132의 木之屬은 '胡部'임이 확인된다.

박판의 길이와 너비는 손바닥을 겹친 것과 같은 크기이다. 큰 것은 9판(板)이고, 작은 것은 6판이며, 가죽끈으로 엮어져 있다. 호부에서 이것으로 악절을 짓는데, 손뼉 치는 것을 대신한 것이다. 당나라 사람들이 혹 이것을 써서 악구를 지었다.

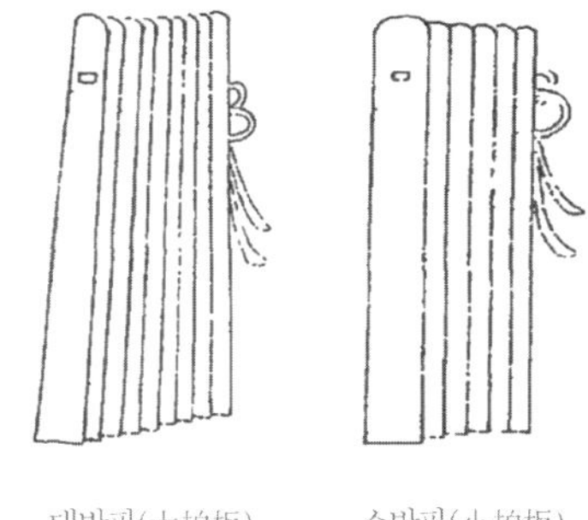

대박판(大拍板) 소박판(小拍板)

명황[玄宗, 재위 712~756]이 일찍이 황번작에게 악보를 만들도록 명하니, 종이 위에 귀 하나를 그려 진상했다. 명황이 이유를 묻자, "총명하게 들을 수 있으면 절주를 놓치는 일이 없을 것이기 때문입니다"라고 답했으니, 과연 풍간(諷諫)을 잘했다고 할 만하다.

성조(聖朝 : 宋) 교방에서 쓰는 박은 6판으로 길이가 1척[2]인데, 위는 뾰족하면서 얇고 아래는 둥글면서 두터우며 박달나무나 뽕나무로 만들었으니, 아마 축과 어의 변체(變體)일 것이다.

도피관(桃皮管) · 도피피리[桃皮觱篥]

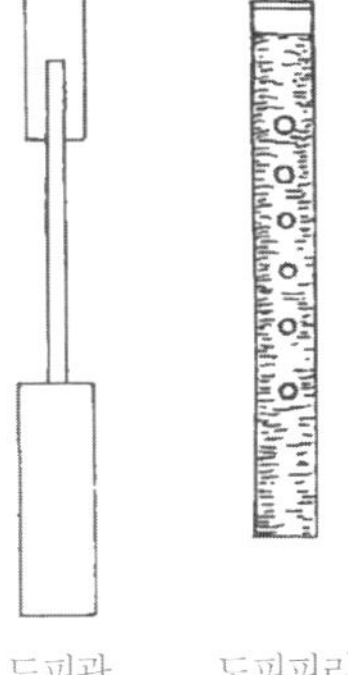

도피관(桃皮管) 도피피리[桃皮觱篥]

132-2. 桃皮卷而吹之, 古謂之管木, 亦謂之桃皮觱篥. 其聲應簫笳橫吹之南蠻高麗之樂也. 今鼓吹部, 其器亦存焉.

옛날에 복숭아껍질을 말아서 부는 것을 관목이라 부르

2 대본에는 '寸'으로 되어 있으나, '尺'의 誤記로 판단되어, '척'으로 번역하였다. 조선 성종 24년(1493)에 편찬된 『樂學軌範』에 따르면 박(拍)의 길이는 1척 3촌, 윗부분 너비가 1촌 9분, 아랫부분 너비가 2촌 4분으로 되어 있다.

기도 하고 도피피리라고 부르기도 했다. 그 소리가 남만과 고려 음악의 소가횡취(簫笳橫吹)에 잘 어울린다. 오늘날 고취부에 이 악기가 또한 포함되어 있다.

요고(腰鼓)

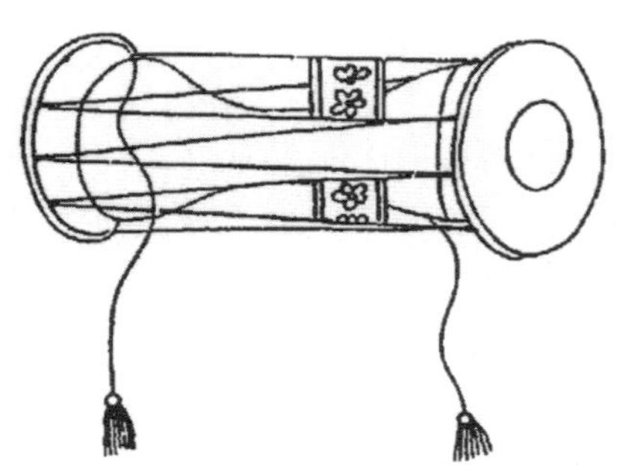

요고(腰鼓)

132-3. 腰鼓之制, 非特用土也, 亦有用木爲之者矣. 土鼓瓦音也, 木鼓木音也, 其制雖同, 其音則異. 禰衡衣綵衣擊鼓, 其妙入神. 然亦進乎技者也. 曹操以伶人待之, 不足以辱之, 適自取辱而已. 唐武宗朝有趙長史亦善於此, 其可與禰衡同日語哉?

요고는 흙으로 만들 뿐만 아니라 나무로 만들기도 한다. 흙으로 만든 것은 와음(瓦音)에 속하고 나무로 만든 것은 목음(木音)에 속하니, 그 제도가 같을지라도 음이 서로 다르다.

예형이 채색 옷을 입고 북을 치는 솜씨는 신묘하여 기예를 뛰어넘는 경지였다. 어느 날 조조가 예형을 한갓 영인(伶人 : 악공)으로만 대우하여 그를 모욕하려 했으나, 도리어 자신이 모욕을 당했을 뿐이었다.[3] 당 무종

3 예형(禰衡, 173~198)이 공융(孔融)의 추천으로 조조를 만났는데, 자신에 대한 대접이 시원치 않자 조조와 그 수하들을 혹평했다. 이에 조조는 그를 고수(鼓手)로 삼아 여러 사람 앞에서 욕보이려고 했다. 조조의 측근들이 초라한 예형의 옷차림을 조롱하자, 예형은 그 자리에서 입고 있던 옷을 벗어던지고 한동안 알몸으로 있다가 다시 옷을 입고는 통렬하게 조조를 비난했다. 조조는 그를 유표(劉表)에게 보냈는데, 유

(재위 840~846) 때 조장사가 요고를 잘 쳤다고는 하나, 예형과 같은 수준이라고 말할 수 있겠는가?

소엽(嘯葉)

소엽(嘯葉)

132-4. 嘯葉論闕.
소엽[4]의 내용은 빠져 있다.

입균(立均)

132-5. 伶州鳩曰 : "律所以立均出度也" 韋昭謂 : "其制以木長七尺, 繫之以絲, 以均鐘音, 以出大小淸濁之度, 漢大予樂有之" 宋均曰 : "均長八尺而施絢" 然古之神瞽考中聲, 而量之以制度. 則三五合而爲八尺, 而施絃, 固足以考中聲, 均鐘音而出度也. 韋昭七尺之說, 豈亦溺於七音之失然邪? 後世京房之準 · 晉之十二笛 · 梁之四通, 皆所以考律和聲. 而說者以謂, 定律之器, 始於管, 種於鐘, 移於笛, 衍於通, 蓋立均之變體也. 胡人有五旦五耽之名, 亦均之異名歟!

표의 부장인 황조(黃祖)가 예형의 독설에 가까운 비판을 용납하지 못하고 그의 목을 베었다.

4 소엽(嘯葉) : 일종의 풀피리라고 할 수 있다. 『唐書』 音樂志에 '잎사귀를 입에 물고 소리를 내면 그 소리가 맑게 울린다. 귤이나 유자 잎이 소리가 잘 난다'라고 하였다.

영주구가 "율은 균(均)을 확립하고 청탁을 재는 기준이다"[5]라고 하고, 위소[6]는 "7척이 되는 나무에 실을 묶어서 그것으로 종음(鐘音)을 조율하고 대소청탁의 도수를 쟀으니, 한(漢) 대여악에 이것이 있다"[7]라고 하고, 송균(宋均, ?~76)은 "균의 길이는 8척이며 줄을 맨다"라고 했다. 옛날에 신고(神瞽)[8]는 중성을 살펴 이를 기준으로 도수를 쟀다.[9] 3과 5를 합한 8척의 길이에 줄을 매면 진실로 중성을 살피어 종음을 고르게 하여 바른 도수를 얻을 수 있다. 그러나 위소의 7척설은 7음에 빠져서 잘못 얻어진 것이라 생각한다. 후세에 경방[10]의 준[11]과 진나라 순욱의 12적(笛)[12]과 양나라의 4통(通)은 모두 율을 살펴 성(聲)을 조화롭게 하기 위한 것이다. 사람들이 "정율기는 관에서 시작하여 종으로 확대되었고, 적으로 시도되고, 통까지 만들게 되었다"라고 말하는데, 모두 균을 확립하기 위한 여러 도구이다. 호인(胡人)들은 5단[13]·5탐의 명칭을 쓰는데, 또한 균의 다른 이름일 것이다.

---

5 『國語』 周語下 3-7.

6 위소(韋昭) : 204~273. 삼국시대 오나라 사람으로, 『박혁론(博奕論)』·『오서(吳書)』·『변석명(辯釋名)』 등을 편찬하였고, 『논어주』·『효경주』·『국어주』 등의 주석서를 냈다.

7 『國語』 周語下 3-6에 대한 韋昭의 注.

8 신고(神瞽) : 전설상의 고대 악관으로 훗날 음악의 시조로 숭상되었다.

9 옛날의~쟀으니 : 『國語』 周語下 3-7.

10 경방(京房) : B.C. 77~B.C. 37. 경방역학(京房易學)의 개창자로, 재변(災變)을 인사(人事)와 관련지어 설명하는 천인감응설(天人感應說)을 주장하였다. 종래의 12율을 확대해서 60율을 개발하였고, 『경씨역전(京氏易傳)』을 지었다.

11 경방은 관(管)으로 율을 정할 경우, 직경의 차이가 있어서 정확하기가 어려우므로, 13현(絃)의 준(準)을 만들어 율을 정할 것을 주장했다. 하지만 준은 현의 장력이 정해져있지 않고, 온도·습기의 영향을 받기 쉬우므로 율관의 도움이 필요했다.

12 순욱(荀勗 : ?~289)은 진(晉) 태시(泰始) 10년(274)에 12개의 적(笛)을 만들어 12율을 맞추었다. 순욱은 관구교정(管口校正)의 규칙을 찾아내어 비교적 정확한 율관을 만들었다.

13 오단(五旦) : 황종궁·태주궁·임종궁·남려궁·고선궁의 5균(均). 〈『중국음악의 역사』(리우짜이성 지음, 김예풍·전지영 옮김, 민속원), 273쪽〉

사통(四通)

132-6. 梁武帝素善鐘律. 以祖沖之尺校半分, 以新尺制爲四通器, 又爲十二笛以寫通聲. 幷周代古鐘, 悉無差韻, 一時之制也.

양 무제(재위 502~549)는 본래 종율에 밝았다. 그리하여 조충지[14]의 자[尺]에 비하면 절반이 되는 신척으로 4통(通)을 만들고, 또 12개의 적을 만들어 통의 소리를 그대로 본떴는데, 주대의 고종(古鐘)과 함께 연주하면 어긋나는 운(韻)이 전혀 없으니, 한 때의 훌륭한 제작이다.

---

14 조충지(祖沖之) : 429~500. 남조 송의 효무제 밑에서 벼슬하여 462년 대명력(大明曆)을 만들었다. 『구장산술주(九章算術註)』·『철술(綴術)』 10편이 있고, 원지름이 113일 때 원둘레 355로 잡은 정밀한 원주율이 저명하다. 또한 지남차(指南車)·기기(攲器 : 속이 비었을 때 쓰러지고, 적당히 물이 차 있으면 쓰러지지 않으나 가득 채우면 역시 쓰러지지 않는 용기), 제갈량의 목우유마(木牛流馬)·천리선(千里船)·수대마(水碓磨) 등의 기기(奇器)를 만들었다.

권133 악도론(樂圖論)

속부(俗部) / 팔음(八音) / 금지속(金之屬) 상(上)

속부(俗部) 서(序)

133-1. 俗部之樂, 猶九流雜家者流. 非朝廷所用之樂也, 存之不爲益, 去之不爲損. 民間用之, 雖無害於事. 然方響十六, 同爲一架, 雜用四淸之聲, 適足以使民之心淫矣, 鄭衛之音也, 欲民之移風易俗難矣, 如欲用之, 去四淸以協律可也.

속부 음악은 9류(九流)[15] 중의 잡가류와 같은 것이다. 조정에서 쓰는 음악이 아니니, 존치시켜도 도움될 것이 없고, 폐지해도 나쁠 것이 없다. 민간에서 이를 쓰는 것은 해롭지는 않으나, 방향 1가(架)에 16매의 철판

15 9류(九流) : 선진(先秦) 시대의 아홉 학파. 유가(儒家)・도가(道家)・음양가(陰陽家)・법가(法家)・명가(名家)・묵가(墨家)・종횡가(從橫家)・잡가(雜家)・농가(農家).

을 매달아 4청성을 섞어 쓰므로 사람 마음을 음란하게 한다. 그런데 정·위의 음(音)[16]으로 백성의 풍속을 바꾸기는 어려우니, 만약 이를 쓰고자 하면 4청성을 없애서 율을 조화롭게 해야 한다.

편종(編鐘) 상(上) [24매], 편종(編鐘) 중(中)[16매], 편종(編鐘) 하(下)[14매]

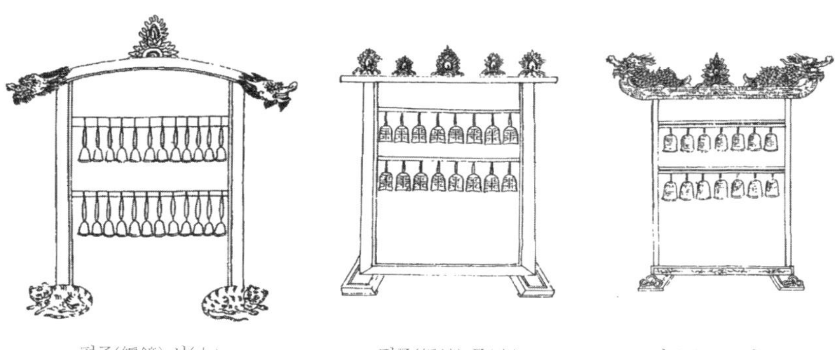

편종(編鐘) 상(上)　　편종(編鐘) 중(中)　　편종(編鐘) 하(下)

133-2. 古者編鐘大小異制. 有倍十二律而爲二十四者, 大架所用也. 有合十二律四淸而爲十六者, 中架所用也. 有倍七音而爲十四者, 小架所用也. 昔宋沆爲太常丞, 嘗待漏光宅寺, 聞塔上風鐸聲, 傾聽久之. 因登塔歷扣之,[17] 得一鐸, 往往無風自搖洋洋乎有聞矣, 摘而取之, 果姑洗編鐘也. 又嘗道逢度支運乘, 其間一鈴亦編鐘也. 又配懸音皆合其度,

---

16　정(鄭)·위(衛)의 음(音): 춘추전국시대의 정나라와 위나라의 음악이 음란했으므로 음란한 음악의 대명사로 쓰인다.

17　대본에는 '孔中'으로 되어 있으나, 사고전서『樂書』에 의거하여 '扣之'로 바로잡았다.

豈亦識微在金奏者乎?

옛날에 편종은 크기가 다른 여러 제도가 있었다. 12율을 두 배한 24개짜리는 대가(大架)에 매달고, 12율 4청성의 16개짜리는 중가(中架)에 매달고, 7음을 두 배한 14개짜리는 소가(小架)에 매달았다.

송연[18]이 태상승일 때 광택사에서 입조(入朝)하려고 기다리는데, 탑 위에서 풍탁(風鐸)[19]소리가 들리므로, 한참을 귀 기울여 들었다. 탑으로 올라가 하나하나 두들기다가, 바람이 불지 않는데도 이따금 스스로 흔들려 뎅그렁 뎅그렁 소리가 나는 풍탁 하나를 발견하고는 이를 떼어내어 살펴보니 고선 음정이 나는 편종이었다. 또 어느 날 길을 가다가 탁지부[20]의 운반용 수레를 만났는데, 수레에 달린 방울 하나가 또한 편종이었다. 이것들을 악기틀에 매달면, 음이 모두 도수에 합치되었으니, 어쩌면 '기미를 알아채는 것은 금주(金奏)에 있는 것'[21]이 아닐까?

대박(大鎛)

133-3. 鎛本小鐘, 沈約等誤以爲大, 不考經傳之過也. 馮元樂論謂 :[22] "此鎛鐘迺官帑中所獲者, 其柄內空, 扣之不得其聲, 豈淪翳[23]土莽[24], 泉

18 송연(宋沇) : 당 개원(開元, 713~741) 연간에 유명한 재상 송경(宋璟)의 손자이다. 덕종(德宗, 재위 779~805) 때 태상경을 역임했다.

19 풍탁(風鐸) : 사찰의 건물이나 탑의 처마 끝에 달려 있는 종 형태의 장식.

20 탁지부(度支部) : 국가의 재무를 총괄한 중앙 행정 부서.

21 '識微在金奏'는 남조 송의 안연년(顔延年)이 지은 ≪오군영(五君詠)≫에 나오는 싯귀이다. ≪오군영≫은 죽림칠현 중 재상을 지낸 산도와 왕융을 뺀 5인의 처지를 빌려 심정을 노래한 것이다.

22 대본에는 '爲'로 되어 있으나, 사고전서 『樂書』에 의거하여 '謂'로 바로잡았다.

23 대본에는 '翳'라 되어 있으나, 사고전서 『樂書』에 의거하여 '翳'로 바로잡았다.

24 대본에는 '奔'라 되어 있으나, 사고전서 『樂書』에 의거하여 '莽'으로 바로잡았다.

漬壞蝕, 失其眞響邪! 至其小者, 差與太常編鐘[25]大小相類云."【許愼曰 : "鏄錞于之屬, 所以應鐘磬. 堵以二金樂, 則鼓鏄以應之.】

대박(大鏄)

박(鏄)은 본래 작은 종이다. 그런데 심약[26] 등이 박을 큰 종으로 오인한 것은 경전을 살피지 못해 빚은 실수이다. 풍원[27]의 『악론』에 "자루 속이 빈 이 박종은 관청 창고에서 찾아낸 것인데, 두드려도 소리가 나지 않는 것은 어쩌면 악기가 흙속에 파묻혀 있어서 물에 젖고 흙에 부식되어 본래의 소리를 잃었기 때문일 것이다. 작기는 하지만 태상시[28] 편종과 비교했을 때 크고 작은 차이만 있을 뿐 서로 비슷하다"고 하였다. 【허신[29]은 "박은 순우(錞于)와 같은 종류의 악기로서 종 · 경에 응한다. 두개의 금부(金部) 악기를 연주하면 박을 쳐서 응한다"라고 하였다.】

25 대본에는 없으나, 『文獻通考』 권134에 의거하여 '鐘'을 보충하였다.

26 심약(沈約) : 441~513. 남조 양나라 사람으로 시부(詩賦)에 뛰어나 사조(謝朓) 등과 함께 영명체(永明體)를 창안하고 성운팔병설(聲韻八病說)을 제기했다. 『사성보(四聲譜)』 · 『진서(晉書)』 · 『송서(宋書)』 · 『제기(齊紀)』 · 『양무기(梁武紀)』 등을 지었다.

27 풍원(馮元) : 975~1037. 진종(眞宗) 대중상부(大中祥符) 원년(1008)에 진사가 되었고, 인종(재위 1022~1063) 때 『경우광악기(景祐廣樂記)』를 지었다.

28 태상시(太常寺) : 예악 · 교묘(郊廟) · 사직 등의 일을 맡은 관청. 줄여서 '태상'이라고도 한다.

29 허신(許愼) : 30~124. 후한의 경학자. 100년부터 121년까지 『설문해자(說文解字)』 15편을 완성했는데, 한자의 자형(字形) · 의의(意義) · 음운(音韻)을 체계적으로 해설한 최초의 자서(字書)이다.

박산종(博山鐘)

133-4. 戴延之西征記曰："鐘大者三十二圍[30]. 博山頭形, 環紐作師子頭, 鐘身雕鏤龍虎文章二文, 厚八尺, 大面廣一丈二尺, 小面七尺. 或作蛟龍, 或作鳥獸, 周繞其外" 陸翽鄴中記, 其說亦然. 豈皆有所傳聞然邪!

대연지[31]의『서정기』에, "큰 종은 32아름이나 되고, 박산로[32]의 뚜껑처럼 생겼다. 종 고리는 사자 머리 형상으로 만들고, 몸체에 용과 범 문양을 새겼으며, 두께는 8척이고, 큰 쪽은 너비가 1장 2척이고, 작은 쪽은 7척이다. 혹 교룡이나 새나 짐승을 만들어 그 둘레를 장식했다"라고 하고, 육홰의 『업중기』에도 같은 말이 나오니, 아마 모두 전해들은 바가 있었을 것이다.

비렴종(飛廉鐘)

133-5. 趙將軍張珍領郡, 邑民徙洛陽六鐘猛虡九龍翁仲銅駝,[33] 飛廉鐘一沒盟津中. 【戴延之西征記曰："陝縣城西北二面帶河, 河中對城西北角, 水湓起, 銅鐘翁仲頭髮常出水上, 漲減尙與水齊. 晉軍當至, 髮不復出, 唯見水中嗟嗟有聲聞數里. 翁仲本在城內大司馬門外, 爲賊所徙,

30 대본에는 없으나, 『樂書』 133-5에 의거하여 '圍'를 보충하였다.

31 대연지(戴延之) : 동진인(東晉人)이며, 동진의 安帝 德宗(재위 397~419) 때 남조 송을 세운 유유(劉裕)의 부하였다.

32 박산로(博山爐) : 박산 모양을 본떠서 만든 동제(銅製) 향로. 박산은 바다 가운데에 있다는 전설상의 명산이다.

33 대본에는 '馳'로 되어 있으나, 사고전서 『樂書』에 의거하여 '駝'로 바로잡았다.

當西入關, 至此而沒.】郭緣生述征記曰 : "洛陽太極殿前, 大鐘六枚, 父老云, 曾有欲[34]移此鐘者, 聚百數長絙挽之, 鐘聲振地. 自是莫敢復犯. 然則太極殿六鐘, 豈邑民所徙者邪?"【戴延之西征記曰 : "洛陽太極殿前左右, 各三銅鐘相對. 大者三十二圍, 小者二十五圍" 廣古今五行記曰 : "陜州黃河, 有銅鐘在水, 水大小, 常自浮出, 每晦朔陰雨之日鳴, 聲響悲亮, 行客聞之, 莫不愴然"】

조나라 장군 장진이 고을을 다스릴 때, 읍민들이 종 6개, 맹수 조각 장식의 악기틀, 용 9마리를 장식한 기물, 옹중,[35] 구리로 만든 낙타 등을 낙양으로 옮기다가 비렴종[36] 하나를 맹진[37]에 빠뜨리고 말았다.【대연지의 『서정기』에 "합현성의 서쪽과 북쪽에 황하가 흐른다. 성의 서북 모퉁이의 맞은편 황하에서 물결이 솟구치더니 동종과 옹중의 머리가 물 위로 나왔는데, 물이 불어나거나 줄어드는 것에 상관없이 언제나 물과 나란히 있었다. 그러나 진나라 군대가 당도하자 머리가 다시는 나오지 않고, 오직 물속에서 슬피 탄식하는 소리만 몇 리 밖에까지 들렸다. 옹중은 본래 성 안의 대사마문 밖에 있었는데, 도적이 이를 옮기다가 서쪽 관문의 이곳에 이르러 실수로 빠뜨렸던 것이다.】

곽연생의 『술정기』에 "낙양의 태극전 앞에 있는 큰 종 6개에 대해 마을 어르신이 말씀하기를 '일찍이 이 종을 옮기려던 자가 100개가 넘는 긴 끈목을 모아서 종을 끌어당겼는데 종소리가 땅을 진동시키므로, 이때

34 대본에는 '欲有'로 되어 있으나, 사고전서 『樂書』에 의거하여 '有欲'으로 바로잡았다.

35 옹중(翁仲) : 전설에 따르면, 옹중은 진시황 때의 거인 이름이다. 진시황제는 그를 시켜 흉노족 등 북방 침략자를 토벌하게 했다. 그가 죽자, 그의 공로를 생각하여 구리로 그의 상(像)을 만들어 아방궁 문 밖에 세워두었다. 흉노족은 옹중이 죽었다는 소식을 듣고 원한을 풀기 위해 쳐들어왔는데, 의젓하게 아방궁 앞에 서있는 것을 보고 그대로 도망갔다. 그리하여 진나라 사람들은 옹중은 살아서나 죽어서나 나라를 지킨 수호신이라하여 그의 상을 구리나 돌로 만들어 궁궐이나 관아 앞에 세우게 되었다고 한다.

36 비렴(飛廉) : 비렴은 바람을 맡은 신. 일설에는 바람을 일으킨다는 신금(神禽), 또는 전설상의 동물 이름.

37 맹진(盟津) : 황하에 있는 나루터.

부터 감히 다시 옮길 엄두를 내지 않았다'고 한다. 그렇다면 태극전의 6개 종은 어떻게 읍민들이 옮겼을까?"라고 하였다.

【대연지의『서정기』에 "낙양 태극전 앞의 좌우에 각각 동종이 3개씩 서로 마주 놓여있는데, 큰 것은 32아름[圍]이고 작은 것은 25아름이다"라고 하고,『광고금오행기』에 "합주의 황하 물속의 동종은 물이 많거나 적거나 간에 항상 떠있다. 그믐과 초하루 날씨가 흐리고 비오는 날마다 종이 울리는데, 그 소리가 슬프고 처량하여서 지나가는 사람들이 이를 듣고서 서글퍼하지 않는 사람이 없었다"라고 하였다.】

의종(儀鍾)

133-6. 後魏宮架之制, 四床有儀鐘十四虡, 廢而不用, 元孚奏去之. 至隋牛弘建言 : "古者鎛鐘據儀禮叩擊爲節, 無合曲之義, 大射二鎛皆亂擊焉. 乃依後周, 以十二鎛相生擊之" 聲韻自此諧矣.【前此宮懸四床十六架. 編黃鍾之磬十四, 雖器名黃鍾, 而聲實夷則. 抑又姑洗縣於東北, 蕤賓列於西南, 器象差位, 則調律亦不和矣.】

후위[38]의 궁가(宮架) 제도는 사상(四床)에 의종 14틀이 설치되어 있었지만, 부서져 쓸 수 없게 되자, 원부[39]가 아뢰어 제거했다. 수(隋)에 이르러

38 후위(後魏) : 선비족의 탁발규(拓跋珪)가 중국 화북지역에 세운 북조 최초의 왕조(386~534)이다. 북위(北魏)·원위(元魏)라고도 한다. 문제가 낙양으로 천도한 후 자신의 성인 '탁발'을 '원'으로 고쳤기 때문이다. 제3대 태무제(太武帝)에 이르러, 하(夏)·북연(北燕)·북량(北涼)을 멸망시킴으로써 5호 16국의 난을 종식시켜 439년 마침내 강북지역을 통일하였다.

39 원부(元孚) : 선비족(鮮卑族)으로 후위(後魏) 임회왕(臨淮王) 탁발담(拓跋譚)의 손(孫)이다.

우홍[40]이 "옛날에는 『의례』에 의거하여 박과 종을 쳐서 절도를 삼았습니다. 그러나 지금은 합주를 제대로 하지 않고 대사(大射)에 2개의 박(鎛)만을 어지럽게 치니, 북주[41]의 제도를 따라 12개의 박을 만들어 치소서"라고 건의했고, 이로부터 성운(聲韻)이 비로소 조화 되었다. 【이보다 앞서는 궁현의 사상에 16틀[架]이 있었다. 황종경 14개를 배치했는데, 황종이라고 이름을 붙이긴 했지만 실은 이칙이 났다. 더구나 고선을 동북쪽에 진설하고 유빈을 서남쪽에 진설하여, 악기가 상징하는 방위가 잘못되었으며,[42] 조율 또한 어울리지 않았다.】

형종(衡鐘)

133-7. 江左黃鐘之宮, 其東衡鐘, 其制蓋大于鎛, 豈鳧氏鐘衡之遺制歟! 至梁去衡設鎛, 亦因時而爲之, 非有異意也.

강좌[43]에는 황종지궁 동쪽에 박(鎛)보다 큰 형종이 있었는데, 어쩌면 부씨[44]가 남긴 종(鐘)·형(衡)의 제도와 관련 있을 것이다. 양나라 때 형을 제거하고 박을 설치한 것은 그 당시 실정상 그렇게 한 것이고, 다른 뜻이 있었던 것은 아니다.

---

40 우홍(牛弘) : 546~611. 본성은 요(尞)이나, 아버지 윤(允)이 서위(西魏)에 벼슬하여 우성(牛姓)을 하사받았다. 오례(五禮)를 찬수했으며, 명당(明堂)을 세우고 악률(樂律)을 바로잡았다.

41 원문에는 '後周'로 되어 있으나, 곽위(郭威)가 951년에 세운 '後周'와 구분하여 '북주'로 번역했다. 북주는 선비족인 우문각(宇文覺)이 556년에 서위(西魏)를 멸하고 세운 나라이다. 도읍은 장안이었으며, 6대 26년 만에 수나라에게 망했다.

42 고선은 3월에 해당하니 동남쪽에 있어야 마땅하고, 유빈은 5월에 해당하니 남쪽에 있어야 마땅하다.

43 강좌(江左) : 양자강의 동쪽 지방. 곧 지금의 강소성(江蘇省).

44 부씨(鳧氏) : 종(鐘) 제작을 관장하던 주나라 관직명이다.

고문종(古文鐘)

133-8. 虞喜志林曰 : "吳時於江中得鐘, 有百餘字. 募求讀者, 竟無人曉" 何法盛晉中興書曰 : "義熙十一年, 霍山崩毁, 出銅鐘六枚, 上有古文蝌蚪[45]書, 人莫能識" 廣古今五行記曰 : "會稽人陳靑, 於井中得小鐘, 長七寸二分, 上有古文十八字, 其四字可識云, 會稽嶽命" 郭璞云 : "愍懷喪覆, 元帝中興之應" 自宣帝至恭帝數十八, 其爲古文, 則一其所以可識不可識者, 豈歷年滋久, 漫滅不可復知邪! 然先儒著其事應. 竊意其未必然也.

우희[46]의 『지림』에 "오나라 때 양자강에서 종을 하나 건졌는데, 100여 글자가 새겨져 있었다. 이를 읽을 수 있는 사람을 구했으나, 아무도 없었다"라고 하고, 하법성의 『진중흥서』[47]에 "의희[48] 11년(415)에 곽산[49]이 무너질 때 동종 6매가 출토되었다. 그 위에 옛 글씨체인 과두서[50]가 새겨 있었는데, 이를 읽을 수 있는 자가 없었다"라고 하고, 『광고금오행기』에 "회계 사람인 진청이 우물 속에서 길이 7촌 2분짜리 작은 종을 건졌다. 위에 18자의 고문이 쓰여 있는데, 그 중 '회계악명(會稽嶽命)'이라는 4글자만 알아볼 수 있었다"라고 하였다.

---

45 대본에는 '科斗'로 되어 있으나, 사고전서 『樂書』에 의거하여 '蝌蚪'로 바로잡았다.

46 우희(虞喜) : 281~356. 동진인(東晉人). 『진사(晉史)』 편찬에 참여한 우예(虞預)의 형이다. 성제(成帝) 함강(咸康, 335~342) 중에 『안천론(安天論)』 등을 편찬했다. 하늘은 높고 끝이 없으며 항상 안정되어 움직임이 없는 데다 일월성신(日月星辰)도 각자 운행한다고 주장했다. 또 세차(歲差)를 발견하기도 했다. 그 밖의 저서에 『주관박난(周官駁難)』 『지림신서(志林新書)』 『후림신서(后林新書)』 『광림(廣林)』 『통의(通疑)』 등이 있다.

47 당의 이연수(李延壽)가 송・제・양・진의 남조 4왕조의 역사를 정리한 『남사(南史)』 「치소전(郗紹傳)」에서는 치소가 쓴 '진중흥서'를 하법성이 가로채 자기 저서로 둔갑시켰다고 한다.

48 의희(義熙) : 405~418. 동진 안제(安帝) 때 사용된 연호.

49 곽산(霍山) : 중국 산서성 곽현(霍縣)의 동남쪽이 있는 산

50 과두서(蝌蚪書) : 글자 모양이 올챙이처럼 생긴 옛 글씨체..

곽박은 이를 '회제(재위 306~311)와 민제(재위 313~316) 때 나라를 잃었는데, 원제(재위 317~322)가 중흥시킨 것'[51]을 암시한다고 풀이했다. 진나라의 선제[52]로부터 공제[53]에 이르기까지 모두 18대에 이르는 동안에 쓰여진 고문이 알듯 말듯 한 것은 세월이 오래되어 판독할 수 없을 정도로 마멸되었기 때문일 것이다. 따라서 곽박이 고문을 어거지로 회제·민제·원제의 일과 관련시켜 풀이한 것이 잘 납득되지 않는다.

천석종(千石鐘)

133-9. 漢高帝之廟, 巨鐘十枚, 其容受千石矣. 撞之, 都聞百里, 豈表[54]人之侈心乎! 故說苑曰: "秦始皇建千石之鐘, 立萬石之虡"

한 고조 사당에 천석[55]이 담길 정도의 큰 종이 10매 있었다. 종을 치면 모두 100리까지 들렸으니, 사람의 사치스런 마음을 뽐낸 것이다. 그러므로 『설원(說苑)』[56]에서는 "진시황이 천석 크기의 종을 만들고 만석 크기의

51 서진 3대 황제인 회제(懷帝)가 이민족의 침입으로 죽자, 관료들은 회제의 조카인 사마업(司馬業)을 황제[愍帝]로 옹립하였다. 한편 팔왕이 서로 패권을 다툴 즈음, 사마의(司馬懿)의 증손자인 낭야왕(琅邪王) 사마예(司馬睿)는 그의 측근 왕도(王導)의 의견에 따라 군사를 이끌고 남하하여, 세력 확보에 힘썼고, 민제가 흉노에게 붙잡혀 죽임을 당하자, 제위[元帝]에 올라, 동진을 열었다.

52 선제(宣帝): 179~ 251. 사마의(司馬懿)의 시호이다. 위나라의 조조(曹操: 武帝로 추존), 조비(曹丕: 文帝 재위 220~226), 조예(曹叡, 明帝 재위 226~239), 조방(曹芳, 哀帝 재위 239~254) 등 4대를 보필하며 공을 세워 무양후(舞陽侯)에 봉해졌다. 손자인 사마염(司馬炎, 236~290)이 서진을 세운 뒤에는 선제(宣帝)로 추존(追尊)되었다. 묘호(廟號)는 고조(高祖)이다.

53 공제(恭帝): 재위 418~420. 동진의 마지막 황제.

54 대본에는 '秦'으로 되어 있으나, 사고전서『樂書』에 의거하여 '表'로 바로잡았다.

55 석(石): 10두(斗)의 용량.

56 설원(說苑): 전한 말에 유향(劉向)이 편집하였다. 「군도(君道)」「신술(臣術)」 등 20편

종틀을 세웠다"라고 비판하였다.

구유종(九乳鐘)

133-10. 傳曰 : "君子鑠金爲鐘, 四時九乳. 是以撞鐘以知君, 鐘調是君道得" 宋均以爲, 九乳象九州. 豈古人制作, 皆有所法象邪!

전(傳)[57]에 "군자가 쇠를 녹여서 종을 만들 때 사시(四時)의 상징과 구유(九乳)[58]로 장식했다. 종을 쳐보면 임금의 인품을 알 수 있으니, 종소리가 조화로우면 군도(君道)를 체득한 것이다"라고 했는데, 송균[59]은 '구유는 구주(九州)를 상징한다'고 풀이했다. 이로 보면, 옛사람들이 기물을 제작할 때는 모두 상(象)을 본뜬 것이다!

평릉종(平陵鐘)·두릉종(杜陵鐘)

133-11. 漢高帝平陵・宣帝杜陵, 其鐘皆在長安. 夏侯征西, 欲徙詣洛陽, 重不能致, 縣在淸明門裏道南者, 其西者平陵鐘也, 東者杜陵鐘也.

으로 구성되었다. 고대의 제후나 선현들의 행적이나 일화・우화 등을 수록한 것이며 위정자를 설득하기 위한 훈계독본으로 이용되었다.

57 『악즙도징(樂汁圖徵)』을 가리킨다.

58 구유(九乳) : 종의 표면에 젖꼭지처럼 돌출된 9개의 장식. 〈부록－그림 4〉 참조.

59 송균(宋均) : 미상~76. 후한 사람. 『시경』과 『예기』에 능통했고, 진양장(辰陽長)과 하내태수 등을 지냈다. 진양장으로 있을 때 학교를 세워 그 지역의 경학을 활성화시키는 데 크게 기여했다.

古之人用鐘, 非特在陵, 雖廟亦用之矣. 古今樂錄曰 : "高廟[60]中四鐘, 皆秦時廟鐘也, 重十二萬斤. 明帝徙二鐘, 在南宮." 然秦鐘非制, 毁之可也, 徙之南宮, 亦未免啓後世人主之侈心歟!

한 고조(재위 B.C.206~B.C.195)의 평릉과 선제(B.C.74~B.C.49)의 두릉에 딸린 종이 모두 장안에 있었다. 하후가 서역을 정벌하고[61] 종을 낙양으로 옮기려 했으나, 무거워서 그렇게 할 수 없었으므로 청명문 안쪽 길 남쪽에 매달았으니, 서쪽의 것이 평릉종이고 동쪽의 것이 두릉종이다.

옛날 사람들은 능에서 뿐 아니라 사당에서도 종을 사용했다. 『고금악록』[62]에 "한 고조 사당에 있는 4개의 종은 모두 진(秦)나라 사당에 있던 종이다. 무게가 12만근이나 되었는데, 명제(재위 57~75)가 2개의 종을 남궁으로 옮겼다"라고 하였다. 진나라 종은 제도에 맞지 않으니 헐어야 마땅한데, 이것을 남궁에 옮겼으니, 후세 임금들에게 사치하는 마음을 열어 준 것이다.

화종(華鐘)

133-12. 張衡曰 : "發鯨魚鏗華鐘" 薛綜以謂 : "凡鐘欲令大鳴, 故作蒲牢于上. 所以擊之者, 鯨魚有象, 刻文, 故曰華鐘也"【晉都洛中丙申春,

60 대본에는 '廣'으로 되어 있으나, 『天中記』 권43에 의거하여 '廟'로 바로잡았다.

61 하후(夏侯)는 하후연(夏侯淵)을 가리키는 것 같다. 하후연은 200년 조조가 관도에서 원소(袁紹)와 싸울 때 독군교위(督軍校尉)로 임명되어 그를 수행했으며, 저족(氐族)·강족(姜族)의 토벌 및 조조가 양주(涼州)와 한중(漢中)을 차지하는 데 큰 공을 세웠다. 209년에는 영군(領軍)으로 임명되어 여강에서 일어난 뇌서(雷緖)의 반란을 토벌하였고, 정서호군(征西護軍)이 되어 태원(太原)·위남(渭南) 등을 정벌하였다.

62 고금악록(古今樂錄) : 진(陳) 석지장(釋智匠)이 고금의 악률에 대해 들은 것을 기록한 책.

翰林學士王仁裕夜直，聞禁[63]中蒲牢發聲，如打頂腦間，其鐘忽撞作破裂，索索之聲旬餘矣. 旣而，中春晉帝果幸梁汴，石渠金馬移在雪宮，迄今十三年矣. 索索之兆，信有驗焉.】

장형[64]은 "고래를 발동시켜 화종을 쟁쟁히 울리게 한다"라고 하고, 설종[65]은 "종소리를 크게 울리고자 종에 포뢰[66] 형상을 만들고, 종을 치는 도구는 고래 모양으로 만들었다. 종에 전각(篆刻)이 새겨져 있으므로, 화종이라 한다"[67]라고 하였다.【후진[68]의 도읍 낙양에서 병신년(936) 봄에 한림학사 왕인유[69]가 밤에 숙직하는데, 궁궐 안에서 포뢰가 머리 부분을 맞은 것 같은 소리가 들리더니, 갑자기 그 종이 깨졌고, 우당탕당 어지러운 소리가 열흘이상 지속되었다. 다음 해 봄에[70] 후진[71] 황제가 변량[72]으로

---

63 대본에는 '琴'으로 되어 있으나, 사고전서『樂書』에 의거하여 '禁'으로 바로잡았다.

64 장형(張衡) : 78～139. 천구의(天球儀)인 혼천의(渾天儀)를 비롯해 지진계(地震計)라 할 수 있는 후풍지동의(候風地動儀)를 만든 후한의 과학자 겸 문인. 하간왕(河間王)의 재상으로서 호족(豪族)들의 발호를 견제하는 데 큰 공을 세웠다. ≪동경부(東京賦)≫ ≪서경부(西京賦)≫ ≪응간부(應間賦)≫ ≪사현부(思玄賦)≫ 등을 지었고, 저서에『장하간집(張河間集)』이 있다.

65 설종(薛綜) : ?～ 243. 손권의 모사(謀士). 교지태수와 상서복야(尙書僕射)와 태자소부(太子少傅)를 역임했다. 일찍이 장형의 이경부(二京賦)에 주를 달았다. 저서에『사재(私載)』와『오종도술(五宗圖述)』이 있다.

66 포뢰(蒲牢) : 전설에 나오는 바다 짐승의 이름. 포뢰는 고래를 두려워하여 고래가 습격하면 큰소리로 울기 때문에 종소리를 크게 내고자 종 꼭대기에 포뢰 모양을 주조하여 붙였다. 이로 인해 포뢰가 종을 가리키기도 한다. 〈부록－그림 5〉 참조.

67『天中記』(明 陳耀文 撰) 권43「薛綜西京賦註曰 : "海中有大魚曰鯨，海邊又有獸名蒲牢. 蒲牢素畏鯨，鯨魚擊蒲牢,輒大鳴. 凡鐘欲令聲大者，故作蒲牢於上，所以撞之者爲鯨魚. 鐘有篆刻之文，故曰華鐘也."」를 참조하여 번역하였다.

68 엄밀히 말하면 936년 봄이면 후진이 세워지기 전이니, 후당이라고 해야 옳다.『資治通鑑』권280에 따르면, 936년 11월에 석경당이 후진 황제의 자리에 올랐기 때문이다.

69 왕인유(王仁裕) : 880～956. 어려서 고아가 되어 책을 알지 못하다가 25살 때 처음 배우기 시작했지만, 나중에 문사(文辭)로 명성이 알려졌다. 당나라 말에 진천 절도판관(節度判官)에 임명되었고, 전촉(前蜀)에 들어가 한림학사가 되었다. 후당(後唐)의 폐제(廢帝) 때 조서와 고명이 모두 그에게서 나왔다. 후진(後晉) 고조 때 간의대부를 지냈고, 후한 고조 때 호부상서와 태자소보(太子少保)를 역임했다. 저서에『서강집(西江集)』과『개원천보유사(開元天寶遺事)』등이 있다.

70『資治通鑑』권281에 따르면, 후진 황제가 937년 3월27일에 낙양을 출발하여 4월 4일에 변량에 도착했다.

행차하여 석거(石渠)와 금마(金馬)를 설궁으로 옮겼는데, 지금까지 13년이 흘렀다. 우당탕탕 어지러운 소리의 조짐이 진실로 징험된 것이다.[73]】

명종(鳴鐘)

133-13. 豐山有鐘, 霜降則鳴, 黃河有鐘, 陰雨則鳴, 氣感之也.【山海經 五行記】漢魏殿鐘, 山摧則鳴, 類召之也.【東方朔傳:"武帝未央宮殿前鐘, 無故自鳴, 三日三夜不止. 帝以問朔, 朔對曰, 銅者土之子. 以陰陽氣類言之, 子毋相感, 恐山有摧阤者. 居三日, 南郡太守以山崩爲言, 帝因大笑" 又異苑曰:"魏殿前鐘忽大鳴, 張華曰, 蜀銅山崩, 久之果然"】

서리가 내리면 풍산의 종이 울리고 날씨가 흐리거나 비가 내리면 황하의 종이 울린 것은 기(氣)에 감응했기 때문이다.【『산해경』[74]『오행기』】 산이 무너질 때 한나라와 위나라 궁전의 종이 울린 것은 같은 종류끼리 영향을 끼쳤기 때문이다.【「동방삭전」[75]에 "무제(재위 B.C.141~B.C.87) 때

---

71 후진(後晉): 중국 5대(五代)의 세 번째 왕조로서 석경당(石敬瑭)이 936년 연운 16주를 거란에 넘기는 대신 군사 지원을 받아 후당(後唐)을 멸망시키고 건국하였다. 942년 석경당이 죽고 조카인 석중귀(石重貴)가 2대 황제인 출제(出帝)로 즉위한 뒤 후진과 요(遼)의 관계는 악화되었으며, 947년에 요나라에 의해 멸망되었다.

72 변량(汴梁): 지금의 하남성 개봉시.

73 이 이야기의 출처는『太平廣記』권203에 의거하면『옥당한화(玉堂閒話)』라고 한다.

74 산해경(山海經): 선진(先秦) 시대에 저술되었다고 추정되는 대표적인 신화집 및 지리서이다. 춘추 시대부터 한대 초기까지 걸쳐서 여러 사람이 내용을 첨가했다. 사마천의『사기』에 맨 처음 산해경이란 명칭이 나오며, 유향의 아들 유흠이 기존에 전해져 오던 내용에 덧붙여 편찬했고, 진대의 곽박이 최초로 주석을 달았다.

75 동방삭전(東方朔傳):『漢書』의 편명이다. 동방삭(B.C.154~B.C.930)은 한 무제 때 벼슬이 태중대부(太中大夫)에 이르렀으며, 기이한 꾀와 재담으로 무제의 총애를 받은 인물로, 저서에『답객난(答客難))』『비유선생전(非有先生傳)』『칠간(七諫)』등이 있다.

미앙궁[76] 앞에 있는 종이 까닭 없이 스스로 울려서 3일 낮밤이 지나도록 그치지 않았다. 무제가 동방삭에게 물으니, 삭이 '구리는 흙에서 산출되니 흙의 자식이라 할 수 있습니다. 음양의 기(氣)로 말하면 어머니와 아들은 서로 감응하는 법이니, 아마 산이 무너지는 일이 있을 것입니다'라고 답했는데, 아니나 다를까 3일후 남군 태수가 산이 무너졌다고 보고했다. 이를 듣고 무제는 무릎을 치며 크게 웃었다"라고 하고, 또 『이원』[77]에 "위나라 궁전 앞에 있는 종이 갑자기 울리자, 장화[78]가 '촉에 있는 동산(銅山)이 무너질 것'이라고 말했는데, 한참 후 실제로 그렇게 되었다"라고 하였다.】

아종(啞鐘)

133-14. 唐太宗召張文收于太常, 令與祖孝孫參定雅樂. 有古鐘十二, 近代惟用其七, 餘五者俗號啞鐘, 莫能通者, 文收吹律調之聲皆響徹. 由此觀之, 近代惟用其七者, 豈有他哉? 蔽於不用十二律而溺於二變故也. 然則二變果不可用於鐘律, 明矣.

당 태종이 장문수[79]를 태상시에 불러서 조효손[80]과 함께 아악을 정하게 하였다. 옛날에는 종을 12개 매달았는데, 근대에는 그 중 7개만 쓰고,

76 미앙궁(未央宮) : 한 고조 때 지은 궁전으로 섬서성 장안현 서북쪽에 있었고, 당말(唐末)에 훼멸(毁滅)되었다.

77 이원(異苑) : 남조 송의 유경숙(劉敬叔)이 찬한 10권의 책.

78 장화(張華) : 232~300. 서진인(西晉人). 정치가이자 문인이며 의술에도 정통했다. 서로 풍부한 약물지식이 담겨있는 『박물지(博物誌)』 10권이 있다.

79 장문수(張文收) : 당 태종 정관(貞觀 627~649) 초에 협률랑(協律郎)을 역임했다.

80 조효손(祖孝孫) : 수 문제 개황(開皇, 581~600) 중에 협률랑이 되어 아악을 정리했다. 당에 들어와 이부랑(吏部郎)・태상소경을 역임했고, 대당아악을 정했다.

나머지 5개는 전혀 소리를 내지 않아, 벙어리 종[啞鐘]이라 불렸는데, 장문수가 율관을 불어가며 조율하니 소리가 모두 잘 울렸다. 이로 보건대, 근대에 7개만 쓴 것이 어찌 다른 이유이겠는가? 미욱하게도 12율을 쓰지 않고 2변성에 잘못 빠졌기 때문이니, 2변성을 종율에 써서는 안 되는 것이 분명하다.

훼종(毁鐘)

133-15. 齊景公爲大鐘, 將縣之. 仲尼·伯常騫·晏子俱朝曰: "鐘將毁" 撞之果毁. 公見三子, 問之. 晏子對: "鐘大不以禮也" 仲尼曰: "鍾大而縣下衝之, 其氣下回而上薄[81]也" 伯常騫曰: "今日庚申中雷日也, 音[82]莫勝于雷也" 三子異對而同歸, 豈非各有所見然邪?

제 경공이 큰 종을 만들어 이를 매달려고 하자, 중니·[83]백상건·안자[84]가 함께 입조(入朝)하여 "종이 장차 깨질 것입니다"라고 아뢰었는데, 종을 치자 과연 깨졌다. 경공이 세 사람을 불러 물어보니, 안자는 "종이 큰데 예를 행하지 않았기 때문입니다"라고 하고, 중니는 "종이 큰데 매달아 놓고 아래에서 쳐서, 그 기(氣)가 아래로 감돌아 위가 약해졌기 때문입니다"라고 하고, 백상건은 "오늘은 경신년의 뇌일(雷日)인데, 우레보다

---

81 대본에는 '鐘大縣小, 下氣上薄'으로 되어 있으나, 『晏子春秋』에 의거하여 '鍾大而縣下, 衝之, 其氣下回而上薄'으로 바로잡았다.

82 대본에는 '陰'으로 되어 있으나, 『晏子春秋』에 의거하여 '音'으로 바로잡았다.

83 중니(仲尼): 춘추시대 유가학파의 창시자인 공자의 자(字)로 이름은 구(丘)이다.

84 안자(晏子): 미상~B.C.50. 춘추시대 제나라 사람으로 이름은 영(嬰)이다. 영공(靈公)과 장공(莊公), 경공(景公) 세 군주를 섬기면서 재상을 지냈는데, 근검절약을 실천하면서 충간(忠諫)을 올려 제후들 사이에서 명성이 높았다. 『晏子春秋』가 그의 저서로 전해지는데, 후세 사람들이 그의 언행을 모아 편찬한 것이다.

큰 소리는 없기 때문입니다"라고 하였다.[85] 세 사람이 서로 다르게 답했지만 종이 깨지리라는 결론은 모두 같았으니, 어찌 각각 나름의 소견이 있어서 그런 것이 아니겠는가?

85 제 경공이~하였다:『晏子春秋』外篇/ 景公爲大鍾晏子與仲尼柏常騫知將毁.

권134 악도론(樂圖論)

속부(俗部) / 팔음(八音) / 금지속(金之屬) 중(中)

방향(方響)

134-1. 方響之制, 蓋出於梁之銅磬. 形長九寸, 廣二寸, 上圓下方, 其數十六. 重行編之, 而不設業, 倚於虡上, 以代鐘磬. 凡十[86]六聲, 比十二律餘四淸聲爾, 抑又編縣之次, 與雅樂鐘磬異. 下格以左爲首, 其一黃鍾, 其二太蔟, 其三姑洗, 其四仲呂, 其五蕤賓, 其六林鍾, 其七南呂, 其八無射. 上格以右爲首, 其一應鍾, 其二黃鍾之淸, 其三太蔟之淸, 其四姑洗之淸, 其五仲呂之淸, 其六大呂, 其七夷則, 其八夾鍾, 此其大凡也. 後世或以鐵爲之, 敎坊燕樂用焉. 非古制也, 非可施之公庭, 用之民間可也. 今民間所用, 纔三四寸爾.

86 대본에는 '九一'로 되어 있으나. 사고전서 『樂書』에 의거하여 '凡十'으로 바로잡았다.

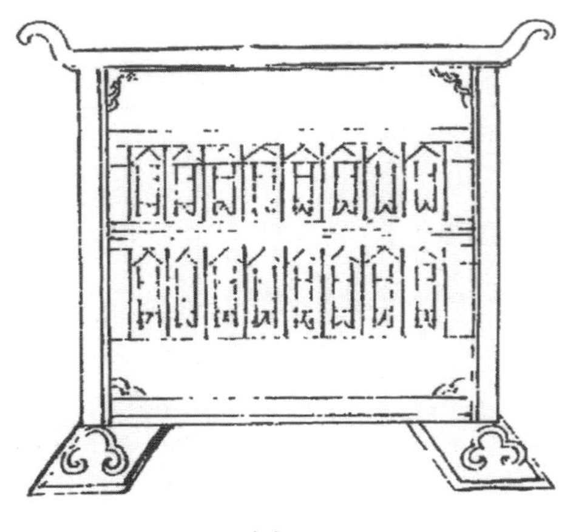

방향(方響)

방향은 양나라의 동경(銅磬)에서 유래되었다. 그 형체는 길이가 9촌, 너비가 2촌이며, 위는 둥글고 아래는 모나며, 그 수는 16개이다. 겹줄로 배치하며, 업(業)[87]은 설치하지 않고, 악기틀[虡]에 철판을 매달아, 종·경 대신 쓴다. 방향의 16성(聲)이 12율 4청성에 비견되기는 하지만, 매다는 순서가 아악의 종·경과는 달라서, 아랫줄은 왼쪽에서부터 시작하여 차례로 황종·태주·고선·중려·유빈·임종·남려·무역이 되고, 윗줄은 오른쪽에서부터 시작하여 차례로 응종·청황종·청태주·청고선·청중려·대려·이칙·협종이 된다. 이것이 방향에 대한 대략적인 요지이다.

후세에 쇠로 방향을 만들어 교방 연악에 쓰기도 했다. 이것은 고제가 아니므로 조정에서 쓸 만한 것은 못되나, 민간에서는 써도 된다. 지금 민간에서 쓰는 방향의 철판은 겨우 3~4촌밖에 되지 않는다.

87 업(業) : 나무 공작을 꽂는 가로대. 거(虡 : 종·경 등을 매다는 나무틀) 위에 업을 설치한다.

단탁(單鐸) · 쌍탁(雙鐸)

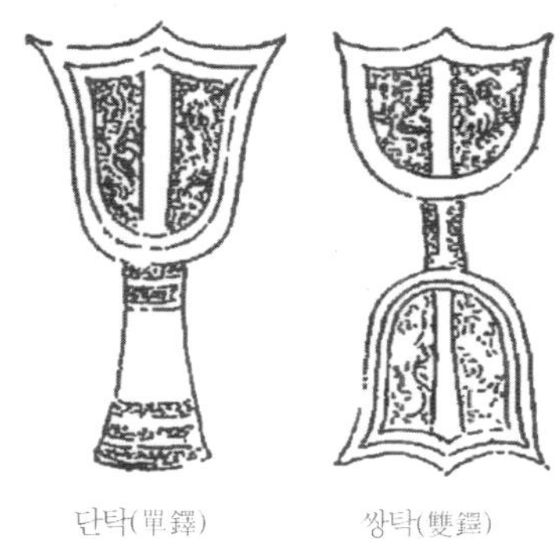

단탁(單鐸) 쌍탁(雙鐸)

134-2. 聖朝鐸制有二. 有木爲單頭者. 今太常用之, 所以引文武之舞也.

성조의 탁(鐸)은 두 종류이다. 나무자루에 머리가 하나 달린 단탁과 머리가 둘 달린 쌍탁이 있는데,[88] 지금 태상시에서는 이것을 문무(文舞)와 무무(武舞)를 인도할 때 쓴다.

풍탁(風鐸)

134-3. 後周世宗朝, 長孫紹遠初爲太常, 廣造樂器, 無不克諧, 惟黃鍾不調居嘗患之. 後因聞浮圖氏三層上鳴鐸聲, 雅洽宮調. 取而配奏之, 果諧韻矣. 觀隋代太常宗廟雅樂, 唯作大呂, 廢黃鐘. 何妄奏而用之, 可謂深於古制者矣. 開皇中鄭譯等定樂, 初爲黃鐘調, 非不善也. 而萬寶

88 대본에는 없으나, 그림을 보고 '有木爲雙頭者'를 보충하여 번역했다.

常反以爲亡國之音，請以水尺爲律以調器聲，下鄭譯二律. 太常善聲者，多排毁之，不亦宜乎?

풍탁(風鐸)

북주[89] 세종 때[90] 장손소원[91]이 태상시 관원[92]이 되어 악기를 많이 만들었는데, 잘 어울렸다. 그러나 황종율만은 조화롭지 않아서 근심거리였다. 그 뒤에 3층 불탑 위에서 탁(鐸)이 울렸는데, 그 소리가 궁조에 꼭 맞으므로 이를 가져다가 다른 악기들과 같이 연주하니 과연 잘 어울렸다.

수나라 태상시에서 종묘 아악은 대려조만 연주하고 황종조를 폐기했었는데, 하타[93]가 아뢰어 황종조를 쓰도록 했으니, 고제를 깊이 이해한 자라고 할 만하다. 개황(581~600) 중에 정역[94] 등이 악을 정비할 때 황종조를 첫 번째로 삼은 것이 나쁘지 않은데도, 만보상[95]은 도리어 이를 망국의 음악이라 비난하고, 수척율(水尺律)로

89 '後周'에는 우문각(宇文覺)이 556년에 세운 왕조와 곽위(郭威)가 951년에 세운 왕조의 둘이 있다. 따라서 대개 전자는 후자와 구분하여 '북주'로 불리우는데, 진양은 두 왕조를 모두 '後周'로 서술했다. 그러나 역주자는 혼동을 피하고자 우문각이 세운 왕조는 '북주'로 번역했다.

90 세종 : 우문육(宇文毓, 534~ 560 재위 557~560). 서위의 권력자 우문태(宇文泰)의 서장자(庶長子)로 태어났다. 이복동생 우문각(宇文覺)이 북주 황제 효민제(孝閔帝)로 등극할 때 기주자사로 임명되었다. 우문각이 폐위될 때 사촌형인 실권자 우문호(宇文護)에 의하여 제2대 황제 명제(明帝)로 옹립되었으나, 560년 그에 의해 독살되었다.

91 장손소원(長孫紹遠) : 북주에서 대도독과 거기대장군(車騎大將軍)을 역임한 장손람(長孫覽)의 아버지이다. 장손람의 처음 이름은 선(善)이었는데, 무제가 만기(萬機)를 그에게 맡겨 먼저 살펴보게 했기 때문에 람(覽)이라는 이름을 하사했다.

92 태상(太常) : '太常寺'의 준말로 예악・교묘(郊廟)・사직 등의 일을 맡은 관청.

93 하타(何妥) : 서역인으로 북주 무제 때 태학박사를 지냈고, 수 문제 때 국자박사가 되었다. 『주역강소(周易講疏)』 13권, 『효경의소(孝經義疏)』 3권, 『문집(文集)』 10권을 편찬했다. 수대의 궁정음악은 대부분 하타가 정한 것이다.

94 정역(鄭譯) : 수대(隋代) 음악가. 7성(聲) 12율(律) 선상위궁(旋相爲宮)의 84조를 주장했다. 즉, 그는 '황종은 천시(天始), 임종은 지시(地始), 태주는 인시(人始), 고선은 봄, 유빈은 여름, 남려는 가을, 응종은 겨울이 된다. 만일 2변성인 유빈과 응종을 조로 삼지 않으면 여름과 겨울의 소리가 부족하게 된다'고 하였다.

95 만보상(萬寶常) : 조정(祖珽)에게 음악을 배웠으며 천부적인 재능이 있었으나, 수대 궁정음악 논의에서 그의 건의는 채택되지 않았다.

악기를 조율할 것을 청했는데 정역의 율보다 2율 낮았다. 그러므로 음률을 잘 아는 태상시 관원 대부분이 이를 배척했으니, 또한 마땅하지 않은가?

거탁(車鐸) 【고탁(賈鐸)】

거탁(車鐸) · 고탁(賈鐸)

134-4. 晉荀勗嘗道於趙, 聞賈人牛鐸之聲而識之. 及掌樂, 音韻未調乃曰 : "得趙之牛鐸則諧矣" 遂下郡國取之. 晉樂自是克諧, 眞知音者也. 唐承周隋之亂, 樂縣獨無徵音. 李嗣眞一旦聞砧聲, 有應之者. 後以喪車鐸入振之, 于東南隅, 果掘得一石, 裁爲四器, 補樂縣之闕云. 【朱說爲太樂令, 知音[96]近代無比.[97] 太常[98]久無徵調, 說考鐘律得之, 國史補所載云】[99]

진(晉)나라 순욱[100]이 일찍이 조나라 지역을 가다가 상인이 끌고 가는 소의 워낭[牛鐸] 소리를 듣고 기억해 두었다. 그 후 악을 맡게 되었을 때 음운이 조화되지 않자, 조나라의 워낭을 얻게 되면 잘 어울릴 것이라 말하고, 각 고을에 영을 내려 워낭을 바치도록 했다. 진나라 음악이 이때부터 잘 어울렸으니, 순욱은 음악을 잘 아는 사람이다.

---

96 대본에는 없으나, 사고전서 『樂書』에 의거하여 '知音'을 보충하였다.

97 대본에는 '匕'로 되어 있으나, 사고전서 『樂書』에 의거하여 '比 '로 바로잡았다.

98 대본에는 없으나, 사고전서 『樂書』에 의거하여 '太常'을 보충하였다.

99 대본에는 없으나, 사고전서 『樂書』에 의거하여 '徵調, 說考鐘律得之, 國史補所載云'을 보충하였다.

100 순욱(荀勖) : ?~289. 진(晉)에서 광록대부에 올랐으며, 12율관을 만들었다. 진(晉) 무제(武帝) 태시(泰始 265~274) 연간에 순욱이 태악(太樂)의 악기가 조화롭지 않은 원인을 살핀 결과 후한에서 위(魏)에 이르기까지 척도가 고척(古尺)에 비해 4분 남짓 길기 때문이라는 것을 알고서, 주척(周尺)에 의거하여 다시 율관을 주조했다.

당은 북주와 수나라의 혼란을 딛고 일어났으므로, 악현에 치음(徵音)이 없었다. 이사진[101]이 어느 날 아침에 우연히 다듬이질 소리에서 치음에 해당하는 음을 들었다. 〈다듬이질 소리가 들린 곳은 영공(英公 : 徐敬業)의 집이었다. 영공은 측천무후를 반대하여 군대를 일으켰다가 패하여 도망했고, 무후는 그 집을 부수어 웅덩이로 만들어 버렸다.〉[102] 그 후 사진이 상거(喪車)의 탁(鐸)을 흔들어 영공의 집터 동남쪽 모퉁이에서 반응이 있는 것을 알아채고, 그곳에서 돌판을 캐내 4개의 경(磬)을 만들어 악현의 부족한 것을 보충했다고 한다. 【주열이 태악령이 되었는데, 근대에 비교할 사람이 없을 정도로 음(音)을 잘 알았다. 태상시에 오래도록 치조가 없었지만, 종율을 잘 살펴서 이를 얻었다. 이 일은 『국사보』에 실려 있다.】

동탁(銅鐸)

134-5. 晉愍帝建興中, 晉陵陳寵于田野間, 得銅鐸五枚, 皆爲龍虎形焉. 通禮義纂曰 : "鐸大鈴, 振之以通鼓也" 大周正樂曰 : "鐸如鐃, 搖之以和鼓也" 以周官鼓人推之, 以金錞和鼓, 以金鐸通鼓. 則鐸通鼓之器, 非所以和鼓也. 大周正樂之說, 不攻而自破矣.

진 민제 건흥(313~316) 연간에 진릉에 사는 진총이 밭에서 동탁 5매를

101 이사진(李嗣眞) : 당대(唐代)의 화가, 서화론가. 측천무후 영창 원년(689) 어사중승, 지대부사(知太夫事)가 되었다. 시서화에 대해 품평을 많이 했으나 현존하는 것은 『서후품(書後品)』 뿐이다. 종래의 9품등급 위에 일품을 두어 새 평가 기준의 지침이 되었다.

102 문맥상 『太平御覽』(宋 李昉等 撰) 권584 「大周正樂曰 "唐朝承周隋離亂之后, 樂懸散失, 獨無徵音. 國姓所闕如者不敢聞達其事. 天后末, 御史大夫李嗣眞, 常密求之不得. 一旦秋爽聞砧聲, 有應之者, 在今弩營, 是當時英公宅. 又數年無由得之, 一旦秋爽敬業擧兵敗走, 后瀦其宮, 嗣眞乃求得喪車一鐸入, 而振之於東南隅, 果有應也. 遂掘之得石一段, 裁爲四具, 補樂懸之散闕."」을 참조하여 보충하고, 〈 〉로 표해놓았다.

얻었는데, 모두 용과 범의 형상을 하였다. 『통례의찬』에 "탁은 큰 방울이다. 이를 흔들어 북소리를 통하게 한다"라고 했는데, 『대주정악』에서는 "탁은 요(鐃)와 같다. 이를 흔들어 북소리에 화답한다"라고 하였다. 『주례』 「고인」으로 추리해보니, '금순(金錞)으로 북소리에 화답하고 금탁(金鐸)으로 북소리를 통하게 한다'고 했다. 그렇다면 탁은 북소리를 통하게 하는 악기이지 화답하는 악기가 아니다. 따라서 『대주정악』의 설명이 확실히 잘못된 것이다.

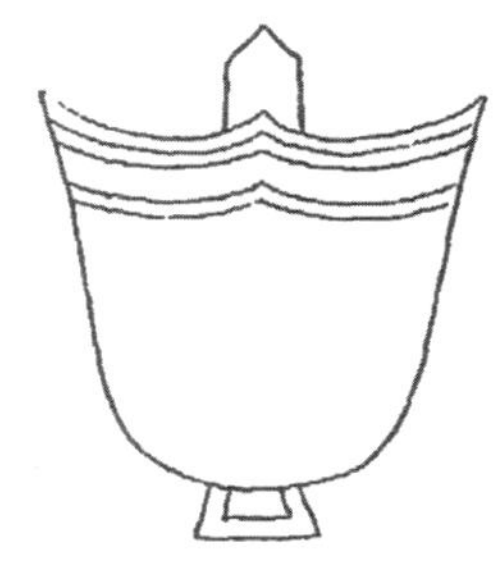
동탁(銅鐸)

장우(將于)

134-6. 周官有錞于之制, 蓋樂作則鳴之, 與鼓相和也. 五代之時, 已亡其制, 然則將于當時宮縣內,[103] 無筭樂中用之, 豈錞于之變體歟!

『주례』에 실린 순우(錞于)의 제도는 대개 음악이 시작되면 울려서 북소리와 서로 화답했다. 오대[104] 때 그 제도가 없어졌으니, 그렇다면 그 당시 궁현에 장우가 무산악(無筭樂)[105] 절차에서 쓰인 것은, 아마 순우의 변화된 형태일 것이다.

장우(將于)

103 대본에는 '四'로 되어 있으나, 『文獻通考』 권134에 의거하여 '內'로 바로잡았다.

104 오대(五代) : 당말에서 송초 사이의 후량(後梁) · 후당(後唐) · 후진(後晉) · 후한(後漢) · 후주(後周).

105 무산악(無筭樂) : 향음주례(鄉飮酒禮)와 향사례(鄉射禮)에서 공식적인 절차를 마친 후에 횟수에 상관없이 음악을 여러 번 연주하는 것.

철적(鐵笛)

134-7. 鐵笛之制未知所起, 今民間往往有之.

철적의 기원은 알 수 없으나, 지금 민간의 곳곳에 이것이 있다.

철적
(鐵笛)

동관(銅管)

134-8. 秦咸陽宮有銅人十二, 坐高三五尺. 列在一筵上, 琴筑竽笙各有所執, 組綬華彩, 儼若生人矣. 筵下有銅管, 上口高數尺, 一管內空有繩大如指. 使一人吹空管, 一人紐繩, 則琴瑟竽筑偕作, 殆與眞樂無辨. 西京雜記, 載之詳矣.

진(秦)나라 함양궁에 앉은 키가 3~5척 되는 12개의 동상이 있었다. 한 자리에 나란히 앉아서 금(琴)·축(筑)·우(竽)·생(笙)을 각각 잡고 있고 아름다운 끈이 드리워 있었는데, 마치 살아있는 사람 같았다. 자리 아래에는 동관이 있었는데, 위쪽 취구의 높이가 수척이나 되고, 관 안의 빈 공간에 손가락 굵기의 줄이 있어서, 한 사람이 빈 관을 불고 한 사람이 줄을 조작하면 금·슬·우·축이 모두 작동되어, 진짜 악기 소리와 구별할 수 없을 정도였다. 이는 『서경잡기』에 상세하게 실려 있다.

동관
(銅管)

동비파(銅琵琶)

134-9. 昔元行沖爲太常卿時, 有人於古塚中得銅物, 似琵琶而身正圓. 莫有識者, 元視之曰: "此阮咸所造樂具" 乃命工匠易銅以木, 其爲聲雖淸而雅, 然亦失其故音矣.

옛날에 원행충[106]이 태상경이었을 때, 어떤 사람이 옛 무덤 속에서 구리로 된 악기를 얻었는데, 비파와 비슷하긴 한데 몸체가 둥글었다. 어떤 악기인지 아는 자가 없었는데, 원행충이 그것을 보고 완함[107]이 만든 악기라고 말하고는 장인에게 명해서 청동 대신 나무로 바꾸어 만들게 하였다. 그 소리가 비록 청아하긴 했지만 공명통이 구리일 때와는 음색이 달랐다.

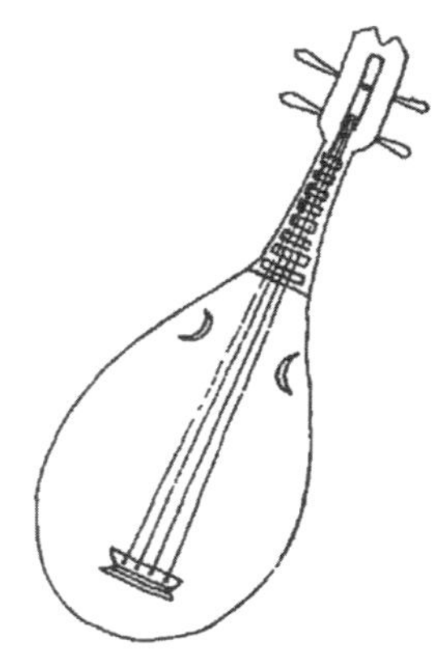

동비파(銅琵琶)

106 원행충(元行沖): 635~729. 당 예종 경운(景雲, 710~712) 중에 태상소경에 올랐고, 현종 개원 초에 태자첨사(太子詹事)에서 외직으로 나가 기주자사가 되고, 다시 입조하여 태자빈객과 홍문관학사를 지내고, 상산군공(常山郡公)에 봉해졌다. 북위 출신이므로 『위전(魏典)』을 지었고, 현종이 주석을 단 『효경』에 소의(疏義)를 썼는데, 학관(學官)에 올려졌다.

107 완함(阮咸): 진 나라 완적의 조카. 죽림 7현의 한 사람. 월금과 비슷한 악기를 만들었다.

권135 악도론(樂圖論)

속부(俗部) / 팔음(八音) / 금지속(金之屬) 하(下)

고취정(鼓吹鉦)

135-1. 說文曰 : "錚金聲也" 釋名曰 : "金禁也, 爲進退之禁也" 東觀漢記 : "段熲[1]有功而還, 介士鼓吹, 錚鐸金鼓雷震動地" 然則鼓吹鉦, 其來尙矣. 今太常鼓吹部用之, 然鉦錚一也, 特其名異耳. 觀繆襲作魏鼓吹曲十二篇, 韋昭作吳鼓吹曲十二篇, 傅玄作晉鼓吹曲二十二篇, 沈約作梁鼓吹曲十二篇, 然則鼓吹鉦未嘗不協鼓吹曲矣.

『설문해자』[2]에 "쟁(錚)은 금성(金聲)이다"라고 하고, 『석명』[3]에 "금(金)은

1 대본에는 '叚熲'으로 되어 있으나 『東觀漢記』 권21에 의거하여 '段熲'으로 바로잡았다.
2 설문해자(說文解字) : 한(漢)의 허신(許愼)이 편찬한 자해서(字解書)이다. 한자의 자형(字形)·의의(意義)·음운(音韻)을 체계적으로 해설한 책으로서 100년에 시작하여 121년에 완성되었다. 소전(小篆) 9,353자와 고문(古文)·주문(籀文) 등 1,163자를 540

금(禁)과 통하니, 나아가고 물러나는 것을 금지한다는 뜻이다"라고 하였다. 『동관한기』[4]에 "단경[5]이 공을 세우고 돌아오자, 갑옷을 입은 무사들이 고취를 연주했는데, 쟁·탁·금·고가 우레처럼 땅을 진동시켰다"라고 했으니, 고취정의 유래가 오래되었다. 지금도 태상시 고취부에서 쓰인다. 정(鉦)과 쟁(錚)은 이름만 다를 뿐이고, 실제는 같은 것이다. 묘습[6]이 지은 위나라의 고취곡 12편, 위소[7]가 지은 오나라의 고취곡 12편, 부현[8]이 지은 진나라의 고

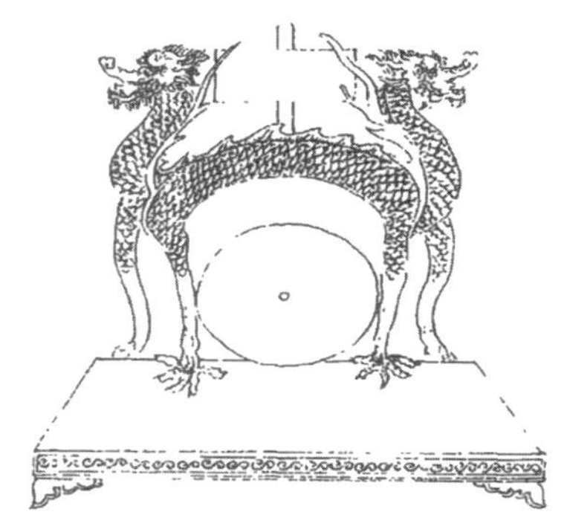
고취정(鼓吹鉦)

부(部)로 분류하고 육서(六書)에 따라 글자의 모양을 분석하고 해설했다.

3 석명(釋名) : 후한의 유희(劉熙)가 『이아(爾雅)』를 본떠 27편으로 나누어 명물(名物)의 훈고(訓詁)를 설명한 책이다.

4 동관한기(東觀漢記) : 후한 광무제부터 영제까지의 시대를 기전체로 기술한 역사서. 후한 명제 때부터 편찬하기 시작했는데, 많은 학자들이 참여하여 증보형식으로 계속 추가했다. 현재는 완전한 형태로 전하지는 않고 다른 책의 주석이나 유서류 등에 남아있는 인용문을 토대로 집록한 집본만이 있을 뿐이다. 동관은 후한 때 낙양의 남궁 안에 있던 건물로 황궁 도서 보관이나 국사 편찬 장소로 사용되었다.

5 단경(段熲) : ?~179. 서역도호를 지낸 단회종(段會宗)의 종증손이다. 연희(延熹) 2년(159) 서강(西羌)이 금성(金城) 국경을 공격해오자 격퇴시켰고, 다음 해 다시 공격해오자 국경을 나가 2천여 리 밖까지 40여 일을 추격하여 대패시켰다. 6년(163) 겨울 호광교위(護羌校尉)가 되자 강족들이 소식을 듣고 와서 모두 항복했다. 영강(永康) 원년(167) 당전강(當煎羌)이 다시 반란을 일으켰는데, 그에 의해 격파되었다. 영제(靈帝) 초에 강족을 진압한 공으로 신풍현후(新豐縣侯)에 봉해졌다.

6 묘습(繆襲) : 186~245. 후한 말기의 명유인 묘비(繆斐)의 아들이다. 위나라 군주 4대를 섬겨 상서광록훈(尙書光祿勳)까지 지냈다. ≪만가(挽歌)≫를 지었는데, 생명의 촉박함을 비탄하는 내용이다.

7 위소(韋昭) : 204~273. 삼국시대 오나라 사람. 손화(孫和)의 명으로 『박혁론(博奕論)』을 지었다. 손량(孫亮)이 즉위하자 태사령이 되고, 화핵(華覈)과 함께 『오서(吳書)』를 편찬했다. 손휴(孫休)가 즉위하자 중서랑과 박사좨주가 되고, 황명을 받아 여러 책을 교정했다. 손호(孫皓)가 즉위했을 때 고릉정후(高陵亭侯)에 봉해졌다.

8 부현(傅玄) : 217~278. 위(魏)나라 말 때 수재로 천거되어 낭중(郎中)에 임명되고, 저작랑으로 들어가 『위서(魏書)』 편찬에 참가했다. 진 무제가 옛 의례를 바탕으로 악장을 제정할 때 부현에게 사(詞)를 짓도록 했다. 저서에 『부자(傅子)』가 있다.

취곡 12편, 심약[9]이 지은 양나라의 고취곡 12편을 보면, 고취정이 고취곡과 어울리지 않은 적이 없다.

135-2. 경엄정(警嚴鉦)

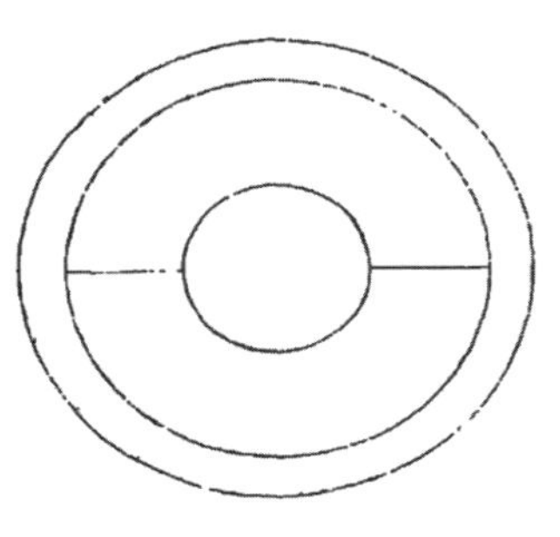
경엄정(警嚴鉦)

采芑宣王南征之詩也, 而曰'鉦人伐鼓', 然則警嚴鉦其來尙矣. 今太常鼓吹部警嚴用之.

《채기》[10]는 선왕이 남쪽 지방을 정벌한 것을 읊은 시인데, "징[鉦]을 치는 사람과 북을 치는 사람이 징과 북을 두드리도다"라고 했으니, 경엄정(警嚴鉦)의 유래가 오래되었다. 지금 태상시 고취부에서 경계용으로 쓴다.

9 심약(沈約) : 441~513. 송나라 때 안서외병참군(安西外兵參軍)이 되었고, 제(齊)나라 때는 국자좨주(國子祭酒)와 사도좌장사(司徒左長史)를 지냈다. 양나라에 들어 소연(蕭衍 : 양 무제)을 옹립하는 데 공을 세워 상서복야(尙書僕射)와 좌광록대부(左光祿大夫)를 역임했다 시의 사성팔병설(四聲八病說)을 제창했다. 그의 음운설은 영명체(永明體)의 성립과 깊은 관계가 있을 뿐 아니라 근체시(近體詩) 성립의 원인이 되기도 했다. 『사성보(四聲譜)』와 『진서(晉書)』, 『송서(宋書)』, 『제기(齊記)』, 『송세문장지(宋世文章志)』 등 저술이 많았는데, 『송서』만 전해지고 있다.

10 채기(采芑) : 『시경』 소아(小雅)의 시.

135-3. 조두(刁斗)【쟁쟁(鎗鎗)】

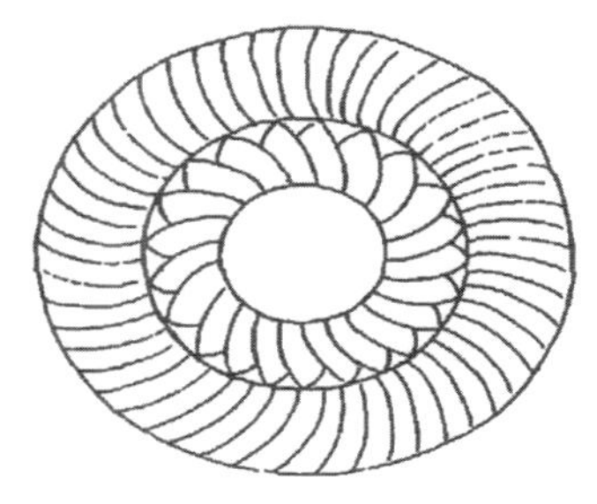

조두(刁斗)

漢書舊儀 : "中宮南宮城門, 擊刁斗" 又名臣奏曰 : "漢興以來, 宮殿省閣五六重周圍刁斗" 纂文曰 : "刁斗持時鈴也" 然則刁斗守衛師行之器也. 以銅作鐎, 其形如銚而無緣, 其中所容一斗耳. 晝炊夜擊, 漢將李廣軍用焉, 俗謂之鎗鎗. 唐宮縣內無算樂用之, 非古制也.

『한서구의』에 "중궁과 남궁의 성문에서 조두를 친다"라고 하고, 『명신주』에 "한나라가 일어난 이후에 궁궐 전각에 있는 오륙겹의 담장에서 조두를 친다"라고 하고, 『찬문』에 "조두는 시간을 알리는 방울이다"라고 했으니, 조두는 수비하거나 행군할 때 쓰는 도구이다.

1두(斗)가 담길 정도 크기의 테 없는 쟁개비처럼 만든 구리 초두(鐎斗)[11]를 한나라 장군인 이광[12]의 군대에서 낮에는 취사도구로 쓰고, 밤에는 야경의 신호로 썼는데, 세속에서는 이를 쟁쟁이라 부른다. 당나라 궁현의 무산악(無筭樂) 절차에서도 이것을 쓰지만, 고제가 아니다.

---

11 초두(鐎斗) : 발이 셋 달리고 자루가 있는 작은 냄비. 군영에서 낮에는 음식을 익히고, 밤에는 두드려 야경(夜警)의 신호로 쓴다. 〈부록-그림 6〉 참조.

12 이광(李廣) : B.C.?~B.C.119. 한나라 장군으로 말타기와 활쏘기를 잘하여 흉노족을 토벌하는 데 큰 공을 세웠다.

동각(銅角)

135-4. 南史: "綦母之貴倖, 嘗以鼓角橫吹自隨, 張興世嘗爲天子鼓角, 又梁鼓角橫吹之曲六十有六" 然則鼓角之制, 其來尙矣.

『남사』[13]에 "임금의 총애를 한 몸에 받은 기모는 일찍이 고각횡취를 연주하며 스스로 따라다녔고, 장흥세는 일찍이 천자의 고각을 만들었으며, 또 양나라에 고각횡취곡이 66곡 있었다"라고 하였으니, 고각 제도는 그 유래가 오래되었다.

동각
(銅角)

동경(銅磬) 【동발(銅鉢)】

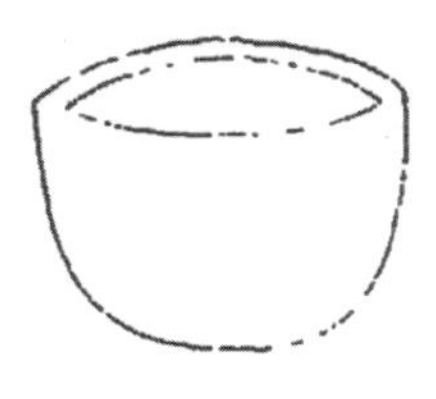

동경(銅磬)

135-5. 銅磬梁朝樂器也, 後世因之, 方響之制出焉. 今釋氏所用銅鉢, 亦謂之磬, 蓋妄名之爾. 齊梁間文士擊銅鉢賦詩, 亦梵磬之類, 胡人之音也.

동경은 양나라 악기이니, 이로 인해 후세에 방향이 만들어졌다. 지금 불교에서 쓰는 동발을 또한 경(磬)이라고 부르나, 얼토당토않게 이름 붙인 것이다. 제나라와 양나라에 걸친 시기에 문사들이 시를 읊으며 두드렸다는 동발은 또한 범경(梵磬)의 일종이니, 호인의 악기이다.

13 남사(南史): 당(唐)의 이연수(李延壽)가 송(宋, 420~479), 남제(南齊, 479~502), 양(梁, 502~557), 진(陳, 557~589) 등 남북조시대 남조의 네 왕조의 역사를 기전체(紀傳體)로 서술한 역사서.

동거(銅簴)[14]

135-6. 秦始皇不道, 歛天下銅鐵, 作銅虡於咸陽. 漢高帝廟有銅虡二, 魏明帝徙之洛陽, 尙在. 三輔黃圖曰 : "始皇遺[15]虡高三丈, 鐘小者十石", 彼其侈心如此, 其可法後世邪?

동거(銅簴)

진 시황은 무도(無道)하여 천하의 구리와 쇠를 거둬 들여 함양에서 동거(銅虡)를 제작했다. 한 고조 사당에 동거가 2틀 있었는데, 위 명제가 그것을 낙양으로 옮긴 뒤로 그곳에 있게 되었다. 『삼보황도』에 "진 시황이 남긴 종틀의 높이가 3장(丈)이나 되고, 작은 종도 10석(石 : 1200근)이나 된다"고 하였다. 사치하는 마음이 이정도이니, 후세에 본보기가 될 수 있겠는가?

철경(鐵磬)

135-7. 鐵磬南齊之器也. 初宮[16]城諸却敵樓, 用鼓警夜, 以應更唱. 太

14 대본에는 없으나 사고전서 『樂書』에 의거하여 '銅簴'를 보충하였다.
15 대본에는 '道'로 되어 있으나, 사고전서 『樂書』에 의거하여 '遺'로 바로잡았다.
16 대본에는 '官'으로 되어 있으나, 『南齊書』 권16에 의거하여 '宮'으로 바로잡았다.

祖以鼓多驚寢, 遂易以鐵磬,[17] 其更鼓之變歟!

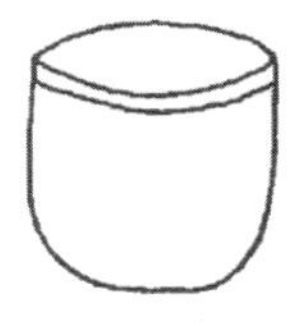
철경(鐵磬)

철경은 남제[18]의 악기이다. 처음에 적군의 침입을 망보는 궁성의 여러 누각에서 야간 경계를 위해 북을 두드려 야경꾼의 창(唱)에 응했는데, 태조가 북소리 때문에 놀라 자주 잠을 방해받으므로 북을 철경으로 바꾸었으니, 철경은 경고(更鼓)[19]의 변화된 형태인 것이다.

철황(鐵簧)

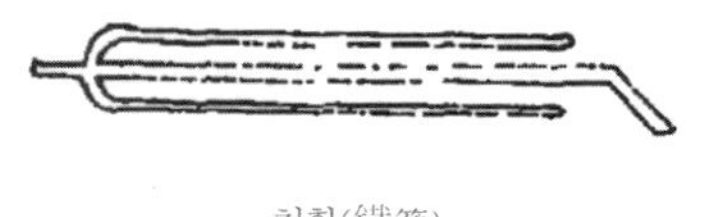
철황(鐵簧)

135-8. 民間有鐵葉簧, 削銳其首, 塞以蠟蜜, 橫之於口, 呼吹成音, 豈簧之變體歟!

민간의 철엽황은 그 윗부분을 깍아서 뾰족하게 하여서 밀랍으로 막고, 입에 가로로 대고 불어서 소리를 내니, 아마 황(簧)의 변화된 형태일 것이다!

17 대본에는 '聲'으로 되어 있으나, 사고전서『樂書』에 의거하여 '磬'으로 바로잡았다.
18 남제(南齊) : 479~502. 소도성(蕭道成)이 송을 멸하고 세운 남조의 왕조. 7대 23년 만에 양(梁)에게 망했다.
19 경고(更鼓) : 밤을 5경(更)으로 나누어 경마다 쳐서 시간을 알리던 북.

금관(金管)

금관(金管)

135-9. 昔華歆與管寧邴原相友. 曾共鋤園, 得金管一隻, 寧以鋤揮之, 與瓦礫無異, 拾而擲之, 其輕物重義如此.

옛날에 화흠[20] · 관녕[21] · 병원[22]은 친구 사이였다. 일찍이 함께 정원에서 김을 매다가 금관 1쌍을 발견했는데, 관녕이 이를 기왓조각 버리듯 호미로 긁어내어 던져 버렸으니, 물질을 가볍게 여기고 의리를 중하게 여긴 것이 이와 같았다.

동율(銅律)

135-10. 銅爲物之至精, 不爲燥濕寒暑變其節, 不爲風雨暴露改其形.

---

20 화흠(華歆) : 157~231. 자는 자어(子魚)다. 병원 · 관녕 등과 친구로, 당시 사람들이 세 사람을 한 마리의 용이라 부르면서 그를 용머리라 했다. 손책(孫策)이 강동을 차지했을 때 투항해 상빈(上賓)의 예우를 받았다. 나중에 조조에게 귀순하여 자못 신임을 얻었고 상서령(尙書令)을 지냈다. 조비(曹丕)가 제위에 오르는 데 공을 세워 안락향후(安樂鄕侯)에 봉해졌다. 명제(明帝 : 재위 226~239) 때는 태위(太尉)를 지내고 박평후(博平侯)에 봉해졌다.

21 관녕(管寧) : 158~241. 일찍이 화흠과 공부를 하고 있을 때 고관대작의 수레가 지나가자 화흠이 책을 덮고 바라보는 것을 보고 세상의 부귀영화에 뜻을 두었다고 하여 같이 쓰던 방석을 갈라 절교했다는 관녕할석(管寧割席) 이야기가 유명하다. 후한 말에 전란을 피해 요동 땅에 가서 30여 년을 살았는데, 글을 읽을 때 무릎에 닿은 평상의 바닥이 뚫어졌다고 한다. 『씨성론(氏姓論)』을 지었지만, 지금은 없어졌다.

22 병원(邴原) : 후한 말기 북해(北海) 사람. 관녕(管寧)과 함께 절조로 칭송을 들었다. 공융(孔融)이 북해상(北海相)이 되었을 때 현량(賢良)으로 천거했다. 황건의 반란을 피해 해도(海島)로 피난 갔다가, 나중에 조조에게 귀순해 오관장장사(五官將長史)에 올랐다.

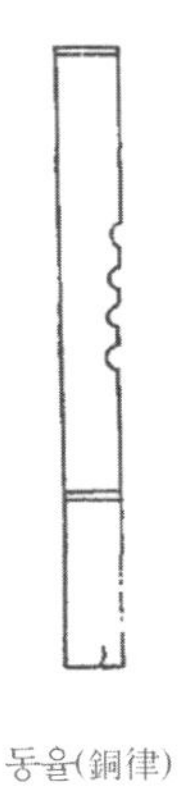
동율(銅律)

介然有常, 有似於士君子之行. 故凡律度量衡用銅者, 所以同天下齊風俗也, 要之, 不若用竹一本於自然而已. 晉武帝時, 荀勗[23]校大樂, 八音不和, 乃作銅律呂, 以調聲韻, 豈亦祖述漢人遺制歟!

동(銅)이란 물질은 지극히 정밀하여서 습도나 온도의 영향을 받지 않고, 비바람을 맞더라도 형체가 바뀌지 않는다. 굳게 변함없는 것이 마치 사군자의 행실과 비슷하므로 천하를 통일하여 풍속을 가지런히 하기 위한 율도량형을 동으로 만든다. 그러나 율도량형을 대나무로 만들어 자연에 근본을 두는 것만 못하다. 진 무제 때 순욱이 대악을 교정하는데 팔음이 조화되지 않자, 동으로 율관을 만들어 성운을 조화시켰는데, 아마 한인(漢人)들이 남긴 제도를 이어 받은 것일 것이다!

동약(銅籥)

135-11. 蔡邕起銅籥之制, 容一千二百黍. 大致與漢志冥會, 亦庶乎近古矣.

채옹[24]이 만든 동약에 기장 1200낟알이 담긴다. 이는 대체적으로 『한서』「율력지」의 내용과 암암리에 합치하니, 거의 고제에 가깝다고 할 수 있다.

---

23 대본에는 '勉'으로 되어 있으나, 사고전서 『樂書』에 의거하여 '勗'으로 바로잡았다.

24 채옹(蔡邕) : 131～192. 후한의 학자로, 호광(胡廣)·주목(朱穆)에게서 배웠으며, 사장(辭章)·술수(術數)·천문(天文) 등에도 조예가 깊었다. 후한의 학자로 동탁(東卓)에게 발탁되어 시어사(侍御史)·좌중랑장(左中郎將) 등을 역임했으나 동탁이 죽임을 당한 후 투옥되어 죽었다.

동권(銅權)

135-12. 後魏宣武帝之時, 詔李崇緝理聲樂, 更造鐘磬. 仍付幷民王顯達所獻銅權, 稽參古今鐘律, 準度與權參合, 亦近古之器也.

후위 선무제(재위 499~515) 때 이숭에게 명하여 성음과 악률을 정리하게 하고 종·경을 다시 만들도록 했다. 이어서 병주 사람 왕현달이 바친 동권[25]으로 고금의 종률을 비교하게 했는데, 길이와 무게가 딱 맞았으니, 동권은 또한 근고(近古)의 기물이다.

25 동권(銅權) : 구리로 만든 저울로 무게를 잴 때 사용된다.

권136 악도론(樂圖論)

속부(俗部) / 팔음(八音) / 석지속(石之屬)

편경(編磬) 상(上)·편경(編磬) 중(中)·편경(編磬) 하(下)

136-1. 編磬二十八之說, 始於漢之鄭康[1]成, 非古制也. 大架所用二十四枚, 應十二律倍聲, 唐李冲[2]所傳也. 小架所用十四枚, 通黃鐘一均上倍之, 大周正樂所出也. 二八之制, 其失自乎四淸. 二七之制, 其失自乎二變. 上不失之四淸, 下不失之二變, 其爲冲[3]所傳者乎! 樂苑曰: "堂上磬十四枚, 下七枚具黃鍾一均聲, 上七枚倍也", 非徒不知去二變以協律, 亦不知堂上特設黃鍾一, 以尙祔[4]之制也.

1 대본에는 '唐'으로 되어 있으나, 사고전서 『樂書』에 의거하여 '康'으로 바로잡았다.
2 사고전서 『樂書』에는 '李紳'으로 되어 있다.
3 사고전서 『樂書』에는 '李紳'으로 되어 있다.
4 대본에는 '附'로 되어 있으나, 사고전서 『樂書』에 의거하여 '祔'로 바로잡았다.

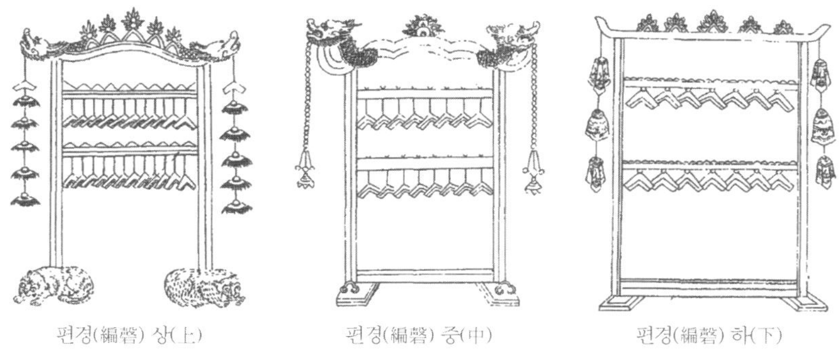

편경(編磬) 상(上)　편경(編磬) 중(中)　편경(編磬) 하(下)

편경에 28매를 매단다는 설은 한나라 정강성에서 시작된 것이니, 고제가 아니다. 대가(大架)의 24매는 12율을 두 배 한 것으로서 당나라 이충이 전한 것이고, 소가(小架)의 14매는 황종 1균을 두 배한 것으로서 『대주정악』에서 나왔다. 2×8(16)의 제도는 4청성 때문에 그르고, 2×7(14)의 제도는 2변성 때문에 그르니, 4청성과 2변성의 잘못이 없는 것은 이충이 전한 것이다.

『악원』에 이르기를 "당상의 편경에는 14매가 매달려있는데, 아랫단의 7매는 황종1균성을 갖추었고, 윗단의 7매는 이를 배로 늘린 것이다"라고 했으니, 이는 2변성을 제거해야 율에 어울린다는 것을 모른 것일 뿐 아니라 당상에 황종 특경 하나를 진설하고 그 동쪽에 부(拊)를 진설하는 제도[5]도 또한 모른 것이다.

5 『荀子』 禮論 19-6에 '縣一鍾, 尙拊之膈'이란 구절이 나온다. '尙拊'를 『樂書』 23-2의 '拊設於一鐘一磬之東, 其衆器之父歟'를 참조하여, '동쪽에 진설한다'로 번역하였다. 부(拊)를 종과 경의 동쪽에 진설하는 것은 부를 종・경보다 숭상하기 때문이다.

석고(石鼓)[6]

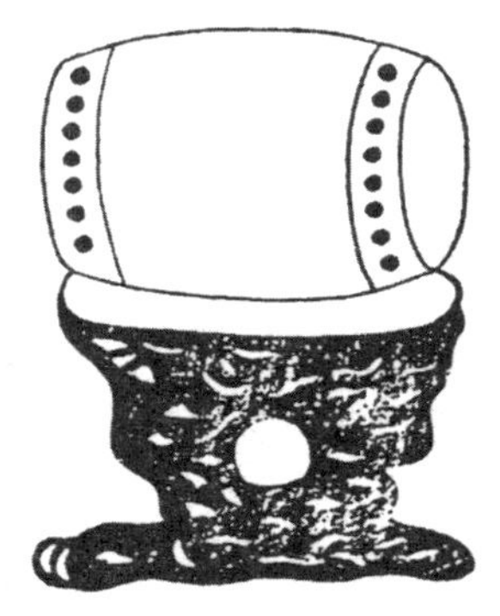
석고(石鼓)

136-2. 傳稱 : "八方之荒, 有石鼓焉, 蒙之以皮, 其音如雷. 零陵有鳴石二, 其狀似鼓, 亦謂之石鼓, 磬之類也. 晉時吳郡臨平, 有石鼓出焉, 考之無聲. 張華謂武帝曰, '可取蜀中桐材, 刻作魚形扣之' 卒如其言, 聲聞數里" 郭緣生述征記曰 : "逢山祠有石人石鼓" 臨海記曰 : "白鶴山有石鼓, 如金石之響" 後秦記曰 : "天水冀地, 石鼓鳴, 野羣雉皆雊" 齊地記曰 "山有石鼓, 將有寇難則鳴, 所以豫警備也" 吳興記曰 : "長城有夏架山石鼓, 磐石爲足, 聲如金鼓鳴, 則三吳有兵矣" 郡國志 : "吳王離宮, 在石鼓山, 南有石鼓" 要之, 皆感應異器, 鼓鳴卽兵起, 非樂器之常也.

전에 "팔방의 변방에 석고가 있는데, 가죽으로 씌워져 있으며, 그 소리가 우레와 같다. 영릉[7]에 있는 소리가 울리는 돌 2개가 북처럼 생겨서 또한 석고로 불리니, 경(磬)과 같은 종류이다. 진(晉)나라 때 오군 임평에서 석고가 발견되었는데 두드려도 소리가 나지 않았다. 장화[8]가 무제(재위 26

6 『역주 악서』에 실린 그림은 사고전서 『樂書』(신축년 판본, 1781년)의 것인데, 사고전서 『樂書』에는 136-2 석고(石鼓), 136-3 옥고(玉鼓), 136-4 석종(石鐘)의 그림이 빠져 있으므로, 부득이 국립국악원에서 영인한 병자년(1876) 판본의 것을 실었다.

7 영릉(零陵) : 순임금을 장사지냈다는 곳. 지금의 호남성(湖南省) 영원현(寧遠縣) 동남쪽.

8 장화(張華) : 232~300. 완적(阮籍)에게 재능을 인정받아 위(魏)나라 때 중서랑에 올랐고, 진 무제 때 산기상시(散騎常侍)를 지내고, 혜제(惠帝) 때 태자소부에 임명되었다. 초왕(楚王) 사마위(司馬瑋)를 제거하는 데 공을 세웠고 장무군공(壯武郡公)에 봉해졌으나, 조왕(趙王) 사마륜(司馬倫)에게 살해되었다. 장재(張載)·장협(張協)과 함께 '삼장(三張)'으로 불렸다. 백과사전인 『박물지(博物志)』를 저술했고, 시문집 『장사공집(張司空集)』이 있다.

5~290)에게 '촉 지역의 오동나무를 취해 물고기 모양의 채를 만들어 두드리소서'라고 권유하기에 그의 말대로 하니, 몇 리까지 소리가 들렸다"라고 하고, 곽연생의 『술정기』에 "봉산사에 석인(石人)과 석고가 있다"라고 하고, 『임해기』에 "백학산에 아름답고 힘찬 소리가 울리는 석고가 있다"라고 하고, 『후진기(後秦記)』에 "천수기지에서 석고가 울리자 들판에 있는 뭇 장끼들이 모두 울었다"라고 하고, 『제지기(齊地記)』에 "성 동쪽의 사산(祠山)에 석고가 있는데, 난리가 일어날 것 같으면 소리가 나므로, 미리 대비할 수 있었다"라고 하고, 『오흥기』에 "장성의 하가산에 있는 석고는 너럭바위 위에 받쳐져 있는데, 징처럼 울리자 삼오(三吳)[9]에 병란이 일어났다"라고 하고, 『군국지』에 "오나라 왕의 이궁[10]이 석고산에 있는데, 그 남쪽에 석고가 있다"라고 했다. 요컨대, 석고는 감응하는 기이한 악기로서, 울리면 곧 병란이 일어났으니 일반적인 악기가 아니다.

옥고(玉鼓)

136-3. 春秋孔演圖: "有人金卯興於豐, 擊玉鼓, 駕六龍" 然則鼓盖[11]有以玉爲之者矣. 先王之論玉, 以謂其聲淸越以長樂也, 裁之爲佩, 左徵角右宮羽, 則自然之樂, 固已存乎其中矣. 古有玉笛·玉簫·玉管·玉磬, 皆取諸玉, 奚不可爲鼓哉?

『춘추공연도』에 "금묘(金卯)인 사람[12]이 풍에서 일어나 옥고를 치고 여

9 삼오(三吳): 지명. ①고소(姑蘇)·광릉(廣陵)·건업(建鄴) ②오흥(吳興)·오군(吳郡)·회계(會稽)

10 이궁(離宮): 제왕이 출행할 때 머무는 궁전.

11 대본에는 '聲'으로 되어 있으나 사고전서 『樂書』에 의거하여 '盖'로 바로잡았다.

12 금묘(金卯)인 사람: 유씨(劉氏) 성을 가진 자를 뜻하는 은어.

셧 마리 용이 끄는 수레를 탔다"[13]라고 했으니, 예전에 몸통을 옥으로 만든 북이 있었던 것이다. 선왕이 옥에 대해 논하기를 '소리를 맑게 울려 길게 하는 것이 악이니, 옥을 잘라 허리에 차서 왼쪽에서 치성과 각성이 울리고 오른쪽에서 궁성과 우성이 울리면, 그 자체가 자연스런 음악이 된다'라고 하였다. 옛날에 옥적·옥소·옥관·옥경을 모두 옥으로 만들었으니, 어찌 옥으로 북을 만들 수 없었겠는가?

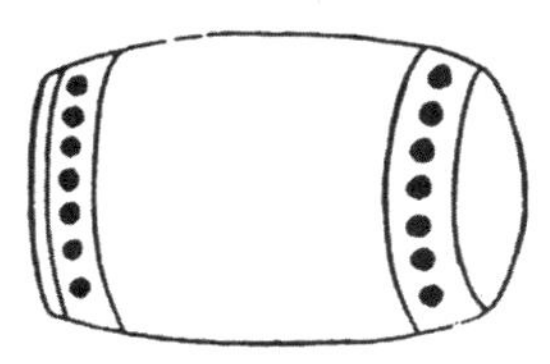

옥고(玉鼓)

석종(石鐘)

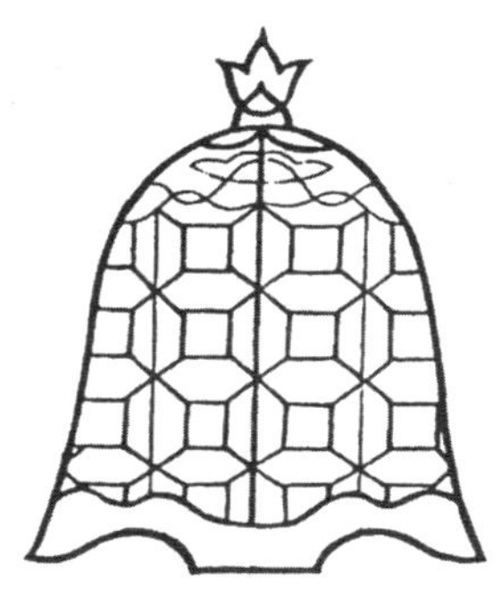

석종(石鐘)

136-4. 武昌記 : "鐘臺山有一石鐘, 或時鳴, 響遠邇聞之, 故名鐘臺焉" 裴子野宋略曰 : "永嘉元年, 鐘山洪水, 有鐘自山流出, 時人得之, 因以名云"

『무창기』에 "종대산에 석종이 하나 있는데 어쩌다 울리면 먼 곳일지라도 가까이서 들리는 듯 했으므로 산 이름을 종대라 하였다"라고 하고, 배자야[14]가 쓴 『송략』에 "영가 원년(307)에 홍수가 나는 바람에 산에서 종이 휩쓸려 내려와 당시 사람들이 종을 얻게 되었으므로, 종산으로 부르게 되었다"라고 하였다.

13 용이 끄는 수레를 탔다는 것은 천자가 되었음을 뜻한다.

14 배자야(裴子野) : 469~520. 조부인 배인(裴駰), 증조부인 배송지(裴松之, 372~451)와 함께 '사학삼배(史學三裵)'로 불리웠다. 배송지는 『삼국지』에 주석을 달아, 역사에서 주석을 다는 새로운 체제를 확립하였고, 배인은 『사기집해』를 지었고, 배자야는 『송략(宋略)』을 편찬했다.

옥률(玉律)

136-5. 物之美者莫如玉, 盡玉之象者莫如乾. 故立天之道曰陰與陽. 以玉爲律, 盖取自然廉潤, 所以宣六陽六陰之氣也. 黃帝作律, 以玉爲管, 長尺, 六孔爲十二音. 晉武帝時, 汲冢亦獲玉律. 故古法, 物有七品而姑洗中呂玉律居二[15]焉.

尙書中候氣, 用玉爲律以候之. 東漢以玉律十二候氣于殿中, 以竹律六十候氣于靈臺. 以十二律候氣, 先王之法也, 以六十律候之, 豈因京房之陋而不知其非歟! 王子年拾遺錄謂: "師延撫一絃之琴, 則地祇皆升. 吹玉律, 則天神俱降" 其言迂誕, 蓋不深考周官大司樂之過也.

세상에 옥처럼 아름다운 물질은 없고, 건(乾 : 하늘)처럼 옥의 특징을 잘 드러내는 것은 없다. 하늘의 도를 세우는 것은 음과 양이다. 옥으로 율관을 만드는 이유는 옥의 맑고 부드러운 속성을 취해서 6양과 6음의 기(氣)를 베풀기 위함이다.

황제(黃帝)가 율을 만들 때, 옥으로 1척 길이의 관을 만들어 6공(孔)에서 12음을 내도록 했고, 진 무제(재위 265~290) 때 급총[16]에서 또한 옥률이 발굴되었다. 그러므로 고법(古法)에 "물건에 7품이 있는데, 고선과 중려의 옥률이 그 중 둘을 차지한다"라고 하였다.

『상서』에 실린 후기법(候氣法)은 옥으로 율관을 만들어 기를 살핀 것이다. 동한 때 옥률 12개로 궁전에서 기를 살폈고, 죽률(竹律) 60개로 영대에서 기를 살폈다. 12율로 기를 살피는 것이 선왕의 법인데, 60율로 기를 살핀 것은 경방[17]의 억지스런 주장이 잘못된 것인 줄 몰랐기 때문일 것

옥률
(玉律)

15 대본에는 '三'으로 되어 있으나, 사고전서 『樂書』에 의거하여 '二'로 바로잡았다.

16 급총(汲冢) : 진 무제 때 급군(汲郡) 사람인 부준(不準)에 의해 발굴된 위(魏) 양왕(襄王)의 무덤.

17 경방(京房) : B.C. 77~B.C.37. 본성은 이(李)인데 자신이 경씨로 고쳤다. 초연수(焦延壽)에게 『주역』을 배웠고, 경방역학을 창시했다. 재변을 인사(人事)와 관련지어 설

이다. 왕자년[18]의 『습유기』[19]에 "사연[20]이 1현금을 타면 지기(地祇)가 모두 올라오고, 옥률을 불면 천신이 모두 내려온다"라고 한 것은 참으로 황당무계하니, 이는 『주례』 「대사악」을 깊이 살피지 않았기 때문에 빚어진 실수이다.

옥관(玉琯)

옥관
(玉琯)

136-6. 商受之時, 西王母獻昭華玉琯, 然則下琯, 蓋有以玉爲之者矣.

상나라 주왕[21] 때 서왕모[22]가 소화옥관을 바쳤으니, 당하에서 연주하는 관에 옥으로 만든 것이 있었던 것이다.

명하는 천인감응설(天人感應說)을 주장하였다. 종래의 12율을 확대해서 60율을 개발하였고, 13현의 율준(律準)을 만들었다. 저서로 『京氏易傳』이 있다.

18 왕자년((王子年) : ? ~390. 자년은 왕가(王嘉)의 자(字)이다. 주요작품에는 『견삼가(牽三歌)』와 『습유기(拾遺記)』가 있다. 『습유기』는 원래 19권 220편의 책인데, 부견과 동진사이의 전란에 산실되었다. 남조 양나라의 소기(蕭綺)가 그 일부를 모아서 10권으로 만들었다.

19 대본에는 '錄'으로 되어 있으나, 왕자년이 지은 책 이름이 『拾遺記』이므로 바로잡아 번역하였다.

20 사연(師延) : 은나라 주왕(紂王) 때의 악관으로, 무왕(武王)이 주(紂)를 멸하자, 사연은 동쪽으로 도망가서 스스로 복수(濮水)에 몸을 던졌다.

21 주왕(紂王) : 은의 마지막 임금. 제을(帝乙)의 아들로 이름은 수(受). 세금을 가혹하게 거두고 형벌을 엄격하게 하여 백성의 원망을 사다가 목야(牧野)의 전투에서 주 무왕에게 패하고, 녹대(鹿臺)에서 자살했다.

22 서왕모(西王母) : 고대 신화상의 선녀로 불로장생(不老長生)의 상징이다.

옥생(玉笙)

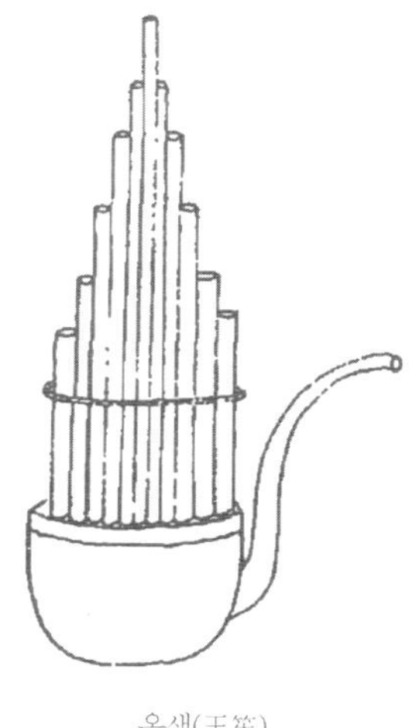
옥생(玉笙)

136-7. 漢奚景及說文曰 : "舜祠下得笙, 白玉管", 則古人蓋有以玉爲笙者. 晉潘岳嘗賦笙曰 : "設宮分羽, 經徵列商, 始泰終約, 前榮後瘁" 可謂知'樂盈而退以反爲文矣'

『설문』[23]에 "순임금 사당 아래에서 한나라 때 사람 해경[24]이 백옥관으로 만든 생(笙)을 얻었다" 라고 했으니, 옛사람은 옥으로 생을 만들었던 것이다. 진나라 반악[25]이 일찍이 생에 대하여 부(賦)를 짓기를, "궁으로 중심을 잡고, 우를 사이사이에 넣으며, 치로 근간을 삼고 상을 나열하네. 풍성하게 시작하고 간결하게 마치며, 처음엔 화려하다가 나중엔 간소하네"라고 했으니, '악의 본질은 기쁨을 한껏 누리되 절제함으로써 돌아감을 문채로 삼는 것임'[26]을 알았다고 할 수 있다.

---

23 설문(說文) : 한(漢)의 허신(許愼)이 100년에 초고 완성을 하였고, 수정 보충하여 121년에 조정에 바친 설문해자(說文解字)를 가리킨다. 소전(小篆) 9,353자와 고문(古文)·주문(籒文) 1,163자를 540부(部)로 분류하여 자형(字形)·자의(字義)·자음(字音)을 해설하였다.

24 한나라 장제(章帝, 76~88) 때 영릉(零陵) 출신의 문학(文學) 해경(奚景)이 냉도(泠道)의 순임금 사당에서 백옥관으로 만든 생(笙)을 얻었다고 한다.

25 반악(潘岳) : 247~300. 진(晉)의 문인으로 자(字)는 안인(安仁). 애뢰체(哀誄體)에 뛰어났으며, 도망시(悼亡詩) 3수(首)가 유명하다.

26 『禮記』 樂記 19-23. 「故禮主其減, 樂主其盈, 禮減而進, 以進爲文, 樂盈而反, 以反爲文. 禮減而不進則銷, 樂盈而不反則放」

자옥소(紫玉簫)·백옥소(白玉簫)

자옥소(紫玉簫)

백옥소(白玉簫)

136-8. 唐咸寧中, 張駿[27]冢中, 得紫玉簫, 古有紫玉簫曲是也. 明皇天寶中, 安祿山自范陽入覲, 獻白玉簫管數百, 陳于梨園. 則玉簫之器, 蓋不始于古矣.

함녕[28] 연간에 장준[29]의 무덤에서 자옥소를 얻었으니, '옛날에 자옥소로 연주하는 곡이 있었다'라는 것이 바로 이것이다. 명황[30] 천보(742~756) 중에 안록산[31]이 범양에서 장안에 들어와 황제를 알현할 때 백옥소와 백옥관 수백 개를 바치자 이원[32]에 진설했으니, 옥소는 아주 오래 전부터 있었던 악기는 아니다.

---

27 대본에는 '毅'로 되어 있으나, 『太平御覽』에 의거하여 '駿'으로 바로잡았다.

28 함녕(咸寧)이란 연호는 진(晉)에서 275~279, 후량(後涼)에서 398~399에 쓰였지, 당(唐)에서는 쓰이지 않았으니, 국명과 연호 둘 중 하나에 착오가 있는 것이다. 그런데 『太平御覽』 권581에 「涼州記曰: "呂纂咸寧二年, 有盜發張駿墓, 得白玉罇玉笛紫玉簫"」라고 하였으므로, '당'이란 국명이 잘못되었음을 알 수 있고, 함녕 2년은 5호 16국 시대의 399년이 된다. 그러므로 혼동을 피하고자 번역에서는 '당'이란 국명을 뺐다.

29 장준(張駿): 307~ 346. 16국 시대 전량(前涼)의 제4대 황제(재위 324-346). 묘호는 세조이다. 320년에 부왕인 장식(張寔)이 죽었는데, 장준이 나이가 어려 숙부 장무(張茂)가 대신 즉위했고, 324년 장무가 병사하자 즉위했다. 이때 전조(前趙)의 번국(藩國)으로 있었는데, 전조가 후조(後趙)와의 전쟁에서 패해 쇠약해지자 327년에 독립했다

30 명황(明皇): 당(唐)의 6대 황제인 현종(玄宗, 재위 712~756)을 가리킨다.

31 안록산(安祿山): ?~757. 본성은 강(康). 현종 때 난을 일으켜 낙양을 함락한 후, 웅무황제(雄武皇帝)라 칭하고 국호를 연(燕), 연호를 성무(聖武)라고 하였으나, 아들 경서(慶緒) 등에게 피살되었다.

32 이원(梨園): 당 현종 때 악공과 여령(女伶)을 선발하여 악가무를 가르치던 곳.

옥금(玉琴)

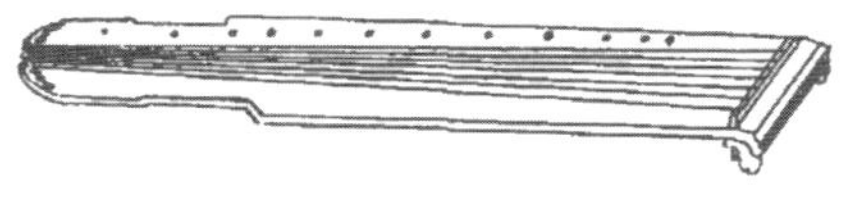
옥금(玉琴)

136-9. 吳均續齊諧記述 : "王彦伯善鼓琴. 嘗至吳郵亭, 維舟中渚, 秉燭理琴, 見一女子坐於東牀, 取琴調之, 似琴而非. 其聲甚哀雅, 類今之登歌. 迺楚光明曲也, 唯嵇[33]叔夜能爲此聲, 自此以外, 傳習數人而已, 彦伯盖所未聞. 請欲受之, 女更爲彈之. 遲明女取錦繡等物贈別彦伯以玉琴答之而去", 則古人固有以玉爲琴者矣.

오균[34]의 『속제해기(續齊諧記)』에 "왕언백은 금을 잘 탔다. 어느 날 오우정에 가서 배를 물가에 매놓고 촛불을 밝히고 금을 타는데, 한 여인이 동쪽 평상에 앉아서 연주하는 것이 보였다. 그 악기는 금과 비슷하긴 하나 금은 아니었고, 소리는 슬프면서도 우아하여, 오늘날 궁중의 등가(登歌)에서 연주되는 악곡과 비슷했다. 그런데 이는 바로 혜숙야[35]만이 능숙하게 탔다는 초나라의 《광명곡》이었다. 혜숙야 이외에 이를 전해 받은 자는 몇 사람에 지나지 않았으므로, 언백은 들어보지 못한 곡이었다. 언백이 이를 배우고 싶어하자, 여인이 그를 위해서 다시 곡을 탔다. 동틀 무렵 여인이 비단에 수놓은 물건 등을 언백에게 이별 선물로 주고 언백은 답례로 옥금을 주고 헤어졌다"라고 했으니, 참으로 옛날에 옥으로 금을 만들었던 것이다.

---

33 대본에는 '稽'로 되어 있으나, 사고전서 『樂書』에 의거하여 '嵇'로 바로잡았다.

34 오균(吳均) : 469~520. 『제춘추(齊春秋)』를 지었는데, 양 무제는 책 내용이 부실하다 하여 책을 불태우고 파직시켰고, 그 뒤 명을 받아 『통사(通史)』를 편찬했으나 완성하지 못하고 죽었다. 저서에 『속제해기(續齊諧記)』가 있다.

35 혜숙야(嵇叔夜) : 223~262. 혜강(嵇康). 숙야는 혜강의 자(字)이다. 죽림칠현의 한 사람으로서, 노장 학문을 좋아했다. 저서에 『양생론(養生論)』 『혜중산집(嵇中散集)』 등이 있다.

옥적(玉笛)

136-10. 梁州記 : "咸寧中, 有盜竊發張駿冢, 得白玉笛. 唐天寶中, 明皇命紅桃, 歌貴妃凉州曲, 親御玉笛, 爲之倚曲", 則玉之爲樂器, 非特可爲笙簫, 亦可爲笛矣. 今士夫之家, 往往有之.【開元傳信記載 : "唐明皇嘗坐朝時, 以手指上下按其腹. 朝退, 高力士進奏曰, '陛下向來, 數以手自按其腹, 豈非聖體小不安耶?' 明皇曰, '非也. 吾昨夜夢, 遊月宮. 諸仙娛余以上淸之樂, 流亮淸越, 殆非人所聞也, 沉醉久之, 合奏諸樂以送吾歸, 其曲凄楚動人. 杳杳在耳, 吾以玉笛尋之, 盡得之矣. 坐朝之際, 慮忽遺忘. 故懷玉笛, 時手指[36]上下尋之, 非不安也' 力士再拜賀曰, '非常之事也. 願陛下爲臣一奏之' 因爲之奏, 其音寥寥然不可名也. 力士又再拜, 且請其名, 明皇笑[37]曰, '此曲名紫雲迴' 遂載於樂章, 今[38]太常刻石在焉"】

옥적
(玉笛)

『양주기』에 "함녕(398~400) 연간에 어떤 도적이 장준의 무덤을 도굴하여 백옥적을 얻었다. 당 천보(742~756) 연간에 명황이 홍도에게 명하여 귀비가 지은 《양주곡》을 노래하게 하고, 그 곡에 맞추어 친히 옥적을 연주했다"라고 했으니, 옥으로 생(笙)이나 소(簫)를 만들었을 뿐 아니라 적(笛)도 만들었던 것이다. 그러므로 오늘날 사대부의 무덤에서 이따금 옥적이 발굴된다.

【『개원전신기』에 "명황이 어느 날 조회에 참석했을 때 손가락을 위아래로 움직이며 배를 눌렀다. 조회가 끝나자 고역사[39]가 앞으로 나아가

36 대본에는 '三壯'으로 되어 있으나, 『文獻通考』 권135에 의거하여 '手指'로 바로잡았다.
37 대본에는 '答'으로 되어 있으나, 사고전서 『樂書』에 의거하여 '笑'로 바로잡았다.
38 대본에는 '令'으로 되어 있으나, 사고전서 『樂書』에 의거하여 '今'으로 바로잡았다.
39 고역사(高力士) : 684~762. 당의 환관. 본성은 풍(馮)인데, 환관 고연복(高延福)의 양자가 되어 성을 바꾸었다. 예종 때 내급사(內給事)가 된 후 현종 때는 사방의 주청(奏請)을 그가 먼저 훑어 본 후에 올릴 정도로 총애가 극진하였다. 당 때 환관의 발

'폐하께서 아까부터 자주 손으로 배를 누르시던데 성체가 어디 불편하신 데라도 있습니까?'라고 여쭈니, 명황이 '아니다. 내가 어제 밤 꿈에 월궁[40]에서 놀았는데, 여러 선녀들이 상청[41]의 음악으로 나를 즐겁게 해주었다. 그 음악은 청아하면서 멀리 퍼졌는데, 인간세상에서 들을 수 있는 것이 아니어서 한참동안 푹 빠져 들었네. 여러 악곡을 합주하여 나를 전송해주었는데, 그 곡이 가슴 시리도록 아름다워 마음을 뒤흔들어놓았다. 어렴풋이 귀에 쟁쟁하므로, 옥적을 불어가며 그 선율을 찾아냈네. 조회를 하고 있는 중에도 혹시나 잊어버릴까 염려되어, 옥적을 상상하면서 때때로 손가락을 위·아래로 짚은 것이지 배가 아파서 그런 것이 아니었다'라고 하였다. 고역사가 두 번 절하며 축하하고는, '예삿일이 아니군요. 폐하께서 저를 위해 한번 연주해주소서'라고 아뢰는 바람에 다시 연주했는데, 그 음이 참으로 고요하고 한가로와 뭐라 이름 붙일 수 없었다. 고역사가 다시 두 번 절하고 그 이름을 물으니, 명황이 말하기를 '이 곡의 이름은 《자운회》이다'라고 하였다. 드디어 이를 악장에 실어 놓았으니, 현재 태상시의 각석(刻石)[42]에 남아 있다"라고 하였다.】

호가 이로부터 비롯하였다.

40 월궁(月宮) : 항아(姮娥)가 산다는 달 속의 궁전.

41 상청(上淸) : 하늘. 옥청(玉淸)·태청(太淸)과 함께 도가(道家)에서 신선이 산다고 하는 삼청(三淸)의 하나.

42 각석(刻石) : 글씨나 그림이 새겨진 비갈(碑碣)이나 석벽(石壁).

요거(瑤簴)

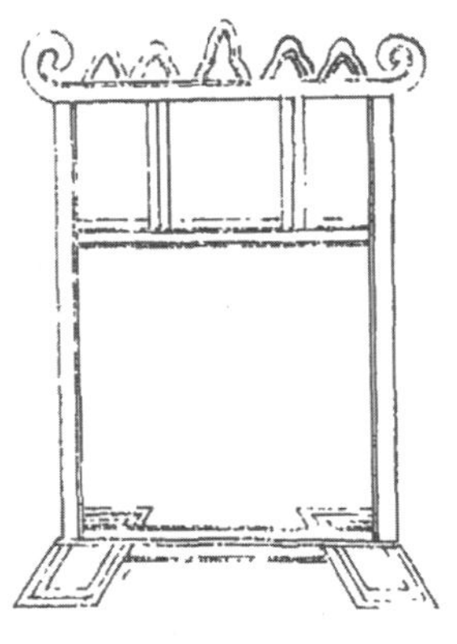
요거(瑤簴)

136-11. 楚詞曰 : "簫鐘兮瑤簴" 然則瑤玉以爲鐘簴, 希代之器, 非可爲後世法也.

《초사》에 "종을 치니 요거[43]에서 맑게 울리네!"라고 하였다. 그러나 아름다운 옥으로 종틀을 만드는 것은 세상에 드문 일로서, 후세에 본받을 만한 것은 아니다.

옥방향(玉方響)

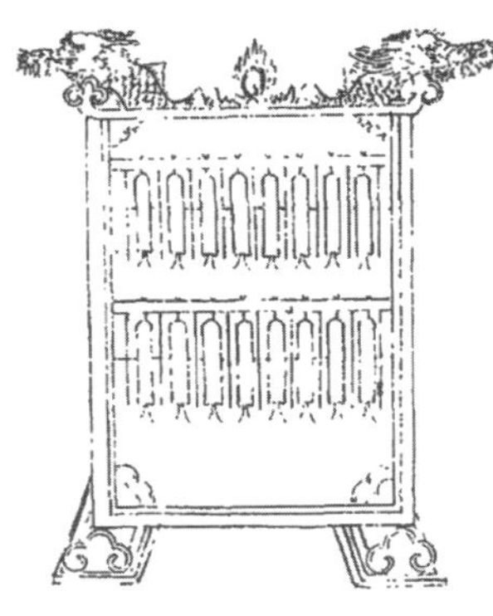
옥방향(玉方響)

136-12. 杜陽編述 : "唐文宗時, 有宮娥沈阿翹, 本吳元濟之妓. 嘗自進元濟所與一白玉方響, 光明潔冷, 可照數十步. 以犀爲槌, 以雲檀香爲架, 芬馥襲人, 彌月不散" 制度精妙, 非世所有, 眞希代之器也. 然亦難得之貨, 古人不貴焉.

『두양편』[44]에 "당 문종(재위 826~840)때 심아교라는 궁녀는 본래 오원제[45]의 기생이었다. 일찍이 오원제에게서 받은 백옥방향을 황제께 진상했는데,

43 요거(瑤簴) : 아름다운 옥으로 만든 악기틀.

44 두양편(杜陽編) : 당(唐) 소악(蘇鶚)이 대종(代宗, 재위 762~779) 때부터 의종(毅宗, 재위 859~873)까지의 기이한 일을 기록한 책.

45 오원제(吳元濟) : 당 헌종 때 회서(淮西)와 채주(蔡州)의 절도사인 오소성(吳少誠)을 죽이고 반역을 일으켰는데, 817년 배도(裵度)에 의해 섬멸되었다.

어찌나 투명하고 하얗던지 수십 걸음 떨어진 곳까지 비출 정도였다. 무소뿔로 채를 만들고 운단향나무로 악기틀을 만들었으므로, 향이 사람 몸에 배면 한 달 내내 사라지지 않았다"라고 하였다. 그 제도가 정밀하고 미묘하여 세상에 둘도 없는 참으로 드문 악기이다. 그러나 구하기 힘든 진기한 물건을 옛사람들은 귀하게 여기지 않았다.

대모적(玳瑁笛)

대모적
(玳瑁笛)

136-13. 聖朝嘉祐中, 王疇欲定大樂. 嘗就成都房, 庶取玳瑁古笛, 以校金石. 然則笛之爲器, 豈特玉與竹哉?

성조 가우[46] 연간에 왕주가 대악을 정비할 때, 일찍이 성도방에 나아가 대모(玳瑁)[47]로 만든 고적(古笛)을 구해, 종·경의 악기를 조율했다. 이로 보면 옥과 대나무로만 적을 만든 것이 아니다.

46 가우(嘉祐) : 송 인종대의 연호. 1056~1063.

47 대모(玳瑁) : 바다거북의 일종. 등껍데기가 빛깔의 변화가 많아 공예품이나 장식품으로 쓰인다.

신정(神鉦)

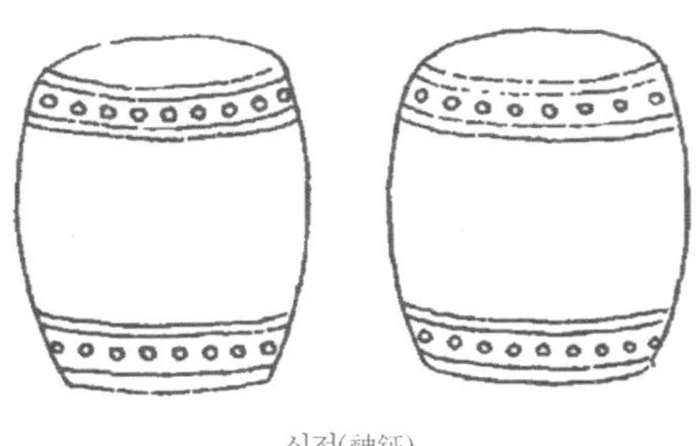
신정(神鉦)

136-14. 郡國志 : “洞庭山有宮, 五門東有石樓, 樓下兩石鼓. 扣之, 其聲淸越, 世所謂神鉦也” 晉孝武樂章曰 : “神鉦一震, 九域來同”, 威而不猛之效也.

『군국지』에 “동정산에 궁이 있는데, 다섯 개의 문 동쪽에 돌로 된 누각이 있고, 그 아래에 2개의 석고가 있다. 이를 두드리면 맑은 소리가 멀리 퍼지므로 세상 사람들이 신정(神鉦)이라 부른다”라고 하였다. 진 효무제[48]의 악장에 “신정을 한번 울리자 온 천하 사람들이 와서 조회하였다”라고 한 것은 위엄이 있되 사납지 않은 덕의 효험이다.

---

48 진(晉) 효무제(孝武帝) : 재위 372~396. 8대 간문제(簡文帝)가 제위에 오른 지 8개월 만에 죽자 11세의 나이로 왕위를 이었다. 376년 효무제의 친정이 시작된 뒤 사안(謝安)의 주도로 조세개혁이 실시되어, 왕권을 강화할 수 있는 기반이 마련되었다. 또한 효무제 때에 이르러 동진은 건국 이후 최대로 영토를 확장했으나, 잇따른 전쟁으로 백성의 생활이 피폐해졌으며, 385년 사안이 죽고 효무제의 동생인 사마도자(司馬道子)가 국정을 주도하면서 동진은 다시 몰락했다. 효무제는 주색(酒色)에 빠져 정사를 제대로 돌보지 않았으며, 396년 총애하던 귀인 장씨에게 살해되었다.

석각(石角)

136-15. 三國典略曰 : "初魏世山摧, 得三石角, 藏之武庫. 至是齊主入庫, 賜從臣兵器, 特[49]此角賜平秦[50]王歸彥曰, '爾[51]事常山不得反, 事長廣得反. 反事時, 將此角嚇漢也'"

『삼국전략』[52]에 이르기를, "위나라 때 산이 무너져 3개의 석각을 얻어 무기고에 보관했다. 훗날 북제 임금이[53] 무기고에 들어가 종신(從臣)들에게 무기를 하사했는데, 평진왕 고귀언[54]에게는 특별히 석각을 하사하면서, '숙부님이 상산왕을 도울 때엔 모반이 일어나지 않았지만, 장광왕을 도울 때엔 모반이 일어났는데,[55] 모반이 일어날 땐 이 석각으로 그들을 꾸짖으십시오'라고 말하였다"라고 하였다.

석각(石角)

49 대본에는 '持'로 되어 있으나, 『北齊書』에 의거하여 '特'으로 바로잡았다.
50 대본에는 '泰'로 되어 있으나, 사고전서 『樂書』에 의거하여 '秦'으로 바로잡았다.
51 대본에는 '余'로 되어 있으나, 『北齊書』에 의거하여 '爾'로 바로잡았다.
52 삼국전략(三國典略) : 당 현종(玄宗) 때 구열(丘悅)이 지은 편년체 역사서.
53 동위(東魏)시대에 고환(高歡)은 반란을 일으킨 후경(侯景)을 제압하여 확고한 지위를 확립하였고, 그의 차남인 고양(高洋)이 동위 효정제(孝靜帝)를 폐하고 550년에 북제를 세웠으니, 그가 문선제(文宣帝, 재위 550~559)이다. 북제의 임금은 문선제를 가리킨다. 문선제는 초창기에는 정치에 관심을 기울였으나, 몇 년 후 자만심과 술에 빠져 31세에 죽었고, 그의 장남 고은(高殷)이 제위를 이었으나 1년도 안되어 숙부인 상산왕(常山王) 고연(高演 : 고환의 6남)에 의해 폐위되었다.
54 고귀언(高歸彥) : 북제를 세운 고양(高洋)의 숙부.
55 상산왕(常山王) 고연(高演)과 장광왕(長廣王) 고담(高湛)은 각각 고환의 6남과 9남으로서, 훗날 북제의 제3, 4대 황제가 되었으니, 효소제(孝昭帝, 재위 560~561)와 무성제(武成帝, 재위 561~565)가 그들이다. 고연은 제2대 황제인 폐제(廢帝)를 폐위하고 자신이 제위에 올랐으며, 자신은 임종 전에 동생 장광왕에게 제위를 잇게 하였다.

범패(梵貝) 【옥라(玉螺)】

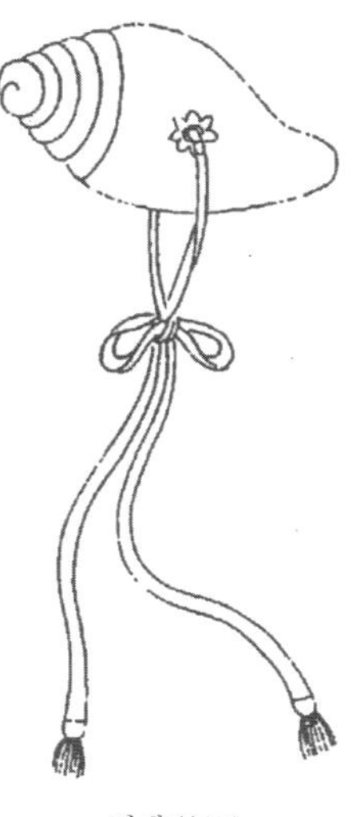
범패(梵貝)

136-16. 貝之爲物, 其大可容數升, 蠡之大者也. 南蠻之國, 取而吹之, 所以節樂也. 今之梵樂用之, 以和銅鈸. 釋氏所謂法螺, 赤土國吹螺以迎隋使, 是也. 梁武帝之樂, 有童子伎, 倚歌梵唄, 豈不幾夏變於夷乎? 故孟子曰 : "吾聞用夏變夷, 未聞變於夷者也" 【唐貞[56]元中驃國進, 有玉螺銅鼓.】

패(貝)는 몇 되나 담길 정도로 큰 소라이니, 남만에서는 이것을 불어서 악의 절도를 맞추었다. 오늘날 불교음악에서는 이것으로 동발에 화답한다. 불교에서 법라라고 부르는 것이니, 적토국[57]에서 라(螺)를 불어서 수나라 사신을 맞이했다는 것이 이것이다. 양 무제(재위 502~549) 때 법라에 맞추어 범패[58]를 부르는 동자의 기예가 있었으니, 어찌 중화문화가 오랑캐에 물든 것에 가깝지 않은가? 그러므로 맹자는 "중화문화로 오랑캐를 변화시켰다는 말은 들었지만 중화가 오랑캐에게 물들었다는 말은 들어본 적이 없다"[59]라며 비판했다. 【당 정원(785~805) 중에 표국[60]이 진상한 물품에 옥라와 동고가 있었다.】

56 대본에는 '正'으로 되어 있으나, 사고전서 『樂書』에 의거하여 '貞'으로 바로잡았다.

57 적토국(赤土國) : 말레이반도 서북부 지역에 있던 옛 나라. 『隋書』에 '양제(煬帝)가 이 나라에 사자(使者)를 파견했다'는 기록이 있다.

58 범패(梵唄) : 불교의 의식음악. 부처의 공덕을 찬송하는 노랫소리.

59 『孟子』 滕文公上 5-4.

60 표국(驃國) : 지금의 미얀마 경내에 있던 옛 나라.

권137 악도론(樂圖論)

속부(俗部) / 팔음(八音) / 토지속(土之屬)

칠공훈(七孔塤)

137-1. 一三五爲九, 二四爲六. 九者陽數之窮, 六者陰數之中. 古塤六孔, 用其方色, 所以應六律, 出中聲也. 聖朝太樂舊塤七孔, 上下皆圓而椂之, 以應七[1]音而已, 非先王雅樂之制也.

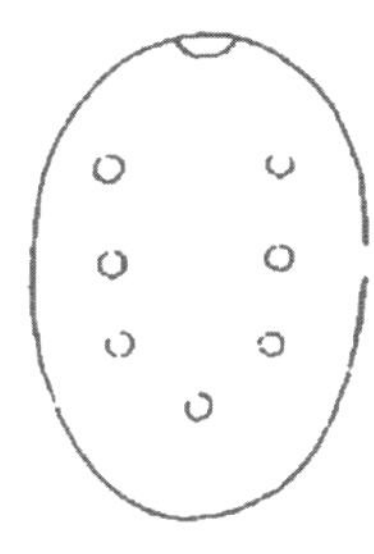

칠공훈(七孔塤)

1·3·5를 합하면 9가 되고, 2·4를 합하면 6이 된다. 9는 양수의 끝이고,[2] 6은 음수의 중앙에 있다.[3] 고훈(古塤)

1 대본에는 '土'로 되어 있으나, 사고전서 『樂書』에 의거하여 '七'로 바로잡았다.
2 양수 1·3·5·7·9에서 9가 맨 끝에 있다는 뜻이다.
3 음수 2·4·6·8·10에서 6이 가운데에 있다는 뜻이다.

이 6공이고 방색(方色)[4]을 쓴 것은 6률에 응해 중성을 내기 위함이다. 그러나 성조[宋] 태악에서 예전에 쓰던 훈은 7공이며, 위·아래가 모두 둥글고 검붉게 옻칠을 해서 7음에 응하게 했으니, 선왕의 아악제도가 아니다.

팔부(八缶)

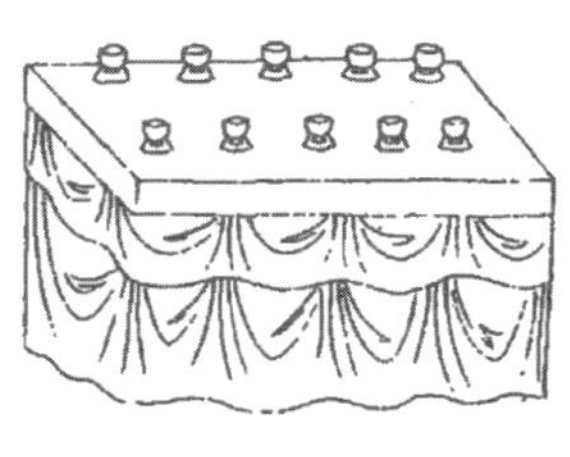

팔부(八缶)

137-2. 唐永泰初, 司馬滔進廣平樂, 蓋有八缶, 具黃鍾一均[5]聲, 亦在所可取矣.

당 영태(765~766) 초에 사마도가 올린 《광평악》에 8개의 부가 편성되어 있었는데, 황종 1균의 소리를 갖추었으므로 또한 취할만하다.

팔공훈(八孔塤)

137-3. 景祐馮元樂記 : "今太樂塤八孔,[6] 上一前五後二, 髹飾[7]其上" 釋名曰 : "塤之爲言喧也, 謂聲濁喧喧然主塤言之" 又曰 : "塤壎也, 主壎言之" 故說文曰 : "壎爲樂器, 亦作塤, 其實一也"

4 방색(方色) : 동·서·남·북·중앙의 다섯 방위에 따른 청·백·적·흑·황의 다섯 가지 빛깔.

5 대본에는 '枚'로 되어 있으나, 사고전서 『樂書』에 의거하여 '均'으로 바로잡았다.

6 대본에는 '空'으로 되어 있으나, 『文獻通考』 권135에 의거하여 '孔'으로 바로잡았다.

7 대본에는 '篩'로 되어 있으나, 사고전서 『樂書』에 의거하여 '飾'으로 바로잡았다.

풍원[8]이 지은 『경우광악기(景祐廣樂記)』에[9] "현재 태악에서 쓰는 훈은 8공으로, 위에 1개, 앞에 5개, 뒤에 2개 있으며, 옻칠하였다"라고 하였다. 『석명』[10]에 "훈은 시끄럽다는 뜻을 지닌 훤(喧)과 통하니, 소리가 탁하고 시끄러우므로 훈이라 한 것이다"라고 하고, 또 "훈은 훈(燻)과 통하니, 흙을 구워서 만들었다는 뜻을 지닌다"라고 했으므로, 『설문』[11]에 "훈(壎)이란 악기는 훈(塤)으로 쓰기도 하니, 실은 같은 악기이다"라고 하였다.

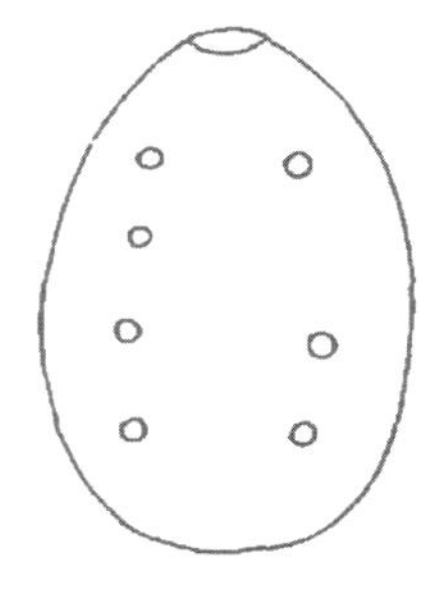
팔공훈(八孔塤)

수잔(水盞)

137-4. 近世民間, 用九甌盛水擊之, 謂之水盞, 合五聲四淸之音. 其制蓋始于李琬, 特世俗之樂, 非雅調也.

근세 민간에서 9개의 사발에 물을 채워 두드리는 것을 수잔이라 부르는데, 5성과 4청성의 음이 난다. 그 제도는 이완(李琬)으로부터 시작되었는데, 단지 세속의 악기일 뿐으로 아정하지는 않다.

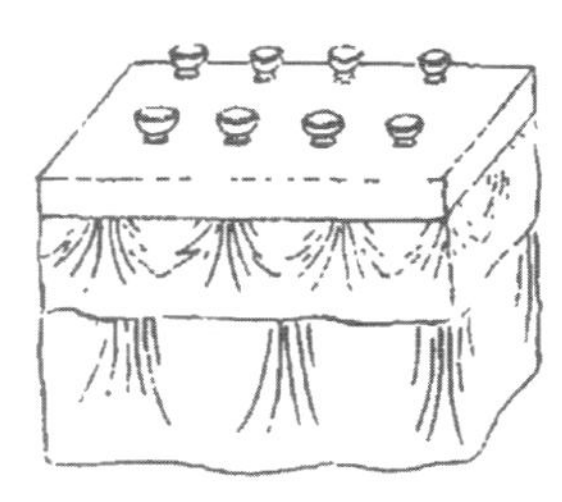
수잔(水盞)

8 풍원(馮元) : 975~1037. 진종(眞宗) 대중상부(大中祥符) 원년(元年, 1008)에 진사가 되었고, 인종(仁宗, 재위 1022~1063) 때 『경우광악기(景祐廣樂記)』를 지었다.

9 『宋史』 권127 「景祐三年七月, 馮元等上新修景祐廣樂記」

10 석명(釋名) : 후한의 유희(劉熙)가 지은 사전. 물명(物名)의 훈고(訓詁)를 싣고 그것을 풀이함으로써, 고음(古音)이나 옛제도를 상고하는데 도움이 되도록 하였다.

11 설문(說文) : 후한의 허신(許愼)이 지은 『설문해자(說文解字)』를 가리킨다. 한자의 자형(字形)·의의(意義)·음운(音韻)을 체계적으로 해설하였다.

부병(拊瓶)·구옹(扣甕)·격구(擊甌 : 12개)

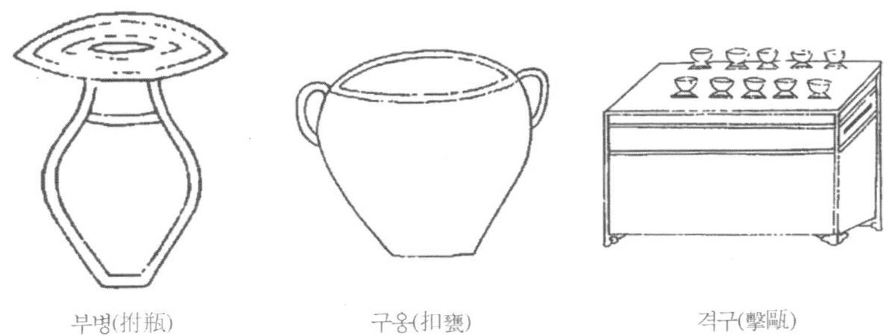

부병(拊瓶)　　구옹(扣甕)　　격구(擊甌)

137-5. 唐武宗大中初, 天興縣丞郭道源, 取邢甌越甌十二, 酌水作調, 以筯擊之, 其音妙于方響. 咸通中, 吳蠙亦精於此. 劉安曰 : "窮鄕之社, 扣甕拊瓶, 相和而歌, 以爲樂" 豈亦擊甌類歟! 非古制也. 自擊建鼓撞巨鐘觀之, 則扣甕拊瓶之樂, 亦足羞[12]矣. 墨子曰, 農夫息於聆[13]缶之樂, 亦此類歟!

당 무종(재위 840~846) 대중(大中, 847~860)[14] 초에 천흥현승 곽도원이 형과 월에서 생산된 사발 12개에 물을 붓고 젓가락으로 두드리니, 방향보다 묘한 소리가 났다. 함통(860~873) 연간에 오빈이 또한 이를 능숙하게 다루었다. 유안[15]이 "궁벽한 시골 마을에서는 옹기를 두드리고 단지를 치

---

12 대본에는 '差'로 되어 있으나, 사고전서 『樂書』에 의거하여 '羞'로 바로잡았다.

13 대본에는 '吟'으로 되어 있으나, 『墨子』에 의거하여 '聆'으로 바로잡았다. 『墨子』 1-7 「三辯」「農夫春耕夏耘. 秋斂冬藏. 息于聆缶之樂」.

14 당 무종(武宗)은 회창(會昌, 840~846)이란 연호를 썼으며, 대중(大中, 847~860)은 선종(宣宗)의 연호이다. 따라서 '무종'과 '대중'의 둘 중 하나는 틀린 것이다.

15 유안(劉安) : BC 179~BC 122. 한 고조의 손자로 회남왕 유장(劉長)의 아들이다. 문제(재위 B. C. 180~B. C. 157)는 지방 세력을 약화시키고자 제후 한 사람의 영지를 모든 자손들에게 골고루 나누어 주도록 하는 정책을 폈고, 경제(景帝 : 재위 B. C. 157~B. C. 141)는 제후에게서 잘못이 발견되면 영지 일부를 중앙정부로 몰수하였는데, 이 과정에서 유장은 B. C. 174년(문제 6)에 반란을 도모했다는 죄목으로 압송되는 도중 스

며 서로 화답하면서 노래를 부르고 즐기었다"라고 한 것은 아마 사발을 두드리는 것과 비슷했을 것이다! 그러나 고제는 아니다. 건고를 두드리거나 큰 종을 치는 것과 비교하면, 옹기를 두드리거나 단지를 치는 것은 참으로 보잘것없으니, 『묵자』에 '농부들은 장단 맞추어 질그릇을 두드리며 쉰다'고 한 것도 이런 종류일 것이다.

격양(擊壤)

137-6. 壤之爲器, 以木爲之, 形如履節. 長一寸餘, 前廣後銳. 童子之樂也, 與堯時擊壤而歌者, 異矣.

격양(擊壤)

양이란 악기는 나무로 만들며, 신발처럼 생겼다. 길이는 1촌 남짓이고 앞은 넓고 뒤는 뾰족하다. 이것은 어린 아이들의 악기이니 요임금 때 농부가 땅을 두드리며 노래한 것과는 다른 것이다.

스로 굶어 죽었다. B.C.164년(문제 16) 유안이 회남왕으로 봉해졌으나, 반란을 도모했다는 죄목에 걸려들어 자살하였다. 빈객들과 함께 『회남자(淮南子)』를 저술했다.

고분(鼓盆) 【복분(覆盆)】

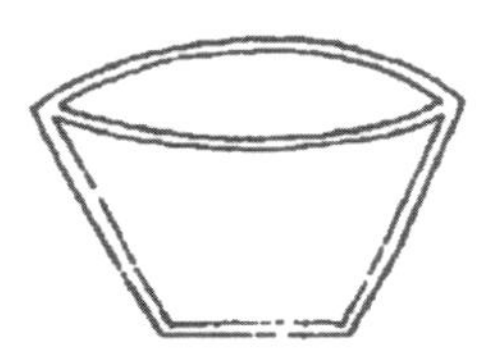
고분(鼓盆)

137-7. 古之缶制, 形如覆盆, 缶類也. 莊周鼓盆而歌, 以明哀樂不入於胸次, 與日昃之離, 不鼓缶而歌, 異矣. 昔齊景公飮酒, 去冠被裳而鼓盆, 晏子責之無禮, 豈非善正救之臣乎?

옛날의 부(缶)는 엎어놓은 동이처럼 생긴 질그릇 종류이다. 장주[16]가 아내가 죽었을 때 동이를 두드리며 노래하여 애락(哀樂)을 초월했음을 밝힌 것은[17] '해가 기울어 서쪽에 걸려 있을 때 동이를 두드리며 노래하지 않는 것'[18]과는 다르다. 옛날에 제 경공이 술을 마시고는 관을 벗고 치마를 입고서 동이를 치자, 안자가 경공의 무례함을 책망했으니, 어찌 임금을 선하고 올바르게 구제한 신하가 아니겠는가?

---

16 장주(莊周) : B.C.369~B.C.286. 청정무위(淸靜無爲)를 주장했고, 저서에 『莊子』가 있다. 당 현종 때 남화진인(南華眞人)으로 추존되어, 그의 저서를 『남화진경(南華眞經)』이라고도 한다.

17 장자의 친구 혜자(惠子)가 장자의 부인이 죽었다는 소식을 듣고 조문을 갔는데, 장자는 동이를 두드리며 노래를 부르고 있었다. 혜자가 장자에게 노래를 부르는 건 지나치다고 말하자, 장자는 말하였다. "아내가 죽자 처음에는 슬펐다. 그러나 곰곰이 생각하니 사람은 처음에 생명이 없었을 뿐 아니라 형체나 기(氣)도 없었다. 황홀한 가운데에 섞여서 변화하여 기가 나타나고, 기가 변화하여 형체를 이루고, 형체가 생명을 갖추었다가 죽음으로 바뀌었으니, 이것은 사계절의 변화와 같은 것이다. 아내가 천지의 큰 집에서 편히 쉬고 있는데 내가 통곡하는 것은 스스로 천명(天命)을 알지 못하기 때문이라고 여겼기에 그만두었다" 〈『莊子』 至樂 18-2〉

18 『周易』 離卦 8 「九三, 日昃之離, 不鼓缶而歌, 則大耋之嗟, 凶. 【구삼은 해가 기울어 서쪽에 걸려 있음이니, 동이를 두드리며 노래하지 않으면 크게 기운 것을 서글퍼하는 것이니, 흉하리라.】 성함이 있으면 반드시 쇠함이 있는 것이 떳떳한 도이므로, 이치를 통달한 자는 이치에 순종하여 즐거워한다. 동이를 두드리며 노래함은 그 떳떳함을 즐거워하는 것이다. 이와 같이 하지 못하면 크게 기운 것을 서글퍼하는 것이니 흉함이 된다.

토공(土鞚)

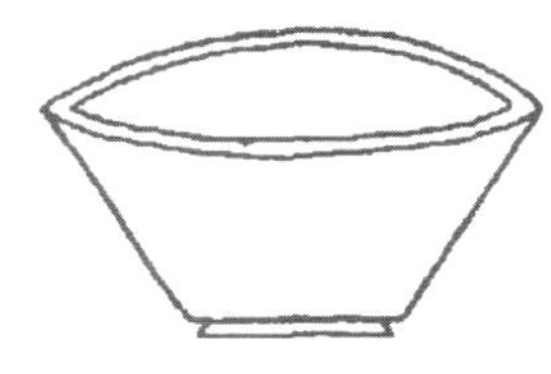
토공(土鞚)

137-8. 唐歷代樂儀, 論俗樂之器 : "土則附革而爲鞚也" 呂不韋曰 : "堯使夔[19]以麋輅置[20]缶而鼓之" 然則土鞚豈以麋輅置[21]缶之類歟!

당의 『역대악의』에서 속악기를 논하기를, "흙을 구워 만든 동이에 가죽을 붙여서 만든 것이 공(鞚)이다"라고 하고, 여불위가 "요임금이 기를 시켜서 고라니 가죽을 동이에 설치하여 두드리게 했다"[22]라고 했으니, 토공은 아마 고라니 가죽을 동이에 설치하여 만든 종류일 것이다.

요고(腰鼓)

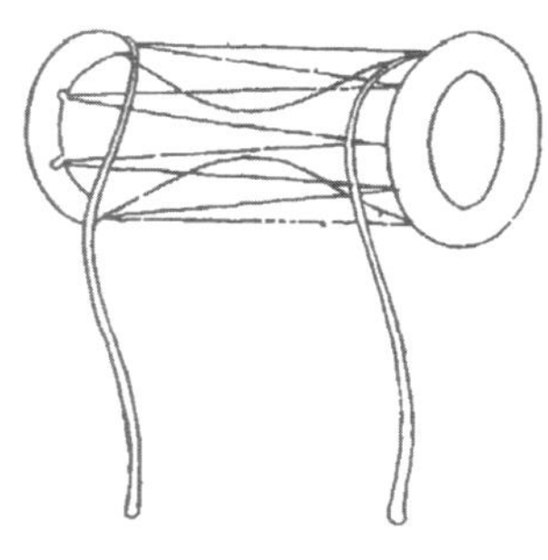
요고(腰鼓)

137-9. 腰鼓之制, 大者瓦, 小者木, 皆廣首纖腹. 沈約宋書, 蕭思話好打細腰鼓, 豈謂此歟!

요고는 큰 것은 진흙을 구운 것으로 만들고 작은 것은 나무로 만드니, 모두 머리가 넓고 배가 가늘다. 심약[23]의 『송서』에 '소사화[24]가 세요고를

19 대본에는 '鄭'으로 되어 있으나, 『呂氏春秋』(漢 高誘 注)의 주를 참조하여 '夔'로 바로잡았다.

20 대본에는 '冥'으로 되어 있으나, 『呂氏春秋』에 의거하여 '置'로 바로잡았다.

21 대본에는 '冥'으로 되어 있으나, 『呂氏春秋』에 의거하여 '置'로 바로잡았다.

22 『呂氏春秋』 仲夏紀 / 古樂.

23 심약(沈約) : 441~513. 남조의 송·제·양에서 여러 벼슬을 역임했다. 시부(詩賦)에 뛰어나 사조(謝朓) 등과 함께 영명체(永明體)를 창안했고, 사성팔병설(四聲八病說)

치는 것을 좋아했다'라고 기록된 것이 아마 이것일 것이다!

와비파(瓦琵琶)

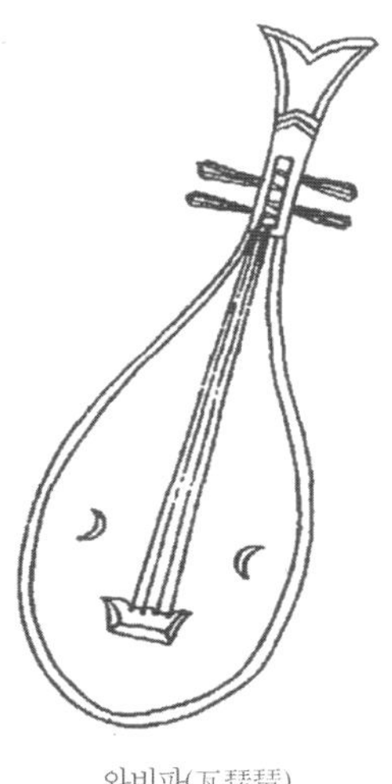
와비파(瓦琵琶)

137-10. 晉阮咸善彈琶琵, 後有發咸冢者得琵琶, 以瓦爲之. 時人多不識以琴合調, 大抵異器而同音也.【昔王保義有女, 善彈琵琶. 夢異人授之樂曲, 其聲淸越, 類于仙家紫雲之亞也. 其所傳之曲, 有道調宮·玉宸宮·夷則宮·神林宮·蕤賓宮·無射宮·元鍾宮·黃鍾宮 散水宮·仲呂宮. 商調, 獨指泛淸商·好仙商·側商·紅綃商·風香·林鍾商·醉吟商·玉仙商·高雙調商.[25] 角調, 醉吟角·大呂角·南呂角·中呂角·高大植角·蕤賓角. 羽調, 鳳吟羽·背風香·背南羽·背平羽·應聖羽·玉呂羽·玉宸羽. 風香調·大呂調, 曲名亦同. 人間, 有凉洲·伊州·胡渭州·甘州·綠腰·莫鞋·領盃樂·安公子·水牯子·阿濫堆之屬, 凡二百餘曲. 所異者, 徵調中, 彈湘妃怨·哭顔回. 當時胡琴, 不彈徵調而已, 眞異事也.】

진나라 완함[26]은 비파를 잘 탔다. 훗날 완함의 무덤을 발굴한 자가 거기

을 주장했다. 저서에 『사성운보(四聲韻譜)』·『송서(宋書)』 등이 있다.

24 소사화(蕭思話) : 406~455. 효의황후(孝懿皇后)의 조카다. 원가(元嘉 424~453) 연간에 청주자사가 되고, 효무제 때 상서좌복야에 오른 뒤 나중에 영주자사가 되었다. 젊을 때 노는 것을 일삼았으나, 훗날 이를 반성하여 학업에 매진했다. 양흔(羊欣)에게 글씨를 배워 모든 체를 잘 썼으나, 특히 행서가 우수했고, 이왕(二王)이후의 제 1인자라 한다.

25 대본에는 '聲調'로 되어 있으나, 『十國春秋』에 의거하여 '雙調商'으로 바로잡았다.

에서 비파를 얻었는데, 진흙을 구워서 만든 것이었다. 당시 사람들은 대부분 금(琴)과 합주할 줄 몰랐는데, 대체로 비파와 금은 악기는 달라도 명주실을 쓰는 점은 같다. 【옛날에 왕보의(王保義)[27]에게 딸이 있었는데 비파를 잘 탔다. 꿈에 신비로운 사람을 만나 악곡을 전수받았는데, 그 소리가 참으로 곱고 맑아서 선가(仙家)의 《자운곡(紫雲曲)》에 버금가는 곳이었다. 전해지는 곡은 《도조궁(道調宮)》·《옥신궁(玉宸宮)》·《이칙궁(夷則宮)》·《신림궁(神林宮)》·《유빈궁(蕤賓宮)》·《무역궁(無射宮)》·《원종궁(元鍾宮)》·《황종궁(黃鍾宮)》·《산수궁(散水宮)》·《중려궁(仲呂宮)》이 있고, 상조(商調)에 《독지범청상(獨指泛淸商)》·《호선상(好仙商)》·《측상(側商)》·《홍초상(紅綃商)》·《풍향(風香)》·《임종상(林鍾商)》·《취음상(醉吟商)》·《옥선상(玉仙商)》·《고쌍조상(高雙調商)》이 있고, 각조(角調)에 《취음각(醉吟角)》·《대려각(大呂角)》·《남려각(南呂角)》·《중려각(中呂角)》·《고대식각(高大植角)》·《유빈각(蕤賓角)》이 있고, 우조(羽調)에 《봉음우(鳳吟羽)》·《배풍향(背風香)》·《배남우(背南羽)》·《배평우(背平羽)》·《응성우(應聖羽)》·《옥려우(玉呂羽)》·《옥신우(玉宸羽)》가 있다. 풍향조(風香調)와 대려조(大呂調)의 곡명도 또한 같다.

사람들 사이에 《양주(凉洲)》·《이주(伊州)》·《호위주(胡渭州)》·《감주(甘州)》·《녹요(綠腰)》·《막조(莫靻)》·《영배악(領盃樂)》·《안공자(安公子)》·《수고자(水牯子)》·《아람퇴(阿濫堆)》 등 200여곡이 유행했는데, 특이한 점은 치조(徵調)로 연주하는 《상비원(湘妃怨)》과 《곡안회(哭顏回)》가 있었는데도, 당시에 호금(胡琴)[28]으로 치조를 연주하지 않은 것은 참으로 이상한 일이다.】

---

26 완함(阮咸) : 죽림칠현의 한 사람. 적(籍)의 조카이며, 음률에 능하였다.

27 왕보의(王保義) : 전촉(前蜀)에서 검남절도사를 지냈다. 전촉은 당나라 말기 황소의 난 때 공을 세운 왕건(王建)이 907년에 세워 925년까지 존속한 나라이다.

28 여기서 胡琴은 비파를 뜻한다. 『唐音癸籤』(明 胡震亨 撰)권14 「所異者, 徵調中有湘妃怨哭顏回. 世人琵琶不彈徵調未解爲何」

권138 악도론(樂圖論)

속부(俗部) / 팔음(八音) / 혁지속(革之屬) 상(上)

강고(掆鼓)

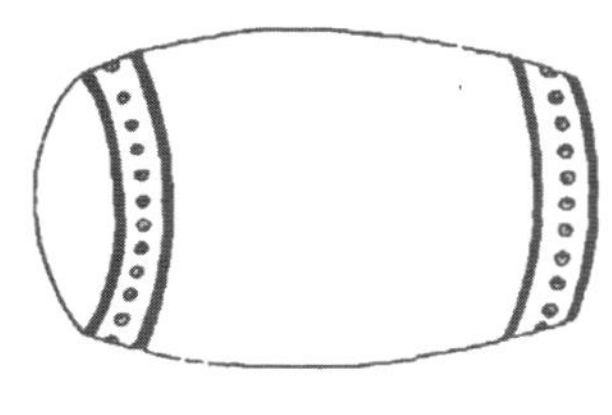
강고(掆鼓)

138-1. 隋[1]大駕鼓吹有掆[2]鼓, 長三尺, 朱髹其上, 工人青地苣文, 大業中帝宴饗用之. 唐開元禮義羅曰 : "掆鼓小鼓也. 按[3]圖, 鼓上有盖. 常先作之, 以引大鼓. 亦猶雅樂之奏鞕,[4]與金鉦相應, 皆有曲焉" 律書樂圖云 : "掆鼓一曲十操, 一曰驚雷震, 二曰猛虎駭, 三曰鷙鳥擊, 四曰龍媒蹀, 五曰靈

1 대본에는 '隨'로 되어 있으나, 사고전서 『樂書』에 의거하여 '隋'로 바로잡았다.
2 대본에는 '扇'으로 되어 있으나, 사고전서 『樂書』에 의거하여 '掆'으로 바로잡았다.
3 대본에는 '摼'로 되어 있으나, 사고전서 『樂書』에 의거하여 '按'으로 바로잡았다.
4 대본에는 '鼓'로 되어 있으나, 사고전서 『樂書』에 의거하여 '鞕'으로 바로잡았다.

夔吼, 六曰鵰鶚爭, 七曰壯士奮怒, 八曰熊羆哮吼, 九曰石濫崖, 十曰波濫壑. 並各有辭, 其辭無傳焉. 太常鼓吹前部用之."

中宗時, 欲自妃主及五品以上, 母妻遷[5]葬之日, 特給鼓吹, 宮官[6]亦然. 是不知鼓吹之作, 本爲軍容也. 昔黃帝涿鹿有功, 以爲警衛. 㭎鼓[7], 有靈夔·孔雀·鵰鶚爭·石墜崖·壯士怒之類, 自昔功臣備禮, 得用之矣. 今夫郊祀天地, 唯有宮縣, 而無案架, 則知軍樂之用, 尙不給於神祀, 況可接於閨閫者哉?

수나라의 대가고취에 편성된 강고는, 길이가 3척이고 붉게 옻칠되어 있다. 푸른 바탕에 횃불 문양 옷을 입은 공인이 대업[8] 연간에 황제 연향에서 연주했다. 당나라 『개원예의라(開元禮義羅)』에 "강고는 작은 북이다. 그림을 살펴보건대 북 위에 덮개가 있다. 항상 이것을 먼저 두드려 큰 북을 인도했으니, 또한 아악에서 인고(𩊱鼓)를 두드려 금정(金錚)과 상응하는 것과 같으며, 모두 악곡이 있다"라고 하고, 『율서악도』에 "강고 1곡에 10조(操)가 있으니, 첫째 《경뢰진(驚雷震)》, 둘째 《맹호해(猛虎駭)》, 셋째 《지조격(鷙鳥擊)》, 넷째 《용매접(龍媒蹀)》, 다섯째 《영기후(靈夔吼)》, 여섯째 《조악쟁(鵰鶚爭)》, 일곱째 《장사분노(壯士奮怒)》, 여덟째 《웅비효후(熊羆哮吼)》, 아홉째 《석탕애(石盪崖)》, 열째 《파탕학(波盪壑)》이다. 모두 각각 가사가 있었는데 전해지지는 않는다. 태상시에서는 고취전부(鼓吹前部)에 쓴다"라고 하였다.

중종(재위 683~710) 때 비주(妃主)[9]부터 5품 이상에 이르기까지의 어머니

5 대본에는 '婚'으로 되어 있으나, 『舊唐書』에 의거하여 '遷'으로 바로잡았다. 『舊唐書』 권28 「景龍二年, 皇后上言, 自妃主及五品以上母妻, 幷不因夫子封者, 請自今遷葬之日, 特給鼓吹, 宮官亦準此.」

6 대본에는 '中'으로 되어 있으나, 사고전서 『樂書』에 의거하여 '官'으로 바로잡았다.

7 대본에는 '鉦'으로 되어 있으나, 『舊唐書』 권28 「故㭎鼓曲, 有靈夔吼·鵰鶚爭·石墜崖·壯士怒之類, 自昔功臣備禮, 適得用之.」라고 한 것에 의거하여, '㭎'으로 바로잡았다.

8 대업(大業) : 수(隋) 양제(煬帝) 때의 연호. 605~617.

9 비주(妃主) : 임금의 후궁인 귀비(貴妃), 숙비(淑妃), 덕비(德妃), 현비(賢妃)와 공주(宮

나 아내를 천장(遷葬)[10]하는 날에 특별히 고취를 지급했고, 궁관(宮官)에게도 그렇게 해준 것은, 고취가 본래 군용(軍容)을 위한 것임을 알지 못했기 때문이다. 옛날에 황제가 탁록[11]에서 공을 세웠을 때 고취로 경호했었다.

그러므로 강고로 연주하는 《영기》·《공작》·《조악쟁》·《석추애》·《장사노》와 같은 곡을, 옛날부터 공신에게 예를 갖출 때 썼다. 오늘날 천지에 교사(郊祀)를 지낼 때 궁현(宮縣)만 있고 안가(案架)는 없으니, 군악(軍樂)으로 쓰는 것을 천지 제사에는 쓰지 않음을 알 수 있다. 그런데 하물며 부녀자에게 쓸 수 있겠는가?

우보고(羽葆鼓)

138-2. 隋書:"鼓吹, 車上施層樓, 四角金龍, 垂流蘇羽葆" 唐羽葆之制, 縣於架上, 其架飾以五采流蘇, 植羽也. 蓋鐃鼓羽葆鼓, 皆飾以丹青, 形制頗類㧏鼓. 今太常鼓吹後部用之. 律樂圖云:"羽葆一部, 五色十八曲, 一大和·二休和·三七德·四騶虞·五基王化·六纂唐風·七厭炎精·八肇皇運·九躍龍飛·十珍馬邑·十一興[12]晉陽·十二濟渭陰·十三應聖期·十四御宸極·十五寧兆庶·十六服遐荒·十七龍池·十八破陣樂. 然則羽葆, 其節奏如此而已, 破陣終焉, 豈後世賞軍功之樂邪! 昔陶侃平蘇峻, 除侍中太尉, 加羽葆鼓吹, 則其爲賞功之樂, 可知矣. 今鼓吹騎從者, 自羽葆鼓等, 皆馬上擊之, 其制與隋唐異也.

主), 옹주(翁主) 등을 두루 이르던 말.

10 천장(遷葬): 무덤을 다른 곳으로 옮김.

11 탁록(涿鹿): 하북성 남쪽에 있는 지명. 황제(黃帝)가 치우(蚩尤)와 싸운 곳이라 전해지는 성이 있다.

12 대본에는 '與'라고 되어 있으나, 사고전서 『樂書』에 의거하여 '興'으로 바로잡았다.

『수서』에 따르면, 고취를 베풀 때 수레 위에 층루(層樓)를 설치한 뒤, 네 모서리에 금룡(金龍)을 달고, 유소(流蘇)[13]와 우보(羽葆)[14]를 드리웠다. 당나라의 우보 제도는 가자(架子) 위에 매달고 가자를 오색 유소로 장식했으니, 치우(植羽)[15]와 통한다. 대개 요고(鐃鼓)와 우보고는 모두 단청으로 장식하므로 강고와 모습이 꽤 비슷하다. 현재 태상시에서는 고취후부(鼓吹後部)에 쓴다.

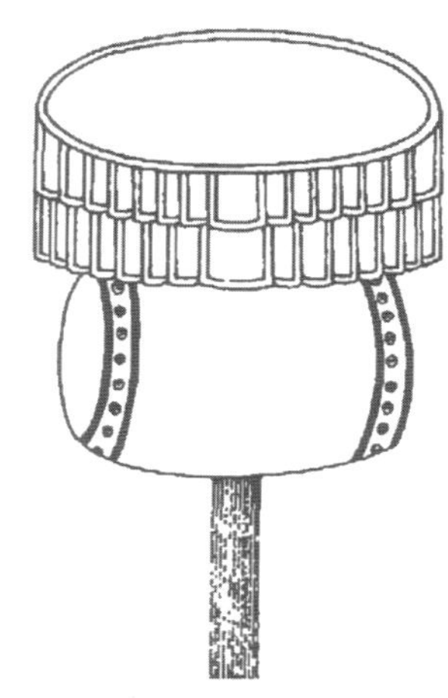

우보고(羽葆鼓)

『율악도』에 이르기를, "우보 1부(部)는 5색으로 꾸며져 있고 18곡이 있다. 첫째 《대화(大和)》, 둘째 《휴화(休和)》, 셋째 《칠덕(七德)》, 넷째 《추우(騶虞)》, 다섯째 《기왕화(基王化)》, 여섯째 《찬당풍(纂唐風)》, 일곱째 《염염정(厭炎精)》, 여덟째 《조황운(肇皇運)》, 아홉째 《약룡비(躍龍飛)》, 열째 《진마읍(珍馬邑)》, 열한째 《흥진양(興晉陽)》, 열둘째 《제위음(濟渭陰)》, 열셋째 《응성기(應聖期)》, 열넷째 《어신극(御宸極)》, 열다섯째 《영조서(寧兆庶)》, 열여섯째 《복하황(服遐荒)》, 열일곱째 《용지(龍池)》, 열여덟째 《파진악(破陣樂)》이다"라고 하였다.

즉, 우보로 이와 같은 곡들을 연주하고 《파진악》으로 마쳤으니, 아마 후세에 군공을 세운 자에게 상으로 내려주는 음악이 되었을 것이다! 옛날에 도간[16]이 소준[17]의 난을 평정하자, 시중태위에 임명되고 우보고취가

13 유소(流蘇) : 기(旗)·승교(乘轎)·장막(帳幕) 등에 다는, 오색의 깃털이나 실로 만든 술.

14 우보(羽葆) : 새의 깃으로 장식한 의장(儀仗)의 이름. 〈부록-그림 7〉 참조.

15 치우(植羽) : 세워서 꽂은 깃털 장식.

16 도간(陶侃) : 259~334. 도연명(陶淵明, 365~427)의 증조부이며, 석륵(石勒)의 백만 대군을 비수(淝水)에서 수장시켜 동진의 위기를 구한 명장이다. 도간이 광주자사로 있을 때, 고을에 일이 없을 때는 아침에 벽돌 100장을 밖으로 옮기고 저녁에 집안으로 다시 옮겼다. 사람들이 이상히 여겨 그 이유를 묻자, "내가 중원을 회복하고자 노력하고 있는데, 지나치게 편안하면 마음이 해이해져서 일을 감당하기 어렵기 때문이다"라고 답한 일화가 있다.

더해졌으니, 우보고취는 공로를 기리어 상으로 준 음악임을 알 수 있다. 지금은 고취에 기병(騎兵)을 따르게 하여 우보고 등을 말 위에서 치니, 그 제도가 수·당과는 다르다.

경고(警鼓)

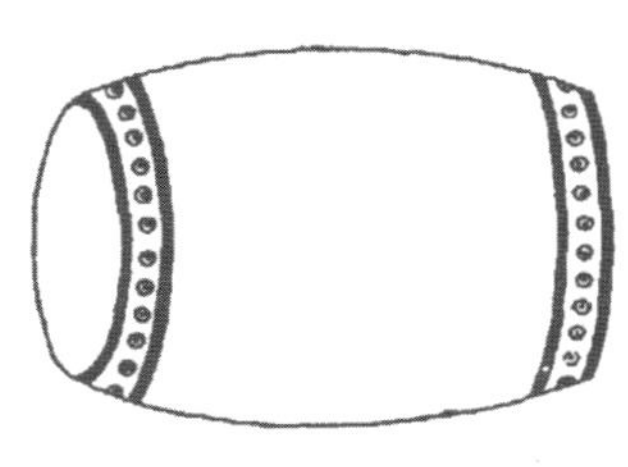

경고(警鼓)

138-3. 傳曰:"嚴警鼓一十二面, 大將營前左右行列, 各六面, 在纛後" 故大周正樂謂:"凡鼓施於邊徼, 謂之警鼓" 昔楚厲王有警, 鼓與百姓爲戒, 旣而飮酒太過而擊, 民大驚, 使人止之. 居數月, 警而擊之, 民莫有起者. 然則警衆之鼓, 可不愼其所擊哉? 隋大業中, 煬帝制宴饗, 設鼓吹夜警, 用一曲俱盡, 次奏大鼓. 然不知非宴饗所當用也.

전(傳)에 "엄경고(嚴警鼓)는 12면(面)인데, 대장의 병영 앞 좌우에 각각 6면씩 둑(纛)[18] 뒤에 벌여놓는다"라고 하였다. 그러므로 『대주정악』에서는 "변방에 설치한 북을 경고라고 한다"라고 하였다.

옛날에 초나라 여왕(厲王)이 경계할 일이 있으면 북을 쳐서 백성들에게 경각심을 일으켰다. 어느 날 여왕이 술을 잔뜩 마시고 북을 두드리니, 백성들이 깜짝 놀라 모여 들므로 사람을 시켜서 그치게 하였다. 몇 달 뒤 정말로 적이 쳐들어와 경계태세를 갖추고자 북을 쳤지만 백성들이 꿈쩍

17 소준(蘇峻): 진 원제를 도와 공을 세우고 관군장군(冠軍將軍)이 되었으나, 성제(成帝) 때 반역하여 도간 등의 군대에 패하여 죽었다.

18 둑(纛): 쇠꼬리나 꿩의 꽁지깃으로 장식한 큰 기로, 군대나 의장대에 세운다.

하지 않았다. 이러하니 사람들을 경계시키는 북을 신중하게 치지 않아서야 되겠는가? 그런데 수나라 대업(605~617) 연간에 양제가 연향을 베풀 때 고취를 진설하고 밤에 경계를 시키고자 한 곡을 다 마치면 대고(大鼓)를 치게 했으니, 이는 연향에서 경각심을 목적으로 북을 쳐서는 안 된다는 것을 몰랐기 때문이다.

요고(鐃鼓)

138-4. 唐六典[19]曰: "凡軍鼓之制有三, 一曰銅鼓, 二曰戰鼓, 三曰鐃鼓. 其制皆五采爲重蓋." 究觀樂圖, 鐃鼓鼓吹部用之. 唐朝特設爲儀, 而不擊爾. 然劉巘定軍禮謂: "鼓吹未知其始. 漢以雄朔野而有之, 鳴笳以和簫, 非八音也"

隋大業中, 鐃鼓十二曲供大駕, 六曲供皇太子, 三曲供王公, 宴饗所用也. 觀漢有鼓吹鐃歌十八曲, 晉有鼓吹鐃歌古辭十六篇, 宋有鼓吹鐃歌十篇. 然則鐃鼓豈非鼓吹鐃歌之鼓邪?【唐自鐃鼓以下, 屬鐃鼓部. 律書樂圖云: "鐃軍樂[20]也. 其部四色七曲, 一曰破陣樂,[21] 二曰上車, 三曰行車, 四曰向成, 五曰平安, 六曰懽樂, 七曰太平. 各有記也[22].】

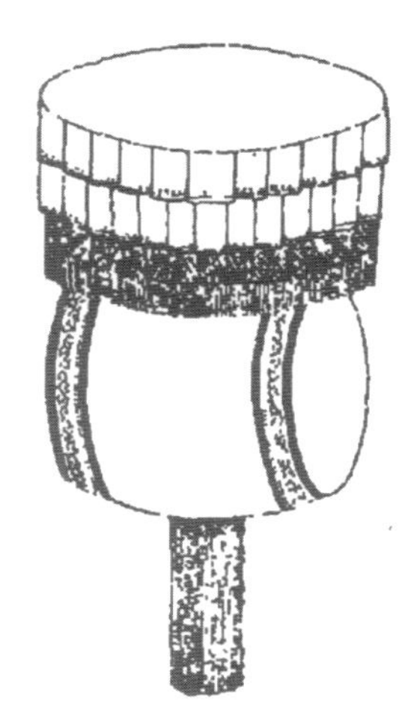

요고(鐃鼓)

19 대본에는 '曲'으로 되어 있으나, 『唐六典』에 의거하여 '典'으로 바로잡았다.
20 대본에는 '條'로 되어 있으나, 사고전서 『樂書』에 의거하여 '樂'으로 바로잡았다.
21 대본에는 '車條'로 되어 있으나, 사고전서 『樂書』에 의거하여 '破陣樂'으로 바로잡았다.
22 대본에는 '地'로 되어 있으나, 사고전서 『樂書』에 의거하여 '記也'로 바로잡았다.

『당육전』[23]에 "군대에서 쓰는 북에는 세 가지가 있으니, 첫째는 동고(銅鼓), 둘째는 전고(戰鼓), 셋째는 요고(鐃鼓)이다. 모두 5채색으로 꾸민 이중 덮개가 있다"라고 하였다. 『악도(樂圖)』를 살펴보건대, 요고는 고취부에서 쓰였다. 당나라에서는 요고를 진설해서 의장(儀仗)으로 썼을 뿐 실제로 치지는 않았다. 유환[24]이 군례를 정하면서 말하기를 "고취가 언제 시작되었는지 모른다. 늦어도 한나라 때 북방의 황량한 들판에서 호방하게 울렸는데, 가(笳)를 울리면 소(簫)가 이어서 화답하였으며, 팔음을 갖추지는 않았다"라고 하였다.

수 대업 연간에 황제에게 요고 12곡, 황태자에게 6곡, 왕공(王公 : 제후)에게 3곡을 바쳤는데, 연향에 썼다. 그러나 한(漢)에 고취요가 18곡이 있었고, 진에 고취요가의 고사(古辭) 16편이 있었으며, 송에 고취요가 10편이 있었던 사실로 미루어 보면, 요고는 고취요가에 쓰인 북이 아니겠는가? 【당나라에서는 요고 이하부터 요고부(鐃鼓部)에 속하게 했다. 『율서악도』에 이르기를, "요(鐃)는 군악이다. 요고부는 4색으로 꾸며져 있고 7곡이 있는데, 첫째 《파진악(破陣樂)》, 둘째 《상거(上車)》, 셋째 《행거(行車)》, 넷째 《향성(向成)》, 다섯째 《평안(平安)》, 여섯째 《환악(懽樂)》, 일곱째 《태평(太平)》이니, 각각 기록이 있다.】

23 당육전(唐六典) : 당 현종이 짓고 이임보(李林甫)가 왕명에 의해 주석(註釋)을 단 책. 삼사(三師)·삼공(三公)·삼성(三省)·구시(九寺)·오감(五監)·십이위(十二衛)로 분서(分書)하고, 『周禮』의 체제를 본떠서 관제(官制)와 직장(直掌)을 서술하였다.

24 유환(劉瓛) : 434~489. 남조 제(齊)나라 사람. 유담(劉惔)의 6세손이다. 송 효문제 때 수재(秀才)로 천거되어 봉조청(奉朝請)에 임명되었지만 나가지 않고, 교육에 전념했다. 제나라 고제(高帝) 때 팽성군승(彭城郡丞)에 오르고, 회계군승(會稽郡丞)으로 옮겼다. 고제가 정치에 대해 자문하자, 정치는 『효경(孝經)』에 기록되어 있다고 대답했다.

절고(節鼓)

138-5. 節鼓不詳所造, 盖拊與相二器之變也. 江左清樂有節鼓, 狀如奕局, 朱髹畫其上, 中開圓竅, 適容鼓焉, 擊之以節樂也. 自唐以來[25], 雅樂升歌用之. 傅休奕節鼓賦曰: "鏗鐘鳴歌, 九韶興舞, 口非節不詠, 手非節不拊", 是也. 隋制節鼓, 上自大駕, 中[26]自皇太子, 下逮正一品, 並朱漆, 畫飾以葆羽, 其曲十有二. 唐六典用之所以興止登歌之樂, 如縣內之柷敔. 其制五采重盖, 清樂[27]部以之. 今太樂升歌用之, 或以爲齊鼓, 非也.

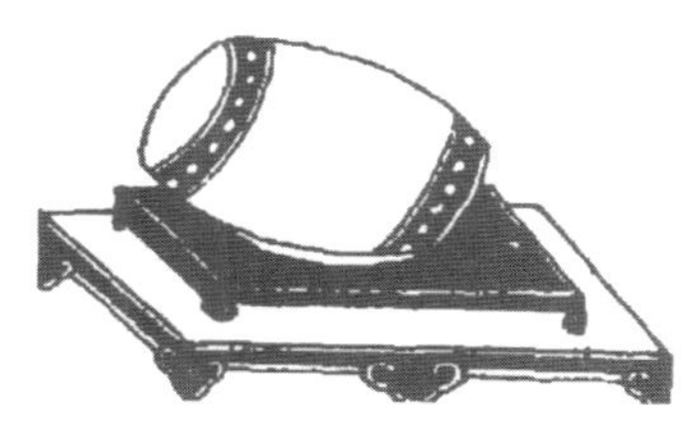

절고(節鼓)

절고는 제작법이 상세하지는 않으나, 아마 부(拊)와 상(相)이라는 두 악기를 변형한 것일 것이다. 강좌[28]의 청악(清樂)에 절고가 있으니, 바둑판처럼 생긴 판을 붉게 옻칠하고 그 위에 그림을 그렸으며, 가운데에 둥글게 구멍을 뚫어서 거기에 북을 넣고, 그것을 두드려서 음악의 절도를 맞추었다. 당나라 이래로 아악의 등가(登歌)에 쓰였으니, 부휴혁[29]의 《절고부(節鼓賦)》에 "종이 울리는 가운데 노래하고, 《구소(九韶)》에 맞추어 춤추니, 절도가 맞지 않으면 입으로 노래하지 않고, 절도에 맞지 않으면 손으로 두드리지 않네"라고 한 것이 이것이다.

수나라의 절고 제도는 위의 황제로부터 중간의 황태자와 아래의 정일품에 이르기까지 모두 붉은색으로 칠하고 보우(葆羽)로 장식했으며, 12곡

25 대본에는 '徽宗'으로 되어 있으나, 사고전서 『樂書』에 의거하여 '以來'로 바로잡았다.

26 대본에는 '下'로 되어 있으나, 사고전서 『樂書』에 의거하여 '中'으로 바로잡았다.

27 대본에는 '縣'이 있으나, 사고전서 『樂書』에 의거하여 삭제했다.

28 강좌(江左): 양자강의 동쪽 지방. 곧 지금의 강소성(江蘇省).

29 부휴혁(傅休奕): 진(晉)의 학자인 부현(傅玄, 218~278). 휴혁은 자(字)이다. 문장에 능하고 음률에 밝았다. 저서에 『부자((傅子)』와 『악부가장(樂府歌章)』 등이 있다.

이 있다. 『당육전』에 따르면, 악현에 진설된 축(柷)・어(敔)와 마찬가지로 절고가 등가악을 시작하고 그치게 하는 용도로 쓰였으며, 그 제도는 오채색으로 꾸민 이중 덮개가 있고, 청악부[30]에 쓰였다. 오늘날 태악(太樂)[31]에서 등가에 절고를 쓰고 있는데, 혹 이를 제고(齊鼓)로 여기는 것은 잘못이다.

노고(鷺鼓)

노고(鷺鼓)

138-6. 鷺鼓精也. 故魯頌有駜詩曰 : "振振鷺, 鷺于飛. 鼓咽咽, 醉言歸", 古之君子仕於伶官, 傷頌聲之不作. 故飾鼓以鷺, 欲其流風存焉. 或言晉移雷[32]門[33]鼓建康宮之端門, 有雙鷺唲[34]鼓而飛于雲末, 或言孫恩破雷門鼓, 見白鵠飛去. 亦近乎怪, 君子不道也.

백로[鷺]는 북의 정령(精靈)이다. 그러므로 노송(魯頌)《유필(有駜)》에 "백로가 훨훨 깃을 치며 날아오르네. 둥둥 북소리 울리는 가운데 취하여 돌아가네"라고 한 것은 옛날에 악관으로 일하던 군자가 송성(頌聲)[35]이 일어나지 않는 세태를 마음 아파하며,

30 당은 수의 구부기(九部伎)를 이어 받아, 태종(太宗, 재위 626~649) 때 십부기(十部伎)로 확대했는데, 청악부(清樂部)는 그중의 한 음악이다. 참고로 십부기는 청상기(清商伎 : 清樂)・서량기(西涼伎)・고려기(高麗伎)・천축기(天竺伎)・안국기(安國伎)・구자기(龜茲伎)・강국기(康國伎)・소륵기(疎勒伎)・고창기(高昌伎)・연악기(燕樂伎)이다.

31 태악(太樂) : 음악을 관장하는 기관.

32 대본에는 '呪鼉'로 되어 있으나, 사고전서 『樂書』에 의거하여 '晉移雷'로 바로잡았다.

33 대본에는 없으나, 『隋書』에 의거하여 '門'을 보충하였다. 『隋書』 권15 「越王勾踐擊大鼓於雷門以厭吳. 晉時移於建康. 有雙鷺唲鼓而飛入雲」

34 대본에는 '呪'로 되어 있으나, 사고전서 『樂書』에 의거하여 '唲'로 바로잡았다.

북을 백로로 장식함으로써 백로처럼 깨끗한 선인(先人)들의 미풍이 세상에 퍼졌으면 하는 바람을 담은 것이다.

어떤 사람은 진(晉)나라 때 뇌문[36]에 있던 북을 건강궁[37]의 단문(端門)[38]으로 옮기자, 두 마리 백로가 북을 쪼아서 뚫고 나와 저 멀리 구름 사이로 날아갔다고 말하고, 어떤 사람은 손은[39]이 뇌문에 있던 북을 부수자 흰 고니가 날아갔다고 말하는데, 이런 이야기들은 믿을만한 것이 못되므로 군자는 말하지 않는다.

학고(鶴鼓)

학고(鶴鼓)

138-7. 唐宮縣之樂, 有鼗[40]鼓四[41]座, 而鷺鼓居其一. 齊武帝壽昌畫殿南閣, 置白鷺鼓吹二[42]部. 大周正樂, 鷺一作鶴二鼓. 於樂錄見之矣.

당 궁현에는 도고(鼗鼓)가 4좌가 있는데, 노고(鷺鼓)가 그 중의 하나이다. 제 무제(재위 482~493) 때 수창화전의

35 송성(頌聲) : 덕화(德化)를 기리고 찬미하는 여론.

36 뇌문(雷門) : 회계의 성문 이름. 큰 북이 있었는데 그 소리가 100리 밖까지 들렸다 한다.

37 건강(建康) : 남경의 옛 이름.

38 단문(端門) : 정전(正殿)의 남쪽 정문.

39 손은(孫恩) : ?~402. 동진(東晉, 316~420)의 도사(道士)로 자(字)는 영수(靈秀)이다. 숙부인 손태(孫泰, ?~398)가 오두미도(五斗米道)의 교주가 되자, 그를 도왔다. 398년 손태가 모반 혐의로 처형되자, 399년에 손은은 교도들을 이끌고 회계를 점령하여 반군의 규모가 수십만에 이르렀으나, 402년 임해태수 신경(辛景)에게 패하여 자살하였다.

40 대본에는 궐문(闕文)으로 되어 있으나, 사고전서 『樂書』에 의거하여 '鼗'를 보충하였다.

41 대본에는 '而'로 되어 있으나, 사고전서 『樂書』에 의거하여 '四'로 바로잡았다.

42 대본에는 '一'로 되어 있으나, 사고전서 『樂書』와 『南齊書』에 의거하여 '二'로 바로잡았다.

남쪽 누각에 백로고취 2부를 설치했는데, 『대주정악』에는 노고 1이 학고 2로 기록되어 있다. 『악록』에 보인다.

타고(鼉鼓)

타고(鼉鼓)

138-8. 鼉鼓之名, 見於詩之靈臺. 詩人特託之, 其鳴逢逢, 爲靈德之應, 非實鼓也. 司馬相如上林賦曰 : "建靈鼉之鼓", 則鼉鼓之制, 其詳雖不可得而知, 所可知者, 亦在所建而已.

타고[43]라는 이름이 『시경』 《영대》에 보이긴 하지만, 시인은 둥둥 울리는 북소리를 통해 문왕의 신령스런 덕을 암시한 것이지, 실제로 어떤 특정한 북을 가리킨 것은 아니다. 사마상여[44]의 《상림부》에 "신령스런 타고를 세워놓았네"라고 했으니, 타고의 제도를 상세하게는 알 수 없지만 세워놓고 치는 것임을 알 수 있다.

43 타고(鼉鼓) : 악어 가죽으로 메운 북.

44 사마상여(司馬相如) : B.C.179~B.C.118. 자는 장경(長卿). 원래 이름은 견자(犬子)였으나, 전국시대의 인상여(藺相如)를 흠모하여 상여로 이름을 바꿨다. 임공(臨邛)의 도정(都亭) 직에 있을 때 우연히 알게 된 탁왕손(卓王孫)의 딸 탁문군(卓文君)과 함께 성도(成都)로 도망쳐 살았다. 이때 쓴 ≪자허부(子虛賦)≫란 글이 한 무제의 인정을 받아 발탁되었다.

연고(連鼓)

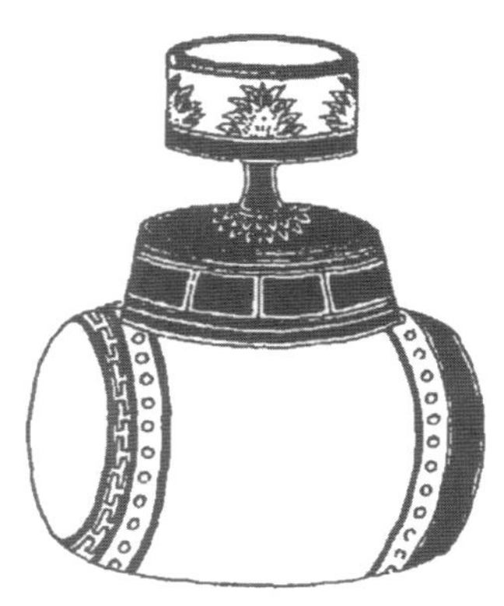
연고(連鼓)

138-9. 連鼓, 唐張文收燕樂有之, 今太常鼓吹後部用之. 嘗觀齊書: "武帝時壽昌畫殿南閣, 置白鷺鼓吹二部, 乾光殿東西[45]頭, 置鐘磬兩箱, 皆宴樂處也" 然則鼓吹之樂, 非燕樂也. 唐人用之燕樂, 不亦失乎?

嘗觀王亮母伏妃有疾, 祓於洛水, 亮弟兄侍從並持節, 鼓吹震耀洛濱. 武帝登淩雲臺, 望之曰: "伏妃可謂富貴矣" 夫以人主視伏妃鼓吹之盛, 尙以爲富貴, 則鼓吹富貴之具, 人主所獨有也. 雖有時授之臣子, 以寵褒之, 亦不可以有過矣. 故吳質爲北中郎將來朝, 詔列鹵簿鼓吹, 至闕而止, 庶乎敬君也. 晉皇太子朝, 鼓吹將入東掖門, 劉毅劾其不敬, 止於門外, 可謂知敬君之禮矣.

연고는 당나라 장문수가 정비한 연악(燕樂)에 편성되었지만, 오늘날 태상시에서는 고취후부에 쓰고 있다. 『제서』에도, "무제(재위 482~493) 때 수창화전 남쪽 전각에 백로고취 2부를 설치하고, 건광전의 동쪽과 서쪽 앞부분에 종(鐘)·경(磬)을 2상(箱) 설치했으니, 모두 편안히 즐기는 자리이다"라고 하였지만, 고취는 편안히 즐기는 음악이 아니다. 따라서 당나라 사람들이 연악에 쓴 것은 또한 법도를 잃은 것이 아니겠는가?

일찍이 여남왕(汝南王) 량의 어머니 복비가 병에 걸리자, 낙수에서 불제(祓除)[46]를 지내고자 량의 형제가 모시고 따라갈 때, 모두 절(節)[47]을 지니

45 대본에는 없으나, 『南齊書』에 의거하여 '西'를 보충하였다.
46 불제(祓除): 신에게 빌어서 죄·부정을 떨쳐버리는 행사.
47 절(節): 〈부록-그림 8〉 참조.

고 고취를 낙수가에서 위풍당당하게 울리니, 무제(재위 265~290)[48]가 능운대에 올라가 이를 바라보고 "복비는 참으로 부귀하구나"라고 말했다. 임금이 복비의 성대한 고취를 보고 부귀하다고 여겼으니, 고취는 부귀한 자들의 의장악대(儀仗樂隊)로서 임금의 전유물이다. 때로 고취를 총애하는 신하에게 내려주어 포상한 경우도 있지만, 지나치게 해서는 안 된다.

그러므로 오질[49]이 북중랑장이 되어 알현하러 올 때, 임금이 노부고취를 진열하도록 명했지만, 궁궐에 이르러서는 그쳤으니, 임금을 공경하기 때문이다. 진(晉) 황태자가 조회할 때 고취 악대가 궁궐의 동쪽 액문(掖門)[50]으로 들어오려 하자, 유의[51]가 불경스럽다고 탄핵하고 문밖에서 그치도록 했으니, 임금을 공경하는 예를 안다고 할 만한다.

방고(方鼓)

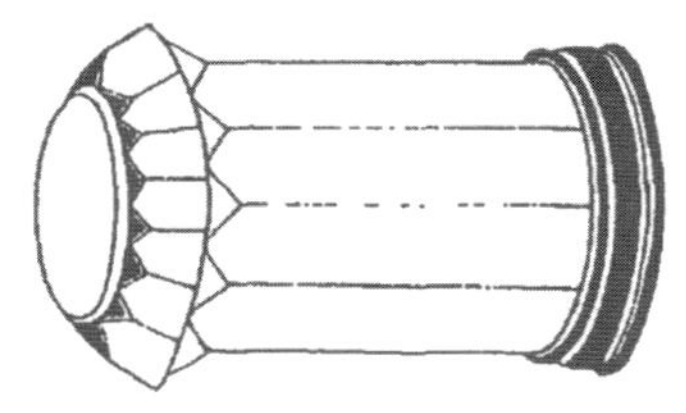
방고(方鼓)

138-10. 方鼓八面. 唐大曆中, 司馬滔進廣[52]平樂, 作鼓, 應黃鍾一均聲.

방고의 몸통은 8면이다. 당 대력(766~779) 연간에 사마도가 《광평악》을 바쳤는데, 북을

48 복비 이야기가 『晉書』 권59에 나오는 것으로 미루어, 여기에 나온 무제는 265년에 진(晉)을 세운 사마염(司馬炎)을 가리킨다.

49 오질(吳質) : 삼국시대 위나라 사람.

50 액문(掖門) : 궁궐의 정문 양쪽 옆에 있는 문.

51 유의(劉毅) : ?~412. 동진 말에 유유(劉裕)와 함께 의병을 일으켜 환현(桓玄, 369~404)을 토벌했는데, 훗날 유유에게 복종하지 않아 유유에게 공격을 당했으며, 패하자 자살했다. 환현은 403년 12월에 동진의 안제(安帝)에게 선양 받는 형식으로 스스로 황제의 자리에 올라, 국호를 초(楚)라고 칭했던 자이다.

52 대본에는 '黃'으로 되어 있으나, 사고전서 『樂書』에 의거하여 '廣'으로 바로잡았다.

만들어 황종 1균성에 응했다.

조고(朝鼓) 【간고(諫鼓)】

138-11. 鼓所以撿樂, 爲羣音之長[53]也. 然則施於府寺之鼓, 其朝鼓歟! 傳曰:"有木可提執,[54] 施於朝, 則登聞[55]鼓, 敢諫之鼓, 是也." 昔人有諫鼓之歌, 盖本諸此.

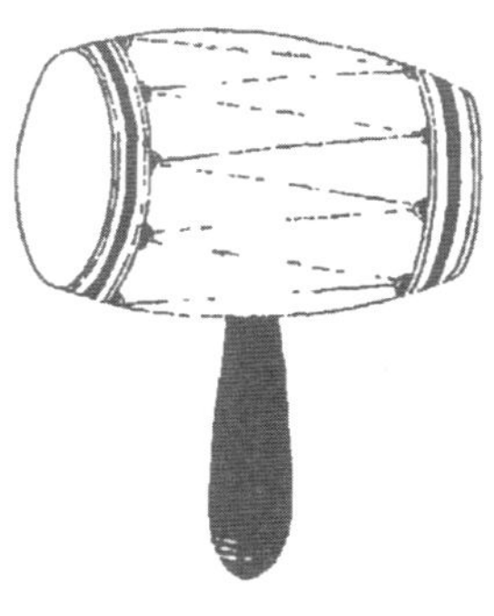
조고(朝鼓)

북은 장단에 맞도록 음악을 잡도리하니, 뭇 악기의 우두머리이다. 따라서 관청에 비치한 북을 조고라고 하는 것이다. 전에 "손에 쥘 수 있도록 나무자루가 달려있는 북을 조정에 비치하면 등문고(登聞鼓)[56]가 되니, 감히 간할 때 쓴다는 북이 이것이다"[57]라고 하였으니, 옛날 사람이 쓴 《간고지가(諫鼓之歌)》는 여기에서 유래한 것이다.

---

53 대본에는 '表'로 되어 있으나, 사고전서 『樂書』에 의거하여 '長'으로 바로잡았다.

54 대본에는 '孰'으로 되어 있으나, 사고전서 『樂書』에 의거하여 '執'으로 바로잡았다.

55 대본에는 '之'가 있으나, 『禮說』에 인용된 『大周正樂』에 의거하여 삭제했다.

56 등문고(登聞鼓): 임금에게 간(諫)하고자 하는 사람이 칠 수 있도록 조정에 비치해둔 북.

57 『禮說』(清 惠士奇 撰) 권10 「大周正樂曰:"馬上鼓曰提, 有木可提執. 施於朝, 則登聞鼓, 敢諫之鼓是也. 施於府寺曰朝鼓, 在郵墅曰枹鼓. 枹一作桴, 擊鼓物也. 在邊徼曰警鼓.」

권139 악도론(樂圖論)

속부(俗部) / 팔음(八音) / 혁지속(革之屬) 중(中)

대고(大鼓)

139-1. 後世大鼓, 古鼖鼓也. 其制長八尺, 唐六典曰, '凡大駕鼓吹, 並朱漆畫之', 是也. 昔吳王夫差, 啓蛇門以厭越. 越人爲雷門以禳[1]之, 擊大鼓於雷門之下, 而蛇門聞焉.

唐德宗自山南還宮, 而關輔有懷光吐蕃之虞, 詔太常習樂, 去大鼓. 至鄭餘慶爲卿, 始奏復用大鼓, 則大鼓之不可廢, 如此. 今太常鼓吹奏嚴用之, 雖所以節曲, 亦所以待暴也. 漢元帝晩年, 留好音樂. 嘗置鼓殿下, 自臨軒檻, 取[2]銅丸以擿[3]之, 中嚴鼓之節, 可謂窮極幻眇矣, 然特戲

1 대본에는 '攘'으로 되어 있으나, 『太平御覽』 권582에 의거하여 '禳'으로 바로잡았다.
2 대본에는 '提'로 되어 있으나, 사고전서 『樂書』에 의거하여 '取'로 바로잡았다.

事爾. 天子且無戲言, 況戲事哉? 此所以爲漢室肇衰之主歟!

대고(大鼓)

후세의 대고는 곧 옛날의 분고(鼖鼓)이다. 그 제도는 길이가 8척이니 『당육전』에 '대가(大駕)의 고취는 모두 주칠(朱漆)로 그림 그렸다'고 한 것이 이것이다. 옛날에 오나라 왕 부차[4]가 사문(蛇門)을 열어서 월나라를 누르자, 월나라에서는 재앙을 막고자 뇌문(雷門)을 만들고 푸닥거리를 하고, 뇌문 아래에서 대고를 쳐서 사문에까지 들리게 했다.

당 덕종(재위 779~805)이 산남에서 궁으로 돌아왔는데, 관보(關輔)[5]에서 회광(懷光)[6]과 토번(吐蕃)[7]이 침략할까 염려되어, 태상시에 조서를 내려 악을 연습할 때 대고를 빼도록 했다. 그러나 정여경(鄭餘慶)이 경(卿)이 되자, 바로 다시 대고를 쓸 것을 아뢰었으니, 대고를 음악에서 폐기할 수 없는 것이 이와 같았다. 오늘날 태상시에서는 고취로 엄(嚴)[8]을 아뢸 때 쓴다. 따라서 대고는 곡조를 절도에

---

3 대본에는 '撾'로 되어 있으나, 사고전서 『樂書』에 의거하여 '檛'로 바로잡았다.

4 부차(夫差) : B.C.?~B.C.473. 월(越)을 쳐서 부왕 합려(闔閭)의 원수를 갚았으나, 후에 월왕 구천(句踐)에게 대패하여 자살했다.

5 관보(關輔) : 관중(關中)의 삼보(三輔). 한대(漢代)에 장안 이동을 경조윤(京兆尹), 장릉 이북을 좌풍익(左馮翊), 위성(渭城) 이서를 우부풍(右扶風) 이라 하여 이를 총칭하여 삼보라 하였는데, 뒤에 장안의 인근 지역을 일컫는 말로 쓰였다.

6 회광(懷光) : 729~785. 당나라의 장령(將領)으로 발해 말갈 사람이다. 본래의 성은 여(茹)인데, 전공(戰功)을 세워 이씨 성을 하사받았다 덕종 때 토번을 막는 임무를 수행한 이래 토번이 감히 남침하지 못했다. 783년에 병란이 일어나 덕종이 봉천으로 피신했고, 주차(朱泚)가 봉천을 공격해왔는데, 회광이 이를 구원했으므로 부원수와 중서령 지위에까지 올랐다. 그러나 덕종이 노기(盧杞) 등의 참소에 빠져 회광을 입조(入朝)하지 못하게 하자, 그는 주차와 연합하여 덕종을 치고자 했으나, 패하여 785년에 자살했다.

7 토번(吐蕃) : 7세기 초에서 9세기 중엽까지 활동한 티베트왕국 및 티베트인에 대한 당·송 때의 호칭.

8 엄(嚴) : 적군에 대해 경비 태세를 갖추거나, 의례를 거행하기 위해 경비 태세를 갖추는 일.

맞게 할 때 쓰일 뿐 아니라 또한 갑작스런 변고를 대비할 때도 쓰였던 것이다.

한(漢) 원제(재위 B.C.49~B.C.33)가 말년에 음악을 탐닉하여, 북을 궁전 아래에 설치해놓고, 대청 난간에서 동환(銅丸)을 쥐고 북을 두드리니, 그 소리가 엄을 아뢸 때 두드리는 북의 절주에 맞았다. 기막힌 묘기라고 할 수 있지만, 다만 재미삼아 희롱으로 한 일이다. 천자는 희롱하는 말도 해서도 안 되는데, 희롱하는 일이겠는가? 이로 인해 원제가 한나라 왕실의 쇠퇴의 길을 연 임금이 되었다.

상용대고(常用大鼓)

상용대고(常用大鼓)

139-2. 周髀者[9]: "十人之長執錞, 百人之師執鐸, 千人之師執鼙,[10] 萬人之將執大鼓" 隋制, 大駕用大鼓, 飾以葆羽, 工人皁地苣文. 皇太子王公, 亦得用之. 故大駕十五曲, 皇太子十二曲, 王公十曲. 今教坊用焉. 【律書樂圖云: "大鼓十五曲內, 三曲嚴用, 第一曰元麟合邏, 第二曰元麟他固, 第三曰元麟跋至慮. 餘十二曲警用, 第一曰元咳大至遊, 第二曰阿列乾,[11] 第三曰破達折利紇,[12] 第四曰賀羽眞, 第五曰鳴都路,[13] 第六曰勃鳴路跋,[14] 第七曰

9 대본에는 '一'로 되어 있으나, 사고전서 『樂書』에 의거하여 '者'로 바로잡았다.
10 대본에는 '聲'으로 되어 있으나, 사고전서 『樂書』에 의거하여 '鼙'로 바로잡았다.
11 대본에는 궐문(闕文)으로 되어 있으나, 사고전서 『樂書』에 의거하여 '乾'을 보충하였다.
12 대본에는 '破達近和紇'로 되어 있으나, 사고전서 『樂書』에 의거하여 '破達折利紇'로 바로잡았다. 참고로 『新唐書』에는 '破達析利純'으로 되어 있다.

胡雷折槌, 第八曰元咳赤賴,[15] 第九曰赤咳[16]赤賴, 第十曰吐該乞物眞, 第十一曰貪失利, 第十二曰賀粟胡眞.】

『주비(周髀)』에 "10인의 우두머리는 순(錞)을 잡고, 100인의 장수는 탁(鐸)을 잡고, 1,000인의 장수는 비(鞞)를 잡고, 10,000인의 대장은 대고(大鼓)를 잡는다"라고 했고, 수나라 제도는 보우(葆羽)로 장식한 대고를 대가(大駕)에 쓰는데, 공인들은 검은 바탕에 횃불 문양을 넣은 옷을 입었다. 황태자와 왕공도 또한 대고를 쓰는데, 황제는 15곡, 황태자는 12곡, 왕공은 10곡을 쓰는 차이가 있다. 현재 교방에서 이를 쓰고 있다.

【『율서악도』에 이르기를, "대고의 15곡 중 3곡은 엄(嚴)에 쓰는 것이니, 첫째는 《원린합라(元麟合邏)》, 둘째는 《원린타고(元麟他固)》, 셋째는 《원린발지려(元麟跋至慮)》이다. 나머지 12곡은 경(警)[17]에 쓰는 것이니, 첫째는 《원해대지유(元咳大至遊)》, 둘째는 《아렬건(阿列乾)》, 셋째는 《파달절리흘(破達折利紇)》, 넷째는 《하우진(賀羽眞)》, 다섯째는 《명도로(鳴都路)》, 여섯째는 《발명로발(勃鳴路跋)》, 일곱째는 《호뢰절추(胡雷折槌)》, 여덟째는 《원해적뢰(元咳赤賴)》, 아홉째는 《적해적뢰(赤咳赤賴)》, 열째는 《토해걸물진(吐該乞物眞)》, 열한째는 《탐실리(貪失利)》, 열두째는 《하속호진(賀粟胡眞)》이다.】

---

13 대본에는 궐문으로 되어 있으나, 사고전서 『樂書』에 의거하여 '路'를 보충하였다.

14 대본에는 '鼓'로 되어 있으나, 사고전서 『樂書』와 『新唐書』에 의거하여 '跋'로 바로잡았다.

15 대본에는 '光積'으로 되어 있으나, 사고전서 『樂書』와 『新唐書』에 의거하여 '赤賴'로 바로잡았다.

16 대본에는 없으나, 『新唐書』에 의거해 '赤咳'를 보충하였다.

17 엄(嚴)과 경(警)은 모두 경비 태세를 갖추는 일을 뜻하는데, 엄은 새벽에, 경은 밤에 쓴다.
『唐音癸籤』(明 胡震亨 撰) 권12「嚴用晨曰嚴 (…中略…) 警用夜曰警」

중고(中鼓)·소고(小鼓)

중고(中鼓)

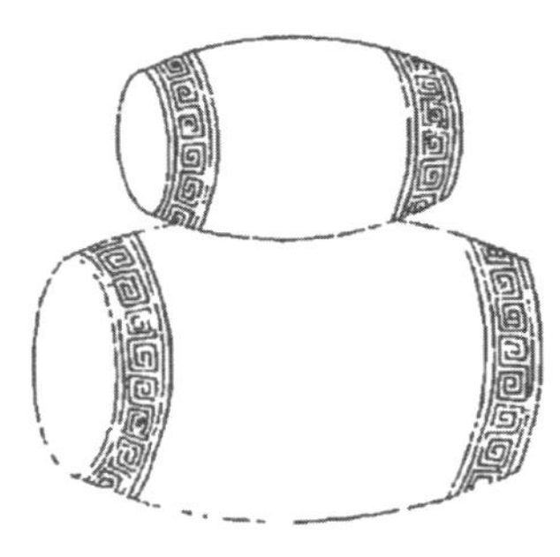
소고(小鼓)

139-3. 隋制, '皇太子有大鼓小鼓, 而無金鐲. 大鼓長鳴工人, 紫帽緋袴褶. 小鼓中鳴工人, 青帽青袴褶. 正一品大鼓長鳴工人, 紫帽赤布袴褶. 小鼓中鳴工人, 青帽[18] 青布袴褶. 世有龍頭大㭎中鼓獨揭小鼓, 隨品秩焉.【㭎鼓象反. 揭音桀】唐樂圖: "其制有一大鼓, 鼓上負一小鼓, 皆臥之" 律書樂圖曰: "小鼓九曲內, 一曲馬上用, 八曲嚴警用, 並屬鼓吹部也."【第一曲曰漁陽, 二雞子, 三警鼓, 四三鳴,[19] 五合節, 六覆, 七步, 八南陽會星, 九單謠.】

수나라 제도는 황태자 의장(儀仗)에 대고와 소고는 있으나, 금탁(金鐲)은 없다. 대고와 장명 공인은 자주 모자에 붉은 고습(袴褶)[20]을 입고, 소고와 중명[21] 공인은 푸른 모자에 푸른 고습을 입었다. 정일품 의장에서는 대고와 장명 공인은 자주 모자에 붉은 베 고습을 입고, 소고와 중명 공인은 푸른 모자에 푸른 베 고습을 입었다.[22] 용머리 장식이 있는 대고, 강고, 중고, 독게고(獨揭鼓), 소고를 품계에

18 대본에는 없으나, 『隋書』와 『文獻通考』에 의거하여, '青帽'를 보충하였다.

19 대본에는 '鳥'로 되어 있으나, 사고전서 『樂書』에 의거하여 '鳴'으로 바로잡았다.

20 고습(袴褶): 옛 복장의 이름. 말 타기에 편리하여 한(漢) 말기에는 승마복으로 쓰이다가, 남북조에 이르러서는 평상복과 조복(朝服)이 되었다.

21 장명(長鳴)과 중명(中鳴)은 각(角)의 일종이다.

22 황태자의~입었다: 『隋書』 권14 音樂中.

따라 썼다.

『당악도』에 "대고 위에 소고가 얹혀있는데, 모두 가로로 눕혀있다"라고 하고, 『율서악도』에 "소고의 9곡 중 1곡은 마상용(馬上用)이고, 8곡은 엄경용(嚴警用)이니, 모두 고취부에 속한다"라고 하였다.【첫째는 《어양(漁陽)》, 둘째는 《계자(雞子)》, 셋째는 《경고(警鼓)》, 넷째는 《삼명(三鳴)》, 다섯째는 《합절(合節)》, 여섯째는 《복(覆)》, 일곱째는 《보(步)》, 여덟째는 《남양회성(南陽會星)》, 아홉째는 《단요(單謠)》이다.】

부고(枹鼓)【부고(桴鼓)】

139-4. 桴鼓唐燕樂有之, 今太常鐃吹前部用之, 一曰枹鼓也. 傳曰:"在村墅曰枹鼓. 枹一作桴, 謂擊鼓物也"【桴音浮】

부고(桴鼓)는 당 연악에 쓰였으며, 오늘날 태상시에서는 요취전부(鐃吹前部)에 쓰는데, 부고(枹鼓)라고도 한다. 전에 "시골마을에서 부고(枹鼓)라고 한다. 부(枹)는 부(桴)라고도 쓰니, 북을 두드릴 때 쓰는 북채를 뜻한다"라고 하였다.

부고(枹鼓)

교룡고(交龍鼓)

교룡고(交龍鼓)

139-5. 今太常鼓吹部, 宣德門外肆赦日用之.

오늘날 태상시의 고취부에서 선덕문 밖에서 사면령을 내리는 날에 교룡고를 쓴다.

삼장고(三杖鼓)·두고(頭鼓)·괄고(聒鼓)·화고(和鼓)

139-6. 三杖鼓非前代之制. 唐咸通初, 有王文擧尤妙美三杖, 打撩萬不失一. 懿皇師之, 失人主之體也. 近世民間, 尤尚此樂. 其器有三等, 與歌者句拍相附爲節. 一曰頭鼓, 其形類鞉, 歌者左右執之以發歌. 二曰聒鼓, 廉攴其聲, 在二鼓之間. 三[23]曰和鼓, 比二鼓最大. 相和成聲, 其要在乎杖也.

23 대본에는 '一'로 되어 있으나, 사고전서『樂書』에 의거하여 '三'으로 바로잡았다.

삼장고는 전대(前代)에 있던 제도가 아니다. 당 함통[24] 초에 왕문거가 3개의 채를 신묘하게 다루어, 만 번을 쳐도 한 번도 실수하지 않았다. 의황이 그를 스승으로 삼았으니, 임금의 체통을 잃은 것이다. 그러나 근세 민간에서는 이런 음악을 매우 숭상한다.

이 악기에는 세 종류가 있으며, 노래하는 자와 더불어 악구의 박자가 딱딱 들어맞는다. 첫째는 두고이니 도(鞉)처럼 생겼으며, 노래하는 자가 좌우에 들고 노래한다. 둘째는 괄고이니, 그 소리가 두고와 화고의 중간정도이다. 셋째는 화고니 앞의 두 북에 비해서 가장 크다. 서로 조화를 이루어 소리를 내는 것은 채를 다루는 솜씨에 달려 있다.

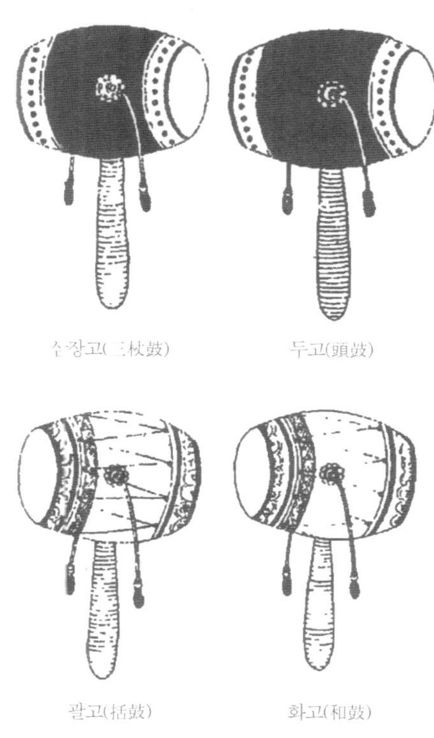
삼장고(三杖鼓) 두고(頭鼓)
괄고(括鼓) 화고(和鼓)

운화황고(雲花黃鼓) · 운화백고(雲花白鼓)

139-7. 天子郊祀廟享, 用雲花黃衣鼓四, 吉禮故也. 山陵, 用雲花白衣鼓二, 凶禮故也.

24 함통(咸通) : 당(唐) 의종(懿宗)의 연호. 860~873.

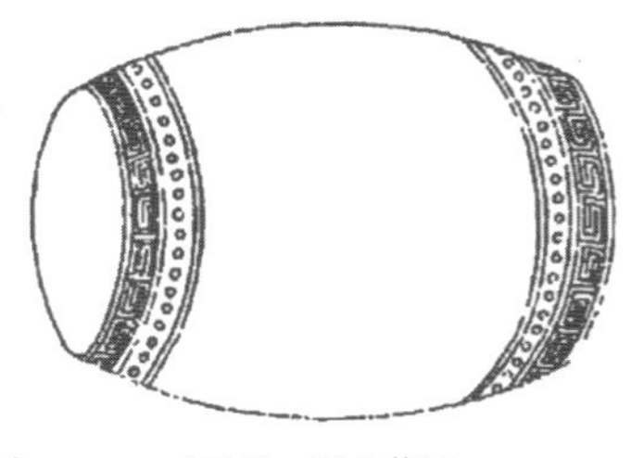

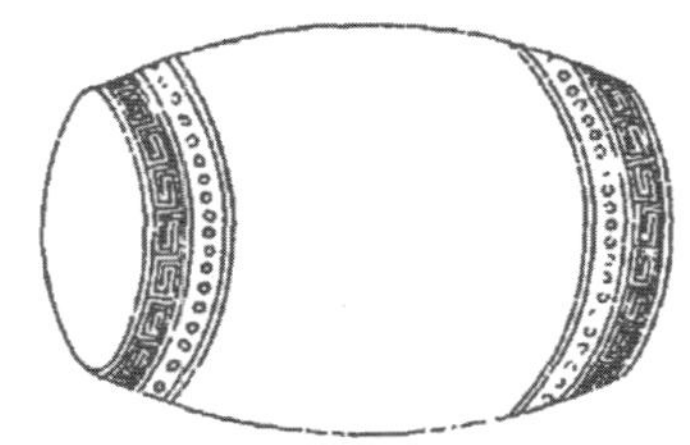

운화황고(雲花黃鼓)　　　　운화백고(雲花白鼓)

천자가 지내는 천지 제사[郊祀][25]와 종묘제사[廟享]에 운화황의고 4개를 쓰는 것은 길례이기 때문이고, 산릉에 운화백의고 2개를 쓰는 것은 흉례이기 때문이다.

청고(青鼓)·적고(赤鼓)·흑고(黑鼓)

139-8. 北[26]齊諸州鎭戍, 各給鼓吹, 工之多寡, 以大小等級爲差. 諸王爲州給赤鼓, 皇子增給吳鼓, 上州[27]刺史給青鼓, 中州以下及諸鎭戍, 給黑鼓. 皆有衣, 色[28]如之. 聖朝沿襲斯制, 諸州鎭戍, 未嘗不給鼓角. 第其色之同異, 未純於北齊之制也.

북제[29]에서는 여러 주(州) 및 변방 수비 군영에 각각 고취를 지급했는데, 공인의 수효는 크고 작은 등급에 따라 차등을 두었다.

제왕(諸王)이 다스리는 대주(大州)에는 적고(赤鼓)를 주고, 황자(皇子)에게

25 교사(郊祀) : 동지 때 하늘에 제사지내는 것을 '郊', 하지 때 땅에 지내는 것을 '祀'라고 한다.
26 대본에는 '宋'으로 되어 있으나, 사고전서 『樂書』에 의거하여 '北'으로 바로잡았다.
27 대본에는 없으나, 『樂書』 140-11과 『文獻通考』에 의거하여 '州'를 보충하였다.
28 대본에는 '角亦'으로 되어 있으나, 사고전서 『樂書』에 의거하여 '色'으로 바로잡았다.
29 북제(北齊) : 550~577. 고양(高洋)이 동위(東魏)를 폐하고 세운 나라로 북주(北周)에 망했다.

는 적고에다 오고(吳鼓)를 더 주었으며, 상주자사에게는 청고(青鼓)를 주고, 중주(中州) 이하와 여러 군영에는 흑고(黑鼓)를 주었다. 모두 각각 악기집[衣]이 있는데, 북과 같은 색이었다.

성조(聖朝 : 宋)는 이 제도를 답습하여, 여러 주와 군영에 고(鼓)와 각(角)을 지급하지 않은 적이 없는데, 다만 색의 동이(同異)가 북제의 제도보다 순수하지 않다.

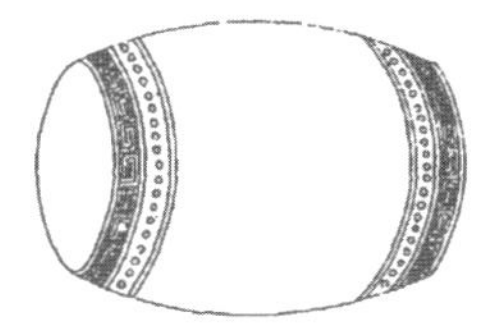
청고(青鼓)

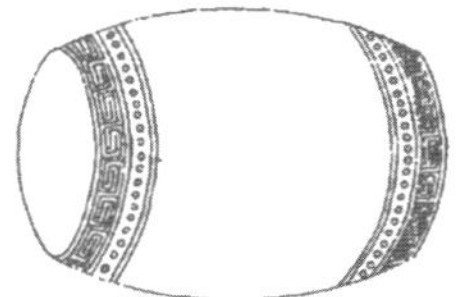
적고(赤鼓)

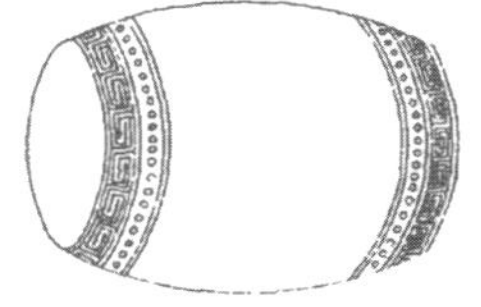
흑고(黑鼓)

권140 악도론(樂圖論)

속부(俗部)/ 팔음(八音)/ 혁지속(革之屬) 하(下)

웅비고(熊羆鼓) 상(上)[1]

웅비고(熊羆鼓) 상(上)

140-1. 熊羆鼓其形製小而有架, 具羽葆流蘇之飾. 唐樂圖所傳羽葆部, 熊羆十二案用之.

웅비고는 형체가 작으며, 우보와 유소의 장식을 갖춘 받침대가 있다. 『당악도』에 전하는 우보부(羽葆部)에는 웅비 12안을 썼다.

1 대본에는 '之輮鼓, 二曰穎鼓, 三曰鷺鼓, 四曰雲鼓. 皆彩畫其上, 各安寶輪, 用彩翠飾之. 其樂工皆戴平幘衣緋大袖. 每色十二人, 於樂縣內作之, 謂之坐部伎也'라는 구절이 있으나, 사고전서 『樂書』에 의거하여 삭제했다.

웅비고(熊羆鼓) 하(下)

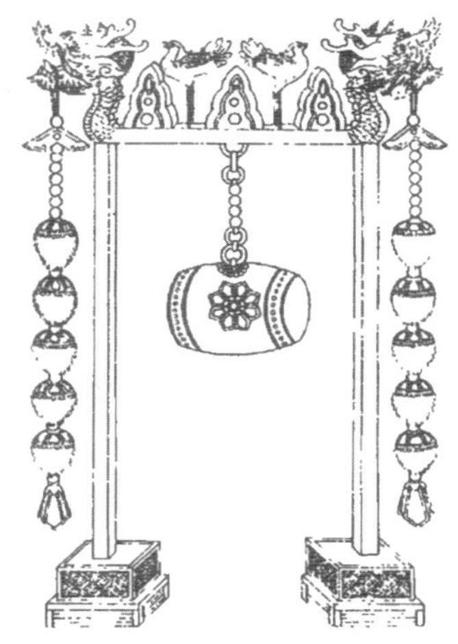
웅비고(熊羆鼓) 하(下)

140-2. 此鼓, 今太常熊羆十二案用之. 非古也, 與唐樂圖所傳制度異矣.

현재 태상시에서 이 북을 웅비 12안에 쓰고 있는데, 고제가 아니며 『당악도』에 전하는 제도와도 다르다.

누고(漏鼓) · 가고(街鼓)

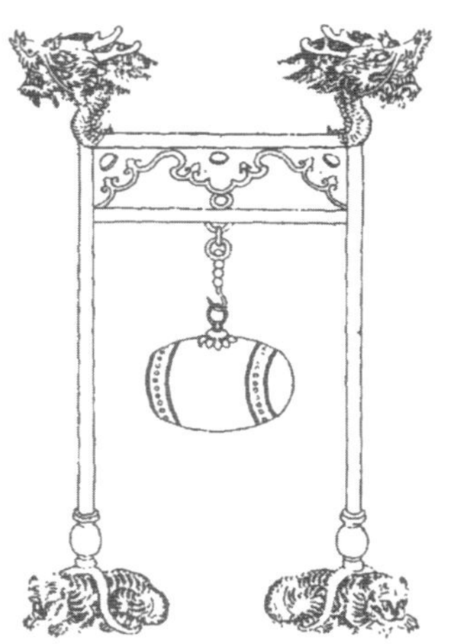
누고(漏鼓)

140-3. 梁朝宮殿門, 夜漏盡, 擊漏鼓以開. 夜漏上水一刻, 擊漏鼓以閉. 五更三籌正牙門擊鼓, 諸街遞擊小鼓, 使聲徹皇[2]牆諸門, 爲朝士入朝之節. 【每正牙門閉及[3]止, 鼓亦准此】 聖朝街有鼓樓而無鼓, 宜復梁制正宮門啓閉之節, 肅朝士朝會之心, 正今日闕典也.

양나라에서는 야루[4]의 물방울이 다 떨어지면 누고를 쳐서 궁전의 문을 열고, 야루의 물방울이 1각이 되면 누고를 쳐서 문을 닫았다. 5경(更) 3주

2 대본에는 '望'으로 되어 있으나, 사고전서 『樂書』에 의거하여 '皇'으로 바로잡았다.

3 대본에는 '反'으로 되어 있으나, 사고전서 『樂書』에 의거하여 '及'으로 바로잡았다.

4 야루(夜漏) : 밤낮의 길이가 계절에 따라 다르므로, 계절에 맞게 밤 시간인 경점(更點)을 알려주도록 고안된 물시계.

가고(街鼓)

(籌)에 정아문(正牙門)[5]에서 북을 치면 여러 거리에서 번갈아 작은 북을 쳐서 소리가 황궁 담장과 문을 넘어 소리가 멀리 퍼지므로, 관원들이 조정에 들어올 때의 절주가 되었다.【정아의 문을 닫을 때 북치는 것도 이것에 준한다.】 성조(聖朝 : 宋) 거리에 북을 놓았던 누각은 있으나 북이 없으니, 마땅히 양나라 제도의 정궁(正宮) 문을 여닫던 절차를 복구하여 조정 관원이 조회에 모일 때 마음을 엄숙히 하도록 해야 한다. 이는 바로 오늘날의 결여된 제도이다.

당고(唐鼓)

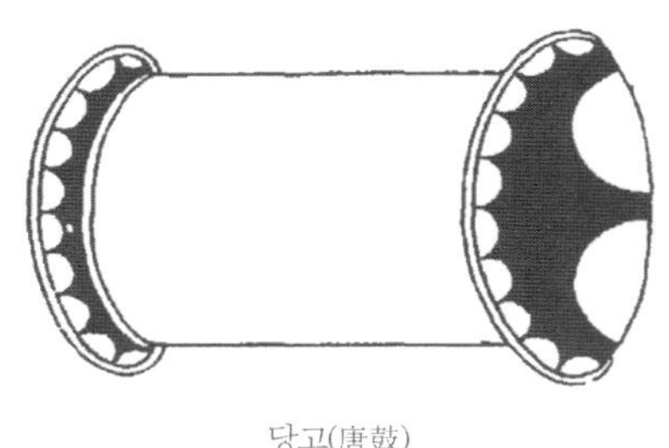

당고(唐鼓)

140-4. 唐鼓後世堂上樂用之, 未詳所起. 然爲是鼓者, 盖不知, 古堂上之樂, 有拊而無鼓矣.

당고는 후세에 당상악에 쓰였으나, 유래는 상세하지 않다. 이 북이 제작된 것은 '옛날에 당상악에 부(拊)는 있어도 북은 없었다'는 사실을 몰랐기 때문이다.

5 정아문(正牙門) : 정아문(正衙門). 대신이 황제를 알현하고 정사(政事)를 보는 궁전의 정문.

황종고(黃鍾鼓)

140-5. 春秋感精符 : "冬日至, 人主與羣臣左右縱樂五日, 乃使八能之士, 撞黃鍾之鐘, 擊黃鍾之鼓. 公卿大夫列士, 亦使八能之士, 擊黃鍾之鼓, 鼓黃鍾之瑟, 吹黃鍾之律, 則天地之氣以和應黃鍾之音矣", 亦應時造理之樂也.

『춘추감정부』[6]에 "동짓날에 임금이 여러 신하들과 5일간 질탕하게 노는데, 팔능지사(八能之士)로 하여금 황종종(黃鍾鐘)을 치게 하고 황종고(黃鍾鼓)를 두드리게 하며, 공경대부와 열사(列士)[7]가 또한 팔능지사로 하여금 황종고를 두드리게 하고 황종슬을 타게 하고 황종율을 불게 하면, 천지의 기운이 황종의 음에 화응한다"라고 했으니, 또한 천시(天時)에 순응하는 합리적인 음악이다.

하지고(夏至鼓) · 동지고(冬至鼓)

140-6. 易通卦驗曰 : "冬至鼓用馬革, 圓徑八尺一寸. 夏至鼓用牛皮, 圓徑五尺七寸" 先王之制, 未必如此其異, 其說亦失之拘矣. 帝王世紀曰 : "黃帝殺夔, 以其皮爲鼓, 聲聞五里" 然則古之冒鼓, 亦不必牛馬之皮, 雖夔皮亦用之矣.

『역통괘험』에 "동지고는 말가죽으로 만들고, 원지름이 8척 1촌이다.

6 춘추감정부(春秋感精符) : 한대(漢代) 참위서(讖緯書)의 일종인데 망실되어 전해지지 않는다.

7 열사(列士) : 천자의 상사(上士). 일설에는 상사 · 중사(中士) · 하사(下士)의 총칭.

하지고는 쇠가죽으로 만들고 원지름이 5척 7촌이다"라고 했으나, 선왕의 제도는 반드시 이처럼 동지고와 하지고가 다르지는 않으니, 이 설은 고정관념에 너무 얽매이는 실수를 범했다. 『제왕세기』[8]에 "황제(黃帝)가 기(夔)라는 외발 달린 짐승을 죽여서 그 가죽으로 북을 만들자 소리가 5리 밖까지 들렸다"라고 했으니, 옛날에 반드시 소나 말의 가죽으로만 북을 메운 것이 아니라 기의 가죽도 썼던 것이다.

성고(聖鼓)

140-7. 盛宏之荊州記 : "陽山縣有豫章木, 可二丈, 號爲聖木. 秦人伐爲鼓顙, 顙成, 忽奔逸至桂陽" 又王韶之始興記 : "息於臨武, 遂之洛陽, 因名聖鼓. 今臨武有[9]聖鼓城" 亦近乎怪, 君子勿云.

성굉이 쓴 『형주기』에 "양산현에 2길쯤 되는 녹나무가 있는데, 성스러운 나무로 불렸다. 진(秦)나라 사람이 그 나무를 베어다가 북통을 만들었는데, 완성되는 순간 갑자기 움직여 계양에 이르렀다"라고 하였고, 또 왕소가 쓴 『시흥기』에 "그 북이 임무에 멈췄다가 또 낙양까지 갔으므로, '성고'라는 이름이 붙여졌다. 지금 임무에는 성고성(聖鼓城)이 있다"라고 하였다. 그러나 이런 이야기는 괴이한 일에 가까우니, 군자는 말하지 않아야 한다.

---

8 제왕세기(帝王世紀) : 중국 전설에 등장하는 최초의 제왕 삼황오제에 대한 역사서로, 망실되어 전해지지 않는다

9 대본에는 없으나, 『編珠』(隋 杜公瞻 撰) 권2에 의거하여 '聖鼓今臨武有'를 보충하였다.

산고(散鼓)

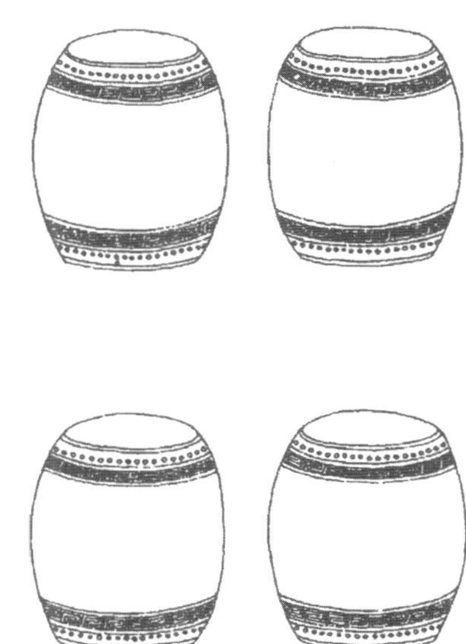
산고(散鼓)

140-8. 聖朝初載, 宮縣之樂, 設建鼓於四隅, 徒用爲儀而不擊. 設散鼓四以代之, 非古制也. 景祐中, 易之以三等鼗鼓之制, 可謂近古矣.

성조 초에 건고를 궁현 네 모퉁이에 진설했는데, 다만 의례용으로만 세워놓고 치지는 않았다. 산고 4개를 진설하여 건고를 대신한 것은 고제가 아니지만, 경우(景祐)[10] 중에 세 종류의 도(鼗)·고(鼓)로 바꾼 것은 고제에 가깝다고 할 수 있다.

교방고(教坊鼓)

교방고(教坊鼓)

140-9. 教坊所用鼓制如此

교방에서 쓰는 북의 제도는 이와 같다.

10 경우(景祐) : 송 인종의 연호. 1034~1038.

무박(撫拍)

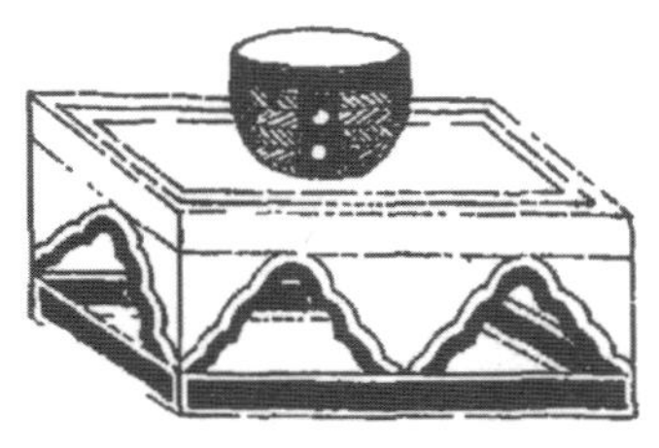

무박(撫拍)

140-10. 大周正樂: "有撫拍, 以韋爲之, 實之以糠, 撫之以節樂也", 豈搏拊之變體歟! 今夫土爰稼穡, 土者冲氣之行, 稼穡者冲氣之穀, 而糠者又五穀之餘者也. 搏拊以作樂, 所以發中聲而已. 未聞用之以節樂也, 撫拍之制, 其去古遠矣.

『대주정악』에 "무박은 무두질한 가죽으로 만드는데, 그 안에 겨를 채운다. 이를 두드려 음악의 절주를 맞춘다"라고 했으니, 아마 박부(搏拊)의 변형된 형태일 것이다. 흙은 농사의 바탕이 되는데 흙은 충기(冲氣)[11]를 행하니, 결국 농사란 충기로 곡식을 길러내는 것이며, 겨는 바로 오곡의 부산물이다. 박부를 두드려 음악을 시작하는 것은 중성(中聲)을 내기 위한 것이다. 그러나 음악의 절주를 맞추는 데 이를 쓴다는 것은 들어보지 못했으니, 무박은 고제와는 동떨어진 것이다.

청각(青角)·적각(赤角)·흑각(黑角)

140-11. 革角長五尺, 形如竹筒, 本細末大. 唐鹵簿及軍中用之, 或以竹木, 或以皮, 非有定制也. 侯景圍臺城, 嘗用之, 大抵胡部俗部, 通用

11 충기(冲氣): 음(陰)과 양(陽)의 두 기운이 부딪쳐서 조화를 이룬 기운.

之器也. 北齊諸州鎭戍, 各給鼓吹, 諸王給赤鼓赤角, 皇子增給吳鼓長鳴角, 上州刺史給靑鼓靑角, 中州以下及諸州鎭戍, 給黑鼓黑角. 器皆有衣, 並同鼓色焉.

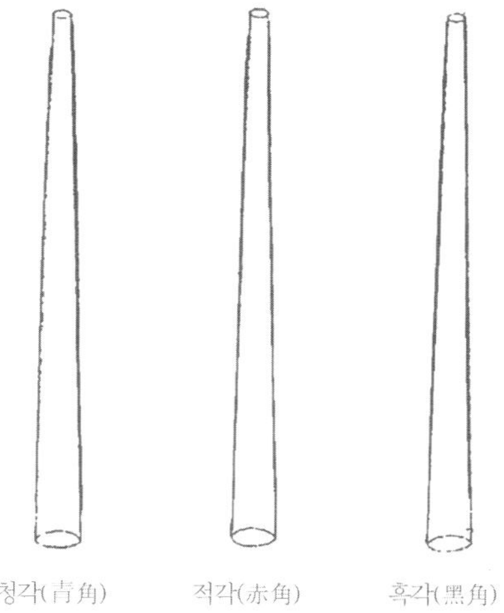
청각(靑角) 적각(赤角) 흑각(黑角)

혁각(革角)은 길이가 5척이고, 대나무 통처럼 생겼는데, 취구(吹口) 부분이 가늘고 끝부분이 넓다. 당나라에서는 노부(鹵簿)와 군대에서 이를 썼다. 대나무와 기타 다른 나무 또는 가죽으로 만들었으니, 일정한 제도가 있는 것은 아니다. 후경(侯景)[12]이 대성을 포위할 때 이를 썼으니, 대체로 호부와 속부에서 통용하는 악기이다. 북제에서는 여러 주(州) 및 변방 수비 군영에 각각 고취를 지급했는데, 여러 왕에게는 적고(赤鼓)와 적각(赤角)을 주고, 황자(皇子)에게는 이외에 오고(吳鼓)와 장명각(長鳴角)를 더 주었으며, 상주자사에게는 청고(靑鼓)와 청각(靑角)을 주고, 중주(中州) 이하 및 여러 주와 변방의 군영에는 흑고(黑鼓)와 흑각(黑角)을 주었다. 이들 악기는 모두 악기집이 있는데, 북과 같은 색이다.

---

12 후경(侯景) : ?~552. 반란을 일으켜 양 무제를 굶어 죽게 하고, 스스로 한제(漢帝)라 칭했으나, 얼마 후 양나라 장수 왕승변(王僧辯) 등에게 패하여 피살되었다.

권141 악도론(樂圖論)

속부(俗部) / 팔음(八音) / 사지속(絲之屬)

송금(頌琴)

송금(頌琴)

141-1. 十三絃柱如箏.[1] 古之善琴者, 八十餘家, 各因其器而名之, 頌琴居其一焉. 其絃 十有三, 其形象箏, 移柱應律. 宮縣用之, 合頌聲也. 齊桓公以號鐘名之, 李汧[2]公以韻磬名之, 是不知鐘磬, 各自有器, 非所

1 대본에는 '笋'으로 되어 있으나, 『文獻通考』에 의거하여 '箏'으로 바로잡았다.
2 대본에는 '沂'로 되어 있으나, 사고전서 『樂書』에 의거하여 '汧'으로 바로잡았다.

以名琴也. 孔子曰: "名不正, 則言不順", 以鐘磬名琴, 豈孔子正名之意乎? 唐正[貞][3]元初, 成都有雷生, 斲琴其業精妙, 天下鮮儷也. 大中有賀若夷, 尤善此藝, 後爲待詔彈一曲, 上嘉歎之賜緋衣, 至今號爲賜緋調.

쟁처럼 13현과 안족(雁足)이 있다.

옛날에 금을 잘 만든 80여 대가들이 각각 악기의 특색을 살려 이름을 지었으니, 송금도 그 중의 하나이다. 13현이며, 쟁과 비슷하게 생겼고, 안족을 움직여 율을 맞추었으며, 궁현(宮縣)에서 송성(頌聲)과 함께 연주되었다.

제 환공이 현악기에 호종(號鐘)이란 이름을 붙이고 이견공[4]이 운경(韻磬)이란 이름을 붙인 것은 종과 경이 현악기와 완전히 다른 별개의 악기이어서 금 이름으로는 부적합하다는 것을 몰랐기 때문이다. 공자가 "명분이 바르지 못하면 말이 순조롭지 못하다"[5]라고 했는데, 금에 '종'이나 '경'이란 이름을 붙인 것은 공자가 말한 정명(正名)과는 거리가 멀다.

당 정원(785~805) 초에 성도[6]에 사는 뇌생이 금을 만들었는데, 천하에 대적할 자가 없을 정도로 솜씨가 정묘했다. 대중(847~859) 연간에 활약한 금의 명수 하약이(賀若夷)가 훗날 대조(待詔)가 되어 한 곡을 연주하자, 임금이 찬탄하고는 비의[7]를 하사했으므로, 지금까지도 '사비조(賜緋調)'로 불리운다.

---

3 정원(正元, 254~256)은 삼국시대 위(魏)나라 폐제(廢帝) 고귀향공(高貴鄕公) 때의 연호이므로, 앞의 '唐'과 모순되므로, 『文獻通考』 권137에 의거하여 '貞'으로 바로잡았다. '貞元'은 785년~805년에 사용된 당 덕종의 연호이다.

4 이견공(李汧公): 당인(唐人). 견공은 이면(李勉)의 봉호(封號)이다. 관직에 있으면서 청렴결백하게 일을 처리했다. 숙종 때 간신의 무고로 현위(縣尉) 왕수가 처형될 위기에 처했을 때 황제 앞에서 왕수를 변호해서 오히려 왕수를 용문현령으로 승진하게 한 일화가 전한다.

5 『論語』 子路 13-3.

6 성도(成都): 중국 사천성(四川省)의 도시인데, 삼국시대에는 촉나라 땅이었다.

7 비의(緋衣): 붉은 빛 명주로 만든 옷.

격금(擊琴)

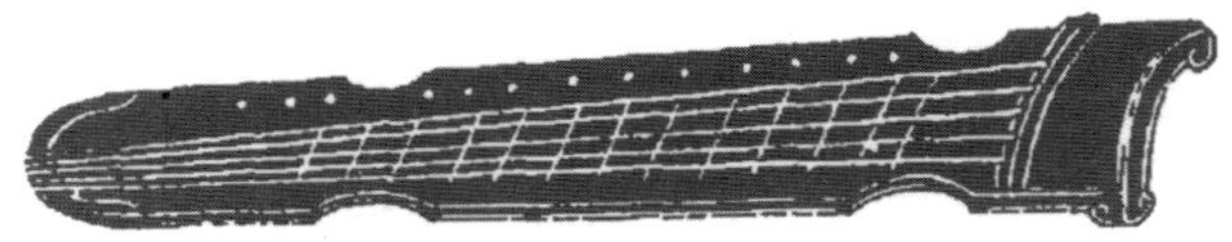

격금(擊琴)

141-2. 五絃以竹管承. 梁柳世隆素善彈琴. 其子惲每奏父曲, 居常感思. 因變其體, 備寫古調. 嘗賦詩未就, 誤以筆捶琴, 坐客以筯[8]和之. 惲驚其哀韻, 乃制爲雅音, 而擊琴自此始矣. 蓋其制以管承絃, 又以竹片約而束之, 使絃急而聲亮. 擧而擊之, 以爲曲節. 江左有之, 非古制也.

5현이 대롱으로 받쳐져 있다.

양나라 유세륭[9]이 금을 잘 탔다. 그의 아들 유운[10]은 아버지가 타던 곡을 연주할 때마다 늘 아버지에 대한 상념에 잠겼고, 그 곡을 변주하여 고조(古調)를 본떴다. 한 번은 시를 짓다가 다 마치기 전에 무심코 붓으로 금의 현을 튕겼는데, 좌객이 젓가락으로 화답했다. 유운은 애절한 음향에 놀라 아정한 음이 나도록 만들었으니, 격금이 이로부터 시작되었다. 그 제도는 대롱으로 현을 받치게 했는데, 대쪽을 공명판에 고정시키고 현을 팽팽하게 조여 맑은 소리를 나게 했다. 채로 현을 쳐서 곡절을 연주했다. 강좌[11]에 있던 것으로, 고제는 아니다.

---

8 대본에는 '節'로 되어 있으나, 사고전서 『樂書』에 의거하여 '筯'으로 바로잡았다.

9 유세륭(柳世隆) : 남조 송 때 정양현후(貞陽縣侯)로 봉해지고 제나라 때 공작(公爵)으로 승진했다. 저서에 『귀학비요(龜鶴秘要)』가 있다.

10 유운(柳惲) : 465~517. 제나라에서 상국우사마(相國右司馬)를 지냈고, 양나라에 들어와 시중(侍中)을 역임했으며, 심약(沈約) 등과 함께 새로운 법률을 제정했다. 양 무제의 「등경양루(登景陽樓)」에 창화한 시가 유명하다.

11 강좌(江左) : 양자강의 동쪽지방.

일현금(一絃琴)

일현금(一絃琴)

141-3. 魏孫登嘗彈一絃琴善嘯, 每感風雷, 嵇康師之. 故其讚曰 : “調一絃兮, 斡衆寥廓. 嘯一曲兮, 能驟風雷” 江左樂用焉.

위나라 손등[12]은 일현금을 타면서 휘파람을 잘 불었고, 매양 바람과 우레를 감동시킬 정도였으니, 혜강[13]이 그를 스승으로 섬겼다. 그러므로 그 찬(讚)에 이르기를 “일현금을 타니 마음이 텅비어 호탕해지고, 휘파람으로 한 곡조를 읊으니 바람과 우레가 몰려오는 듯 하도다”라고 하였다. 강좌악에 쓰였다.

12 손등(孫登) : 220 추정~ 280 추정. 위(魏)나라 은사이자 묘진도(妙眞道) 대종사(大宗師)이다. 금을 잘 탔고 휘파람을 잘 불었다. 완적(阮籍)과 혜강(嵇康)이 그에게 가르침을 받았다.

13 혜강(嵇康) : 223~262 추정. 죽림칠현의 한 사람이다. 자는 숙야(叔夜)다. 위나라 장락정주(長樂亭主)를 아내로 삼았는데, 조조(曹操)의 증손녀이다. 제나라 정시(正始) 연간에 중산대부를 지냈으므로 세칭 ‘혜중산(嵇中散)’으로 불린다. 나중에 은둔하여 벼슬을 하지 않았고, 완적 등과 교유했다. 친구 여안(呂安)이 무고를 당하자 이를 변론하다가 종회(鍾會)의 음모에 빠져 사마소(司馬昭)에게 살해당했다. 저서에 『성무애악론(聲無哀樂論)』『석사론(釋私論)』『혜강집(嵇康集)』 등이 있다.

십삼현금(十三絃琴)·이십칠현금(二十七絃琴)

십삼현금(十三絃琴)

이십칠현금(二十七絃琴)

141-4. 古者制五絃之琴, 以應五聲, 琴之正也. 後世易之以二十七絃, 三倍七音之數, 琴之變也.

옛날에 5현금을 만들어 오성에 응한 것이 금의 바른 제도이다. 그런데 후세에 7음을 세 배하여 27현금으로 만들었으니, 금을 변형시킨 것이다.

월금(月琴)

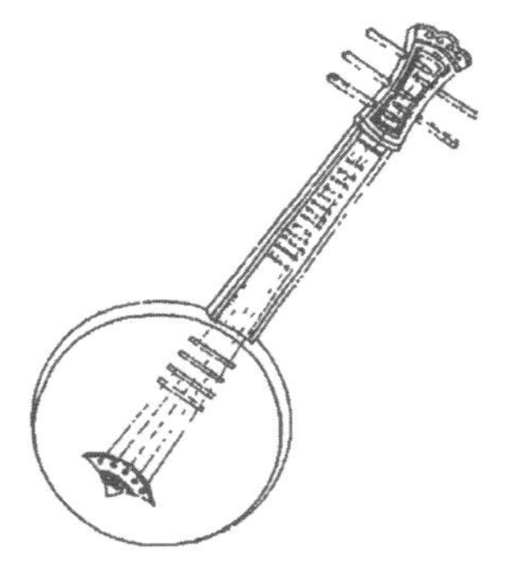
월금(月琴)

141-5. 月琴形圓項長, 上按四絃十三品. 柱豪琴之徽, 轉絃應律, 晉阮咸造也. 唐太宗更加一絃, 名其絃曰金木水火土. 自開元中, 編入雅樂用之, 豈得舜之遺制歟. 大中間[14]待詔張隱聳者, 其妙絶倫. 蜀中亦多能者.

월금의 모양은 둥글고 목이 길며, 그 위에 4현과 13품을 안배했다. 괘는 호금(豪琴)의 휘(徽)[15]와 같은

14 대본에는 '詔'로 되어 있으나, 사고전서『樂書』에 의거하여 '間'으로 바로잡았다.
15 휘(徽): 금(琴)의 공명판 위에 자개를 붙여서 현의 짚는 자리를 나타낸 것으로, 휘(暉)라고도 쓴다.

역할을 하며, 주아를 돌려[16] 율을 맞춘다. 진나라 완함[17]이 만들었다.

당 태종(재위 626~649)[18]이 1현을 추가하고, 현에 금·목·수·화·토라는 이름을 붙였다. 개원(713~741) 연간부터 아악에 편입하여 썼으니, 어찌 순임금이 남긴 제도라 할 수 있겠는가? 대중(847~860) 연간에 활약한 대조(待詔) 장은용이란 자의 솜씨가 아주 절묘했다. 촉 지역에 또한 월금을 잘 타는 자가 많았다.

소금(素琴)·소슬(素瑟)

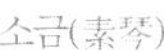

소금(素琴)

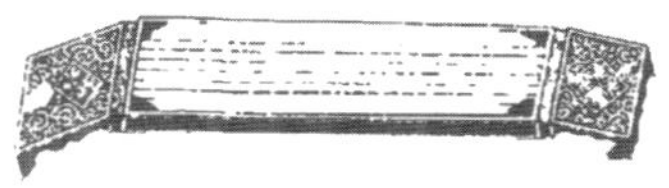

소슬(素瑟)

141-6. 昔人祥之日, 常彈素琴素瑟矣. 陶隱居不解音聲, 而畜素琴一張, 每有酒適, 輒撫弄[19]以寄其意. 可謂達, 君子無故不徹琴瑟之意矣.

옛날 사람들은 대상일(大祥日)[20]에 언제나 소금과 소슬[21]을 탔다.[22] 도은

---

16 원문은 '轉絃'으로 되어 있으나, '주아를 돌린다'로 번역한 이유는 주아를 돌려서 현의 완급을 조절하기 때문이다. 주아(周兒)는 현악기의 줄 끝을 감아 매는 부분이다.

17 완함(阮咸): 진(晉)나라 때 사람으로 자는 중용(仲容)이다. 죽림칠현의 한 사람으로 음률에 능했다. 완적(阮籍, 210~263)의 조카이다.

18 당 태종: 고조(高祖)의 차남인 이세민(李世民)으로, 부친을 도와 수(隋)를 평정하고 형제의 난을 치른 후 제위에 올라 정관(貞觀)의 정치를 실현했다.

19 대본에는 '手'로 되어 있으나, 사고전서 『樂書』에 의거하여 '弄'으로 바로잡았다.

20 대상(大祥): 사망한 날로부터 만 2년이 되는 두번째 기일(忌日)에 지내는 제사.

21 소금(素琴)과 소슬(素瑟): 장식하지 않은 금과 슬.

22 『禮記』 祥服四制 49-4. 「祥之日, 鼓素琴, 告民有終也, 以節制者也.」

거[23]는 악기 연주에 능숙하지는 못했지만, 소금 1대를 가지고 있었다. 매양 거나하게 술에 취하면, 문득 금을 타서 마음을 표현했으니, '군자가 변고가 없으면 금·슬을 거두지 않는다'[24]는 뜻에 통달했다고 할 수 있다.

청각(淸角)·봉황(鳳凰)·호종(號鐘)·요량(繞梁)·녹기(綠綺)·청영(淸英)·초미(焦尾)·옥상(玉牀)·이신(怡神)·한옥석(寒玉石)·화지(和志)·육합(六合)·석침(石枕)·낙하(落霞)

141-7. 黃帝之淸角, 趙后之鳳凰, 齊桓之號鐘, 楚莊之繞梁, 相如蔡琰之綠綺, 揚雄之淸英, 蔡邕之焦尾, 庾信之[25]玉牀, 謝莊之怡神, 李勉之寒玉石和志, 洞元之六合, 路氏之石枕, 莊女之落霞, 求諸先王之制, 雖未盡合, 亦各一代絶特之器也.

蔡邕之女文姬, 時年六歲, 邕嘗夜鼓琴絃絶. 文姬曰: "第二絃" 邕又故斷其一而問之, 文姬曰: "第四絃" 邕曰: "偶得之矣" 文姬曰: "吳札觀化, 知興亡之國. 師曠吹律, 識南風不競. 由此言之, 何以不知" 其知音之賢女歟!

황제의 청각, 조후의 봉황, 제 환공의 호종,[26] 초 장왕의 요량,[27] 사마상

23 도은거(陶隱居): 도홍경(陶弘景)을 가리킨다. 456~536. 구곡산에 은거하며 양 무제를 도왔으므로, 도은거 또는 산중재상(山中宰相)이라 일컬어졌다. 『본초경집주(本草經集注)』 『주후백일방(肘後百一方)』 등을 편찬하고 『진고(眞誥)』 등의 도가서적을 저술했으나, 늙어서는 불교의 계를 받고, 유·불·도의 융합을 주장했다.

24 『禮記』 曲禮下 2-10.

25 대본에는 없으나, 사고전서 『樂書』에 의거하여 '之'를 보충하였다.

26 호종(號鍾): 종이 울리듯 소리가 컸던 주나라 때의 명금(名琴). 백아가 이를 연주한 적이 있고, 훗날 제 환공의 소유가 되었다고 한다.

27 요량(繞梁): 화원(華元)이 초 장왕(재위 BC 614~BC 591)에게 바친 금. 초 장왕이 음악

여와 채염[28]의 녹기,[29] 양웅의 청영, 채옹의 초미[30], 유신[31]의 옥상, 사장[32]의 이신, 이면의 한옥석과 화지, 동원의 육합, 노씨의 석침, 장녀의 낙하는 선왕의 제도와 완전히 합치하는 것은 아니지만 또한 각기 한 시대의 매우 특별한 악기이름이다.

채옹의 딸 문희가 6살 때인 어느 날 채옹이 밤중에 금을 타다가 줄이 끊어졌는데, 문희가 "제2현이네요"라고 말했다. 그래서 채옹이 고의로 줄을 끊고 물으니, 문희가 "제4현인데요"라고 답했다. 채옹이 "우연히도 잘 맞추었구나"라고 하니, 문희가 "오나라 공자 찰은 변화를 관찰하여 나라의 흥망을 알았고,[33] 사광[34]은 율관을 불어보고, 남방 사람들의 기질이 나약하여 전투적이지 않다는 것을 알았는데,[35] 어찌 제가 모르고 한

에 도취되어 국사를 내팽개쳤는데, 왕비인 번희의 충언으로 인해 뉘우치고, 이를 부숴 버려 천하에서 사라졌다. 참고로 요량의 어원은 '한아(韓娥)가 제(齊)의 옹문(雍門)을 지날 때 양식이 떨어져 노래를 부르고 밥을 구걸했는데, 그 노랫소리가 매우 아름다워 떠난 지 사흘이 되도록 여운이 대들보를 감돌았다는 고사'에서 나왔다.

28 채염(蔡琰) : 채옹(蔡邕, 132~192)의 딸로, 자는 문희(文姬)이다. 글을 잘 지었으며 음률에 능통했다.

29 녹기(綠綺) : 양왕(梁王)이 사마상여(司馬相如, BC 179~BC 118)의 ≪여옥부(如玉賦)≫를 읽고 감동하여 사마상여에게 하사한 금. 사마상여가 녹기금을 타면서 ≪봉구황(鳳求凰)≫이라는 노래를 불러, 상당한 재력가인 탁왕손(卓王孫)의 딸인 탁문군의 마음을 사로잡은 이야기가 유명하다.

30 초미(燋尾) : 채옹이 길을 가다가 오동나무 태우는 소리를 듣고, 좋은 나무임을 알고 이것을 가져다가 금을 만들었는데, 끝부분에 탄 흔적이 남아 있었으므로 초미금이라는 이름이 붙여졌다.

31 유신(庾信) : 양나라의 간문제(簡文帝)가 태자로 있을 때 그의 아버지 유견오(庾肩吾)와 함께 두터운 신임을 받았다. 48세 때 원제(元帝)의 명을 받아 서위에 사신으로 파견되었다가 그곳에서 억류당하였다. 평생토록 두터운 예우를 받았으나 양나라에 대한 연모의 정을 잊지 못해 비통한 심정을 시로 지었는데, 이는 당대(唐代) 율시의 선구가 되었다. 저서에 『유자산문집(庾子山文集)』이 있다.

32 사장(謝莊) : 남조 송인. 나무로 지도를 만들었는데, 분리할 수도 합칠 수도 있었다. 효무제가 즉위하자 시중에 오르고 좌위장군을 지냈다. ≪월부(月賦)≫ ≪회원인(懷園引)≫을 지었으며, 저서에 『사광록집(謝光祿集)』이 있다.

33 『春秋左氏傳』 襄公 29년(13)에 오나라 공자 계찰(季札)이 노나라에 가서 악을 관람하고 흥망을 예측한 이야기가 나온다.

34 사광(師曠) : 춘추시대 진(晋)나라 평공(平公)의 태사(太師)였다. 사(師)는 태사, 즉 악관의 장(長)이라는 뜻이다.

말이겠습니까"라고 하였으니, 문희는 음률을 잘 아는 현명한 여자이다.

향천(響泉) · 운경(韻磬)

141-8. 國史補載: "李汧[36]公勉者, 雅性好琴. 嘗斲桐爲之, 多至數百張, 求者無不與之. 其中二者, 一名響泉, 一名韻磬. 張宏靜嘗會名客, 觀鄭有調二琴, 各置一榻, 動宮宮應, 動角角應", 眞希代寶也. 茂因記之謂: "余家世所寶, 遭廣明之亂, 韻磬爲火所燬, 響泉有洛僧, 自賊中挈去"

建中四年, 南康王韋皇, 在蜀得之, 用佉陁羅木, 換臨岳承絃, 命李陽氷篆之. 至大順中, 客游巴蜀, 見攜響泉以行云. 然響泉之奇, 世或鮮鑒. 但[37]以他琴齊奏, 彼音絶, 而此有餘韻. 世又有竊其名者, 茍以墨蹤篆文驗之, 則眞僞覩矣.

『국사보』[38]에 "이견공 면은 평소에 금을 좋아했다. 오동나무를 깎아 수백 대의 금을 만들어, 이를 가지고 싶어 하는 자에게 흔쾌히 주었다. 그 중에 향천과 운경으로 불리는 2대의 금이 있었다. 어느 날 장굉정이 금의 명인들을 불렀는데, 정유가 2대의 금을 한 평상 위에 놓고 조율할 때, 한 쪽 금에서 궁성(宮聲)을 내면 다른 쪽 금에서 궁성이 응하고, 한 쪽 금에서 각성을 내면 다른 쪽 금에서 각성이 응하는 것을 보았다"라고 했

---

35 B.C. 555년 초군(楚軍)이 정나라를 토벌한다는 소식을 듣고는, 진나라의 사광이 "우리에게 해로울 것 없다. 남방의 악곡은 소리가 강하지 못하고 애절하니, 초나라는 성공하지 못할 것이다"라고 말했다. 〈『春秋左氏傳』 襄公 18년(4)〉

36 대본에는 '沂'로 되어 있으나, 사고전서 『樂書』에 의거하여 '汧'으로 바로잡았다.

37 대본에는 '伯'으로 되어 있으나, 사고전서 『樂書』에 의거하여 '但'으로 바로잡았다.

38 국사보(國史補): 이조(李肇)가 개원(開元, 713~741) 연간의 일들을 기술한 책.

으니, 향천과 운경은 참으로 세상에 드문 보배이다. 『무인기』에 "향천과 운경은 우리 집에 대대로 내려온 보배인데, 광명의 난리[39]에 운경은 불에 탔고, 향천은 반란군의 점령지에서 낙양의 승려에 의해 어디론가 옮겨졌다"라고 하였다.

건중 4년(783)에 남강왕 위황이 촉에서 향천을 얻어서, 거이라목을 써서 임악[40]을 바꾸고 현을 건 다음, 이양빙에게 명하여 전자(篆字)를 쓰게 했다. 이후 대순(890~891) 연간에 파촉을 여행하던 어떤 나그네가 향천을 가지고 가는 것을 보았다는 말이 풍문으로 전해진다. 향천처럼 특이한 악기는 세상에서 보기 드물다. 다른 금과 함께 연주하면 그 금의 소리는 끊어지는데 향천은 길게 여운이 있었다. 세상에 향천이란 이름을 훔쳐 쓰는 자가 있는데, 전문(篆文)의 흔적을 검증해 보면, 진위를 알 수 있을 것이다.

여지(荔枝)

141-9. 荔枝性堅文直,[41] 色正而音切. 生於南閩, 以芳實美味聞. 裁之爲琴, 非古也, 其自侍御史尉遲君與之始乎. 尉遲君與之所成, 其斷自長樂馮端乎. 唐人馮宿述之, 以詔後世. 是物不自異, 宏之其在人乎.

여지는 나무 속성이 단단하고 결이 곧으며 색이 순수하고 소리가 격렬하다. 남쪽의 민[42] 지역에서 생산되며, 그 열매는 달콤한 맛으로 알려

39 광명(廣明)의 난리 : 광명(880~881) 연간에 왕선지(王仙芝)의 반란에 호응하여 황소(黃巢)가 농민을 이끌고 일으킨 반란. 희종(僖宗)은 이 난리로 사천성으로 망명했다. 황소는 장안으로 들어가 국호를 대제(大齊)라 하고 항복한 군인들에게 벼슬도 주었으나, 이극용(李克用)에게 격파당한 뒤 자결했다.

40 임악(臨岳) : 금의 머리 부분에 현을 거는 곳. 〈부록-그림 9〉 참조

41 대본에는 '眞'으로 되어 있으나 사고전서 『樂書』에 의거하여 '直'으로 바로잡았다.

42 민(閩) : 월족(越族)에서 갈려 나온 소수 민족의 하나로 지금의 복건성(福建省)에 거

져 있다. 여지를 잘라서 금을 만든 지는 오래되지 않았으니, 당나라 때[43] 시어사[44] 위지군여로부터 시작되었다. 위지군여가 악기를 완성할 수 있었던 것은 단연코 장락풍단 덕택이다. 당나라 사람 풍숙[45]이 이를 서술해서 후세에 알렸으니, 여지 자체가 특별히 대단한 나무가 아니라, 이를 금으로 만든 사람의 정교한 솜씨 덕택에 대단해진 것이다.

현금(縣琴)

141-10. 昔師經以琴撞魏文侯. 文侯曰 : "卿何鮮禮之甚也?" 經對曰 : "臣撞桀紂之君, 非撞陛下也" 文侯韙之, 迺縣琴於門, 爲終身之戒. 若師經可謂善危言之臣, 文侯可謂善受盡言之君矣.

옛날에 사경(師經)이 금으로 위 문후를 때렸다. 문후가 "경은 어찌 이리도 무례한가?"라며 역정을 내니, 경이 "신은 걸・주[46]와 같은 폭군을 친 것이지 폐하를 친 것이 아닙니다"라고 답했다. 문후가 이를 옳게 여겨 그 금을 문에 걸어놓고 죽을 때까지 경계로 삼았다. 사경과 같은 사람은 조금도 두려워하지 않고 강직하게 간쟁한 신하이고, 문후는 거침없는 간쟁을 잘 받아들인 군주라고 이를 만하다.

주했으므로 복건성을 가리키는 말로도 쓰인다. 복건성은 중국 남동쪽의 연안지역에 있으며, 동쪽으로 대만과 마주보고 있다.

43 『御定淵鑑類函』 권188의 「唐侍御史尉遲君與長樂馮端 始爲之」란 글를 참조하여 번역했다.

44 시어사(侍御史) : 당대(唐代)의 어사중승(御史中丞)을 일컬으며, 주로 서적을 관리하고 율령을 다루었다.

45 풍숙(馮宿) : 자(字)는 공지(拱之)이며, 정원(貞元, 785~805) 연간에 형부시랑과 동천절도사를 역임했다.

46 걸(桀)・주(紂) : 잔인하고 포악하여 왕위에서 쫓겨난 하나라와 은나라의 마지막 임금.

백납금(百納琴)

141-11. 唐汧[47]公李勉, 素好雅琴. 嘗取桐孫之精者, 雜綴爲之, 謂之百納琴, 用蝸殼爲暉. 其間三面尤絶異, 通謂之響泉韻磬焉.

당나라 견공 이면은 평소에 아금(雅琴)을 좋아했다. 일찍이 오동나무의 본 줄기에서 새로 뻗어 나온 가지 중에 좋은 것을 취해 이리저리 이어 붙여 악기를 만들고는 백납금(百納琴)[48]이라 일컬었으며, 휘는 소라 껍질로 만들었다. 그 중 3면이 매우 특출했으니, 통틀어 '향천운경'이라 일컬었다.

47 대본에는 '沂'로 되어 있으나, 사고전서 『樂書』에 의거하여 '汧'으로 바로잡았다.

48 백납금(百納琴) : 나무를 많이 잇대어 만든 금. 헝겊으로 누덕누덕 기운 승려의 옷을 '백납의' 또는 '납의'라고 하는 것에서 보듯이, '納'은 '해진 곳을 꿰맨다'는 뜻이다.

권142 악도론(樂圖論)

속부(俗部) / 팔음(八音) / 사지속(絲之屬)

복희금(伏羲琴) · 부자금(夫子琴) · 영관금(靈關琴) · 운화금(雲和琴)

142-1. 自古善琴者, 八十餘家, 一十八樣. 究之雅度, 不過伏犧大舜夫子靈關雲和五等而已. 餘皆求意新狀奇, 終乖[1]古制, 君子不貴也. 唐人有作, 伏犧樣琴一張, 長二尺八寸. 天祐壬子歲嘉辰日, 合暉以黃金, 飾以紫檀, 且紀歲月. 又繫之以讃曰 : “形質治天, 雅度合律. 蜀王千面, 未若其一” 妙則妙矣, 求之舜五絃之制, 則未也. 【論琴曰 : “懿哉! 伏犧氏王天下, 始畫八卦, 削桐爲琴. 面圓法天, 底平象地. 龍池八寸通八風,

1 대본에는 ‘垂’로 되어 있으나, 사고전서 『樂書』에 의거하여 ‘乖’로 바로잡았다.

鳳池四寸合四氣. 旁行不流, 所感無常也"】

예로부터 금(琴)을 잘 만든 자는 80여 명이며, 18종류가 있었다. 이 가운데 고아(高雅)한 것은 복희금·대순금·부자금·영관금·운화금 등 5종에 불과하다. 그 나머지는 모두 새로운 생각을 담아 기발한 모양을 만들어냈지만, 고제에 어그러지므로 군자는 귀하게 여기지 않는다.

당나라 사람이 복희금을 본떠 길이 2척 8촌짜리 금 1대를 제작하면서, 천우 임자년[2] 좋은 날에 휘를 황금으로 만들어 붙이고 자단목으로 장식하고는, 제작 연월을 적었다. 또 찬양하는 글을 새기어, "금의 형태와 속성은 하늘을 따랐고, 고아한 법도는 율과 합치되니, 촉왕[3]이 만든 천면금(千面琴)이 이것 하나만 못하도다"라고 하였다. 이 악기가 참으로 묘하나, 순임금의 오현금에는 미치지 못한다.

【『논금(論琴)』에 이르기를, "아름답도다! 복희씨가 천하에 왕이 되어, 처음으로 8괘를 그렸고, 오동나무를 깎아서 금을 만들었다. 앞면이 둥근 것은 하늘을 본받았고, 밑바닥이 평평한 것은 땅을 형상한 것이다. 용지(龍池)[4]는 8촌이니 8풍(風)과 통하고, 봉지(鳳池)[5]는 4촌이니 4기(氣)[6]와 합치한다. 마음대로 움직여도 방종에 흐르지 않으며, 느끼는 바가 변화무쌍하다"라고 하였다.】

2 천우(天祐)는 당(唐) 소선제(昭宣帝)의 연호이며, 기간은 904~907이다. 그런데 이 기간에는 임자년이 없으므로, 착오가 있는 것 같다.

3 촉왕(蜀王) : 수 문제의 아들 양수(楊秀).

4 용지(龍池) : 옛날 금의 밑바닥에는 2개의 구멍이 있는데, 위의 것을 '용지'라하고 아래의 것을 '鳳池'라 한다. 〈부록—그림 10〉 참조.

5 〈부록—그림 10〉 참조.

6 4기(四氣) : 음양의 변화로 인한 사시(四時)의 기운.

금제(琴制)

142-2. 琴之爲器, 有龍池者, 以龍潛於此其出, 則興雲雨以澤物, 而人君之仁如之. 有鳳池者, 以南方之禽其浴, 則歸潔其身, 而人君之德如之. 有軫池者, 亦曰軫杯, 以其急於發令, 且[7]酒以成禮也. 池側有凫掌二所, 以護軫之動, 而合制也. 鳳額下有鳳嗉[8]一所, 以接喉舌而申令者也. 琴底有鳳足, 用黃楊木, 表其足色本黃也. 臨嶽若山嶽峻極, 用棗木, 表其赤心也. 人肩者顧其[9]臣, 有俯就隨肩之象也. 鳳翅者左右翼之, 有副貳人主之象也. 龍唇者聲所由出也. 龍齦者吟所由生也. 龍口所以受絃, 而其鬢又所以飾之也. 鳳額所以制嗉,[10] 而其臆又所以承之也.

總而言之, 琴長三尺六寸六分, 當期之日也. 腹中天地二柱, 當心膂之任也. 天柱方厚七分, 居姑洗仲呂之界. 地柱方厚六分, 居南呂無射之界. 若定位小差, 近上則損上聲, 近下則損下聲, 當中心則其聲品節矣.

然斲製之妙, 蜀稱雷霄郭諒, 吳稱沈鐐張越, 霄諒淸雅而沈細, 鐐越虛鳴而響亮. 唐明皇反蜀, 詔雷儼待詔. 襄陽馮昭, 亦善攻斲, 鬻之不售. 節使盧公鈞聞之, 見重受一張, 仍贈之詩. 自是馮氏門, 其屨滿矣.

【伏犧樣長三尺九寸三分, 與後周大累黍尺同. 舜樣用古玉尺, 長三尺八寸三分. 孔子樣長三尺六寸四分, 與周尺同. 秦始皇樣用玉尺三池, 司馬相如同後晉尺, 長三尺八寸六分半一池.[11] 後漢蔡邕用官尺, 長三尺七寸八分. 伯牙用尺同築表尺, 長三尺七寸二分. 嵇康用魏中尺, 長三尺六寸一池. 齊東山樣用今尺, 長三寸三分. 梁千面用鐵尺, 長三尺九寸三分無池. 隋百面用水[12]平尺, 長三尺六寸四分. 古軫用竹, 言鳳非

7 대본에는 '切'로 되어 있으나, 사고전서 『樂書』에 의거하여 '且'로 바로잡았다.
8 대본에는 '素'로 되어 있으나, 『文獻通考』 권137에 의거하여 '嗉'로 바로잡았다.
9 대본에는 '於'로 되어 있으나, 사고전서 『樂書』에 의거하여 '其'로 바로잡았다.
10 대본에는 '素'로 되어 있으나, 사고전서 『樂書』에 의거하여 '嗉'로 바로잡았다.
11 대본은 '也'로 되어 있으나 사고전서 『樂書』에 의거하여 '池'로 바로잡았다.

梧桐不栖, 非竹實不食.】

금이란 악기에서, 용지(龍池)는 용이 그곳에 잠복하고 있다가 나오면 구름과 비를 일으켜 만물을 윤택하게 해주니, 임금의 인(仁)이 이와 같아야 함을 뜻하고, 봉지(鳳池)는 남방의 새가 그곳에서 목욕하면 그 몸이 깨끗해지니, 임금의 덕이 이와 같아야 함을 뜻한다.

진지(軫池)는 진배(軫杯)로도 불리는데, 명령 내리는 것을 엄격하게 하고 또 술[酒]로 예(禮)를 이룬다는 뜻이다.[13] 진지 곁에 있는 2개의 부장(鳧掌)[14]은, 진(軫 : 돌괘)의 움직임을 보호하는 것이고, 봉액(鳳額) 아래에 있는 하나의 봉소(鳳嗉)는 목구멍과 혀와 접해서 명령을 내는 곳이다. 금의 공명판 아래에 있는 봉족(鳳足)[15]을 황양목으로 만든 것은 그 발의 색깔이 본래 황색임을 나타낸 것이다. 산처럼 높다는 뜻을 지닌 임악(臨嶽)[16]을 대추나무로 만든 것은 진실되고 정성스런 마음을 나타낸 것이다.

인견(人肩)은 신하를 돌아보는 것이니 몸을 숙여 어깨를 나란히 하는 것을 상징하고, 봉시(鳳翅)는 좌우에서 날개짓 하여 날도록 돕는 것이니 임금을 보좌하는 것을 상징한다. 용순(龍唇)은 소리가 나오는 곳이고, 용은(龍齦)[17]은 현(絃)의 울림이 생기는 곳이다. 용구(龍口)는 현을 집어넣는 곳이며, 술[鬚][18]은 용구를 장식하는 것이다. 봉액은 봉소를 제어하지만 봉

---

12 대본에는 '木'으로 되어 있으나 사고전서 『樂書』에 의거하여 '水'로 바로잡았다.

13 『春秋左傳』 莊公 22年(1) 「 陳人殺其大子御寇. 陳公子完與歂孫奔齊. (…中略…) 飮桓公酒, 樂. 公曰, "以火繼之." 辭曰 (…中略…) 君子曰, "酒以成禮, 不繼以淫, 義也; 以君成禮, 弗納於淫, 仁也." 【진나라 사람이 태자 어구를 죽이니, 진 공자 완이 전손과 함께 제나라로 도망하였다. (…中略…) 공자 완이 제 환공에게 술을 대접하니, 환공이 매우 즐거워하였다. 환공이 "불을 밝히고 계속 마시자"고 하니, 공자가 사양하였다. (…중략…) 이에 대해 군자는 논평하기를 "술로써 예를 이루고 지나치게 계속하지 않는 것은 義이고, 임금을 모시고 예를 이루고 방탕에 빠지지 않게 한 것은 仁이다"라고 하였다.】」

14 부장(鳧掌) : 『欽定國子監志』 권22에 따르면, 부장(鳧掌)의 높이는 1촌 1분 3리 4호가 된다고 한다.

15 봉족(鳳足) : 공명판이 직접 땅에 닿지 않도록 금의 뒤판에 붙여 놓은 나무다리.

16 임악(臨嶽) : 〈부록-그림 9〉 참조.

17 용은(龍齦) : 금(琴)의 꼬리 끝부분이다. 〈부록-그림 9〉 참조.

억(鳳臆)은 봉소를 받들고 있다.

종합해서 말하면, 금의 길이 3척 6촌 6분은 1년에 해당하는 날이다. 공명통 앞판의 가운데에 있는 천주(天柱)와 지주(地柱)는 심장과 등골뼈처럼 금에서 아주 중요한 임무를 담당한다. 천주는 네모나고 두께가 7분으로, 고선과 중려의 경계에 위치하며, 지주는 네모나고 두께가 6분으로 남려와 무역의 경계에 위치해 있다. 위치를 정할 때 위쪽으로 약간 치우치면 상성(上聲)을 손상시키고, 아래쪽으로 치우치면 하성(下聲)을 손상시키니, 딱 중심에 있어야 그 소리를 알맞게 할 수 있다.

나무를 깎아서 만드는 묘한 솜씨는 촉 지역에서는 뇌소와 곽량이 유명하고, 오 지역에서는 심요와 장월이 유명했다. 뇌소와 곽량이 만든 악기는 소리가 청아하면서 깊고 섬세했으며, 심요와 장월이 만든 악기는 맑게 울려 음색이 밝았다. 당 명황(현종)이 촉에서 장안으로 돌아와 뇌엄에게 조서를 내려 대조(待詔)를 삼았다.

양양 사람 풍소 또한 금을 잘 만들었지만 팔리지는 않았다. 절도사 노공균이 이 소문을 듣고 안타까와 하는 중에 풍소에게 금(琴) 1장을 선물받고는 고마운 마음을 담아 그에게 시를 지어 주었더니, 이때부터 풍씨 집 대문 앞에 사람들이 금을 사러 많이 모여 들었다.

【복희씨가 타던 금은 길이가 3척 9촌 3분이니, 후주(後周)의 대누서척(大累黍尺)과 길이가 같다. 순임금이 타던 금은 고옥척(古玉尺)으로 길이가 3척 8촌 3분이었다. 공자가 타던 금은 길이가 3척 6촌 4분이니, 주척의 길이와 같다. 진시황이 타던 금은 옥척을 썼고 3개의 지(池)가 있었다. 사마상여가 타던 금의 길이는 후진척(後晋尺)과 같아서 길이가 3척 8촌 6분 반이며, 1개의 지(池)가 있었다. 후한의 채옹이 타던 금은 관척(官尺)으로 길이가 3척 7촌 8분이었다. 백아가 쓴 척(尺)은 축표척(築表尺)과 같으며, 길이가 3척 7촌 2분이었다. 혜강이 타던 금은 위중척(魏中尺)으로 길이가

18 술 : 장식으로 다는 여러 가닥의 실.

3척 7촌이고 1개의 지가 있었다. 제동산이 타던 금은 금척(今尺)으로 길이가 3촌 3분이었다. 양(梁)의 천면금(千面琴)은 철척(鐵尺)으로 길이가 3척 9촌 3분이며 지가 없었다. 수(隋)의 백면금(百面琴)은 수평척(水平尺)으로 길이가 3척 6촌 4분이었다. 옛날에 돌궤를 대나무로 만든 것은, 봉황은 오동나무가 아니면 날아들지 않았고 대나무 열매가 아니면 먹지 않았음을 말하고자 함이다.】

금휘(琴暉)

142-3. 琴之爲樂, 絃合聲以作主, 暉分律以配臣. 自臨嶽際下至龍口銜絃, 以夷則爲中界. 夷則至臨嶽下際, 以仲吕爲中界. 仲呂上至臨嶽下際, 以太簇爲中界. 其夾鍾姑洗甤賓林鍾四暉, 卽泛調取定, 又以太簇翻至龍口, 而暉數足矣. 自古暉十有三, 其一象閏. 蓋用螺蚌爲之, 近代用金玉瑟瑟水晶等寶. 未聞有絃繩之義, 蓋所以示其明瑩, 以節奢縱而已. 俗傳, 暉作徽纆之徽誤矣.

금이란 악기에서 현(絃)은 소리를 내는 주요한 역할을 하니 임금이 되고, 휘(暉)는 율(律)을 분배하는 역할을 하니 신하에 짝한다. 임악부터 아래로 현을 집어넣는 용구까지는 이칙을 중간 경계로 삼고, 이칙부터 임악 아래까지는 중려를 중간 경계로 삼고, 중려부터 위로 임악 아래까지는 태주를 중간 경계로 삼는다. 협종 · 고선 · 유빈 · 임종의 4휘는 조율해서 정하고, 또 태주와 대칭되는 지점을 용구 쪽에 정하면 휘의 수효가 충족된다.

옛날부터 휘는 13개 있었는데, 그 하나는 윤달을 상징한다. 대개 휘는 소라나 조개껍질로 만드는데, 근대에는 금, 옥, 슬슬,[19] 수정 등의 보석도 쓴다.

휘에 묶는 줄이란 뜻이 있다는 것을 들어보지 못했다. 휘는 밝고 맑은 것을 보임으로써 사치와 방종을 절제하는 뜻이 있을 따름이니, 세속에서 휘(暉)를 '휘묵(徽纆)'[20]이라 할 때의 휘(徽)로 쓰는 것은 잘못이다.

금세(琴勢)

142-4. 古者手勢所象, 本蔡氏五弄, 趙耶利所修也. 左大指象天, 左中指象日, 右無名指象月, 右大指象大風,[21] 右食指象青雲, 右中指象高山, 右小指象地,[22] 右無名指象下水. 龍行者指行如之, 虎行者指步如之, 蟹行者倫指如之, 鸞行者轉指如之, 輕行者汎指是也. 儒父吟未接覆手是也, 亮生嘯小起手是也, 仙人笑下瓅是也.

然彈琴之法, 必兩手相附, 其猶雙鸞對舞, 兩鳳同翙矣. 要在附絃作勢, 而不在聲外搖指. 趙師彈琴, 未有一聲無法, 凡二弄之內, 清側殊途, 一句之中, 莫不有陰陽派潤. 至如楚明光白雪, 寄清調中彈楚清聲. 易水鳳歸林, 寄清調中彈楚側聲. 登壟望秦, 寄胡笳調中彈楚側聲. 竹吟風哀[23]松露, 寄胡笳調中彈楚清聲. 若此之類非一, 可謂妙.

옛날에 금을 타는 손놀림의 상징은 채씨의 오롱(五弄)에 근본하여 조야리[24]가 다듬은 것이다. 즉, 왼쪽 엄지는 하늘을 상징하고, 왼쪽 중지는 해

19 슬슬(瑟瑟) : 옥의 일종인 푸른빛이 감도는 보석.

20 휘묵(徽纆) : 휘는 세 겹으로 된 밧줄, '묵'은 두 겹으로 된 밧줄로서, 모두 죄인을 묶는 데 쓰인다.

21 대본에는 '風大'로 되어 있으나, 사고전서 『樂書』에 의거하여 '大風'으로 바로잡았다.

22 대본에는 池로 되어 있으나, 사고전서 『樂書』에 의거하여 '地'로 바로잡았다.

23 대본에는 '衰'로 되어 있으나, 사고전서 『樂書』에 의거하여 '哀'로 바로잡았다.

24 조야리(趙耶利) : 539~639. 금의 명수이므로 세상 사람들이 그를 존중하여 조사(趙師)라고 불렀다.

를 상징한다. 오른쪽 무명지는 달을 상징하고, 오른쪽 엄지는 큰 바람을 상징하며, 오른쪽 식지는 높이 뜬 구름을 상징하고, 오른쪽 중지는 높은 산을 상징하며, 오른쪽 소지는 땅을 상징하고, 오른쪽 무명지는 아래로 흐르는 물을 상징한다.

용행(龍行)은 용이 구름 위로 솟구치듯이 손놀림이 세찬 것이고, 호행(虎行)은 호랑이가 성큼성큼 걷듯이 손놀림이 시원시원한 것이고, 해행(蟹行)은 게가 기어가듯이 손놀림이 질서정연한 것이고, 난행(鸞行)은 난새가 돌듯이 손놀림이 너울거리는 것이고, 경행(輕行)은 경쾌하게 걷듯이 손놀림이 가벼운 것이다. 유부음(儒父吟)은 손을 대지 않고 뒤집는 것이고, 양생소(亮生嘯)는 손을 조금 드는 것이고, 선인소(仙人笑)는 옥이 부딪칠 때 나는 소리처럼 곱고 맑게 타는 것이다.

연주법은 반드시 양손을 나란히 하여, 난새 1쌍이 짝지어 춤추듯, 봉황새 1쌍이 함께 나는 듯이 움직인다. 중요한 것은 현을 따라 손가락을 움직여 소리를 내는 데 있지, 소리와 상관없이 손가락을 흔드는 데 있지 않다.

조사가 금을 탈 때에는 소리 하나라도 법도에 맞지 않는 것이 없어서, 이롱(二弄) 안에서 청성(清聲)과 측성(側聲)이 길을 달리 하고, 한 구절 안에서 음과 양이 나뉘지 않음이 없었다. 초의 《명광(明光)》·《백설(白雪)》에 이르러서는 청조(清調)에 기탁하여 초의 청성으로 타고, 《역수(易水)》·《봉귀림(鳳歸林)》은 청조에 기탁하여 초의 측성으로 타고, 《등롱망진(登隴望秦)》은 호가조(胡笳調)에 기탁하여 초의 측성으로 타고, 《죽음풍(竹吟風)》·《애송로(哀松露)》는 호가조에 기탁하여 초의 청성으로 탔다. 이와 같은 부류가 하나뿐이 아니니, 오묘하다고 할 만 하다.

금조(琴調)

142-5. 古者琴有七例. 一曰明道德, 二曰感神示, 三曰議風諴, 四曰恕[25]察弄, 五曰制聲調, 六曰流文雅, 七曰善傳寫. 故宮調五弄, 蔡氏所撰, 其意恢宏合律, 剛柔相應, 可類禮記周易. 商調四弄, 四人所制, 研究其理, 褒貶稱善, 可類春秋. 嵇氏四弄, 曾附正聲, 可類尙書. 廣陵散寫憤歎諷刺, 可類毛詩. 胡笳韻出殊常, 與正聲偕行, 可類文選. 雜弄等曲, 各述其志, 可類小經子史. 正女所撰, 四德俱備, 可類女孝經女誡. 後世專以聲論才藝, 其優劣亦可知矣.

宋衡[26]陽王[27]義季鎭京口, 戴顒爲之鼓琴, 並新聲變曲. 其遊絃廣陵, 止息三調, 皆與世異. 大祖以其好音, 長給正聲伎一部, 顒合何嘗白鵠二聲, 以其一調號爲淸曠, 其深於琴調者歟. 梁柳惲常以今聲, 轉棄古法而著淸調, 隋鄭譯更修七始之義, 而爲樂府聲調, 君子不取也.

옛날에 금에 7가지 법식이 있었다. 첫째 도덕을 밝힐 것, 둘째 신기(神祇)를 감동시킬 것, 셋째 넌지시 훈계를 드러낼 것, 넷째 롱을 살펴 밝게 알 것, 다섯째 성조(聲調)를 만들 것, 여섯째 우아함이 흐르게 할 것, 일곱째 마음을 잘 표현할 것이다.

그러므로 궁조로 된 오롱은 채씨가 지은 것으로, 그 뜻이 넓고 크며 율에 합치되고 강유가 서로 응하니, 『예기』나 『주역』과 유사하다고 할 수 있다. 상조로 된 사롱은 4인이 지은 것으로, 그 이치를 연구하여 잘못을 비판하고 잘한 것을 칭송했으니, 『춘추』와 유사하다고 할 수 있다. 혜씨의 사롱은 일찍이 정성(正聲)을 따랐으니, 『상서』와 유사하다고 할 수 있다. 《광릉산》[28]은 비분강개한 마음을 토로하고 풍자했으니, 『모시』와 유사하

25 대본에는 '怒'로 되어 있으나, 사고전서 『樂書』에 의거하여 '恕'로 바로잡았다.
26 대본에는 '衛'로 되어 있으나, 사고전서 『樂書』에 의거하여 '衡'으로 바로잡았다.
27 대본에는 '正'으로 되어 있으나, 사고전서 『樂書』에 의거하여 '王'으로 바로잡았다.

다고 할 수 있다. 《호가운(胡笳韻)》은 특별하지만 정성(正聲)으로 진행하니, 『문선(文選)』과 유사하다고 할 수 있다. 기타 여러 농(弄) 등의 곡은 각각 그 뜻을 서술했으니, 소경(小經)・제자서(諸子書)・사서(史書)와 유사하다고 할 수 있다. 정녀(正女)가 찬한 악곡은 사덕(四德)이 구비되었으니, 『여효경(女孝經)』이나 『여계(女誡)』와 유사하다고 할 수 있다. 그런데 후세에는 오로지 소리로만 재예를 논평했으니, 그 우열을 또한 알 만하다.

송 형양왕 의계[29]가 경구에 진을 치자, 대옹[30]이 그를 위해 금을 탔는데, 모두 새로운 선율로 변주하였고, 《광릉산》은 3조만 써서 세상 사람들이 일반적으로 타는 것과 달리 했다. 태조가 음악을 좋아하여 정성기(正聲伎 : 淸商伎) 1부를 늘 연주하도록 했는데, 대옹은 《하상(何嘗)》과 《백곡(白鵠)》의 2곡을 합쳐서 한 곡조로 만들어 《청광(淸曠)》이라 불렀으니, 그는 금조를 깊이 이해한 자라고 할 수 있다.

양나라의 유운[31]이 옛법을 버리고 항상 당시의 선율로 청조(淸調)를 드러냈고, 수나라의 정역이 칠시(七始)의 뜻을 보완해서 악부 성조로 삼았으나, 군자는 취하지 않는다.

---

28 광릉산(廣陵山) : 양주도독을 지낸 왕릉(王陵)・무구검(毋丘儉)・문흠(文欽)・제갈탄(諸葛誕)이 모두 위나라 황실을 부흥시키고자 도모하다가 사마의(司馬懿) 부자에게 죽임을 당한 일을 금으로 표현한 곡이다. 혜강(嵇康, 223~262)이 지었는데, 양주가 옛 광릉 땅이고 4사람이 모두 광릉에서 패하여 흩어졌기 때문에 ≪광릉산≫이라 이름지었다. 혜강이 참소로 죽임을 당할 때, 형장에서 마지막으로 ≪광릉산≫을 타면서 '이제 이 곡은 끊어졌구나'라고 탄식했다고 한다.

29 형양왕 의계(義季) : 남조 송을 세운 유유(劉裕, 363~422)의 아들.

30 대옹(戴顒) : 378~441. 동진의 뛰어난 금 연주가이자 조각 및 산수화에도 탁월했던 대규(戴逵)의 차남으로 가학을 이어서 음률에 정통했고 불상조각에 뛰어났다.

31 유운(柳惲) : 465~517. 제나라에서 상국우사마를 지냈고, 양나라에 들어와 시중을 역임했으며, 심약(沈約) 등과 함께 새로운 법률을 제정했다. 양 무제의 ≪등경양루(登景陽樓)≫에 창화한 시가 유명하다

권143 악도론(樂圖論)

속부(俗部) / 팔음(八音) / 사지속(絲之屬) 중

금성(琴聲) 상(上)

143-1. 夫琴者, 君子常御, 不離於身, 非若鐘鼓, 陳於宗廟, 列於筍虡也. 其聲大者, 不喧譁而流漫, 其聲小者, 不湮滅而不聞, 固足以和人意氣, 感發善心也. 白虎通義曰: "琴者禁也. 止於邪以正人心", 亶其然乎!

今夫宮聲感人, 則其意懽和, 商聲感人, 則其意勁正, 角聲感人, 則其意奮厲, 徵聲感人, 則其意舒緩, 羽聲感人, 則其意流平. 故正直勇義者聽之, 則奮厲倍苦節. 孝行忠烈者聽之, 則感傷貧苦. 孀孤抱怨者聽之, 則感慨輕縱. 浮薄好喧囂者聽之, 則震戢. 然則修身治性, 反其天眞, 有不在於是乎?

虞舜鼓之, 而五星見, 伯牙鼓之, 而駟馬仰秣, 瓠巴鼓之, 而魚躍潛藻.

以至師曠之致鶴舞, 賀韜之致鬼舞, 朱[1]康之致晝動, 衛次翁之致異香降, 王敬伯之致神女現, 師襄之變易寒暑, 孫登之感動風雷, 然則動天地, 感鬼神, 有不在於是乎? 由此觀之, 古人所謂至樂, 通天地變四時. 又曰 : "安國家治人民, 莫若乎五音", 豈不信歟? 【關關嚶嚶, 春鳥聲也, 肅肅雍雍, 秋鴈聲也, 巍巍湯湯, 山水聲也】

금은 군자가 항상 가까이 하여 몸에서 떼지 않으니, 커다란 악기틀에 매달아 종묘에 진설하는 종(鐘) · 고(鼓)와 다르다. 금은 소리가 커도 시끄러운 지경에 이르지 않고, 소리가 작아도 사그라지는 지경에 이르지는 않으니, 진실로 사람의 의지와 기개를 조화롭게 하여 선한 마음을 감발시킨다. 『백호통의』에 "금(琴)은 금(禁)과 통하니, 사악함을 그치게 하여 마음을 바로 잡는다"라고 한 것은 참으로 지당한 말이다.

궁성이 사람을 감동시키면 그 마음이 기쁘게 화합하고, 상성이 사람을 감동시키면 그 마음이 굳세고 바르게 되며, 각성이 사람을 감동시키면 그 마음이 분발하여 격려되고, 치성이 사람을 감동시키면 그 마음이 느긋해지고, 우성이 사람을 감동시키면 그 마음이 평온해진다.

따라서 정직하고 용감하고 의로운 자가 금 연주를 들으면 분발하고 격려되어 어떤 고난에도 절개를 굳게 지키게 되고, 효행이 있고 충성스러운 자가 들으면 가난하여 부모를 넉넉하게 봉양하지 못함을 안타까워하며, 서러움이 가득한 과부나 고아가 들으면 지나치게 감상적이었던 것을 후회하며, 침착하지 못하여 마음이 들뜬 자가 들으면 차분해진다. 그러하니 몸과 마음을 수양하여 천진(天眞)[2]을 회복하는 것이 여기에 있지 않겠는가?

순임금이 금을 타자 오성(五星)이 나타나고, 백아[3]가 금을 타자 수레에

1 대본에는 '宋'으로 되어 있으나, 사고전서 『樂書』에 의거하여 '朱'로 바로잡았다.
2 천진(天眞) : 세파(世波)에 젖지 않은 자연 그대로의 참된 마음.
3 백아(伯牙) : 춘추시대 금의 명수. 그가 금을 연주하면 친구 종자기는 백아의 뜻이 어디에 있는지 알았다고 한다.

매인 네 마리의 말이 고개를 번쩍 쳐들고 먹이를 먹고, 호파[4]가 슬을 타자 수초 사이에 숨어있던 물고기가 수면 위로 머리를 내밀었다. 사광[5]이 학을 너울너울 춤추게 하고, 하도[6]가 귀신을 춤추게 하고, 주강이 그림 속의 동물을 움직이게 하고, 위차옹이 기이한 향기를 내려오게 하고, 왕경백이 선녀를 나타나게 하고,[7] 사양이 추위와 더위를 변화시키고,[8] 손등[9]

---

4 호파(瓠巴) : 춘추시대 슬(瑟)의 명수. 『樂書』 120-2에서는 호파를 조나라 사람이라 하였는데, 『淮南鴻烈解』에 注를 낸 한(漢) 고유(高誘)는 호파를 '초나라 사람'이라고 하였다.

5 사광(師曠) : 진(晉) 평공(平公 재위 : B.C. 558~532) 때의 맹인악사인데, 음조를 듣고 점을 칠 정도로 음에 대한 감각이 뛰어났으며, 학과 구름도 그의 연주에 맞추어 춤추었다고 한다.

6 『世說』에 "회계에 귀신이 누차 성읍에 출현하였는데, 진(晉) 횡양령(橫陽令) 하도(賀韜)가 금(琴)을 잘 탔으므로 귀신이 듣고서 뜰에서 춤을 췄다"고 한다.

7 수 양제 대업 연간에 배심·왕경백·양방이 백록산에 들어가 장생불사의 도를 구하였다. 10여년이 지나 양방은 죽고 왕경백은 속세로 내려가 결혼도 하고 평사(評事)란 관직도 얻었다. 왕경백이 회남으로 사신으로 가는 중에 어부 차림의 배심을 만났는데, 틈이 나면 자신의 집에 들르라고 하였다. 공무를 마치고 배심의 집을 찾아가니 신비한 선경에서 잔치를 베풀어주었다. 배심이 어린 시동에게 "왕평사에게 걸맞는 여인을 구해오라"고 하자, 경백의 부인 조씨를 데리고 왔다. 시녀가 조씨에게 쟁(箏)을 가져다 주자 조씨는 선기(仙妓)와 함께 아름답게 연주했다. 경백은 붉은 오얏을 부인에게 던져 주고 부인을 신표로 삼기 위하여 붉은 오얏을 띠에 매었다. 배심은 잔치를 끝내고 시동에게 조씨를 모셔다드리도록 하고는, "그가 속세에 빠져 생사의 바다에서 부침하는 것을 가련히 여겨 이곳으로 데려와 잠시 깨우쳐 주려 했던 것이오" 라고 말했다. 경백이 집에 돌아오니 가족들이 부인 조씨가 띠에 매어온 붉은 오얏을 문제 삼아 꾸짖었는데, 경백이 자초지종을 일러주었다. 〈『太平廣記』 권17 裴諶〉

8 정나라의 사문(師文)이 사양(師襄)에게 금(琴)을 배웠는데, 3년이 지나도록 연주를 제대로 하지 못했다. 사양이 그만 돌아가도록 권유하자, 사문은 마음에 깨달음이 없으면 악기로 표현 수 없기에 감히 타지 않은 것이라며 기다려달라고 하였다. 이후 사양 앞에서 사문이 연주했는데, 봄에 상현(商弦)을 타서 남려를 부르니 서늘한 바람이 홀연히 불어와 초목이 열매를 맺고, 가을에 각현(角弦)을 타서 협종을 격동시키니 따스한 바람이 살며시 감돌아 초목이 꽃을 피우고, 여름에 우현(羽弦)을 타서 황종을 부르니 눈서리가 휘몰아치고 냇물이 갑자기 얼어붙고, 겨울에 치현(徵弦)을 쳐서 유빈을 격동시키니 햇볕이 쨍쨍비치어 단단한 얼음이 녹아버렸다고 한다. 〈『列子』 卷5〉

9 손등(孫登) : 220 추정~280 추정. 위(魏)나라 은사이자 묘진도(妙眞道) 대종사(大宗師)이다. 1현금을 잘 탔고 휘파람을 잘 불었다. 완적과 혜강이 그에게 가르침을 받

이 바람과 우레를 감동시켰다. 그러하니 천지를 감동시키고 귀신을 감동시키는 것이 여기에 있지 않겠는가?

이로 보건대, 옛사람이 '지극한 음악은 천지와 통하고 사시를 변화시킨다'고 한 것과 '나라를 안정시키고 백성을 다스리는 데에는 오음 만한 것이 없다'고 말한 것을 어찌 믿지 않을 수 있겠는가? 【삐삐뽀로로는 봄철 새의 소리이고, 꾸룩꾸룩은 가을철 기러기의 소리이고, 우르르콸콸은 산에서 내려오는 물 소리이다.】

금성(琴聲) 하(下)

143-2. 古人之論琴聲, 有經有緯有從. 宮商角徵羽文武以上, 爲經聲也, 黃鍾及大呂[10]·閏[11]暉以上十三聲, 爲緯聲也. 風雅聲·陰陽聲·武成聲·吟詠聲·談話聲·姑[12]息聲·五音聲·五調聲·長樂聲·胡笳聲·止息聲·吳聲·蜀聲·齊聲·楚聲·度絃摘聲·蹙臑抑揚聲·調絃齪掠聲·長彈掉搦聲·楚淸側聲·雅質側聲·鷂扶輪指聲·宛美淸聲·高望遠側聲, 凡此二十四聲, 爲從聲也.

右七絃爲正, 十三暉爲副, 正副相應. 一絃合十三種, 升降同爲九十一聲. 琴含太虛一氣, 運九十種聲如此, 其變亦已盡矣. 至於取聲之法, 又有木·有汎·有散·有未·有剔·有櫟·有擘·有綽·有璅·有齪·有倫. 以摠之, 誠去四淸二變, 以諧音律, 則琴音調, 而天下治矣. 【左指案絃, 因指打聲振動, 左指令著面, 右指擊絃, 隱隱如雷, 是木聲

았다.

10 대본에는 '宮'으로 되어 있으나, 사고전서 『樂書』에 의거하여 '呂'로 바로잡았다.

11 대본에는 '門'으로 되어 있으나, 사고전서 『樂書』에 의거하여 '閏'으로 바로잡았다.

12 대본에는 始로 되어 있으나 사고전서 『樂書』에 의거하여 '姑'로 바로잡았다.

也. 左微按絃, 右手擊絃, 泠泠然輕淸, 是汎聲也. 左指不按不擊絃, 鏘鏘然如鍾鐸, 是散聲也. 左指按絃, 右指打聲抑蹙, 向前後令聲下惆悵, 是散聲也. 右指向下末二三絃, 左指不著, 是末聲也. 右指向上剔一絃, 是剔聲也. 右指食第一橫文向上, 蹙櫟二三絃, 畢擧其食指, 合勢望天, 是櫟聲也. 右指向上, 擘一絃, 爲擘聲. 右指向下, 反剔一絃, 爲綽[13]聲. 右指掐食指[14]第二橫文向上, 下擊下絃, 從寬至急, 可十餘聲, 爲璅聲. 右兩指各按一絃齊聲打, 爲齪聲. 右兩指, 倫次共一絃, 爲倫聲.】

옛사람이 금의 소리를 논하기를, 경(經)·위(緯)·종(從)이 있다고 하였다. 궁·상·각·치·우와 소궁·소상[15]은 경성이고 황종·대려 등 휘를 눌러서 내는 13성(聲)은 위성이고, 풍아성(風雅聲)·음양성(陰陽聲)·무성성(武成聲)·음영성(吟詠聲)·담화성(談話聲)·고식성(姑息聲)·오음성(五音聲)·오조성(五調聲)·장락성(長樂聲)·호가성(胡笳聲)·지식성(止息聲)·오성(吳聲)·촉성(蜀聲)·제성(齊聲)·초성(楚聲)·도현적성(度絃摘聲)·축노억양성(蹙臑抑揚聲)·조현착략성(調絃齪掠聲)·장탄도익성(長彈掉搦聲)·초청측성(楚淸側聲)·아질측성(雅質側聲)·익부윤지성(鷁扶輪指聲)·완미청성(宛美淸聲)·고망원측성(高望遠側聲)의 24성은 종성이다.

7현은 정(正)이 되고 13휘는 부(副)가 되어 정·부가 서로 호응하는데, 현 하나에서 13성이 나니 7현을 오르내리면 도합 91성이 난다. 이와 같이 금은 태허의 기를 머금고 90종류의 소리를 내니, 그 변화가 무궁무진하다. 소리를 내는 방법은 목(木)·범(汎)·산(散)·말(末)·척(剔)·역(櫟)·벽(擘)·작(綽)·소(璅)·착(齪)·윤(倫)이 있다. 종합적으로 말해서, 4청성과 2변성을 제거하여 음률을 조화시키면, 금의 음(音)이 조화되어 천하가 다스려질 것이다.

---

13 대본에는 '掉'로 되어 있으나, 사고전서 『樂書』에 의거하여 '綽'으로 바로잡았다.

14 대본에는 없으나, 사고전서 『樂書』에 의거하여 '指'를 보충했다.

15 칠현금에서 제6현과 7현을 문현과 무현이라 하는데, 휘(暉)를 누르지 않은 상태에서 제1현에서 5현까지에서는 각각 궁·상·각·치·우가 나는 반면에, 제6현과 7현에서는 한 옥타브 높은 궁과 상이 나는데, 이를 소궁·소상이라 한다.

【왼손가락으로 현을 누르고 쳐서 진동하게 하고 왼손가락을 면(面)에 댄 다음, 오른손가락으로 현을 치면 우레같은 소리가 나니, 이것이 목성(木聲)이다. 왼손으로 현을 살짝 누르고 오른손으로 현을 치면 낭랑하게 가볍고 맑은 소리가 나니, 이것이 범성(汎聲)이다. 왼손가락으로 현을 누르지도 않고 치지도 않으면 종이나 탁(鐸)처럼 소리가 쟁쟁하니, 이것이 산성(散聲)이다. 왼손가락으로 현을 누르고 오른손가락으로 치면 소리가 억눌렸다가 점차 낮고 슬프게 되니, 이것이 산성이다. 오른손가락으로 아래 쪽 끝 2, 3현을 향하게 하고 왼손가락을 대지 않으면, 이것이 말성(末聲)이다. 오른손가락을 위를 향해서 1현을 튕기면, 이것이 척성(剔聲)이다. 오른손 식지 제1횡문(橫文)을 위를 향하게 하고 2, 3현을 세게 치면, 식지를 모두 들고 합세해서 하늘을 바라보게 되니, 이것이 역성(櫟聲)이다. 오른손을 위를 향하게 하고 1현을 타면 벽성(擘聲)이 된다. 오른손으로 아래를 향하여 1현을 거꾸로 튕기면 작성(綽聲)이 된다. 오른손 식지 제2횡문을 위로 향하게 하여 뜯고 아래로 하현을 치면 느긋하다가 촉박해져서 10여 소리가 나니 소성(璅聲)이 된다. 오른쪽 두 손가락으로 각각 1현을 눌러서 같은 소리를 내면 착성(齪聲)이 된다. 오른쪽 두 손가락으로 차례로 1현을 함께 타면 윤성(倫聲)이 된다.】

금곡(琴曲) 상(上)

143-3. 衆樂, 琴之臣妾也. 廣陵, 曲之師長也. 古琴曲, 有歌詩五篇, 操十有[16]二篇, 引九篇. 其歌詩, 一曰鹿鳴, 周大臣, 傷時在位而作也. 二曰伐檀, 魏國女, 閔[17]傷怨曠而作也. 三曰騶虞, 召國女, 傷[18]失嘉會而

16 대본에는 없으나, 문맥상 '十有'를 보충하였다.

作也. 四曰鵲巢, 召國男, 悅正女而作也. 五曰白駒, 衰[19]世失朋友而作也.

其操十有二. 一曰將歸, 孔子之趙, 聞殺鳴犢[20]而作也. 二曰猗蘭, 孔子傷不逢時而作也. 三曰龜山, 孔子因季桓受齊女樂而作也. 四曰越裳, 周公爲其重譯來享而作也. 五曰拘幽, 文王拘於羑里而作也. 六曰岐山, 周人爲太王而作也. 七曰履霜, 尹吉甫子伯奇, 傷無罪而作也. 八曰雉朝飛, 牧[21]犢子感雙雉而作也. 九曰別鶴, 商陵穆子傷父母奪志而作也. 十曰殘形, 曾子夢狸而作也. 十一曰水仙, 伯牙爲僊舞而作也. 十二曰, 懷[22]陵, 伯牙爲子期而作也.

其引, 一曰列女, 楚樊姬所作也. 二曰伯姬, 魯伯姬所作也. 三曰正女, 魯漆室女所作也. 四曰思歸, 衛女所作也. 五曰霹靂, 楚商梁, 遇風雨而作也. 六曰走馬, 樗里牧恭, 爲感天馬而作也. 七曰箜篌, 霍里子[23]高所作也. 八曰琴引, 秦屠門高所作也. 九曰楚引, 楚龍丘子高所作也.

其餘歌詩操引, 不可勝紀, 要其大致, 亦不出乎此. 然以詩推之, 鹿鳴之燕羣臣, 伐檀之刺貪鄙, 騶虞之美王道成, 鵲巢美夫人之德, 白駒刺宣王之不用賢, 與是說不類矣. 豈好事者妄取其名, 而詭爲之說歟!

여러 악기들은 금의 신첩(臣妾)에 해당하며, 금곡(琴曲) 중에서 단연 으뜸은 《광릉산》이다. 옛 금곡으로 가시(歌詩) 5편, 조(操) 12편, 인(引) 9편이 있다.

가시 5편은, 첫째가 《녹명(鹿鳴)》이니 주나라 대신이 시대 상황을 아파하며 지은 것이고, 둘째가 《벌단(伐檀)》이니 위나라 여인이 쓸쓸한 처지

17 대본에는 '關'으로 되어 있으나, 사고전서 『樂書』에 의거하여 '閔'으로 바로잡았다.
18 대본에는 '舊'로 되어 있으나, 사고전서 『樂書』에 의거하여 '傷'으로 바로잡았다.
19 대본에는 '襄'으로 되어 있으나, 사고전서 『樂書』에 의거하여 '衰'로 바로잡았다.
20 대본에는 '犢鳴'으로 되어 있으나, 사고전서 『樂書』와 『史記』에 의거하여 '鳴犢'으로 바로잡았다.
21 대본에는 '沐'으로 되어 있으나, 사고전서 『樂書』에 의거하여 '牧'으로 바로잡았다.
22 懷 : 대본에는 '陰'으로 되어 있으나, 사고전서 『樂書』에 의거하여 '懷'로 바로잡았다.
23 대본에는 없으나, 『樂書』 128-7과 179-6에 의거하여 '子'를 보충하였다.

를 원망하여 지은 것이며, 셋째가 《추우(騶虞)》이니 소공 관할 지역의 여인이 즐거운 모임을 못하게 된 것을 상심하여 지은 것이고, 넷째가 《작소(鵲巢)》이니 소공 관할 지역의 남자가 올곧은 여자를 좋아해서 지은 것이며, 다섯째가 《백구(白駒)》이니 쇠퇴한 시기에 붕우를 잃고서 지은 것이다.

조 12편은 첫째가 《장귀(將歸)》이니 공자가 조간자를 만나러 가는 도중에 현인(賢人) 명독이 피살되었다는 소식을 듣고 한탄하며 지은 것이고,[24] 둘째가 《의란(猗蘭)》[25]이니 공자가 좋은 때를 만나지 못한 것을 상심하여 지은 것이며, 셋째가 《구산(龜山)》[26]이니 계환이 제나라 여악을 받고 정사를 돌보지 않으므로, 공자가 이를 한탄하며 지은 것이고, 넷째가 《월상(越裳)》[27]이니 주공이 '월상국에서 이중으로 통역하면서까지 멀리서 와서 조공을 바친 일'을 노래한 것이다. 다섯째가 《구유(拘幽)》이니 문왕이 유리에 구속된 일을 토로한 것이고, 여섯째가 《기산(岐山)》[28]이니 주나라 사람이 태왕(太王)[29]을 위해서 지은 것이며, 일곱째가 《이상(履霜)》이니 윤길보의 아들 백기가 죄가 없는데도 계모의 참소로 집에서 쫓겨난 것을 상심

24 공자가 위나라에서 등용되지 못하여, 진(晉)의 조간자를 만나러 가는 길에 황하에 이르러 두명독(竇鳴犢)과 순화(舜華)가 피살되었다는 소식을 들었다. 공자는 "조간자가 아직 뜻을 얻지 못했을 때는 진나라의 어진 대부인 두명독과 순화의 도움으로 정치를 하더니, 뜻을 이루자 도리어 그들을 죽이고 정권을 장악하였다"며 한탄하였다. 〈『史記』 권47 孔子世家〉

25 의란(猗蘭) : 공자가 어느 나라에서도 임용되지 않아 고국인 노나라로 되돌아가면서, 깊은 산골짜기에서 잡풀 사이에 섞여 자라는 난초를 보고는, 자신의 처지를 빗대어 지은 노래이다.

26 구산(龜山) : 공자가 노나라 사구(司寇)가 되어 정사를 도왔는데, 계환자(季桓子)가 여악을 받고서 거기에 빠져 조회를 하지 않았다. 공자가 간했으나 듣지 않으므로 구산을 바라보고 한탄하며 지은 노래이다.

27 월상(越裳) : 주공이 성왕(成王)을 보좌할 때 월상국 사신이 흰꿩을 바치면서, '먼 곳에 계신 우리 임금님께서 중국에 성인이 계시다 하여 신을 보냈습니다'라고 하자, 주공이 금을 타며 부른 노래이다.

28 참고로 『古今事文類聚續集』(宋 祝穆 撰) 권22에는 「六岐山, 周人爲文王作」이라 하였다.

29 태왕(太王) : 주 문왕의 할아버지인 고공단보(古公亶父)의 존호.

해서 지은 것이고,[30] 여덟째가 《치조비(雉朝飛)》[31]이니 고독한 처지의 목독자가 암수 꿩의 다정한 모습을 보고 쓸쓸하여 지은 것이며, 아홉째가 《별학(別鶴)》[32]이니 상릉목자가 부모가 자기 뜻을 꺾은 것을 상심해서 지은 것이고 열째가 《잔형(殘形)》[33]이니 증자가 살쾡이 꿈을 꾸고 지은 것이며, 열한째가 《수선(水仙)》[34]이니 백아가 신선과 같은 경지에서 너울너울 춤추듯 자연과 하나가 되어 지은 것이고, 열두째가 《회릉(懷陵)》이니 백아가 종자기를 위해서 지은 것이다.[35]

---

30 백기는 아침에 서리를 밟으며 쫓겨난 것을 상심하여, 금을 타면서 ≪이상≫을 부르고는 황하수에 몸을 던져 죽었다.

31 치조비(雉朝飛) : 제 선왕 때 홀아비 목독자가 땔나무를 구하러 나갔다가 들에서 다정히 나는 암수 꿩을 보고 자신의 외로움을 표현한 금곡(琴曲)이다.
한편, 양웅(揚雄)은 금청영(琴清英)에서 "위(衛)나라 여자가 제나라 태자와 혼사를 치루기 위해 가는 도중에 태자가 죽었다는 소식을 들었다. 어찌 해야 할지 여스승에게 물으니, 제나라로 가서 상(喪)을 마치라고 하자, 신랑도 없는데 시집가는 것이 싫어서 마침내 죽었다. 여스승은 후회하며 무덤가에서 금을 타는데, 홀연히 두 마리 꿩이 무덤 속에서 나왔다. 여스승이 꿩을 어루만지며 '네가 꿩으로 변했느냐?'라는 말을 마치기도 전에 두 마리 꿩이 홀연히 날아가 보이지 않았다. 여스승이 비통한 심정으로 탄 금곡이 ≪치조비≫이다"라고 하였다. 〈『御定淵鑑類函』 권421〉

32 별학(別鶴) : 상릉목자가 장가들었는데 5년 동안 자식이 없자, 부모가 다시 장가들게 하려고 하였다. 아내가 그 말을 듣고 한밤중에 슬피 울었는데, 목자가 이를 보고 억지로 헤어져야하는 비통한 심정을 표현한 금곡이다.

33 잔형(殘形) : 증자가 살쾡이 꿈을 꾸었는데 머리가 없어 상서롭지 못하다는 생각이 들어 지은 곡이다.

34 수선(水仙) : 백아가 성련(成連)에게 금을 배워 3년이 되자, 연주의 대체는 터득했지만 몰아의 경지에 이르지는 못했다. 성련은 '나는 더 이상 가르칠 수 없으니, 내가 배운 스승님께 배우도록 하라'며, 따라오게 했다. 봉래산에 이르러 백아에게 연습하라 하고는 스승님을 모셔 오겠다며 배를 타고 떠나 열흘이 되도록 돌아오지 않았다. 근처에는 사람 하나 보이지 않고 바다 물결소리만 들릴 뿐이고, 숲은 고요한데 구슬픈 새소리가 들렸다. 백아는 감흥이 일어 금을 타며 노래했는데, 이것이 ≪수선≫이다. 곡을 마치자 성련이 돌아왔고, 백아는 이후 금의 명수가 되었다.

35 종자기와 백아가 어느 날 놀러갔다가 갑자기 소나기를 만나 바위 아래에 몸을 피했다. 분위기가 적적하여 금을 꺼내 처음에는 비가 내리는 곡조를 타고 이어서 산이 무너지는 곡조를 탔는데, 그때마다 종자기는 바로 그의 뜻을 알아냈다. 백아는 내년을 기약하고 진(晉)나라로 돌아갔는데, 그 사이에 종자기는 병을 얻어 죽고 말았다. 이듬해 다시 고향을 찾은 백아는 종자기의 죽음에 하늘이 무너지는 맘으로 그의 무덤을 찾아 슬픈 곡조를 연주한 후 그 자리에서 금의 현(絃)을 끊어버리고 죽을 때까

인 9편은 첫째가 《열녀》이니 초나라 번희[36]가 지은 것이고, 둘째가 《백희》이니 노나라 백희[37]가 지은 것이며, 셋찌가 《정녀(正女)》이니 노나라 칠실녀[38]가 지은 것이고, 넷째가 《사귀(思歸)》[39]이니 위(衛)나라 여자가 지은 것이고, 다섯째가 《벽력(霹靂)》이니 초나라 상량이 비바람을 만나서 지은 것이며, 여섯째가 《주마(走馬)》이니 저리목공[40]이 천마(天馬)에 감응해서 지은 것이고, 일곱째가 《공후》[41]이니 곽리자고가 지은 것이며, 여덟

지 금을 연주하지 않았다.

36 번희(樊姬) : 초 장왕(莊王)의 부인. 장왕은 초기에 술과 사냥에 빠져 정사를 돌보지 않았는데, 번희가 사냥해온 새나 짐승을 일체 먹지 않으며 간곡하게 충고를 하는 바람에 과실을 고쳤다. 번희는 또한 우구자(虞丘子)가 10여 년간 재상을 지내면서 현인을 추천하지 않은 잘못을 지적하였고, 이를 깨달은 장왕은 우구자를 비롯한 여러 신하로부터 뛰어난 인재를 추천 받아 부국강병을 이룰 수 있었다.

37 백희(伯姬) : 노(魯) 선공(宣公)의 딸로서, 송나라 공공(共公)의 부인이 되었다. 송나라 궁전에 화재가 나자, 좌우에서 피하라고 권고했으나 백희는 '부인의 의리는 보부(保傅)가 같이 있지 않으면 밤에 당(堂)을 내려가는 것이 아니다. 의리를 버리고 사는 것보다 의리를 지키며 죽는 게 낫다'고 하면서 불에 타 죽었다. 〈『穀梁傳』 襄公 30년〉

38 칠실녀(漆室女) : 노나라 칠실에 사는 노처녀가 탄식하며 노래하자, 이웃집 부인이 '어찌 그리 슬프게 부르느냐? 내가 짝을 구해주겠다'라고 하니, '시집 못가서 슬퍼하는 게 아니라 우리 임금님이 늙었는데 태자가 너무 어린 것을 슬퍼하는 것이다'라고 했다. 이웃집 부인이 비웃으며 '이는 노나라 대부가 걱정할 일이다'라고 하자 칠실녀가 '그렇지 않다. 노나라 임금이 늙어 정치를 잘 못하는데 태자가 어리다. 노나라에 환란이 일어나면 군신부자간이 고통을 당하게 되어 화가 미치게 되는데, 그러면 부인이 어디로 피하겠는냐?'라고 하니, 이웃집 부인이 사과했다.

39 사귀(思歸) : 위나라의 현명한 여인이 혼인하기 위하여 소왕에게 가고 있는 도중에 소왕이 죽었다. 위나라 여인이 궁에 도착하자, 태자는 제나라가 위나라 여인을 얻어서 패자가 되었다며, 위나라 여인을 떠나지 못하게 막으니, 위나라 여인이 슬픔에 젖어 노래를 부르고 목매죽었다. 〈『記纂淵海』(宋 潘自牧 撰) 권77〉

40 저리목공(樗里牧恭) : 저리목공이 아버지의 원수를 죽이고 산으로 도망쳐 숨었는데, 밤에 말 울음소리를 듣고 관리들이 자신을 잡으러 온 줄 알고 다시 도망쳐서 기(沂) 지역의 연못가에 숨었다. 여기서 금을 꺼내 연주했는데 천마(天馬)의 울음소리 같은 가락이 흘러나왔다. 〈『古今注』(晋 崔豹 撰)〉

41 『樂書』 128-7과 179-6에 따르면, 백수광부가 머리를 풀어 헤친 채 호리병을 끼고 비틀거리면서 강을 건너다 빠져 죽자, 그 아내가 공후를 타면서 슬픔을 토로하고는 강물에 빠져 죽었다. 곽리자고는 너무나 애달파서 금(琴)을 잡아 당겨 노래를 지어 슬퍼했는데, 그가 탄 곡은 백수광부의 아내가 공후를 슬피 타던 곡을 본떴으므로 ≪공후인≫으로 불렸다고 한다.

째가 《금인(琴引)》[42]이니 진(秦)나라의 도문고가 지은 것이고, 아홉째가 《초인(楚引)》[43]이니 초나라의 용구자고가 지은 것이다.

이 나머지 가시(歌詩)·조(操)·인(引)을 이루 다 기록할 수 없지만, 요컨대 대체로 여기에서 벗어나지 않는다. 한편 앞서 설명한 것 중 같은 제목의 시를 『시경』으로 미루어보면, 《녹명》[44]은 신하들에게 연향을 베푼 것이고, 《벌단》[45]은 탐욕스럽고 비루한 관리를 풍자하고, 《추우》[46]는 왕도가 이루어진 것을 찬미하고, 《작소》[47]는 부인의 덕을 찬미하고, 《백구》[48]는 선왕(宣王)이 현인을 등용하지 않은 것을 풍자하여서, 앞의 설명과는 다르다. 아마 일을 꾸미기를 좋아하는 자들이 근거 없이 『시경』의 시 제목을 갖다 쓰고 궤변을 한 것이리라!

이와 달리 『古今注』에서는 ≪공후인≫은 조선의 뱃사공 곽리자고의 아내 여옥이 지은 것이라고 하였다. 즉, '백수광부가 머리를 풀어헤친 채 술병을 끼고 비틀거리면서 강물을 건너다 죽고 말았다. 뒤쫓아오던 그의 아내가 울부짖다가 문득 갖고 있던 공후를 타면서 ≪공무도하가≫를 부르고는 물에 몸을 던져 스스로 목숨을 끊었다. 뜻밖의 광경을 목격한 곽리자고는 돌아와 자기 아내 여옥에게 그 이야기를 하고 구슬펐던 노래를 들려주었다. 이야기를 들은 여옥은 어느새 눈물을 흘리며 그 노래를 바탕으로 공후를 연주하니, 눈물을 흘리지 않는 사람이 없었다'고 한다.

42 금인(琴引) : 도문고가 진(秦)나라 임금의 사치스럽고 음탕한 행실을 탄식하며 지은 금곡.

43 초인(楚引) : 초나라의 용구자고가 유람하는 동안 초나라를 바라보고 고향을 생각하며 슬픈 마음을 표현한 곡.

44 녹명(鹿鳴) : 『詩經』 小雅에 실려 있다.

45 벌단(伐檀) : 『詩經』 魏風에 실려 있다.

46 추우(騶虞) : 『詩經』 召南에 실려 있다.

47 작소(鵲巢) : 『詩經』 召南에 실려 있다.

48 백구(白駒) : 『詩經』 小雅에 실려 있다.

금곡(琴曲) 하(下)

143-4. 昔人論琴, 弄吟引亦多矣. 有以孔子撰之者, 獲麟・將歸・畏匡・厄陳之類也. 有以伯牙製之者, 望仙・懷陵・流水・流泉之類也. 有以嵇康爲之者, 長淸・短淸・長側・短側之類也. 有以劉琨爲之者, 登隴・望秦・竹吟風・哀松露・悲漢月, 是也. 胡笳五弄, 趙師所修. 有以明君爲之者, 平調・淸調・瑟調・蜀調・胡笳吳與杜瓊, 是也. 然觀琴調操引, 有宮引・商引・角引・徵引・羽引・平調引, 有林宮・林商・林角・林徵・林羽, 是琴音之用, 不出五聲而已. 後世, 兼以二變四淸, 定絃數多寡, 其爲智亦疎矣.

옛날 사람들이 금을 논한 것에 농(弄)・음(吟)・인(引)이 또한 많았다. 공자가 지은 것으로 《획린(獲麟)》[49]・《장귀(將歸)》・《외광(畏匡)》・《액진(厄陳)》과 같은 것이 있고, 백아가 지은 것으로 《망선(望仙)》・《회릉(懷陵)》・《유수(流水)》・《유천(流泉)》과 같은 것이 있고, 혜강[50]이 지은 것으로 《장청(長淸)》・《단청(短淸)》・《장측(長側)》・《단측(短側)》과 같은 것이 있고, 유곤[51]이 지은 것으로 《등롱(登隴)》・《망진(望秦)》・《죽음풍(竹吟風)》・《애송

49 획린(獲麟) : 노나라 애공 14년에 숙손씨가 가신들과 사냥을 나갔는데, 가신 중 한 사람이 몸통은 노루 같고 머리는 뿔이 난 이상한 짐승을 잡았다. 사냥에서 돌아와 짐승을 공자에게 보였는데, 바로 기린이었다. 공자는 태평성세가 아닌 때에 나타난 기린을 보고 상심하여 금을 타며 탄식했다.

50 혜강(嵇康) : 223~262 추정. 조조의 증손녀인 위나라 장락정주를 아내로 삼았다. 중산대부(中散大夫)를 지냈으나, 나중에 은둔하여 완적(阮籍) 등과 교유했다. 음률에 정통하여 슬(瑟)을 잘 연주했다. 친구 여안(呂安)이 무고를 당하자 이를 변론하다가 종회(鍾會)의 음모에 빠져 사마소(司馬昭)에게 살해당했다. 저서에 『고사전(高士傳)』 『성무애악론(聲無哀樂論)』 『혜강집(嵇康集)』 등이 있다.

51 유곤(劉琨) : 271~318. 진(晉) 혜제(惠帝) 때 광무후(廣武侯)에 봉해졌고, 회제(懷帝) 영가 원년(307)에 병주자사가 되고, 민제(愍帝)가 즉위하자 대장군에 임명되었다. 진나라 조정을 위해 유민들을 돌보는 한편 홀로 하북을 지키면서 유총(劉聰)과 석륵(石勒)에게 항거했다. 석륵에게 패한 뒤 유주자사 단필제(段匹磾)에게로 달아났으나 결국 살해당했다. 저서에 『유월석집(劉越石集)』 등이 있다.

로(哀松露)》·《비한월(悲漢月)》이 있다. 《호가오롱(胡笳五弄)》[52]은 유곤이 지은 것을 훗날 조사(趙師)[53]가 수정한 것이다. 명군(明君)[54]이 지은 것으로 《평조(平調)》·《청조(淸調)》·《슬조(瑟調)》·《촉조(蜀調)》·《호가오여두경(胡笳吳與杜瓊)》이 있다.

금조(琴調)의 조(操)와 인(引)에, 《궁인(宮引)》·《상인(商引)》·《각인(角引)》·《치인(徵引)》·《우인(羽引)》·《평조인(平調引)》·《임궁(林宮)》·《임상(林商)》·《임각(林角)》·《임치(林徵)》·《임우(林羽)》가 있는 것을 보면, 금의 음(音)은 오성에서 벗어나지 않는다. 따라서 후세에 2변성과 4청성을 내고자 현의 수를 조정한 것은 어리석은 짓이다.

---

52 호가오롱(胡笳五弄) : 서진 말년에 북방 흉노가 중원을 침입하여 진양성을 포위했는데, 유곤이 호가로 《호가오롱》이란 곡을 불자, 오만명의 군사가 포위를 풀고 퇴각했다. 《호가오롱》이란 황량한 변방에서 고향과 나라를 생각하는 마음을 표현한 곡이다.

53 조사(趙師) : 조야리(趙耶利)를 가리킨다. 539~639. 당나라 초기의 금(琴) 연주가이다. 금을 타는 기예가 뛰어나서 세상 사람들이 그를 존중하여 조사(趙師)라고 불렀다.

54 명군(明君) : 왕소군(王昭君). 후한 때의 『서경잡기(西京雜記)』에 의하면, 대부분의 후궁들이 화공(畫工)에게 뇌물을 바치고 자신의 초상화를 아름답게 그리게 하여 황제의 총애를 구하였다. 그러나 왕소군은 뇌물을 바치지 않았으므로 추하게 그려졌고, 그 때문에 오랑캐의 아내로 뽑혔다. 소군이 말을 타고 떠날 즈음에 원제가 보니 절세 미인이었다. 원제는 크게 노하여 소군을 추하게 그린 화공 모연수(毛延壽)를 참형(斬刑)에 처하였다는 유명한 일화가 있다. 진(晉)나라 때에는 문제(文帝) 사마소(司馬昭)의 이름과 글자가 같은 것을 피해 왕명군(王明君)이라 하였으므로, 명비(明妃)로도 불렸다.

권144 악도론(樂圖論)

속부(俗部) / 팔음(八音) / 사지속(絲之屬) 상(上)

번슬(蕃瑟 : 4현) · 아슬(雅瑟 : 23현) · 십구현슬(十九絃瑟) · 이십칠현슬(二十七絃瑟)

144-1. 三禮圖 : "雅瑟, 長八尺一寸, 廣二尺八寸, 二十三絃. 其常用者十九絃, 其餘四絃謂之蕃. 蕃之爲言嬴[1]也" 古者 : "大瑟謂之灑, 長八尺一寸, 廣一尺八寸, 二十七絃" 其制與雅瑟, 大同而小異, 豈時異異制歟!

『삼례도』[2]에 "아슬은 길이가 8척 1촌, 너비가 2척 8촌이며, 23현이다. 항상 쓰는 것은 19현이고, 나머지 4현은 번(蕃)이라고 일컫는다. 번은 '남

1 대본에는 '羸'로 되어 있으나, 『三禮圖集注』에 의거하여 '嬴'으로 바로잡았다.

2 삼례도(三禮圖) : 『周禮』·『儀禮』·『禮記』의 이해를 돕기 위하여, 송 섭숭의(聶崇義)가 편찬한 삼례(三禮)의 도해서(圖解書).

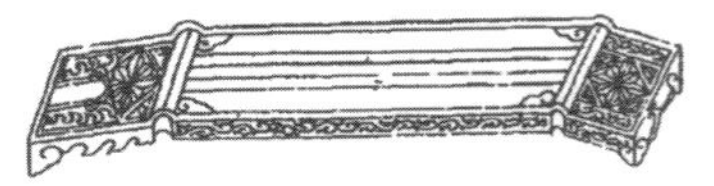

번슬(蕃瑟)

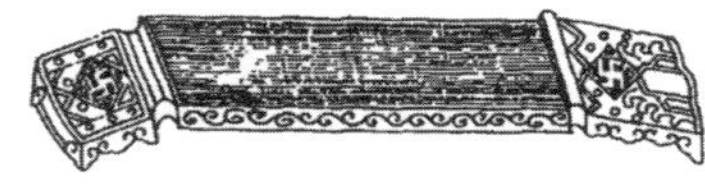

아슬(雅瑟)

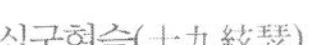

십구현슬(十九絃瑟)

이십칠현슬(二十七絃瑟)

는다'는 뜻이다"라고 하였는데, 그 이전에 나온 책에서는 "대슬을 쇄(灑)라 한다. 길이가 8척 1촌, 너비가 1척 8촌, 27현이다"[3]라고 했다. 대슬은 아슬과 대동소이인데, 아마 시대가 달라서 제도가 다르게 되었을 것이다.

황종슬(黃鍾瑟)

144-2. 易通卦驗 : "冬至日, 使八能之士, 鼓黃鍾之瑟, 用槐八尺一寸爲之. 夏至日, 用桑五尺七寸爲之", 失古人用桐之意也.

『역통』「괘험」에 "동짓날에 팔능지사로 하여금 타게 한 황종슬은 홰나무로 8척 1촌 크기로 만든 것이다. 하짓날에는 뽕나무로 5척 7촌 크기로 만든 것을 쓴다"라고 하였는데, 이는 옛날에 오동나무를 쓴 뜻을 잃은 것이다.

3 『爾雅』釋樂 7-2에 「大瑟謂之灑」라 하였고, 그 注에 「長八尺一寸, 廣一尺八寸, 二十七絃」이라 하였다.

평청슬(平淸瑟)

144-3. 隋代何妥少好音律, 留意管絃. 文帝令定鍾律, 於是作平淸瑟三調聲. 宋朝雅樂, 作大呂黃鍾二均聲, 至妥始奏, 專用黃鍾, 詔下公卿議從之.

수나라 하타[4]는 어려서부터 음률을 좋아하여 관현에 뜻을 두었다. 문제가 그에게 종률을 정하게 하니, 평청슬 3조성(調聲)을 제작하였다. 유송[5] 때는 아악에 대려와 황종의 2균성을 썼는데, 하타에 이르러 비로소 황종만 쓸 것을 아뢰었고, 황제는 공경(公卿)에게 수타의 건의를 따르도록 명하였다.

정슬(靜瑟)

144-4. 王子年拾遺錄曰 : "古之圓[6]山, 有林木焉, 疾風震地, 而林木不動. 以其木爲瑟, 故曰靜瑟也" 愼子曰 : "公輸子巧用材也, 不能以檀爲瑟" 詩曰 : "椅桐梓漆, 爰伐琴瑟", 然則瑟之材, 其可以檀爲之乎?

왕자년의 『습유록』에 이르기를 "옛날에 원산에 거센 바람이 땅을 뒤흔들어도 꿈쩍도 않는 나무가 있었는데, 그 나무로 슬을 만들었으므로 정슬이라한다"라고 하였다. 한편 『신자』[7]에 "공수자는 목공예의 달인이

4 하타(何妥) : 서역인으로 북주 무제 때 태학박사를 지냈고, 수 문제 때 국자박사가 되었다. 『주역강소(周易講疏)』 13권, 『효경의소(孝經義疏)』 3권, 『문집(文集)』 10권을 편찬했다. 수대의 궁정음악은 대부분 하타가 정한 것이다.

5 유송(劉宋) : 420년에서 479년까지 60년간 존속했다.

6 대본에는 '圖'로 되어 있으나, 사고전서 『樂書』에 의거하여 '圓'으로 바로잡았다.

지만 박달나무로 슬을 만들지 못했다"라고 했고, 『시경』에도 "의(椅)나무·동(桐)나무·가래나무·옻나무를 베어 금슬을 만들리라"[8]라고 하였으니, 박달나무로 슬을 만들었겠는가?

보슬(寶瑟)

144-5. 昔盧邁, 有寶瑟四, 各直數十萬, 有寒玉石磬響泉和志之號. 繇此觀之, 非特琴爲然. 雖瑟之寶者, 亦不嫌其同名矣.

옛날에 노매[9]에게 각각 값이 수십만 냥이나 되는 보슬 4대가 있었는데, 한옥(寒玉)·석경(石磬)·향천(響泉)·화지(和志)로 불렸다. 이로 보건대, 이런 이름이 금에만 있는 것이 아니다. 즉, 금에 이미 쓰였던 이름을 가져다 귀중한 슬의 이름으로 쓰는 것을 꺼리지 않았던 것이다.

태일악(太一樂)

144-6. 太一之制, 十二絃六隔, 大抵與琴相類. 合散聲十二, 隔聲七十

---

7 신자(愼子) : 전국시대에 조(趙)나라의 신도(愼到, B.C. 395~315)가 지은 책이다. 당시 군주의 권위를 세울 것을 주장하며 '세(勢)'를 중시하는 이론을 내세웠다. 현명함과 지혜만으로는 사람들을 복종시킬 수 없고, 어느 정도의 법도와 권세에 의거해야 국가를 다스릴 수 있다고 보았다. 이러한 사상은 법가 이론의 중요한 부분이 되었다.

8 『詩經』 鄘風 / 定之方中.

9 노매(盧邁) : 737~798. 당인(唐人). 간의대부와 중서시랑을 역임하고, 후에 태자빈객이 되었다.

二絃, 散聲應律呂, 以隔聲旋相爲宮, 合八十四調. 唐開元中, 司馬滔所進者也, 後世雅樂宮縣內用之. 然亦溺於七音之失矣.

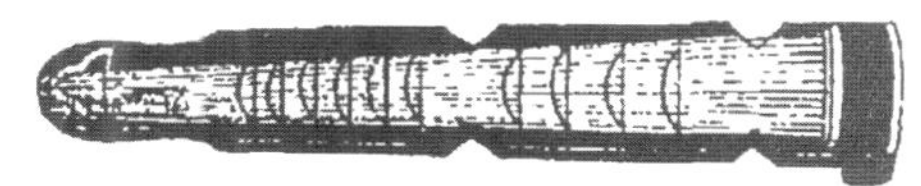

태일악(太一樂)

태일이라는 악기는 12현에 6격(隔)이 있으니, 대체로 금과 비슷하다. 산성(散聲) 12에 격성(隔聲) 72를 합하고, 산성이 율려에 응하고 격성이 돌아가며 궁이 되면 84조가 된다. 당 개원(713~741) 연간에 사마도가 바친 것인데, 후세에 아악의 궁현에 쓰였으나, 이 또한 7음에 빠지는 잘못을 범했다.

천보악(天寶樂)

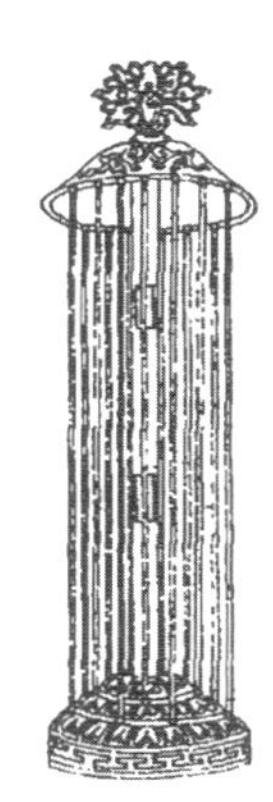

천보악(天寶樂)

144-7. 天寶樂, 形類石幢, 其絃十四而設柱. 黃鍾一均, 足正倍七聲, 移柱作調, 以應律. 天寶中, 任偃所進也, 舞者亦執焉.

천보악은 석당(石幢)과 비슷하게 생겼고, 14현이며 주(柱)를 설치했다. 황종 1균은 정성(正聲)과 배성(倍聲)의 7성을 내고, 주를 이리저리 옮겨 조율하여 율에 응한다. 천보(742~756) 연간에 임언이 바친 것인데, 춤추는 사람이 이것을 잡고 춘다.

요량(繞梁)

144-8. 繞梁之制, 大致箜篌相似. 宋武帝大明中, 沈懷遠, 被徙廣州爲之也. 懷遠亡, 其器亦絶矣.

요량이라는 악기는 대체로 공후와 비슷하다. 송 무제 때인 대명(457~464) 연간에 심회원[10]이 유배지인 광주에서 만든 것이다. 심회원이 죽자, 그 악기도 단절되었다.

10 심회원(沈懷遠) : 남조 송의 태자 유소(劉劭) 및 동양공주(東陽公主)가 무술(巫術)로 남을 저주한 일에 연루되어 광주로 유배되었다. 저서에 『남월지(南越志)』가 있는데, 실전(失傳)되었다.

권145 악도론(樂圖論)

속부(俗部) / 팔음(八音) / 사지속(絲之屬) 중(中)

쌍봉비파(雙鳳琵琶)

145-1. 唐天寶中, 宦[1]者白秀正, 使西蜀回, 獻雙鳳琵琶. 以邏逤檀 爲槽, 溫潤光輝, 隱若圭璧, 有金縷[2]紅文, 蹙成雙鳳. 貴妃每自奏於梨園, 音韻凄淸, 飄如雲外, 殆不類人間矣. 諸王貴主, 競爲貴妃琵琶弟子, 亦一時習尙然也. 然亦異物, 君子不貴焉.

당 천보(742~756) 연간에 환관 백수정이 서촉에 사신으로 갔다가 돌아와 쌍봉비파를 바쳤다. 티벳의 라사단 나무로 공명통을 만들었으므로 윤기가 흘러 옥처럼 아름다우며, 금실과 붉은 비단으로 쌍봉을 만들어 장

1 대본에는 '官'으로 되어 있으나, '宦'으로 바로잡았다.
2 대본에는 '鏤'로 되어 있으나, 사고전서 『樂書』에 의거하여 '縷'로 바로잡았다.

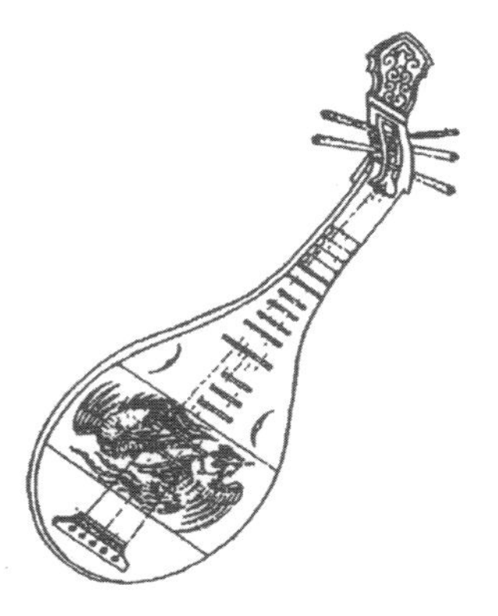

쌍봉비파(雙鳳琵琶)

식했다. 귀비가 매양 이원[3]에서 연주했는데, 처량하고도 맑은 소리가 구름 밖에서 흘러 나오는듯하여 인간세상의 소리 같지 않았다. 여러 왕과 공주들이 다투어 귀비에게 비파를 배웠으니, 그 당시 풍습이 이를 숭상했던 것이다. 그러나 이 악기는 다른 데서 들어온 기이한 것이므로 군자가 귀하게 여기지는 않는다.

금루비파(金縷琵琶)

금루비파(金縷琵琶)

145-2. 南[4]齊褚淵, 善彈琵琶. 武帝時在東宮, 賜之金縷柄銀柱琵琶. 高帝曲宴, 羣臣俾各效伎能. 淵彈琵琶, 王僧虔彈琴, 沈文季[5]歌, 張敬[6]兒舞, 王敬則拍. 王儉曰:"臣無所解, 唯知誦書" 因跪前, 誦相如封禪書. 由此觀之, 引君於淫樂者, 淵敬之徒, 其迪之以盛德之事, 王儉而已. 嘗觀, 宋范曄亦善彈琵琶, 終不爲文

---

3 이원(梨園) : 당 현종 때 궁정의 가무를 가르치는 곳이었는데 후에 가무를 하는 곳을 통칭하게 되었다.

4 대본에는 '北'으로 되어 있으나, 사고전서 『樂書』에 의거하여 '南'으로 바로잡았다.

5 대본에는 '秀'로 되어 있으나, 사고전서 『樂書』와 『南齊書』에 의거하여 '季'로 바로잡았다.

6 대본에는 '恭'으로 되어 있으나 사고전서 『樂書』와 『南齊書』에 의거하여 '敬'으로 바로잡았다.

帝屈, 勝之亦善鼓琴, 終不受漢王聘. 然則淵敬之徒, 聞之, 得不少愧於心乎.

남제[7]의 저연(褚淵)[8]이 비파를 잘 탔으므로, 무제(재위 482~493)[9]가 태자였을 때, 금실로 장식된 목에 은주(銀柱)가 부착된 호사스런 비파를 그에게 하사하였다. 남제를 세운 고제(高帝, 재위 479~482)가 곡연을 베풀면서 여러 신하들에게 기예를 바치게 했는데, 저연은 비파를 타고, 왕승건[10]은 금을 타고, 심문계는 노래하고, 장경아는 춤추고, 왕경칙[11]은 박을 쳤다. 그러나 왕검[12]은 "저는 별다른 재주가 없고 글을 외울 줄만 압니다"라고 말하고는, 고제 앞에서 무릎 꿇고 사마상여[13]의 《봉선서》[14]를 암송했다.

---

7 남제(南齊) : 479년 소도성(蕭道成)이 송을 멸하고 세운 나라로, 7대 23년 만에 양(梁)에게 망했다.

8 저연(褚淵) : 435~482. 송 무제의 딸 시안공주에게 장가들었다가 후에 다시 송 문제의 딸 남군공주에게 장가들었다. 아버지가 죽자 재산을 동생에게 다 주고 자기는 책을 가졌다. 472년에 명제의 명을 받아 상서령 원찬과 함께 창오왕을 보필했는데, 후에 원찬을 배반하고 소도성(蕭道成)을 도와서 남제를 세웠다.

9 무제(武帝) : 남제 2대 황제로 고제(高帝) 소도성의 장자이다.

10 왕승건(王僧虔) 426~485. 왕희지(王羲之)의 4세 족손(族孫)으로 서예 및 음률과 성상(星象)에 능했다. 서첩으로 ≪왕염첩(王琰帖)≫이 있고 『논서(論書)』와 『기록(伎錄)』 등의 저서가 있다.

11 왕경칙(王敬則) : 435~498. 개를 잡는 것이 직업이었고, 어머니는 무당이었다. 송 전폐제(前廢帝)가 칼을 잘 쓰는 것을 보고 입궁시켜 세개장(細鎧將)으로 삼았다. 465년 수적지(壽寂之)와 함께 전폐제를 살해했고, 송 명제가 즉위하자 직각장군(直閣將軍)에 오르고 중안현자(重安縣子)에 봉해졌다. 명제가 죽자 후폐제(後廢帝)가 즉위했는데, 후폐제를 살해하고 소도성을 옹립했다. 제나라 건원 원년(479)에 도독으로 나갔다가 남연주자사(南兗州刺史)에 오르고, 심양군공(尋陽郡公)에 봉해졌다. 제 명제가 즉위한 뒤에 옛 신하들을 의심하자 해를 당할까 두려워 마침내 병사를 일으켰지만 패하여 죽었다.

12 왕검(王儉) : 452~489. 왕승작(王僧綽)의 아들이다. 태어나자마자 아버지가 해를 당해 예녕후(豫寧侯)를 습작(襲爵)했다. 송 명제 때 양선공주와 결혼하여 부마도위에 오르고, 비서승을 역임했다. 제나라에 들어와 남창현공(南昌縣公)에 봉해졌다. 예의에 관한 조책(詔策)은 모두 그의 손에서 나왔다. 저서로 『원휘사부서목(元徽四部書目)』과 『고금상복집기(古今喪服集記)』가 있고, 『칠략(七略)』에 의거하여 『칠지(七志)』를 지었다.

13 사마상여(司馬相如) : B.C.179~B.C.118. 전국시대의 인상여(藺相如)를 흠모하여 상여로 이름을 바꿨다. ≪자허부(子虛賦)≫를 지어, 한 무제의 인정을 받아 중랑장(中郎將)에 임명되었다. 사마상여가 녹기금(綠綺琴)을 타면서 ≪봉구황(鳳求凰)≫이라는

이로 보건대, 임금을 음란한 음악으로 인도한 자는 저연·장경아·왕경칙의 무리이고, 성대한 덕으로 인도한 사람은 왕검뿐이었다. 송 범엽[15]은 비파를 잘 탔는데 끝내 문제에게 굽히지 않았고, 승지는 금을 잘 탔는데 한왕(漢王)의 초빙을 받아들이지 않았으니, 저연·장경아·왕경칙의 무리가 이 말을 들으면 적잖이 마음에 부끄러울 것이다!

직경비파(直頸琵琶)·곡경비파(曲頸琵琶)

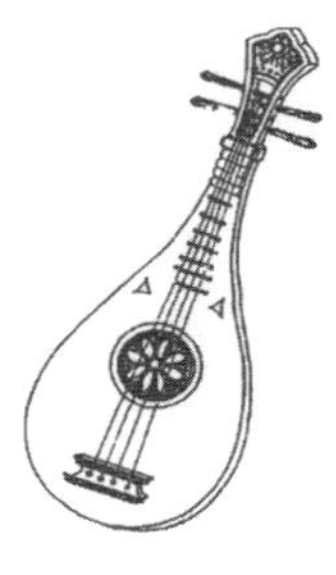

직경비파(直頸琵琶)

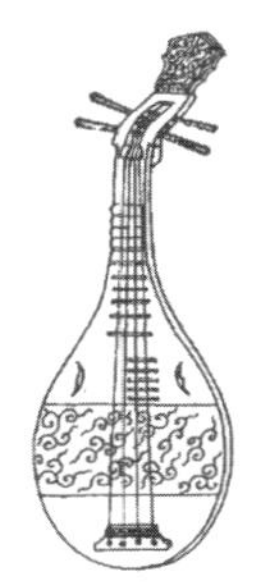

곡경비파(曲頸琵琶)

145-3[16] 〈唐樂有大小琵琶之制, 今教坊所用乃其曲頸者, 非直頭者也.

노래를 불러, 상당한 재력가인 탁왕손(卓王孫)의 딸인 탁문군의 마음을 사로잡은 이야기가 유명하다.

14 태산 위에 흙을 쌓아서 단을 만들고 하늘에 제사하여 하늘의 공에 보답하는 것을 봉(封)이라 하고, 태산 아래 작은 산 위의 땅을 평평히 닦고 제사하여 땅의 덕에 보답하는 것을 선(禪)이라 한다.

15 범엽(范曄) : 398~445. 남조 송의 역사가로서 기전체의 『후한서』를 편찬하였다. 범엽의 『후한서』는 사마천의 『사기』, 반고의 『한서』, 진수의 『삼국지』와 함께 중국 역대 왕조 정사(正史)의 으뜸으로 꼽힌다.

16 대본에 없으므로, 사고전서 『樂書』에 의거하여 145-3, 145-4, 145-5를 보충하고, 〈 〉로

梁史稱侯景之亂, 使太樂令彭雋賫曲頸琵琶, 就簡文帝飮, 則南朝無是制, 明矣. 晉仁祖嘗據胡床在大市佛步樓上, 彈琵琶, 作大道曲. 以王者之尊, 作胡俗之樂, 於市樓之上, 殆非所謂尊其瞻視, 使人望而畏之之道也.

당악기에 크고 작은 비파가 있는데, 지금 교방에서 쓰는 것은 목이 굽은 것이지 반듯한 것이 아니다. 『양사』에 '후경의 난[17] 때 태악령 팽준으로 하여금 곡경비파를 가지고 간문제[18]에게 가서 술을 마시게 했다'라고 했으니, 남조에 이 제도가 없었음이 분명하다.

진(晉) 인조가 어느 날 큰 시장의 불보루(佛步樓)에 있는 호상(胡床)에 앉아서 비파로 《대도곡(大道曲)》을 지었다. 존귀한 왕이 오랑캐의 속악을 지어 시장 누각에서 연주했으니, 『논어』에 이른바 '사람들에게 보이는 위의(威儀)를 장중하게 하여, 사람들이 바라보고 경외한다'[19]는 것과는 거리가 멀다.

표시해놓았다.

17 후경(侯景)의 난 : 후경은 본래 북위의 수비병이었으나, 북위가 혼란한 틈을 타서 동위의 고환(高歡, 496~547) 휘하에서 대장이 되었다. 고환이 죽자 휘하의 병졸을 이끌고 양 무제에게 투항했다. 그러나 양과 동위의 국교가 호전되자, 548년 반란을 일으켜 대성(臺城)을 함락하자 무제는 굶어죽고 말았다. 간문제(簡文帝)를 세웠다가 폐위시키고 예장왕(豫章王) 소동(蕭棟)을 세웠으나, 551년에 소동을 폐위한 뒤 자립했다. 연호를 태시(太始)로 고치고, 국호는 한(漢)이라 했는데, 역사에서는 '후경의 난'이라 부른다. 552년 의병을 일으킨 왕승변(王僧辯)에게 살해되었다.

18 간문제(簡文帝) : 양나라의 제2대 황제(재위 549~551). 무제의 3남이며, 『문선(文選)』의 편자인 소명(昭明)태자의 아우이다. 소명태자가 죽은 뒤 황태자 되었으며, 후경의 난이 일어났을 때 무제가 병사하자, 후경은 그를 맞이하여 즉위하게 했으나, 얼마 후 후경 손에 죽었다.

19 『論語』 堯曰 20-2.

대홀뢰비파(大忽雷琵琶)·소홀뢰비파(小忽雷琵琶)

145-4. 唐文宗朝內庫有琵琶二, 號大忽雷小忽雷. 時有內弟子鄭中丞, 常彈小忽雷, 遇匙頭脫, 送崇仁坊趙家修治. 適遭訓注之亂, 人莫知之. 已而中丞沒身, 忤旨之難, 權相舊吏梁厚本得鄭中丞, 遂妻之. 又賂樂匠得趙家所修治器, 每至夜分輕彈. 後遇良辰, 飮於花下酒酣, 彈數曲. 適有黃門過而聽之曰 : "此鄭中丞琵琶聲也" 翌日[20]達上聽, 文宗驚喜遣中使召之, 仍赦厚本罪, 別加錫賚焉. 咸通中有米和郞田從道尤善此藝. 顧況有忽雷兒之歌, 盖生於此.

당 문종(재위 826~840)의 내고(內庫)에 '대홀뢰'와 '소홀뢰'라 불리는 비파 2대가 있었는데, 그 당시 내제자(內弟子) 정중승[21]이 항상 소홀뢰를 탔다. 어느 날 술대의 꼭대기 부분이 빠졌으므로, 숭인방의 조가(趙家)에게 수리를 맡겼는데, 마침 훈주의 난이 일어나 이 일이 잊혀졌다. 그 뒤 정중승이 황제의 뜻을 거슬러 강물에 던져졌는데, 권세 있는 정승의 옛 관리 양후가 정중승을 몰래 건져 아내로 삼았다. 또 악기장(樂器匠)에게 뇌물을 주어 조가가 수리한 악기를 구해 밤중마다 작은 소리로 타도록 했다. 어느 좋은 날 꽃나무 아래서 술에 얼근히 취해 여러 곡을 타도록 했는데, 마침 황문(黃門)[22]이 지나가다가 듣고서, "이것은 정중승의 비파 소리이다"라고 말하였다. 다음날 황제에게 아뢰니, 문종이 뛸 듯이 기뻐하며 중사(中使)[23]를 보내 궁궐로 불러들여, 양후의 죄를 용서해주고 하사품을 내렸다. 함통(860~873) 연간에 미화랑과 전종도가 이 기예에 능통했다.

---

20 사고전서『樂書』에 '百'으로 되어 있으나,『文獻通考』권137에 의거하여 '日'로 바로잡았다.

21 정중승(鄭中丞) : 중승은 '궁관(宮官)'이라는 뜻이다. 정중승은 당 문종 때 호금(胡琴)을 잘 타던 여령(女伶)이다.

22 황문(黃門) : ①황문시랑(黃門侍郞)이라는 관직명. ②환관(宦官).

23 중사(中使) : 임금의 명령을 전하는 내시(內侍).

고황[24]이 지은 《홀뢰아의 노래》는 이 이야기에서 소재를 얻은 것이다.

완함비파(阮咸琵琶)

145-5. 阮咸五弦, 本秦琵琶, 而頸長過之, 列十二柱焉. 唐武后時, 蒯明於古冢, 得銅琵琶, 晉阮咸所造也. 元亨中命工以木爲之, 聲甚淸徹. 頗類竹林七賢圖所造舊器, 因以阮咸名之, 亦以其善彈故也. 太宗舊制四絃, 上加一絃, 散呂五音.【呂絃之調有數法. 大絃爲宮, 是正聲, 或爲下徵, 或爲下羽】

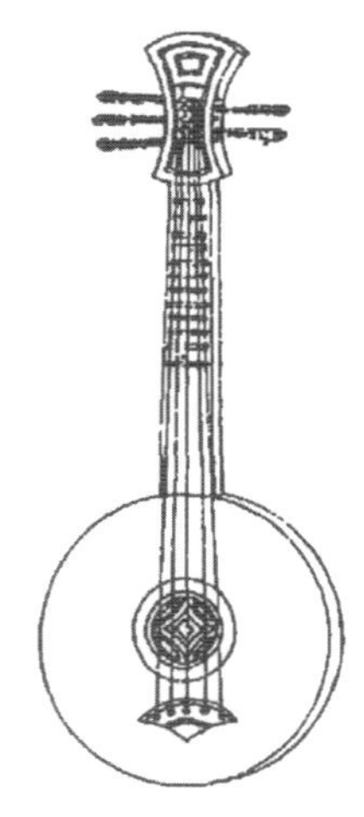
완함비파(阮咸琵琶)

阮類琴, 有濁中淸三倍聲. 上隔四柱濁聲也, 應琴下暉. 中隔四柱中聲也, 類琴中暉下暉. 下隔四柱淸聲, 類琴之上暉. 今太常樂工俗譜, 按中隔第一絃【第一柱下按黃鍾, 第二柱下按大呂】 第二絃 【第一柱上按太簇, 第一柱下按夾鍾, 第二柱上按姑洗, 第三柱下按中呂】 第三絃【第一柱上按蕤賓, 第一柱下按林鍾, 第二柱上按夷則, 第三柱下按南呂】 第四絃 【第一柱下按無射】 第五絃【第一柱下按應鍾, 第二柱是黃鍾淸, 第三柱是大呂淸, 第四柱是太簇淸所有, 夾鍾淸在下隔也】凡此本應五音, 非有濁中淸之別也. 今誠去四淸聲, 以合五音, 則舜琴亦不是過也.〉

24 고황(顧況) : 당 숙종 때인 757년에 진사가 되었고 덕종 때 비서랑이 되었다. 시가를 잘 지었고, 산수화에도 능했다. ≪해구영(海鷗詠)≫을 지어 권귀(權貴)들을 풍자하다 미움을 받았다. 대표작에 ≪죽지사(竹枝詞)≫ ≪공자행(公子行)≫ ≪행로난(行路難)≫ 등이 있고, 저서에 『화양집(華陽集)』이 있다.

완함은 5현이며, 본래 이름은 진비파이다. 목이 매우 길며 12주(柱)가 있다. 당 무후[25] 때 괴명이란 자가 옛무덤에서 진 완함이 만든 동비파를 발굴했는데, 원형중이 공인에게 나무로 이 악기 형태를 만들게 하니, 소리가 매우 맑고 멀리 퍼졌다. 《죽림칠현도》에 보이는 완함이 타는 악기가 이와 같은 종류인데, 완함이라 이름 지은 것은, 완함이 이 악기를 잘 탔기 때문이다.[26]

태종은 기존의 4현에 1현을 더하여, 산려(散呂) 5음을 냈다. 【여현(呂絃)의 조에는 두어 가지 법이 있다. 대현을 궁으로 삼으면 정성이 되는데, 혹은 하치(下徵)가 되기도 하고 하우(下羽)가 되기도 한다.】

완함은 탁성・중성・청성의 3옥타브 소리가 난다. 상격(上隔)의 4주(柱)는 탁성이 나니, 금의 하휘(下暉)에 응한다. 중격(中隔)의 4주는 중성이 나니, 금의 중휘・하휘와 비슷하다. 하격의 4주는 청성이 나니, 금의 상휘와 비슷하다.

태상시 악공의 속보(俗譜)를 살펴보면, 중격의 경우 제1현에서는 제1주 아래를 누르면 황종이 나고, 제2주 아래를 누르면 대려가 난다. 제2현에서는 제1주 위를 누르면 태주가 나고 제1주 아래를 누르면 협종이 나며, 제2주 위를 누르면 고선이 나고 제3주 아래를 누르면 중려가 난다. 제3현에서는 제1주 위를 누르면 유빈이 나고 제1주 아래를 누르면 임종이 나며, 제2주 위를 누르면 이칙이 나고 제3주 아래를 누르면 남려가 난다. 제4현에서는 제1주 아래를 누르면 무역이 난다. 제5현에서는 제1주 아래

25 무후(武后) : 빼어난 미모로 14살 때 제2대 태종의 후궁이 되었고, 태종이 죽자 비구니가 되었다가 다시 고종의 눈에 들어 후궁이 되었다. 그 후 간계를 써서 황후를 쫓아내고 스스로 황후가 되어 황태자 충(忠)을 폐위시켰다. 683년 고종의 건강을 핑계 삼아 스스로 정무를 관장하고 천후(天后)라 칭하였다. 고종이 죽자 자신의 아들 중종・예종을 차례로 즉위시키고 황족을 탄압했으며, 690년 국호를 주(周)로 고치고 스스로 황제 자리에 올랐다. 705년 정변으로 중종이 복위되고 당나라가 재흥된 얼마 뒤 병사하였다.

26 문맥이 잘 통하지 않아서 『通典』 권144 '晉竹林七賢圖, 阮咸所彈, 與此類同, 因謂之阮咸. 咸世實以善琵琶知音律稱'을 참조하여 번역했다.

를 누르면 응종이 난다. 제2주는 청황종, 제3주는 청대려, 제4주는 청태주이다. 청협종은 하격에서 난다.

그러나 본래 5음일뿐이고, 탁성·중성·청성의 구별이 있었던 것은 아니니, 이제 4청성을 제거하면 5음에 합치할 것이다. 순임금의 금도 또한 5음일뿐이었다.

운화금슬(雲和琴瑟)

일현비파(一絃琵琶)

육현비파(六絃琵琶)[27]

27 운화금슬, 일현비파, 육현비파는 앞의 목차에는 나와 있는데, 본문이 대본과 사고전서 『樂書』에 모두 빠져 있으므로, 표제만 적어놓았다.

칠현비파(七絃琵琶)[28]

145-6. 七絃之制, 形類阮咸. 而旁有少缺, 近取便身也. 絃十三隔孤柱一, 合散聲七, 隔聲九十一, 柱聲一, 總九十九聲. 唐開元中, 鄭喜子所進也.

칠현비파는 완함과 비슷하게 생겼다. 옆부분을 조금 이지러지게 만든 것은 가까이 했을 때 몸을 편하게 하기 위해서이다. 7현에 13격(隔)이 있고, 고주(孤柱) 하나가 있으니, 산성(散聲) 7, 격성(隔聲) 91, 주성(柱聲) 1을 합하면 모두 99성이다. 당 개원 연간에 정희자가 바쳤다.

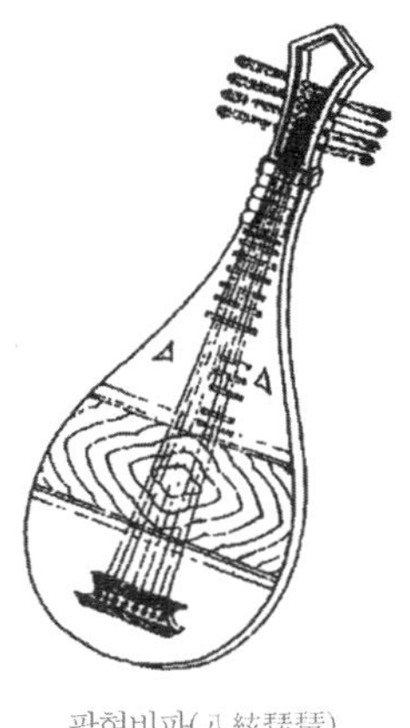

팔현비파(八絃琵琶)

팔현비파(八絃琵琶)

145-7. 北齊李搔李德忱, 素善音律. 因採諸聲, 別造一器, 號曰八絃. 時人稱其思理.

북제[29]의 이소[30]와 이덕침이 본래 음률을 잘 알았으므로 여러 소리를 낼 수 있도록 특별히 한 악기를 만들고, 팔현비파라 불렀다. 당시 사람들은 그들의 절대음감에 감탄했다.

28 대본에는 빠져 있으나, 문맥상 칠현비파의 내용이므로 표제를 보충하였다.

29 북제(北齊) : 550년에 고환(高歡)의 아들 고양(高洋)이 동위를 물리치고 세운 나라. 업(鄴)에 도읍을 정하고 남조의 제(齊)와 구별하기 위해 사가(史家)들이 북제라고 하였다.

30 이소(李搔) : ?~557. 북제 사람. 자는 덕황(德況)이고 이원충(李元忠)의 아들이다. 재예가 있고 음률에 통달했다.

권146 악도론(樂圖論)

속부(俗部)/ 팔음(八音)/ 사지속(絲之屬) 하(下)
오현쟁(五絃箏)·십이현쟁(十二絃箏)·십삼현쟁(十三絃箏), 은장쟁(銀裝箏), 운화쟁(雲和箏), 녹조쟁(鹿爪箏), 알쟁(軋箏), 고쟁(鼓箏), 격축(擊筑), 악준(樂准)

오현쟁(五絃箏)·십이현쟁(十二絃箏)·십삼현쟁(十三絃箏)

146-1. 箏秦聲也, 世謂蒙恬爲之. 然觀其器, 上隆象天, 下方象地, 中空象六合, 絃柱象十二月. 體合法度, 節究哀樂, 斯乃仁智之器也. 豈蒙恬亡國之臣所能關思哉? 風俗通曰 : “箏五絃, 筑身而瑟絃”, 幷涼州箏形如瑟是也. 京房制五音, 准如瑟十三

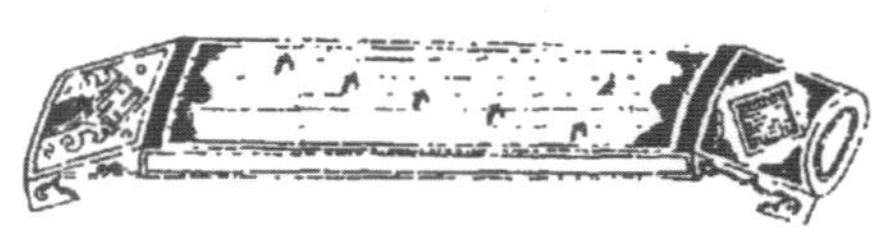

오현쟁(五絃箏)

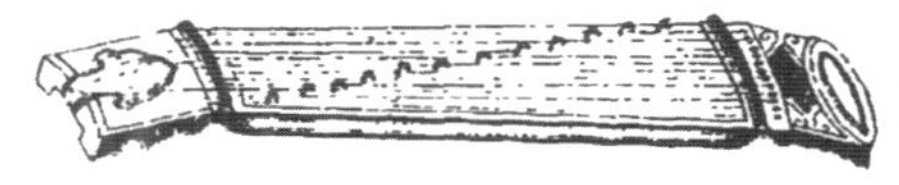

십이현쟁(十二絃箏)

십삼현쟁(十三絃箏)

絃, 實乃箏也. 阮瑀曰:“身長六尺, 應律數也, 絃有十二, 四時度也, 柱高三寸, 三才具也, 二手動應, 日月務也. 故淸者感天, 濁者感地” 而唐唯淸樂箏十二彈之, 爲鹿骨爪長寸餘代指. 他皆十三絃. 今敎坊無十二絃者, 不知. 五絃合乎五音, 十二絃合乎十二律, 而十三絃, 其一以象閏也.

聖朝用十三絃箏, 第一絃爲黃鍾中聲, 設柱並同瑟法. 然非雅部樂也.【十二中[1]聲, 一絃黃鍾中[2]聲, 二絃大呂, 三絃太簇, 四絃夾鍾, 五絃姑洗, 六絃仲呂, 七絃蕤賓, 八絃林鍾, 九絃夷則, 十絃南呂, 十一絃無射, 十二絃應鍾, 十三絃黃鍾淸聲.】

쟁은 진(秦)나라 악기이므로, 세상 사람들은 몽염[3]이 만들었다고 한다. 그러나 이 악기를 살펴보면, 위가 둥그스름한 것은 하늘을 상징하고, 아래를 모나게 한 것은 땅을 상징하며, 가운데를 텅 비게 한 것은 육합(六合)[4]을 상징하고, 현(絃)과 주(柱)는 12달을 상징하여, 악기의 형체가 법도와 합치하고 선율이 애락(哀樂)을 잘 표현하니, 바로 인지(仁智)에 부합되는 악기이다. 어찌 몽염 같은 망국의 신하가 이런 것을 고안해낼 수 있었겠는가?

『풍속통』[5]에 “쟁은 5현의 악기인데, 축(筑)의 몸통에 슬의 현을 맨 것이다”라고 했으니, ‘병주와 양주의 쟁이 슬처럼 생겼다’는 것이 이것이

---

1 대본에는 ‘鐘’으로 되어 있으나, 사고전서 『樂書』에 의거하여 ‘中’으로 바로잡았다.

2 대본에는 ‘淸’으로 되어 있으나, 사고전서 『樂書』에 의거하여 ‘中’으로 바로잡았다.

3 몽염(蒙恬): ?~B.C. 209. B.C. 221년 진(秦)이 제나라를 멸망시킬 때 큰 공을 세웠다. B.C. 215년 흉노정벌 때 활약이 컸으며, 이듬해 만리장성을 완성하였다. B..C 210년 시황제가 죽고 이세(二世)가 즉위하자, 환관 조고(趙高)와 승상 이사(李斯)의 흉계로 투옥된 뒤 강제로 자살했다.

4 육합(六合): 천지와 사방. 온 세상. 온 우주.

5 풍속통(風俗通): 원래 이름은 『風俗通義』이다. 후한의 응소(應劭)가 당시 일반인들의 유속(遺俗)에 대한 잘못된 인식을 바로잡으려고 사물을 고증 논술한 것이다.

다. 경방[6]이 5음을 만들 때 표준 척도로 쓴 준(準)에는 슬처럼 13현이 매어 있었으니, 실은 쟁이다.

완우[7]가 이르기를 "악기의 길이가 6척인 것은 6율에 응한 것이고, 현이 12개인 것은 춘하추동 사시의 도수이고, 안족의 높이가 3촌인 것은 삼재(三才)를 갖춘 것이고, 두 손으로 움직여서 응하는 것은 해와 달의 운행이다. 그러므로 맑은 소리는 하늘을 감응시키고 탁한 소리는 땅을 감응시킨다"라고 하였다.

당나라에서 청악(清樂)의 12현쟁을 탈 때 사슴뼈로 1촌 남짓하게 만든 가짜 손톱으로 손가락을 대신했다. 다른 것은 모두 13현이다. 현재 교방에 12현쟁이 없는 이유는 모르겠다. 5현은 5음에 합치되고, 12현은 12율에 합치되고, 13현은 열두달과 윤달을 상징한다.

성조(聖朝 : 宋)에서는 13현쟁을 쓰는데, 제1현에서 황종중성이 나는 것과 안족을 설치한 점은 슬과 같으나, 아부(雅部)의 악기는 아니다.【제1현은 황종, 제2현은 대려, 제3현은 태주, 제4현은 협종, 제5현은 고선, 제6현은 중려, 제7현은 유빈, 제8현은 임종, 제9현은 이칙, 제10현은 남려, 제11현은 무역, 제12현은 응종, 제13현은 청황종이다.】

6 경방(京房) : B.C. 77 ~ B.C.37. 본성은 이(李)인데 자신이 경씨로 고쳤다. 초연수(焦延壽)에게 『주역』을 배웠고, 경방역학을 창시했다. 재변을 인사(人事)와 관련지어 설명하는 천인감응설(天人感應說)을 주장하였다. 종래의 12율을 확대해서 60율을 개발하였고, 13현의 율준(律準)을 만들었다. 저서로 『京氏易傳』이 있다.

7 완우(阮瑀) : A.D.165 ~ 212. 어려서 채옹에게 수학했고 음률에 정통했으며 금을 잘 탔다. 후한 헌제(獻帝) 건안(建安) 연간에 조조가 완우를 사공군모좨주(司空軍謀祭酒)로 임명하고 글 짓는 일을 맡겼다.

은장쟁(銀裝箏)

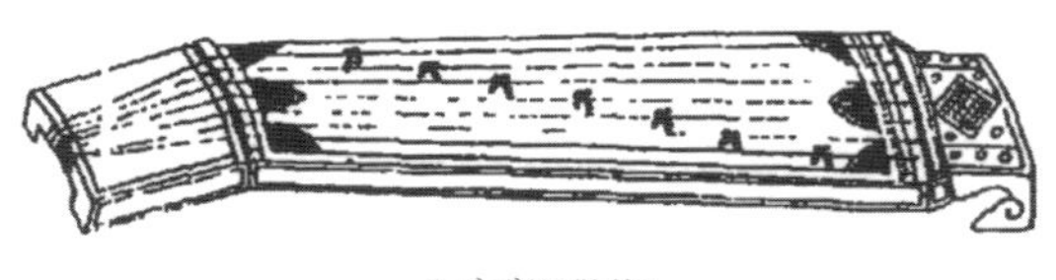

은장쟁(銀裝箏)

146-2. 宋何承天, 幼好律曆之學, 尤善彈箏, 文帝賜之銀裝箏. 嘗考魏晉之世, 孫氏善廣舊曲, 宋識善擊節唱和, 陳左善淸歌, 劉[8]和善吹笛, 郝索[9]善彈箏, 朱生善琵琶. 而劉[10]和郝索皆與荀勗,[11] 同定律呂. 故傅休奕曰 : "人多欽所聞, 忽所見, 不亦惑乎? 設此六人生於上世, 越古今而無儷, 何但夔牙同契哉?"

송나라 하승천[12]은 어려서부터 율력학을 좋아했다. 쟁을 매우 잘 탔으므로 문제[13]가 그에게 은으로 장식한 쟁을 하사하였다. 위진 시대에 손씨[14]가 옛 곡조를 잘 연주했고,[15] 송식은 장단을 잘 쳤고, 진좌는 청가(淸

8 대본에는 '列'로 되어 있으나, 사고전서 『樂書』에 의거하여 '劉'로 바로잡았다.

9 대본에는 '雲'으로 되어 있고 사고전서 『樂書』에는 '素'로 되어 있으나, 『宋書』와 『晉書』에 의거하여 '索'으로 바로잡았다.

10 대본에는 '列'로 되어 있으나, 사고전서 『樂書』에 의거하여 '劉'로 바로잡았다.

11 대본에는 '冕'으로 되어 있으나, 사고전서 『樂書』에 의거하여 '勗'으로 바로잡았다.

12 하승천(何承天) : 370~447. 산학과 역학에 뛰어나 원가력(元嘉曆)을 만들었다. 불교의 보응설(報應說)을 비판하고 정신은 형체가 사라지면 같이 없어진다는 신수형멸(神隨形滅)을 주장했다. 경방이 60율을 산정하여 음차(音差)의 문제를 해결하려 한 것에 동조하지 않고, 12율 안에서 조정해야한다고 주장했다. 그는 삼분손익법으로 중려에서 변황종을 얻은 다음, 정황종과의 차이나는 수치를 열둘로 나누어 이를 매번 산출되는 율에 더하였다. 『宋書』 樂志에서는 이를 '신율(新律)'이라 하였는데, 12평균율에 매우 근접했다.

13 문제(文帝) : 407~453. 남조 송 무제(武帝)의 3자인 유의륭(劉義隆)이다. 중앙집권을 강화시키고 학술을 중시하여 원가(元嘉)의 치세를 이루었다. 그러나 동생 팽성왕(彭城王) 유의강(劉義康)과의 권력 투쟁에 괴로움을 겪어 황족 대책을 엄격히 하는 등 전제군주의 성격을 강화했다. 반대를 무릅쓰고 원가 27년(450)에 강행한 북위 토벌이 참패로 끝나 국력의 피폐를 초래했고, 황태자 유소(劉劭)에게 살해되었다.

14 손씨(孫氏) : 동진인(東晉人) 우담(虞潭)의 어머니다. 남편이 죽자 충의(忠義)로 자식을 면려했다. 두도(杜弢)와 소준(蘇峻)이 반란을 일으키자, 집안의 가산을 희사하여

歌)[16]를 잘 불렀으며, 유화는 적(笛)을 잘 불었고, 학색은 쟁을 잘 탔고, 주생은 비파를 잘 탔다. 유화와 학색은 모두 순욱[17]과 함께 율려를 정했다. 부휴혁[18]이 말하기를 "옛날 사람이 한 말은 중하게 여기고 지금 사람이 한 일은 소홀히 여기는 경향이 있는데, 이는 잘못된 것이 아닌가? 가령 이 6인이 옛날에 태어났다면 고금을 통틀어 대적할 사람이 없었을 것이니, 어찌 다만 기(夔)[19]와 백아[20]와 같을 뿐이겠는가?

운화쟁(雲和箏)

146-3. 唐清樂部有雲和箏, 蓋其首象雲, 與雲和琵琶之制類矣. 于頔常令客彈琴, 其嫂聽而歎曰 : "三分之中, 一分箏聲, 二分琵琶聲", 亦可謂知音矣.

운화쟁(雲和箏)

난을 평정하도록 도왔으므로, 무창후태부인(武昌侯太夫人)에 봉해졌다.

15 대본에는 '孫氏善廣舊曲'으로 되어 있으나, 『晉書』 권23에 '孫氏善弘舊曲', 『冊府元龜』(宋 王欽若等 撰) 권856과 『廣博物志』(明 董斯張 撰) 권33에 '孫氏善歌舊曲', 『敬齋古今黈』(元 李冶 撰) 권4에 '孫氏善彈舊曲'으로 되어 있는 것을 참조하여 번역했다.

16 청가(淸歌) : 맑은 목소리로 부르는 노래. 반주 없이 부르는 노래.

17 순욱(荀勗) : ?~289. 진(晉) 태시(泰始) 10년(274)에 12개의 적(笛)을 만들어 12율을 맞추었다. 순욱은 관구교정(管口校正)의 규칙을 찾아내어 비교적 정확한 율관을 만들었다.

18 부휴혁(傅休奕) : 진(晉)의 학자인 부현(傅玄, 218~278). 휴혁은 자(字)이다. 문장에 능하고 음률에 밝았다. 저서에 『부자((傅子)』와 『악부가장(樂府歌章)』 등이 있다.

19 기(夔) : 순임금 시대의 악관.

20 백아(伯牙) : 춘추시대 금(琴)의 명수(名手). 그가 금을 연주하면 친구 종자기(鍾子期)는 백아의 뜻이 어디에 있는지 알았다고 함.

당나라 청악부에 운화쟁이 있는데, 머리 부분에 구름을 형상화한 점이 운화비파와 비슷하다. 우적(于頔)[21]이 언제나 객으로 하여금 금을 타게 했는데, 그 형수가 듣고 감탄하면서 말하기를 "3분의 1은 쟁 소리가 나고 3분의 2는 비파 소리가 난다"고 했으니, 또한 음을 안다고 할 만하다.

녹조쟁(鹿爪箏)

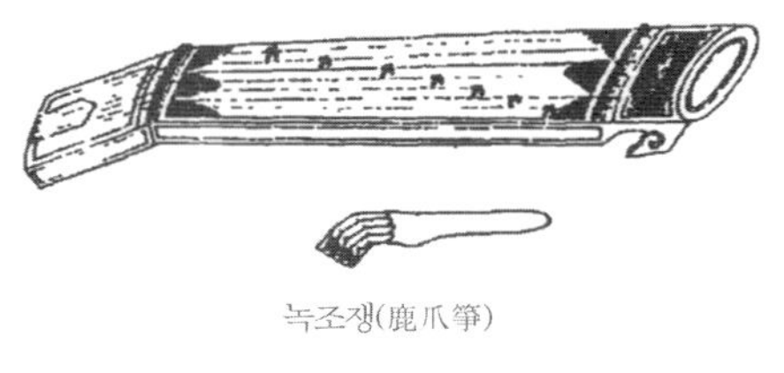

녹조쟁(鹿爪箏)

146-4. 梁羊侃素善音律, 自造採蓮歌, 頗有新致. 妓妾列侍, 窮極奢靡. 有彈箏陸大喜者, 著鹿角爪, 長七寸. 古之善箏者, 不獨此也, 郝索謝常桓[22]伊何承天之於晉, 辛宣仲之於宋, 皆世所謂善箏者也. 其得妙趣遺音者, 特雍門周而止耳. 故時人謂 : "雍門周能使喜者墮[23]淚, 戚者起舞焉"

양나라 양간(羊侃)[24]이 본래 음률에 소질이 있어서 스스로 《채련가》를 지었는데, 자못 새로운 운치가 있었다. 기첩 여럿이 그를 모시며 온갖 사

21 우적(于頔) : ?~818. 조상의 음덕으로 벼슬길에 나서 호주와 소주자사를 역임하면서 음사(淫祠)를 없애고 하천을 준설하는 등 공적을 많이 세웠다. 789년 양주자사가 되어 산남동도절도사(山南東道節度使)에 충원되었다. 오소성(吳少誠)의 반란을 진압했고, 태자빈객으로 치사(致仕)했다.

22 대본에는 없으나, 사고전서『樂書』에 의거하여 '桓'을 보충하였다.

23 대본에는 '隨'로 되어 있으나, 사고전서『樂書』에 의거하여 '墮'로 바로잡았다.

24 양간(羊侃) : 처음에 아버지를 따라 북위에서 벼슬했으나, 528년 군대를 거느리고 양무제에게 항복하니, 양에서 서주자사로 삼았다. 음률을 좋아하여 집에 악대를 갖추고 있었다. 그 중 육대희는 쟁을 잘 탔고, 장정완은 손바닥 위에서도 춤을 출 정도로 허리가 가늘었고, 손형옥은 허리를 뒤로 꺾어서 땅에 닿게 하여 자리 위에 있는 옥비녀를 입으로 물어 올릴 수 있었다.

치를 다 부렸으니, 쟁을 타는 육대희는 길이가 7촌이나 되는 사슴뿔로 만든 깍지를 끼었다.

옛날에 쟁을 잘 타는 자로 이 사람만 있었던 것은 아니니, 진(晉)의 학색·사상·환이[25]·하승천 및 송의 신선중이 모두 쟁의 명인이었다. 그러나 묘한 운치가 있는 유음(遺音)을 터득한 자는 옹문주[26]뿐이다. 그러므로 당시 사람들은 "옹문주는 기쁨에 찬 사람에게 눈물을 흘리게 할 수도 있고 슬픔에 찬 사람에게 춤추게 할 수도 있다"고 말하였다.

알쟁(軋箏)

알쟁(軋箏)

146-5. 唐有軋箏, 以片竹潤其端而軋之, 因取名焉.

당에는 알쟁이 있으니, 대쪽으로 그 끝을 매끄럽게 해서 줄을 문질러 연주했으므로, 이런 이름이 붙었다.

---

25 환이(桓伊) : 동진 효무제 태원(太元) 8년(383) 비수전투 때 사현(謝玄) 등과 함께 전진(前秦) 부견(苻堅)의 군대를 대파하고 영수현후(永修縣侯)에 봉해졌다. 음악을 좋아했고, 적(笛)을 잘 연주해서 강좌에서 제일이라는 평가를 받았다. 또 만가(輓歌)에도 능해 양담(羊曇)·산송(山松)과 함께 삼절(三絶)로 불렸다. 왕휘지가 경사로 올라가다 그를 만나 연주를 부탁하자, 평소 왕휘지와 교분이 없었지만 바로 수레에서 내려 ≪삼조(三調)≫를 지어 불었다. 지금 전하는 ≪매화삼롱(梅花三弄)≫은 그 때 연주했던 ≪삼조≫를 편곡한 것이라고 한다.

26 옹문주(雍門周) : 전국시대 제나라 사람으로 금의 명수이다. 슬픈 곡조를 타서 사람들을 울렸는데, 제나라 재상인 맹상군이 그를 불러 '나도 울게 할 수 있겠느냐?' 하니, 옹문주가 '맹상군의 천추 만세 후에 꼴베고 소 먹이는 아이들이 무덤에 올라가 「존귀한 맹상군도 이처럼 무덤 속에 있구나」라고 말하는 내용'의 슬픈 곡조를 타니 맹상군이 눈물을 줄줄 흘렸다고 한다.

고쟁(鼓箏)

146-6. 說文曰 : "箏鼓絃筑身樂也" 英雄記述 : "袁紹使鼓箏於帳中" 燉煌實錄述 : "索承宗伯夷成, 善鼓箏" 又 "張華令郝生鼓箏" 史記 : "李斯曰, '彈箏而歌者, 眞秦之聲'" 晉書曰 : "桓伊撫箏而歌" 由此觀之, 箏之爲樂, 眞秦聲也, 古人非特鼓而彈之, 亦撫而歌之者矣.

昔魏文帝曰 : "斬泗濱之梓, 以爲箏", 則梓之爲木, 非特以爲琴瑟, 亦用之爲箏者矣. 凡此非君子常御之樂. 魏之游楚, 常攜以自隨, 君子不取也.

『설문』[27]에 "쟁은 현을 타는 것인데 몸체는 축(筑)과 같다"[28]라고 하고, 『영웅기』에 "원소[29]가 사람을 시켜서 쟁을 장막 안에서 연주하게 하였다"라고 했으며, 『돈황실록』에 "색승종과 백이성이 쟁을 잘 탔다"라고 하고, "또 장화[30]가 학생(郝生)으로 하여금 쟁을 타게 했다"라고 하고, 『사기』에 "이사(李斯)[31]가 '쟁을 타면서 노래하는 것이 참다운 진성(秦聲)'이라

---

27 설문(說文) : 한(漢)의 허신(許愼)이 100년에 초고 완성을 하였고, 수정 보충하여 121년에 조정에 바친 설문해자(說文解字)를 가리킨다.

28 『太平御覽』 권576에는 「說文曰 箏五絃筑身樂也」로 되어 있다.

29 원소(袁紹) : ?~202. 4대에 걸쳐 삼공의 지위에 오른 명문 귀족 출신으로 영제(靈帝)가 죽자 대장군 하진(何進)의 명을 받아, 조조와 함께 강력한 군대를 편성하였다. 동탁(董卓)과 함께 부패한 환관들을 일소하려 했으나, 계획이 누설되어 하진이 살해되었다. 독자적으로 환관 2,000여 명을 살해했으나, 동탁이 먼저 수도 낙양에 들어가 헌제(獻帝)를 옹립하고 정권을 장악하였다. 190년 하북에서 동탁 토벌군의 맹주가 되었다. 한편, 조조와는 처음에 제휴했으나 반목하게 되었고, 200년 관도전투에서 조조에게 패했다.

30 장화(張華) : 232~300. 자는 무선(茂先). 완적(阮籍)에게 문재(文才)를 인정받아 위(魏)에서 중서랑에 올랐고, 진 무제 때 오나라 토벌에 공을 세워 무후(武侯)에 봉해졌다. 조왕(趙王) 사마윤(司馬倫)의 반란 때 죽임을 당했다. 저서에 ≪초료부(鷦鷯賦)≫ ≪여사잠(女史箴)≫ ≪박물지(博物志)≫가 있다.

31 이사(李斯) : ?~B.C.208. 진시황을 도와 천하를 통일하는 데 일조했다. 진시황 26년 천하를 통일하자 승상에 올라 군현제를 실시하고, 소전(小篆)을 표준 문자로 통일했다. 시황제가 죽은 뒤 환관 조고(趙高)와 공모, 조서를 고쳐 막내아들 호해(胡亥)를

고 말하였다"라고 하고, 『진서』에 "환이가 쟁을 문지르면서 노래하였다"[32]라고 하였다. 이로 보건대, 쟁이란 악기는 참으로 진나라 사람들이 좋아하는 음색을 지녔고, 옛사람들이 줄을 타면서 연주했을 뿐만 아니라 또한 문지르며 노래하기도 했던 것이다.

옛날에 위 문제가 "사수 강가의 가래나무를 베어다가 쟁을 만든다"라고 했으니, 가래나무는 금슬을 만들 뿐 만 아니라 쟁도 만들었던 것이다. 그러나 쟁은 군자가 늘 연주하는 악기는 아니다. 위지가 초나라를 유람할 때 항상 쟁을 가지고 다녔는데, 군자는 이를 좋게 여기지는 않았다.

격축(擊筑)

146-7. 筑之爲器, 大抵類箏. 其頸細, 其肩圓, 以竹鼓之如擊琴然. 又有形如頌琴, 施十三絃, 身長四尺二寸, 頸長三寸, 圍四寸

격축(擊筑)

2세 황제로 옹립하고 시황제의 맏아들 부소(扶蘇)와 장군 몽염(蒙恬)을 자살하게 했다. 진나라 말 농민봉기가 일어나자 2세에게 다시 법률을 정할 것을 권하고 군권 통치를 강화했다. 얼마 뒤 조고의 참소로 투옥되어 죽임을 당했다.

32 효무제(孝武帝 재위 373~396)가 예주도독 환이를 불러서 잔치를 벌였고, 사안(謝安이 시연(侍宴)했다. 효무제가 환이에게 적(笛)을 연주하게 하자 한 곡조 연주하고는 쟁을 연주하겠다고 청하였다. 자신의 하인에게 적을 연주하게 하고, 자신은 쟁을 연주하면서 "임금 노릇은 쉽지 않고 신하 노릇하기도 참으로 어렵다. 충성을 다하고 신의를 다하는데 그것이 나타나지 않으면 의심을 받게 된다"라는 내용의 노래를 불렀다. 당시에 이런 처지에 놓여 있던 사안이 노래 소리를 듣고 울었고, 효무제는 매우 부끄러워했다고 한다. 〈『古今事文類聚』(宋 祝穆 撰) 續集 권22〉

五分, 首長[33]七寸五分, 闊六寸五分.

品聲按柱, 左手振之, 右手以竹尺擊之, 隨調應律焉. 高漸離擊之於燕, 漢高祖擊之於沛, 而戚夫人亦善焉. 至唐, 置於雅部, 長四尺五寸, 折九尺之半爲法. 是不知, 特世俗之樂, 非雅頌之音也. 聖朝沿襲唐制, 設柱同箏法. 第一絃黃鍾正聲【次第十二正聲全】第十二絃黃鍾淸聲. 箏以指彈, 筑以筯擊, 大同小異. 其按習, 並依鍾律彈擊之法, 降之俗部可也.

축(筑)이란 악기는 대체로 쟁과 비슷하다. 목은 가늘고 어깨는 둥그스름하며, 격금처럼 대쪽으로 탄다. 또 송금(頌琴)처럼 생겼고, 13현을 맸으며, 몸통의 길이가 4척 2촌이고, 목의 길이가 3촌, 둘레가 4촌 5분이며, 머리의 길이가 7촌 5분, 너비가 6촌 5분이다.

소리의 높낮이는 안족을 짚어서 내는데, 왼손으로는 흔들고 오른손으로는 대쪽으로 쳐서 조(調)에 따라 율을 맞춘다. 고점리[34]가 연(燕)에서 축을 쳤고 한 고조가 고향인 패에서 축을 치며 노래했고,[35] 척부인[36]도 축을 잘 쳤다.

---

33 대본에는 있으나, 『文獻通考』 권137에 의거하여 '廣'을 삭제했다.

34 고점리(高漸離) : 전국 시대 말기 연나라 사람. 축(筑)의 명수였다. 형가(荊軻)와 함께 진시황을 살해하려는 음모에 가담했다. 형가가 죽자 성명을 바꾸고 남의 머슴이 되었지만 발각되었다. 진시황이 축을 잘 친다 하여 눈만 멀게 하고 죽이지는 않았다. 얼마 뒤 진시황 앞에서 축을 연주하다가 축 속에 넣어둔 쇠망치로 진시황을 죽이려 했지만 실패하고 피살당했다.

35 한 고조 12년(B.C.195) 10월에 경포의 군대를 격퇴시킨 후 도성으로 돌아오는 길에 고향인 패현을 들러서 옛친구들과 마을 사람들을 불러 술자리를 베풀었다. 술이 거나해지자 고조는 축을 치며 노래 불렀다. "큰바람 일어나니 구름이 날리는구나. 위엄을 천하에 떨치고 고향에 돌아왔노라. 어찌하면 용맹한 병사를 얻어 천하를 지킬 수 있을까?" 고조는 아이들에게도 모두 따라 부르게 하더니, 자리에서 일어나서 춤추며 감격에 북받쳐 눈물을 주루룩 흘렸다. 〈『史記』 本紀〉

36 척부인(戚夫人) : ?~B.C.194 추정. 고조(高祖)의 총희(寵姬)로, 조왕(趙王) 여의(如意)를 낳았다. 고조가 태자를 폐하고 조왕을 세워 태자로 삼으려 하자, 여후(呂后)가 장량(張良)의 계책을 써서 상산사호(商山四皓)를 불러 태자의 빈객으로 삼으니, 결국 태자를 바꾸지 않게 되었다. 고조가 죽자 여후가 조왕을 짐살(鴆殺)하고 척부인을 투옥한 뒤 수족을 모두 자르고 눈알을 뽑고 벙어리 약을 먹여 측소(厠所)에 던져두었다. 혜제는 척부인의 모습을 보고 충격받아 얼마 못살고 죽었다.

당에 이르러 축을 아부에 소속시켰는데, 9척의 반에 해당되는 4척 5촌을 악기의 길이로 삼았다. 그러나 이는 축이 다만 세속의 악기일 뿐으로, 아송(雅頌)의 음악을 연주하지 않는다는 것을 모르고 한 일이다. 성조(聖朝 : 송)는 당제를 따라서 쟁처럼 안족을 설치했으니, 제1현은 황종정성을 내고, 차례로 12정성을 온전히 내며, 제12현[37]은 황종청성을 낸다. 쟁은 손으로 타고 축은 술대로 치지만, 형태는 대동소이하다. 연주법은 종율에 의지하여 타거나 술대로 친다. 이들 악기는 속부에 소속시키는 것이 마땅하다.

악준(樂准)

146-8. 東漢京房性好鍾律, 知音聲, 作准器, 其狀如瑟. 長丈而十三絃, 隱間九尺, 應黃鍾之律九寸. 其中一絃下有畫分寸, 爲六十律淸濁之節, 實乃箏也. 漢史官侯部用之, 唐元和以後, 律家莫能爲者. 後魏陳仲儒頗閑樂事, 請依京房立准, 以調八音. 是不知京氏之術, 得諸小黃門令焦延壽而已, 非聖王之制也.

악준(樂准)

한나라[38] 경방이 종율에 관심이 많고 음성을 잘 알았으므로, 슬처럼 생긴 준기(准器)[39]를 만들었다. 길이가 1장(丈)이고 13현이며, 은간(隱間)이 9

37 원문에 있는 대로 제12현이라 번역하긴 했으나, 제13현의 誤記가 아닐까 한다.

38 대본에는 '東漢'으로 되어 있으나, 경방은 생몰년이 B.C. 77～B.C.37년으로서 동한시대 인물이 아니므로, '東'을 빼고 번역했다.

척이니, 황종율 9촌에 응한 것이다. 가운데 1현 아래에 분촌을 구분하여 60율의 청탁으로 삼았으나, 실은 쟁이다. 한(漢)의 사관후부(史官候部)에서 이것을 썼는데, 당 원화[40] 이후에 율가(律家)들은 이를 만들지 않았다. 후위[41] 진중유(陳仲儒)가 자못 악사(樂事)를 알았으므로, 경방의 악준을 만들어 팔음을 조율할 것을 청했다. 그러나 이는 경방의 학식이 소황문령 초연수[42]에게서 배운 알량한 지식일 뿐이고, 성왕의 제도가 아님을 몰랐기 때문이다.

---

39 준기(准器) : 표준음이 나는 악기.

40 원화(元和) : 806~820. 당 헌종(憲宗)의 연호.

41 후위(後魏) : 선비족의 탁발규(拓跋珪)가 중국 화북지역에 세운 북조 최초의 왕조(386~534)이다. 명원제(明元帝, 409~423) 때 남조 송을 공략하여 하남 지방의 땅을 빼앗았고, 태무제(太武帝) 때 하(夏)·북연(北燕)·북량(北涼)을 멸망시킴으로써 오호십육국의 난을 종식시켜 439년 마침내 북위는 강북지역 통일을 완성하였다.

42 초연수(焦延壽) : B.C.70~A.D.10. 학문을 좋아해서 한(漢) 소제(昭帝) 때 양왕(梁王)의 총애를 받았다. 소황령(小黃令)이 되었는데, 치적이 남달라 임기가 만료되었을 때 백성들이 탄원하여 연임하였다. 孟喜(B.C.90~B.C.40년경)에게서 역학을 배웠고, 경방(京房)에게 이를 전수하였다.

권147 악도론(樂圖論)

속부(俗部)/ 팔음(八音)/ 죽지속(竹之屬)

아소(雅簫 : 24관) · 송소(頌簫)

147-1. 禮圖 : "雅簫尺有二寸二十四彄, 頌簫尺有四寸十六彄" 郭璞謂 : "大簫二十三管, 小簫十六管" 蓋二十三管, 備律呂淸濁之聲, 先王之制也. 十六管兼十二律四淸而爲之, 豈古制哉? 聖朝敎坊所用, 長 五六寸十六管, 有底, 而四管不用, 非古人制作之意也.

『예도』에 "아소는 길이가 1척 2촌이고 24관이며, 송소는 길이가 1척 4촌이고 16관이다"라고 하고, 곽박[1]은 "대소는 23관이고, 소소는

1 곽박(郭璞) : 276~324. 서진이 망하자 진 왕실과 함께 남으로 이주하여 상서랑을 역임했는데, 왕돈(王敦)이 반란을 일으킬 때 흉하다는 단정을 내렸기 때문에 살해당했다. 주석서로 『이아주(爾雅注)』·『방언주(方言注)』·『산해경주(山海經注)』·『초사

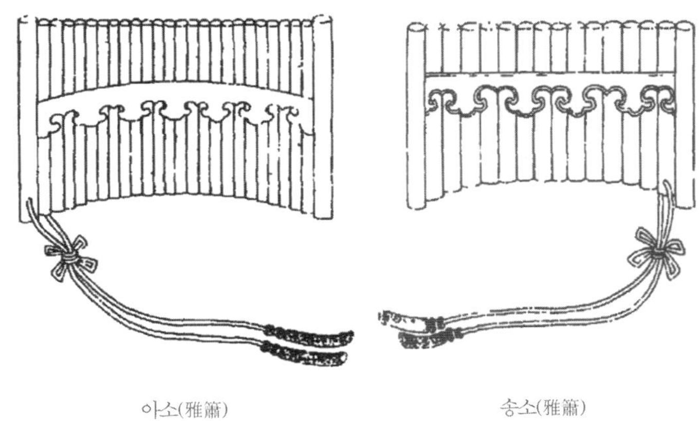

아소(雅簫)　　송소(雅簫)

16관이다"[2]라고 하였다. 23관은 율려의 청탁을 구비했으니 선왕의 제도이나, 16관은 12율에 4청성을 겸한 것이니, 어찌 고제이겠는가? 성조(聖朝 : 송) 교방에서 쓰는 것은 길이가 5~6촌이고 16관이며, 밑이 있다. 그런데 4관은 쓰지 않아야 옳으니, 4청성은 옛사람이 제작한 뜻이 아니기 때문이다.

뇌소(籟簫)

147-2. 莊周曰 : "地籟則衆竅是已, 人籟則比竹是已" 郭璞謂 : "簫 一

주(楚辭注)』 등을 냈다.

2 『爾雅』 釋樂 7-10에 대한 곽박의 注.

名爲籟" 廣雅亦曰:"籟謂之簫" 蓋簫籟比竹而成聲, 猶天地之籟, 賴風竅而怒號也. 許愼以籥爲籟, 是不知籥如篴而三竅, 未嘗比竹爲之. 呂氏春秋:"有吹籟見越王者, 上下宮商和, 而越王不喜" 未爲知音者也.

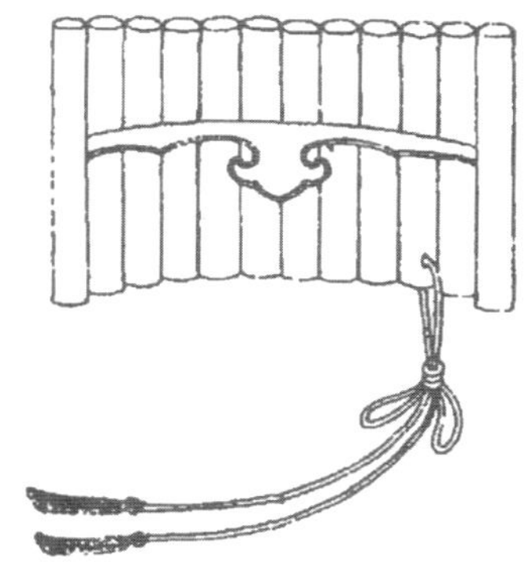
뇌소(籟簫)

장주가 "지뢰(地籟)는 대지의 여러 구멍에서 나는 소리이고, 인뢰(人籟)는 관대를 여러 개 묶어서 만든 악기에서 나는 소리이다"라고 하고, 곽박이 "소(簫)를 일명 뇌(籟)라 한다"[3]라고 하고, 『광아』에 "뇌를 소라고 한다"라고 하였다. 이는 소나 뇌가 여러 개의 관대를 통해 소리를 내는 것이 마치 천지의 뇌(籟)가 바람에 힘입어 힘차게 소리를 내는 것과 같기 때문이다.

허신[4]이 약(籥)을 뇌로 여긴 것은 '약이 적(篴)처럼 생긴 3공(孔)의 악기이지 관대를 여러 개 묶어서 만든 악기가 아님'을 몰랐기 때문이다. 『여씨춘추』에 "월왕을 알현하고 뇌를 분 자가 있었는데, 위 아래 궁·상의 음들이 조화를 이루었으나, 월왕은 좋아하지 않았다"[5]라고 했으니, 월왕은 음악을 아는 자가 아니다.

3 『爾雅』 釋樂 7-10에 대한 곽박의 注.

4 허신(許愼): 30~124. 후한의 경학자. 한자의 자형(字形)·의의(意義)·음운(音韻)을 체계적으로 해설한 『설문해자(說文解字)』를 A.D.100년에 지었다.

5 『呂氏春秋』 孝行覽/ 遇合.

단소(短簫 : 21관)

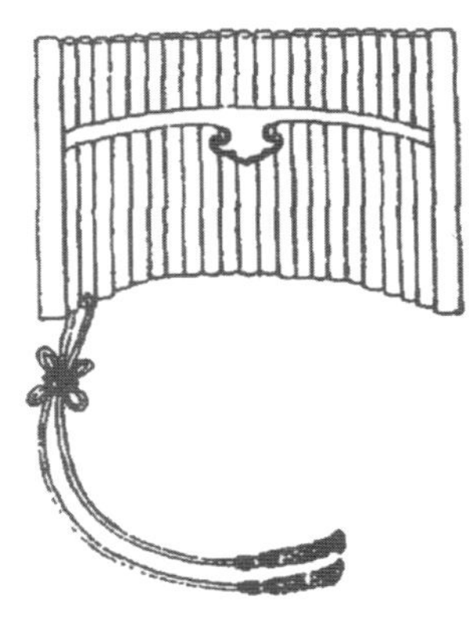
단소(短簫)

147-3. 短簫鐃歌, 軍中鼓吹之樂也. 廣樂記: "有二十一管簫, 羽葆鐃吹橫吹部用之", 豈短簫歟! 其曲有悲思翁·艾如張·上之回·戰城南·元雲·朱鷺[6]之類是也.

何承天謂: "黃帝使岐伯作之以揚德", 蓋有所受歟! 崔豹古今注曰: "漢樂有黃門鼓吹, 天子所以燕樂羣臣. 短簫鐃歌, 鼓吹之常, 亦以賜有功諸侯也", 然則非有功者, 其可賜乎? 昔蔡徵[7]拜吏部尚書, 啓後主假鼓吹樂. 後主謂所司曰: "鼓吹軍樂, 有功乃授. 徵[8]不自揆, 紊我朝章. 然其父景歷[9]有締構之功, 宜且如啓" 蓋蔡徵[10]不當假而假之, 臣不臣也. 後主知不可授而授之, 君不君也. 傳曰: "名器不可以假人, 亦不可以假於人" 可不監哉?

단소요가(短簫鐃歌)는 군중의 고취악인데, 『광악기』에 "21관소가 우보요취(羽葆鐃吹)의 횡취부에 쓰인다"라고 했으니, 21관소는 아마 단소일 것이다. 그 곡으로는 《비사옹(悲思翁)》·《애여장(艾如張)》·《상지회(上之回)》·《전성남(戰城南)》[11]·《원운(元雲)》·《주로(朱鷺)》 등이 있다.

하승천이 "황제가 기백[12]으로 하여금 단소요가를 만들어 덕을 선양하

---

6 대본에는 '露'로 되어 있으나, 『文獻通考』 권138에 의거하여 '鷺'로 바로잡았다.
7 대본에는 '證'으로 되어 있으나, 사고전서 『樂書』에 의거하여 '徵'으로 바로잡았다.
8 대본에는 '證'으로 되어 있으나, 사고전서 『樂書』에 의거하여 '徵'으로 바로잡았다.
9 대본에는 없으나, 사고전서 『樂書』에 의거하여 '歷'을 보충하였다.
10 대본에는 '證'으로 되어 있으나, 사고전서 『樂書』에 의거하여 '徵'으로 바로잡았다.
11 전성남(戰城南) : 아침에 전투하러 나갔다가 저녁에 까마귀 밥의 신세가 되는 전쟁의 참혹한 상황을 읊은 노래이다.
12 기백(岐伯) : 황제(黃帝) 때의 명의(名醫). 황제와 함께 의서인 『내경(內經)』을 지었다고 한다.

게 하였다"라고 한 것은 들은 바가 있어서일 것이다. 최표[13]의 『고금주』에 "한(漢)의 황문고취는 천자가 여러 신하들에게 연회를 베풀 때 쓴다. 단소요가는 일반적인 고취로서, 또한 공이 있는 제후에게 하사할 때 쓴다"라고 했다. 그렇다면 공이 없는 자가 받을 수 있겠는가? 그런데도 옛날에 채징이 이부상서로 임명되자, 후주(後主)에게 고취악을 쓸 수 있게 해달라고 아뢰니, 후주가 담당관에게 "고취군악은 유공자에게 주는 것인데, 채징은 분수를 모르고 우리 조정의 법도를 문란케 하고 있다. 그러나 그의 아버지 경력이 건국하는 데 공을 세웠으니, 아뢴 대로 해주도록 하라"고 하였다. 채징은 써서는 안 되는 것을 달라고 했으니 신하노릇을 제대로 못한 것이고, 후주는 안 되는 줄 알면서도 주었으니 임금노릇을 제대로 못한 것이다. 전에 "명기(名器)[14]는 사람에게 빌려줘도 안 되고 또한 남에게서 빌려도 안 된다"라고 했으니, 거울을 삼지 않을 수 있겠는가?

연악소(讌樂簫 : 21관)

147-4. 讌樂之簫凡二十一管, 其正均七聲, 左淸倍, 右濁倍, 通五均焉, 世俗之樂也, 與龜茲部所用者, 大同小異爾. 唐貞[15]觀中, 景雲見河水淸. 張率更制爲景雲河淸歌, 名曰讌樂. 當時元會, 第一奏是也.

연악에 쓰는 소는 21관으로서, 정성의 7성 외에 왼쪽으로 두 옥타브의

13 최표(崔豹) : 서진 연국(燕國) 사람. 혜제 때 상서좌병중랑을 지냈고, 성제 함강(咸康 335~342) 중에 후조(後趙) 석호(石虎) 밑에서 시중(侍中)을 지냈다. 저서에 『논어집의(論語集義)』와 『고금주(古今注)』가 있다.

14 명기(名器) : 작호(爵號)와 거복(車服). 이들로써 존비 · 귀천의 등급을 나타낸다.

15 대본에는 '正'으로 되어있으나, 사고전서 『樂書』에 의거하여 '貞'으로 바로잡았다.

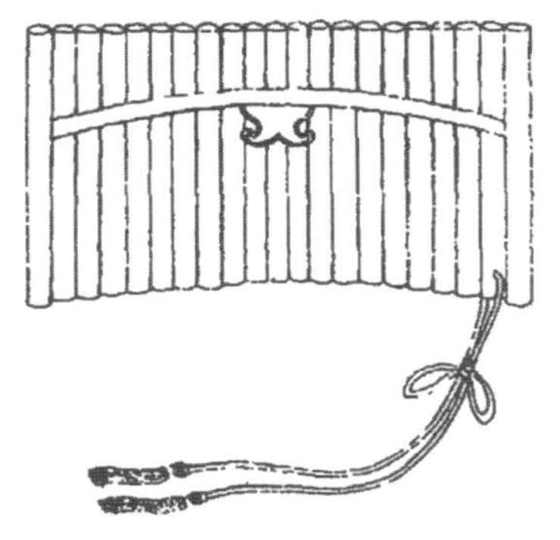

연악소(讌樂簫)

청성, 오른쪽으로 두 옥타브의 탁성이 나와 5옥타브의 음역에 이르니, 세속의 악기이다. 구자부에 쓰이는 소와 대동소이하다. 당 정관(627~649) 중에 상서로운 구름이 나타나고 황하수가 맑아졌으므로, 장율경(張率更 : 장문수)이 《경운하청가(景雲河淸歌)》를 짓고 연악이라 이름 붙였으니, 그 당시 설날 아침의 조회에 첫 번째로 연주하던 곡이 바로 이것이다.

청악소(淸樂簫 : 17관) · **교방소**(敎坊簫 : 17관) 【**창소**(唱簫) · **화소**(和簫)】

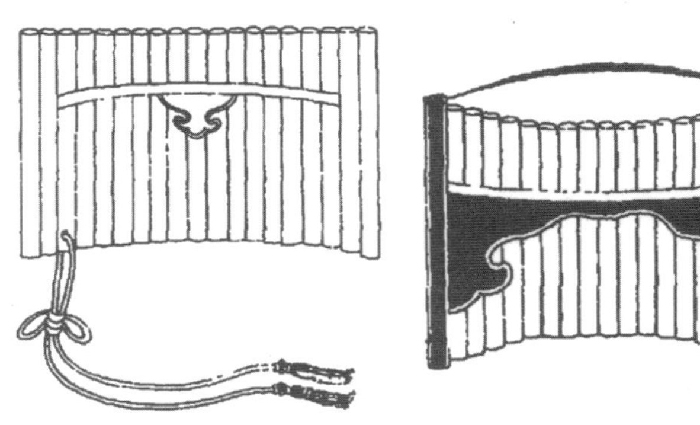

청악소(淸樂簫) 교방소(敎坊簫)

147-5. 景祐樂記 : "敎坊所用之簫, 凡十七管, 以黷策十字記其聲. 然清樂部所用十七管, 其聲法不同, 故並存之" 宋樂有唱簫各二人和簫十人, 亦一時制也.

『경우악기』[16]에 "교방에서 쓰는 소는 17관이며, 피리의 십자보[17]로 음의 높낮이를 기록한다. 그런데 청악부에서 쓰는 17관의 소는 소리 내는 법이 다르므로 아울러 둔다"라고 하였다. 송악(宋樂)에 있었던 창소(唱簫) 2인과 화소(和簫) 10인은 또한 한 때의 제도일 뿐이다.

고취소(鼓吹簫 : 13관)

147-6. 景祐樂記 : "十三管之簫凡三種, 鼓吹部用之" 臣觀, 陳文帝微時, 嘗詣到仲擧時, 獨坐聞簫鼓聲, 有頃帝至, 仲擧異之. 是知簫鼓之樂, 帝王所擅. 豈其吉祥, 亦兆於此歟!

고취소(鼓吹簫)

「경우악기」에 "13관소는 모두 3종이니, 고취부에 쓴다"라고 하였다. 진 문제[18]가 미천한 시절 중거를 방문할 때마다, 우연히도 중거는 홀로 앉아 소(簫)·고(鼓) 소리를 듣고 있었다. 소·고 소리를 듣다 보면 조금 있다가 문제가 이르곤

16 경우(景祐)는 송 인종 당시 1034년~1038년에 쓰던 연호이다.

17 십자보(十字譜) : 12율 4청성을 쉽게 읽을 수 있는 10개의 문자로 줄여서 음의 높낮이를 표시한 기보법이다. 공척보(工尺譜)로도 불리운다.

18 진(陳) 문제(文帝) : ?~566. 무제(武帝)의 조카다. 양나라 때 진패선(陳霸先)을 따라 광릉으로 북정(北征)을 나서 양주자사 장표(張彪)를 평정하여 위세를 크게 떨쳤다. 진나라에 들어와 임천왕(臨川王)에 봉해지고, 무제가 죽은 뒤 즉위하여 7년 동안 통치했다.

했으므로 중거가 신기하게 여겼다. 이를 보면, 소·고와 같은 악기는 제왕의 전유물임을 알겠다. 또한 길한 상서가 소·고 소리로 조짐이 나타난 것일 수도 있겠다.

이충소(李冲簫 : 23관)

이충소(李冲簫)

147-7. 唐李冲所傳之簫, 凡二十三管. 雖制作不同, 亦一時之制也, 豈惑於郭璞大簫之說邪!

당나라 이충이 전하는 소는 23관이다. 제작이 같지 않지만, 한 때의 제도이니, 어쩌면 곽박의 대소(大簫) 설명에 현혹된 것이리라.[19]

봉소(鳳簫)

147-8. 洞冥記 : "帝常夕東望, 有青雲焉, 俄見雙鵠集於臺上. 有頃化爲神女, 舞於臺下, 握鳳管之簫, 撫[20]落霞之琴, 歌清吳春波之曲", 亦鄰於怪矣.

19 곽박은 『爾雅』 釋樂 7-10에서 대소(大簫)는 23관이고 소소(小簫)는 16관이라고 주를 냈다.

20 대본에는 '舞'로 되어 있으나, 『洞冥記』에 의거하여 '撫'로 바로잡았다.

『동명기』[21]에 "한 무제가 어느 날 저녁 동쪽을 바라보니, 푸른 구름 사이로 갑자기 두 마리의 고니가 누대 위로 날아들더니, 얼마 후 선녀로 변하여 누대 아래에서 너울너울 춤추었으며, 봉소를 불고 낙하금을 타면서 《청오춘파지곡》을 노래했다"라고 했다. 그러나 이는 괴이한 일에 가깝다.

봉소(鳳簫)

취소(吹簫)

147-9. 一人執規, 十手自員,[22] 一人吹簫, 長短皆應. 故君乎上而善吹者, 漢之靈帝也. 臣乎下而善吹者, 伍子胥周勃之徒也. 至於簫史吹之, 而雀鶴自至, 馬先生善之, 而木人作使[23], 其精妙蓋有如此者矣. 白虎通曰: "簫者中呂之氣也" 易說曰: "夏至之樂, 補以簫" 春秋說曰: "夏至作樂, 間以簫笙" 然則簫爲中呂之氣, 夏至之音, 豈不信哉? 月令: "仲夏之月, 令樂師均管簫", 亦此意也.

콤파스를 손에 쥐면 어느 누가 그려도 동그랗게 원을 그릴 수 있듯이, 한 사람이 소(簫)를 불면 다른 악기의 연주자들이 그에 맞추어 조율한다. 임금으로서 소를 잘 분 자는 한 영제[24]이고, 신하로 소를 잘 분 자는 오

21 동명기(洞冥記): 후한의 곽헌(郭憲)이 신선·도술 및 변방의 기이한 일들을 기록한 책.

22 대본에는 '負'로 되어 있으나, 사고전서 『樂書』에 의거하여 '員'으로 바로잡았다.

23 대본에는 '史'로 되어있으나, 사고전서 『樂書』에 의거하여 '使'로 바로잡았다.

24 한(漢) 영제(靈帝): 156~189. 환관 조절(曹節) 등을 중용하고 이응(李膺) 등 백여 명을 죽이는 등 당고(黨錮)의 재앙이 다시 일어났다. 공개적으로 관직에 가격을 매겨

자서[25]와 주발[26]이다. 소사(簫史)[27]가 소를 불면 새들이 날아들고, 마선생이 잘 불어서 나무인형이 움직였으니, 그 정묘함이 이와 같았다.

『백호통』에 "소는 중려의 기이다"라고 하고, 『역설』에 "하지의 음악은 소로 보충한다"라고 하고, 『춘추설』[28]에 "하지에 음악을 연주할 때는 사이사이에 소와 생을 연주한다"라고 하였으니, 소가 중려의 기로서 하지의 음이 된다는 것을 어찌 믿지 않을 수 있겠는가? 「월령」에 "중하(仲夏:5월)에 악사로 하여금 관·소의 음을 고르게 한다"[29]라고 한 것 또한 이러한 뜻이다.

팔고 토지세를 늘리는 등 재원을 모아 궁실을 대대적으로 보수했다. 184년에 황건적의 반란이 일어났으며, 22년 동안 재위했다.

25 오자서(伍子胥) : 춘추시대 초나라의 대부. 간신 비무극의 흉계로 부친과 형이 억울하게 처형되자, 오나라로 도망가 공자 합려를 도와 왕으로 즉위시키고, 군사 강국으로 발전시켜 B.C.506년에 초나라를 침공하여 초 평왕의 무덤을 파헤쳤다. 합려가 월나라와의 전투에서 사망하자 그 아들인 부차(夫差)를 지성껏 보필하여 월나라를 B.C.494년에 궤멸시켰다. 그러나 월나라의 이간책과 백비의 참소로 B.C.484년에 자결을 명령받았다.

26 주발(周勃) : 미상~B.C.169. 유방(劉邦)을 좇아 여러 차례 진(秦)나라 군대를 격파하고, 항우를 공격하는 데 따라가 천하를 평정했다. 고조(高祖) 6년(B.C.201) 강후(絳侯)에 봉해졌다. 여후(呂后)가 죽은 뒤 여씨들이 유씨들을 위협할 때 진평(陳平)과 함께 여씨들을 죽이고 한나라 왕실을 안정시켰다. 문제를 옹립한 뒤 우승상에 올랐으나, 공이 높으면 재앙을 초래한다고 여겨 병을 핑계로 사직했다.

27 소사(簫史) : 진(秦) 목공(穆公) 때 도술이 있고 소를 잘 불던 사람. 그가 소를 불면 봉황이 날아왔다. 목공의 딸 농옥과 혼인을 한 뒤 부부가 신선이 되어 봉황을 타고 날아갔다고 한다.

28 춘추설(春秋說) : 송대 가현옹(家鉉翁)이 지은 『춘추상설(春秋詳說)』일 것이다.

29 『禮記』 月令 6-45.

칠공약(七孔籥)

147-10. 劉熙釋名曰 : "籥躍也, 氣躍而出也. 古者取卯地之竹, 以爲籥, 春分之音, 萬物振躍而出也" 然三漏之籥, 所以通中聲, 先王之樂也. 七漏之籥, 所以備二變, 世俗之樂也. 聶崇義禮圖所傳, 幷今太常所用者, 三孔而已, 豈亦得先王之制歟!

유희[30]의 『석명』에 "약(籥)은 뛸 약(躍)과 통하니, 기운이 활발하게 약동한다는 뜻이다. 옛날에 동쪽 지역의 대나무를 잘라서 약을 만들었으며, 춘분의 음(音)인 약은 만물을 약동시켜 자라게 한다"라고 하였다. 3공(孔)의 약은 중성과 통하므로 선왕의 악기이지만, 7공의 약은 2변성이 구비되어 있으므로 세속의 악기이다. 섭숭의(聶崇義)[31]의 『삼례도』에 전하는 것은 지금 태상시에서 쓰는 것처럼 3공뿐이니, 아마 선왕의 제도일 것이다.

칠공약
(七孔籥)

상조지(霜條篪)

147-11. 劉熙釋名曰 : "篪啼也, 聲從孔出, 如嬰兒啼聲也" 廣雅曰 : "篪

30 유희(劉熙) : 후한의 훈고학자. 문자의 의미를 설명할 때, 그 문자와 같거나 근사(近似)한 음을 가진 문자로 해석하는 음훈(音訓)의 방법을 이용하여 『석명(釋名)』을 지었다.

31 섭숭의(聶崇義) : 후한 건우(乾佑) 연간에 국자예기박사가 되어 『춘추공양전』을 교정하여 간행했고, 후주 현덕(顯德) 중에 국자사업(國子司業) 겸 태상박사에 이르렀다. 태조 건륭(建隆) 3년(962) 자신이 교정한 『삼례도』를 올렸는데 황제가 윤졸(尹拙)과 두의(竇儀)의 교정을 거쳐 반포했다.

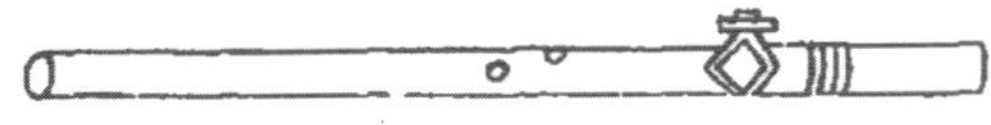
상조지(霜條篪)

以竹爲之, 長尺四寸, 有六孔, 前一後四頭一" 月令:"仲夏之月調篪" 蓋調之, 使和故也. 洞冥記所謂 '吹霜條之篪', 亦豈過是? 東觀漢記:"明帝幸南陽舊宅, 作雅樂, 奏鹿鳴, 用塤篪和之, 以娛嘉賓", 信乎一時之和樂也. 齊書載:"世祖作伎樂於南康, 有絲而無管, 俄聞空中有篪聲, 調節相應" 一何怪哉?

유희의 『석명』에 "지(篪)는 울 제(啼)와 통하니, 구멍을 통해 나오는 소리가 어린애 우는 소리와 같다"라고 하고, 『광아』에 "지는 대나무로 만들고, 길이가 1척 4촌이고 6공인데. 앞에 1, 뒤에 4, 위에 1가 있다"라고 하고, 「월령」에 "중하(5월)에 지를 조율한다"[32]라고 하였다. 조율하는 것은 조화롭게 하기 위한 것이다. 『동명기』에 '상조(霜條)의 지를 분다'고 한 것 또한 어찌 이것과 다르리오?

『동관한기』[33]에 "명제[34]가 남양의 옛집에 행차했을 때 아악을 연주하는데, 《녹명》을 부르고 훈과 지로 조화롭게 하여 귀한 손님을 즐겁게 하였다"라고 했으니, 참으로 한 시대의 화평한 음악이다. 한편 『제서(齊書)』에 "세조가 기악(伎樂)을 남강에서 베풀 때 현악기만 있고 관악기가 없었는데, 갑자기 공중에서 지 소리가 들리어 조화롭게 서로 응하였다"라고 했으니, 참 기이한 일이다.

---

32 『禮記』 月令 6-45 「是月也, 命樂師修鞀鞞鼓, 均琴瑟管簫, 執干戚戈羽, 調竽笙篪簧, 飭鍾磬柷敔」

33 동관한기(東觀漢記): 후한 때 문헌의 수집과 정리를 담당하던 동관(東觀)에서 편찬한 역사서. 광무제 때부터 후한 말인 영제 때까지의 사적을 다루고 있다.

34 명제(明帝): 재위 57~75. 광무제를 이어 한나라 회복 사업을 공고히 했다. 재위 57~75. 일찍이 채음(蔡愔) 등을 천축에 보내 불법을 구하고, 낙양에 백마사(白馬寺)를 세우고 불경을 번역하게 하면서, 중국에 처음으로 불교가 전파되도록 했다. 북쪽의 흉노를 평정하고, 반초(班超)를 서역에 파견해서 친선을 도모했다.

취지(吹篪)

147-12. 禮言吹篪掌之笙師, 詩言吹篪主之仲氏, 則篪亦笙類, 而仲氏以況中聲出焉, 先王之雅樂也. 故後世推善吹者, 前有伍子胥, 後有[35]朝雲而已. 洛陽伽藍記述 : "後魏河間王琛, 有朝雲者, 善吹篪, 能爲團扇歌隴上聲. 及琛爲秦州刺史, 屢討叛羌, 不勝. 因令朝雲吹之, 羌人聞者, 皆感泣而降. 故秦語曰, 快馬健兒, 不如老嫗吹篪", 信乎樂之感人如此. 苟以之移風易俗, 天下胡爲而不寧哉?

古史考曰 : "古有篪尙矣. 蘇成公善篪, 而記者因以爲作誤也." 或謂, 暴辛公所造, 益無據矣. 舊志以篪爲管, 是不知篪春分之音, 而管十二月之音也.

『주례』에 '생사(笙師)가 지를 부는 것을 관장한다'[36] 라고 하고, 『시경』에 '아우가 지를 분다'[37] 라고 했으니, 지 또한 생황과 같은 관악기 종류이다. '아우(仲氏)가 지를 분다'는 것은 지에서 중성이 나오는 것을 비유하니, 지는 선왕의 아악기이다.

후세에 지를 잘 분 자로는 춘추시대의 오자서와 그 후대의 조운이 있을 뿐이다. 『낙양가람기』에 "후위 하간왕 침에게 조운이란 계집종이 있었는데, 지를 잘 불어서 《단선가(團扇歌)》와 《농상성(隴上聲)》을 능수능란하게 연주했다. 침이 진주자사로 있을 때 반란을 일으킨 강족을 여러 차례 토벌하려했으나 이기지 못했다. 〈조운을 가난한 노파로 변장시켜〉[38]

35 대본에는 없으나, 사고전서 『樂書』에 의거하여 '有'를 보충하였다.

36 『周禮』 春官/ 笙師 0.

37 『詩經』 小雅 / 何人斯.

38 문맥상 『太平廣記』 권236 「元琛 : (…中略…) 有婢朝雲善吹篪, 能爲團扇歌隴上聲. 琛爲秦州刺史, 諸羌外叛屢討之, 不降. 琛令朝雲假爲貧嫗吹篪而乞, 諸羌聞之悉皆流涕, 迭相謂曰 : "何爲棄墳井在山谷爲寇耶?" 相率歸降. 秦民語曰 : "快馬健兒不如老嫗吹篪"」의 구절을 참조하여 보충하여 넣고 〈 〉 표시하였다.

지를 불게 했더니, 강족이 이를 듣고는 눈물을 흘리며 항복했다. 그러므로 진주 사람들이 '날센 말을 타고 달리는 건장한 남아가 지를 부는 노파만 못하다'라고 말하였다" 라고 하였으니, 진실로 음악이 사람을 감동시키는 것이 이와 같다. 악으로 풍속이 아름답게 바뀌면, 천하가 어찌 편안하지 않겠는가?

『고사고(古史考)』[39]에 "고대에 지가 있었으니, 오래되었다. 소성공[40]은 지를 잘 불었는데, 기록하는 자들이 이로 인해 소성공을 악기 만든 자로 서술한 것은 잘못이다"라고 하였다. 혹 '포신공이 지를 만들었다'고 말한 자도 있는데, 이는 더욱 터무니없다. 『구지(舊志)』에 지를 관(管)[41]으로 잘못 풀이한 것은, '지는 춘분의 음이고 관은 12월의 음인 것'을 몰랐기 때문이다.

---

39 고사고(古史考) : 삼국시대 촉한의 초주(譙周)가 지은 역사서. 사마천의 『사기』가 유교 경전 뿐 아니라 제자백가의 설까지 인용한 것을 비판하고, 유교경전에 비추어 『사기』의 오류를 교정하였다.

40 소성공(蘇成公) : 주나라 평왕 때의 제후.

41 관(管) : 관대 둘을 붙여서 만든 악기로, 『風俗通義』에 관(管)을 '12월의 음'이라고 설명하였다.

권148 악도론(樂圖論)

속부(俗部)/ 팔음(八音)/ 죽지속(竹之屬)

쌍관(雙管) · 황종관(黃鍾管) · 대려관(大呂管)

148-1. 樂法圖曰："東律主黃鍾, 聖人吹管, 知律管音調, 則律歷正矣" 然則黃鍾之管九寸, 與長尺之制異矣. 九寸之管, 主黃鍾, 則十寸之管應十日, 可知矣. 揚雄曰："聲生於日" 言黃鍾管如此, 則大呂管可知也. 唐李沖謂："管有一定之聲, 絃多舒緩之變. 故捨旋宮琵琶, 制旋宮雙管法." 雖存於簡易道, 實究於精微矣. 然大呂管通五均則是, 黃鍾管通七均非也.

『악법도』에 "동율(東律)은 황종을 주관한다. 성인이 관(管)을 불어서 율관의 음을 고르게 하면 율력이 바르게 된다"라고 하였으니, 황종관 9촌은 장척(長尺)의 제도와는 다르다. 9촌관이 황종을 주관하니, 10촌관은 10

일에 응함을 알 수 있다. 양웅은 "성(聲)은 해(日 : 天干)에서 생겨난다"[1]라고 하였다. 황종관이 이러하니, 대려관도 미루어 알 수 있다.

당나라 이충이 "관은 한결같은 소리를 내지만, 현은 늘어지는 경향이 있다. 그러므로 선궁비파법을 버리고 선궁쌍관법을 만들었다"라고 하였다. 이는 간편하게 하면서 실은 정미함을 궁구한 것이다.

한편 대려관이 5균(均)을 통하는 것은 옳지만, 황종관이 7균을 통하는 것은 잘못이다.

쌍관(雙管)

칠성관(七星管)

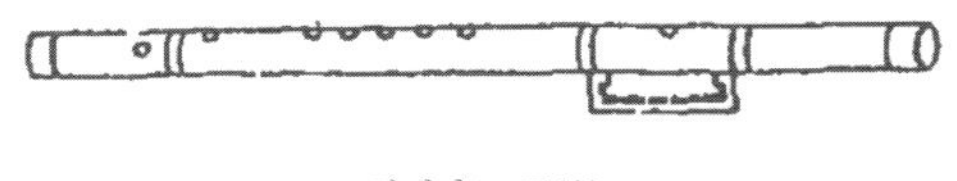

칠성관(七星管)

148-2. 廣雅曰 : "管象篪, 長尺圍寸, 有六孔, 無底" 風俗通說文皆曰 : "管漆竹, 長一尺, 六孔. 十二月之音, 象物貫地而牙故也" 蔡邕章句曰 : "管者形長一尺圍寸, 有孔無底. 其器今亡" 以三者推之, 管象篪而六孔, 長尺圍寸而無底, 十二月之音也.

唐之七星管, 古之長笛也. 一定爲調合[2]鐘磬之均, 各有短長, 應律呂之度. 蓋其狀如篪而長, 其數盈尋而七竅, 橫以吹之. 旁一竅, 幎以竹膜而爲助聲, 唐劉係所作也. 用之雅樂, 豈亦溺於七音歟? 班固曰 : "黃帝作律, 以玉爲管, 長尺六孔, 爲十二月音" 其言十二月音則是, 至於論以

1 『太玄經』(漢 揚雄 撰) 卷8 玄數.

2 대본에는 '谷'으로 되어 있으나, 사고전서 『樂書』에 의거하여 '合'으로 바로잡았다.

王爲管, 是不考黃帝取嶰竹之過也.【顧況有七星管歌, 有龍吟四澤欲興雨, 鳳引九鶵驚宿鳥之句.】

『광아』에 "관은 지처럼 생겼다. 길이는 1척, 둘레는 1촌이며, 6공이 있고 밑이 없다"라고 하고, 『풍속통』과 『설문』에 모두 "관은 대나무를 옻칠하여 만드는데, 길이는 1척이고 6공이다. 12월의 음이니 땅을 뚫고서 싹트는 것을 상징한다"라고 하고, 『채옹장구』에 "관은 길이가 1척이고 둘레가 1촌이며, 지공이 있고 밑은 없다. 그러나 이 악기는 지금은 없어졌다"라고 하였다. 이 세 설명을 미루어보면, 관은 지처럼 생겼고, 6공이며, 길이는 1척, 둘레는 1촌이고, 밑은 없으며, 12월의 음이다.

당나라의 칠성관은 옛날의 장적(長笛)이다. 반드시 종·경의 균(均)과 어울리게 길이를 정하여 율려의 도수에 맞게 하였다. 지처럼 생겼는데, 좀 길어서 1심(尋)이나 된다. 7공이며, 가로로 잡고 부는데, 곁에 있는 1공을 대나무의 얇은 막[竹膜]으로 덮어서 소리 내는 데 도움이 되도록 했으니, 당 유계(劉係)가 만든 것이다. 아악에 썼는데, 어찌하여 또한 7음에 빠지고 말았는가?

반고[3]는 "황제(黃帝)가 율을 만들 때 옥으로 관을 만들었으며 길이가 1척이고 6공이며, 12월의 음이다"라고 했는데, 12월의 음이라고 말한 것은 옳지만, 옥으로 관을 만들었다고 설명한 것은, '황제가 해죽(嶰竹)을 취했다'는 글을 살피지 못해 빚은 잘못이다.【고황(顧況)[4]의 《칠성관가(七星管歌)》에 "용이 사방 연못에서 우니 비가 내리려 하고, 봉황이 아홉 마리

3 반고(班固) : 32~92. 아버지(班彪)의 뜻을 이어받아 전한의 역사서인 『한서』를 완성시켰다. 그는 한조(漢朝)가 중국 상대(上代) 성왕(聖王)들의 이상을 정치적으로 실현할 큰 사명을 지고 있다는 신념 밑에서 1백 20권에 달하는 이 책을 썼으며, 역대 정사의 기준이 되어 왔다. 화제(和帝) 때 대장군 두헌(竇憲)을 따라 흉노 정벌에 종군했다가 실패하여 투옥되어, 옥사하였다.

4 고황(顧況) : 당 숙종 때인 757년에 진사가 되었고 덕종 때 비서랑이 되었다. 시가를 잘 지었고, 산수화에도 능했다. ≪해구영(海鷗詠)≫을 지어 권귀(權貴)들을 풍자하다 미움을 받았다. 대표작에 ≪죽지사(竹枝詞)≫ ≪공자행(公子行)≫ ≪행로난(行路難)≫ 등이 있고, 저서에 『화양집(華陽集)』이 있다.

새끼를 데리고 가니 자던 까마귀가 놀라네"라는 구절이 있다.】

쌍봉관(雙鳳管)

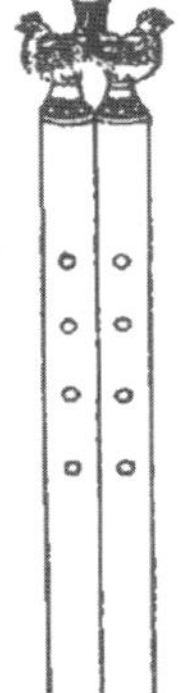
쌍봉관(雙鳳管)

148-3. 雙鳳管蓋合兩管, 以足十二律之音. 管端施兩[5]簧, 刻鳳以爲首. 左右各四竅, 左具黃鍾至仲呂之聲, 右具蕤賓至應鍾之聲. 古者截候[6]氣律管, 併而吹之, 以達六陰六陽之聲. 其制不過如此, 升之雅樂可也.

쌍봉관은 두개의 관을 나란히 합쳐서 12율을 낸다. 관 끝에 두개의 황(簧 : 울림쇠)을 붙이고, 봉황을 조각하여 꼭대기를 장식했다. 좌우에 각각 4공이 있는데, 좌측에서 황종에서 중려까지 나고, 우측에서 유빈에서 응종까지 난다. 옛날에 후기율관[7]을 만들어 이를 나란히 하여 불어서 6음·6양의 소리를 냈다. 쌍봉관의 제도가 이와 같으니, 아악으로 편입시키는 것이 옳다.

---

5 대본에는 '同'으로 되어 있으나, 사고전서 『樂書』에 의거하여 '兩'으로 바로잡았다.

6 대본에는 '侯'로 되어 있으나, 사고전서 『樂書』에 의거하여 '候'로 바로잡았다.

7 후기율관(候氣律管) : 후기(候氣)할 때 쓰이는 율관. 토실(土室)을 삼중으로 만들어 조금도 빈틈이 없게 하고, 토실 가운데에 명주를 펴고 그 위에 12율관을 각각 방위에 따라 안치한 다음, 중추(仲秋)의 백로(白露)에 갈대 속청을 태운 재로 율관을 채우고 그 기(氣)를 살피는 것이다. 절기가 되면 각각 그 절기에 해당하는 율관의 재가 날아 움직인다고 한다.

태평관(太平管)

148-4. 太平管, 形如跋膝而九竅, 具黃鍾一均. 所異者, 頭如觱篥爾. 唐天寶中, 史盛所作也. 然九竅, 則陽數之窮, 失古人所以道中聲之意也.

태평관은 발슬관처럼 생겼고, 9공이며 황종 1균을 갖추었다. 발슬관과 다른 점은 머리가 피리처럼 생겼다는 것이다. 당 천보(742~756) 중에 사성(史盛)이 만들었다. 9공에서 9라는 수는 양수의 끝이므로, 옛사람이 중성을 인도하는 뜻을 잃은 것이다.

태평관
(太平管)

낙타관(駱馳管)

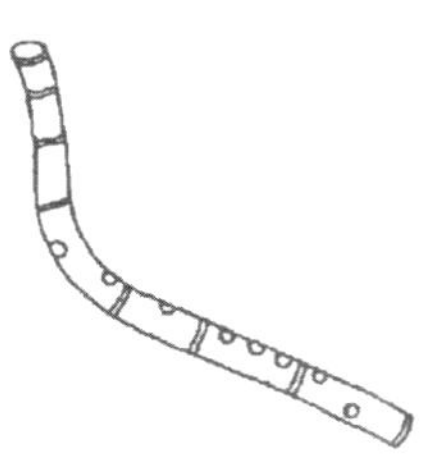

낙타관(駱馳管)

148-5. 駱駝管, 其首如槖駝[8], 因以立名. 唐樂圖有之, 非古制也.

낙타관은 그 머리가 낙타처럼 생겼으므로 붙여진 이름이다. 『당악도』에 실려 있으나, 고제는 아니다.

8 대본에는 '它'로 되어 있으나, 사고전서 『樂書』에 의거하여 '駝'로 바로잡았다.

발슬관(跋膝管)

148-6. 跋膝管, 其形如篴而短, 與七星管如篪而長者, 異矣. 唐淸樂部用之. 然 亦七竅, 具黃鍾一均, 其失又與七星管同制.

발슬관은 적(篴)처럼 생겼는데 짧아서, 칠성관이 지(篪)처럼 생기고 긴 것과는 다르다. 당 청악부에서 썼다. 이 또한 7공으로서 황종 1균을 갖추었는데, 칠성관처럼 변치·변궁을 포함한 7음을 내는 점이 잘못되었다.

발슬관
(跋膝管)

공신관(拱辰管 : 6공)

148-7. 聖朝乾德中, 太常和峴, 論樂府手笛之制, 如雅笛而小, 其長九寸, 與黃鍾之管相埒, 其竅有六, 與雅聲相應. 然四竅在左, 兩竅在右, 笛工兩手 交叉而拱之, 因更名拱辰管. 而鼓吹登歌用焉, 與唐呂才歌白雪,[9] 馬滔[10]進太一樂等, 列之宮縣, 旋宮爲八十四調, 亦可謂近雅矣. 然旋宮之制, 不本於周官之三宮八十四調, 尙溺於七音之失, 未全乎古樂之發也. 幸而太宗皇帝造九絃之琴, 列之太樂. 而拱辰亦自此廢, 豈非有意復古歟?

성조 건덕(963~968) 중에 태상박사 화현[11]이 악부의 수적(手笛) 제

공신관
(拱辰管

9 대본에는 '雲'으로 되어 있으나, 『舊唐書』 권28에 의거하여 '雪'로 바로잡았다.

10 대본에는 '蹈'로 되어 있으나, 사고전서 『樂書』에 의거하여 '滔'로 바로잡았다.

11 화현(和峴) : 933~988. 후진(後晉) 때 문음(門蔭)으로 벼슬했고, 송 초에 태상박사에 올랐다. 음률에 정통하여 일찍이 낙양사(洛陽司) 천태영(天台影)의 표석척제(表石尺制)의 율려를 교정했다. 저서에 『봉상집(奉常集)』이 있다.

도를 논하길, '아적(雅笛)과 같은데 작다. 길이 9촌은 황종관과 같고, 6공은 아성(雅聲)과 상응한다. 4공은 왼쪽에 있고 2공은 오른쪽에 있어서, 적공(笛工)이 두 손으로 엇갈리게 잡으므로 공신관으로 이름을 바꾸었다'고 하였다. 고취와 등가에 쓰이고, 당나라 여재(呂才)[12]가 노래한 《백설》과 사마도가 올린 태일악[13] 등과 함께 궁현에 진설되고, 선궁(旋宮)하여 84조를 만드니, 아악에 가깝다고 할 수 있다. 그러나 선궁 제도가 『주례』의 3궁 84조에 근본하지 않고 7음에 빠지는 실수를 했으니, 온전히 고악이 발현된 것은 아니다. 다행히도 태종황제가 9현금을 만들어 태악에 진설하면서부터 공신관이 폐기되었으니, 어쩌면 고제를 회복하는 데 뜻을 둔 것이 아니겠는가?

소화관(昭華琯)

148-8. 昔漢高祖入咸陽, 周行府庫. 殊珍異寶蓋亦不貲, 其尤驚異者, 有笛長二尺三寸, 其銘曰, 昭華琯焉. 隋煬帝將幸江都時, 有樂工子吹安公子曲.[14] 其父怪而問之, 其子對曰 : "宮中新翻也" 其父欷歔謂其子曰 : "宮者君也, 商者臣也, 宮聲往而不返, 非吉祥也" 其精鑒如此.

옛날에 한 고조가 함양에 입성하여 창고를 죽 둘러보니, 매우 진

소화관
(昭華琯)

12 여재(呂才) : 606~665. 태상박사와 태상승을 역임했고, 조효손과 함께 당 태종을 도와 음악을 정비했다.

13 태일악(太一樂) : 당 개원(713~741) 연간에 사마도(司馬滔)가 바친 악기로 금(琴)과 비슷하게 생겼다. 〈『樂書』 144-6 참조〉

14 대본에는 '有安公子於笛中吹曲'으로 되어 있으나, 사고전서 『樂書』에 의거하여 '樂工子吹安公子曲'으로 바로잡았다.

기한 보배가 헤아릴 수 없이 많았는데, 그 중에서 특히 경이로운 것은 '소화관'이라고 새겨져 있는 2척 3촌짜리 적(笛)이었다.

수 양제가 강도(江都)를 순행할 때, 악공[15]의 아들이 《안공자곡》을 불거늘, 그 아버지가 선율이 기이하여 물으니, 아들이 "이 곡은 궁중에서 연주되는 새로운 곡입니다"라고 답했다. 아버지가 탄식하면서 아들에게 말하기를, "궁은 임금을 상징하고 상은 신하를 상징하는데, 궁성이 갔다가 돌아오니 않으니, 좋은 조짐이 아니다"라고 했으니, 정밀한 감식이 이와 같았다.[16]

소관(簫管) 【척팔관(尺八管) · 중관(中管) · 수적(竪篴)】

148-9. 簫管之制, 六孔. 旁一孔, 加竹膜焉, 具黃鍾一均聲. 或謂之尺八管, 或謂之竪笛, 或謂之中管. 尺八其長數也, 後世宮縣用之. 竪[17]篴, 其植如篴也. 中管, 居長篴短篴之中也. 今民間謂之簫管, 非古之簫與管也.

소관(簫管)은 6공이며, 곁의 1공에 대나무의 얇은 막을 붙이고 황종 1균성을 갖추었다. '척팔관'이라고도 하고 '수적'이라고도 하며 '중관'이라고도 한다. 척팔은 관 길이가 1척 8촌이란 뜻이며, 후세에 이것

소관(簫管)

15 『隋書』 권78과 『文獻通考』 권129에 따르면 악공의 이름은 王令言이다.

16 618년에 수 양제가 강도를 순행하다가 신하 우문화급(宇文化及)에게 살해된 일을 가리킨다.

17 대본에는 '取'로 되어 있으나, 사고전서 『樂書』에 의거하여 '竪'로 바로잡았다.

을 궁현에 썼다. 수적은 세로로 부는 적(篴)이라는 뜻이고, 중관은 장적(長篴)과 단적(短篴)의 중간이라는 뜻이다. 지금 민간에서 소관이라고 부르는 것은 옛날의 소(簫)와 관(管)을 말하는 것이 아니다.

권149 악도론(樂圖論)

속부(俗部) / 팔음(八音) / 죽지속(竹之屬)

아적(雅笛 : 6공)

149-1. 笛之爲樂, 所以滌蕩邪心, 歸之雅正者也. 後世雅笛之制, 非竅而爲五以合五聲, 必竅而爲六以協六律. 傳緯有六孔之說, 豈雅笛歟! 古者論笛之良, 不過衡陽之簳也. 故師曠得其雄, 宋意得其雌焉, 蓋無異於伶倫[1]斷嶰谷雌雄之竹, 以爲律呂也. 由是觀之, 舜之簫韶九成, 鳳凰至於來儀, 庸詎知非具雌雄之竹邪?

昔唐明皇之時, 海內無事, 號爲太平. 而寧王[2]善橫笛, 歧王善琵琶, 亟召於殿宇, 吹玉簫擊羯鼓, 相與娛樂而已. 故一時達官大臣, 競談音

1 대본에는 '倫伶'으로 되어 있으나, 『文獻通考』 권138에 의거하여 '伶倫'으로 바로잡았다.
2 대본에는 '兩'으로 되어 있으나, 사고전서 『樂書』에 의거하여 '王'으로 바로잡았다.

樂, 淸聲逸韻, 流播萬古. 使後世流連荒亡之徒, 卒陷溺覆轍而不知反, 彼誠有以倡之也. 可不戒哉?

적(笛)이란 악기는 간사한 마음을 씻어내어 아정한 데로 돌아가게 한다. 후세의 아적은 지공(指孔)을 5개 만들어 오성에 합치시키지 않고, 6개 만들어 육률에 적합하게 했다. 전(傳)과 위서(緯書)[3]의 6공설은 어쩌면 아적을 가리킬 것이다. 옛날에 형양의 조릿대로 만든 적을 좋은 것으로 알아주었다. 사광[4]이 수 대나무를 얻고 송의[5]가 암 대나무를 얻은 일은 영윤이 해곡의 암·수 대나무를 잘라서 율려를 만든 것과 다름이 없다. 이로 보건대, 순임금 시절 《소소구성(簫韶九成)》을 연주하자 봉황이 와서 춤추었을 때 어찌 암수의 대로 만든 악기를 갖추지 않았겠는가?

아적(雅笛)

당 명황(현종) 때 나라가 무사하여 태평시대로 불렀다. 영왕은 횡적을 잘 불었고 기왕은 비파를 잘 탔으므로,[6] 자주 궁전으로 불러들여서 옥소(玉簫)를 불고 갈고를 치면서 서로 즐겼으므로, 그 시대의 높은 대신들이 다투어 음악을 이야기해서 풍류놀음이 만고에 전파되었다. 그리하여 후세의 방탕한 무리들이 잘못된 길로 빠져 수레가 엎어져도 반성할 줄 모르게 된 것이 저들로부터 시작되었으니, 경계하지 않을 수 있겠는가?

---

3 위서(緯書) : 한인(漢人)이 경서에 가탁하여, 길흉화복이나 치란흥망을 예언한 책인데 허황된 말이 많음.

4 사광(師曠) : 춘추시대 진(晋) 평공(平公) 때의 악관.

5 송의(宋意) : 전국시대 연(燕) 태자 단(丹)의 문객으로 형가(荊軻)와 우애가 깊었다. 도연명의 ≪영형가(詠荊軻)≫에 '역수 강가에서 송별연을 여니 사방에 영웅들이 떼지어 앉았고, 고점리(高漸離)는 비참하게 축(筑)을 튕기고 송의는 높은 소리로 노래를 하네'라는 구절이 나온다.

6 영왕과 기왕은 현종의 형제들이다.

장적(長笛 : 6공. 척팔과 같은데 길음)·단적(短笛 : 1척 남짓임)

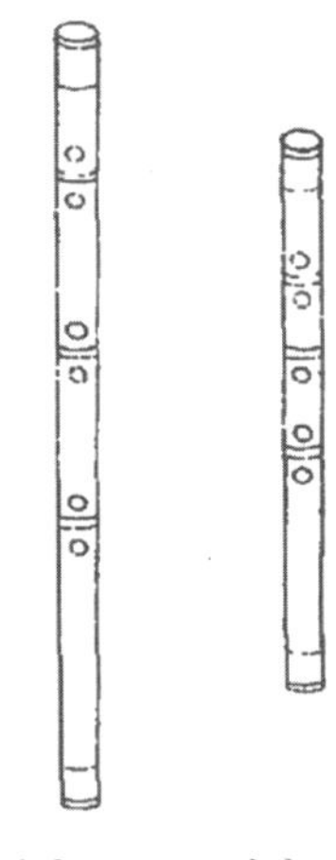
장적(長笛)　단적(短笛)

149-2. 昔人有吹笛而歌曰 : "閑夜寂以清,[7] 長笛亮且鳴" 則長笛六孔, 具黃鍾一均, 如尺八而長. 晉桓子野之所善, 馬融之所頌, 伏滔之所賦, 王子猷之所聞, 相如之所善, 蔡邕之所制也. 魏明帝時, 令和永受笛聲以作律. 歌聲濁者, 用長笛長律, 歌聲清者, 用短笛短律. 古歌詞曰 : "長笛續短笛" 晉劉[8]和善吹, 裁音十二以應律. 劉和之東廂[9]長笛, 四尺二寸. 今樂府所用短笛, 長尺有咫, 此笛長短之辨也.

옛사람이 젓대 부는 것을 보고 노래하기를, "한가로운 밤 적막하고 맑은데, 장적 소리가 청량하게 울리네"라고 하였다. 장적은 6공이고 황종 1균을 갖추었으며, 척팔과 비슷한데 길다. 진나라의 환자야[10]가 잘 불었고, 마융[11]이 송(頌)을 짓고, 복도(伏滔)[12]가 부(賦)를 지었으며, 왕자유[13]의 젓대 사랑이

---

7 대본에는 '以寂清'으로 되어 있으나, 사고전서 『樂書』에 의거하여 '寂以清'으로 바로잡았다.

8 대본에는 '列'로 되어 있으나, 사고전서 『樂書』에 의거하여 '劉'로 바로잡았다.

9 대본에는 '箱'으로 되어 있으나, 『樂書』 124-4에 의거하여 '廂'으로 바로잡았다.

10 환자야(桓子野) : 자야는 환이(桓伊)의 어릴 적 자(字)이다. 환이는 음률에 뛰어나고 총명하여. 왕몽(王濛)과 유담(劉惔)의 인정을 받았다. 예주자사를 역임했고, 우장군(右將軍)에 추증되었다.

11 마융(馬融) : 79~166. 119년에 교서랑이 되어 동관(東觀)의 비서(秘書)를 교정했다. ≪광성송(廣成頌)≫을 올린 것이 등태후(鄧太后)의 심기를 거슬러 금고(禁錮) 당했다가, 태후가 죽은 뒤 환제(桓帝) 때 무도(武都)와 남군(南郡)의 태수를 지냈다. 통유(通儒)로 제자만 천여 명에 이르렀다. 노식(盧植)과 정현(鄭玄) 등을 가르쳤다. 『춘추삼전이동설(春秋三傳異同說)』을 짓고, 『효경』 『논어』 『시경』 『주역』 『상서』 『노자』 『회남자』 등을 주석했다.

12 복도(伏滔) : 태원(太元 : 376~396) 중에 저작랑에 임명되어 국사를 관장했고, 이후에 유격장군이 되었다.

13 왕자유(王子猷) : 미상~388. 왕휘지(王徽之). 자유는 왕휘지의 자(字). 왕희지(王羲

유별났고, 사마상여가 잘 불었으며, 채옹이 만들었다.

위(魏) 명제 때 화영으로 하여금 젓대소리를 듣고 율을 만들게 했는데, 탁한 노랫가락은 장적(長笛)과 장율(長律)을 썼고, 맑은 노랫가락은 단적(短笛)과 단율(短律)을 썼다. 옛 노랫말에 "장적 소리가 단적에 이어 울린다"라고 한 것이 있다. 진(晉)의 유화가 젓대를 잘 불었으므로 12음을 써서 율에 응했는데, 유화의 동상(東廂)에 있는 장적은 4척 2촌이었다. 그러나 지금 악부에서 쓰고 단적은 1척 남짓이다. 장적과 단적은 젓대의 길고 짧음을 분별하여 붙인 이름이다.

쌍적(雙笛 : 5공)

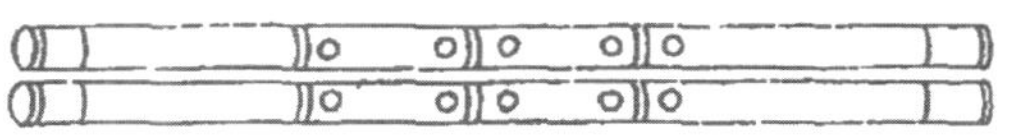

쌍적(雙笛)

149-3. 雙笛之制, 蓋起於後世, 馬融賦之詳矣. 昔[14]京君明, 素識音律, 因四孔之笛, 更加一孔, 以備五音焉. 漢蔡邕之於笛, 非特善相材, 亦善相琴材矣. 彼其眄柯亭之椽, 知其爲良竹, 覩吳爨之木, 知其爲良桐. 已而, 裁之爲笛, 奇聲寥亮, 斲之爲琴, 殊聲獨絶. 自非深窮物理, 通音律者, 孰與此哉?

'쌍적은 후세에 만들어졌으니, 마융의 부(賦)에 상세히 설명되어 있다. 옛날에 경군명(京君明 : 京房)이 본래 음률을 잘 알았으므로, 4공의 적에 1공을 더 만들어 5음을 갖추었다.

之)의 아들로 서예가이다. 대나무를 사랑하여 "하루도 대(竹)가 없으면 살 수 없다"라고 말했다고 전해진다.

14 대본에는 '易'으로 되어 있으나, 사고전서 『樂書』에 의거하여 '昔'으로 바로잡았다.

한나라 채옹은 젓대의 재질 뿐 아니라 금의 재질도 잘 알아보았으니, 가정(柯亭)[15]에서 서까래를 보고는 그것이 좋은 대나무임을 알았고, 오 지역에서 불에 타고 있는 나무를 보고는 그것이 좋은 오동나무임을 알았다. 얼마 후에 그 대를 잘라서 젓대을 만들자 맑게 울려 퍼졌고, 그 오동나무를 깍아서 금을 만들자 깊은 소리가 났으니, 스스로 사물의 이치를 깊이 연구해서 음률에 통달한 자가 아니라면 누가 이와 같이 할 수 있겠는가?

수적(竪笛 : 6공)

수적
(竪笛)

149-4. 竪笛之制六孔. 具黃鍾一均聲, 應十二律之調, 升之雅樂可也. 後世宮縣用之不亦可乎? 晉時, 黃鍾笛三尺八寸, 鍾宗之減爲三尺七寸, 奚縱又減三尺六寸五分, 豈本於此歟?

수적은 6공으로서, 황종 1균성을 갖추어 12율의 조에 응하니, 아악에 편입시키는 것이 옳다. 따라서 후세에 궁현에 쓴 것 또한 옳지 않은가? 진나라 때 황종적이 3척 8촌이었는데, 종종지가 3척 7촌으로 줄이고, 해종이 또 3척 6촌 5분으로 줄인 것은[16] 어쩌면 수적(竪笛)에 근거한 것인가?

---

15 가정(柯亭) : 절강성 서남쪽의 지명으로 품질이 좋은 대나무 산지이다.

16 유송(劉宋) 문제 때인 432년에 태악령 종종지가 종경을 조율했는데, 437년에 치서령(治書令) 사해종(史奚縱)이 다시 고쳤다.

수적(手笛 : 6공. 아적과 같은데 작음)

149-5. 和峴論太樂手笛之制, 如雅笛而小, 其長九寸, 與黃鍾律管等矣, 其孔有六, 與羌笛同矣. 昔宗同善吹, 以爲新引, 唐雲朝霞善吹, 以爲新聲, 孫處秀善吹, 而作犯[17]調, 李牟善奏而風至, 皆一時妙手也.

화현은 '태악의 수적(手笛)은 아적(雅笛)과 비슷한데 작고, 황종율관처럼 길이가 9촌이며, 강적(羌笛)처럼 6공이라'고 하였다. 옛날에 종동이 잘 불어서 신인(新引)을 만들었고, 당나라 운조하가 잘 불어서 신성(新聲)을 만들었으며, 손처수가 잘 불어서 범조(犯調)를 지었고, 이모가 잘 불어서 바람이 이르렀으니,[18] 모두 한 시대의 뛰어난 음악가였다.

수적
(手笛)

칠공적(七孔笛)

149-6. 風俗通曰 : "笛滌也. 所以滌邪穢, 納之雅正也. 長尺四寸, 七孔" 樂書曰 : "笛者滌也, 可以滌蕩邪氣, 出揚正聲. 七孔, 下調漢部用之" 蓋古之造笛, 剪雲夢之霜筠, 法龍吟之異[19]韻, 所以滌蕩邪氣, 出揚正聲者也. 其制可謂善矣. 然用七孔以道七音, 非先王之制也.

칠공적(七孔笛)

17 대본에는 '怨'으로 되어 있으나, 사고전서 『樂書』에 의거하여 '犯'으로 바로잡았다.

18 이모(李牟)는 개원(713~741) 연간의 젓대 명인이었는데, 어느 해 가을 밤 과주(瓜洲)에서 젓대를 불자, 미풍이 솨아 불어왔다고 한다. 〈『太平廣記』 권204〉

19 대본에는 '笛'으로 되어 있으나, 사고전서 『樂書』에 의거하여 '異'로 바로잡았다.

『풍속통』에 "적(篴)은 씻을 척(滌)과 통하니, 간사하고 더러운 것을 씻어내고 아정한 것을 받아들인다. 길이가 1척 4촌이고 7공이다"라고 하였다. 『악서』에 "적은 씻는다는 뜻이니 간사한 기운을 씻어내고 정성을 드날린다. 7공이다. 하조한부(下調漢部)에 쓰인다"라고 하였다. 옛날에 적을 만들 때 운몽 지역의 서리 맞은 대나무를 잘라서 용음(龍吟)[20]을 내도록 한 것은 간사한 기운을 씻어내서 정성을 드날리기 위함이니, 그 제도가 훌륭하다고 할 수 있다. 그러나 7공을 만들어 7음을 낸 것은 선왕의 제도는 아니다.

십이율적(十二律篴)

149-7. 漢蔡邕, 推五聲十二律還相爲宮之法, 制十有二篴. 故黃鍾之篴, 正聲應黃鍾, 下徵應林鍾, 長二尺八寸四分四氂有奇. 正聲調法, 黃鍾爲宮, 應鍾爲變宮, 南呂爲羽, 林鍾爲徵, 蕤賓爲變徵, 姑洗爲角, 太簇爲商. 然宮生徵, 黃鍾生林鍾. 徵生商, 林鍾生太簇. 商生羽, 太簇生南呂. 羽生角, 南呂生姑洗. 角生變宮, 姑洗生應鍾. 變宮生變徵, 應鍾生蕤賓.

下徵調法, 林鍾爲宮, 南呂爲商, 應鍾爲角, 黃鍾爲變徵, 太簇爲徵, 姑洗爲羽, 蕤賓爲變宮. 淸角之調, 姑洗爲宮, 蕤賓爲商, 林鍾爲角, 南呂爲變徵, 應鍾爲徵, 黃鍾爲羽, 太簇爲變宮.

凡篴體用角律, 其長者八之, 短者四之. 空中實容, 長者十六. 三宮, 二十一變也. 伏空四, 所以便事用也. 大呂之篴, 正聲應大呂, 下徵應夷

20 용음(龍吟): 용의 울음이라는 뜻으로 관악기 소리가 높고 큰 것을 형용하는 말이다.

則, 長二尺六寸六分三釐有奇. 太簇之笛, 正聲應太簇, 下徵應南呂, 長二尺五寸三分一釐有奇. 夾鍾之笛, 正聲應夾鍾, 下徵應無射, 長二尺四寸. 姑洗之笛, 正聲應姑洗, 下徵應應鍾, 長二尺二寸三分三釐有奇. 蕤賓之笛, 正聲應蕤賓, 下徵應大呂, 長三尺九寸九分五釐有奇. 林鍾之笛, 正聲應林鍾, 下徵應太簇, 長三尺七寸九分七釐有奇. 夷則之笛, 正聲應夷則, 下徵應夾鍾, 長三尺六寸. 無射[21]之笛, 正聲應無射, 下徵應中呂, 長三尺二寸. 應鍾之笛, 正聲應應鍾, 下徵應蕤賓, 長三尺九寸九分六釐有奇.

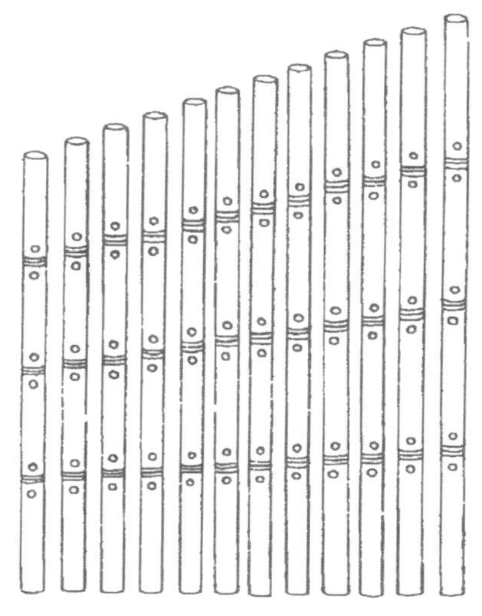
십이율적(十二律笛)

其法可謂詳矣. 然不知去二變, 以全五音, 去六十律, 以全十二律, 其於先王之制, 不亦遠乎?

한나라의 채옹이 5성 12율의 선상위궁법을 미루어 12개의 적을 만들었다. 그러므로 황종적은 정성이 황종에 응하고, 하치(下徵)는 임종이 되며, 길이는 2척 8촌 4분 4리 남짓이다.

정성의 조법은 황종이 궁이 되고, 응종이 변궁이 되며, 남려가 우가 되고, 임종이 치가 되고, 유빈이 변치가 되고, 고선이 각이 되고, 태주가 상이 된다. 즉, 궁이 치를 낳으니 황종이 임종을 낳고, 치가 상을 낳으니 임종이 태주를 낳고, 상이 우를 낳으니 태주가 남려를 낳고, 우가 각을 낳으니 남려가 고선을 낳고, 각이 변궁을 낳으니 고선이 응종을 낳고, 변궁이 변치를 낳으니 응종이 유빈을 낳은 것이다.

하치의 조법은 임종이 궁이 되고, 남려가 상이 되고, 응종이 각이 되

21 대본에는 '南呂'로 되어 있으나, 『樂律表微』에 의거하여 '無射'으로 바로잡았다.

고, 황종[22]이 변치가 되고, 태주가 치가 되고, 고선이 우가 되고, 유빈이 변궁이 된다.

청각조(淸角調)는 고선이 궁이 되고, 유빈이 상이 되고, 임종이 각이 되고, 남려가 변치가 되고, 응종이 치가 되고, 황종이 우가 되고, 태주가 변궁이 된다.[23]

적의 체(體)는 각율(角律)을 쓰는데, 긴 것은 8로 하고, 짧은 것은 4로 한다. 가운데에는 기장을 담는데, 긴 것은 16율의 기장만큼 담는다.[24] 3궁[25]에 21변(變)이 있다.[26] 복공(伏空) 4개는 편하게 사용하기 위한 것이다.

대려적은 정성이 대려에 응하고, 하치는 이칙이 되며, 길이는 2척 6촌 6분 3리 남짓이다. 태주적은 정성이 태주에 응하고, 하치는 남려가 되며, 길이는 2척 5촌 3분 1리 남짓이다. 협종적은 정성이 협종에 응하고, 하치는 무역이 되며, 길이는 2척 4촌이다. 고선적은 정성이 고선에 응하고, 하

---

22 하치조에서 임종이 궁이면 대려가 변치가 된다. 그러나 황종적에 본래 대려성(大呂聲)이 없으므로 황종성을 차용하여 변치로 만들어 쓴다. 황종·태주·응종이 나오는 3공을 열어서 대려성을 만든다. 『樂律表微』(原任知縣胡彦昇 撰) 권6 「下徵之調. 林鍾爲宮, 大呂當變徵, 而黃鍾笛, 本無大呂之聲. 故假用黃鍾以爲變徵也. 假用之法, 當變徵之聲則俱發黃鍾及太蔟應鍾三孔, 黃鍾應濁而太蔟清, 大呂律在二律之間. 俱發三孔, 而微磑䃺之則得大呂變徵之聲矣. 諸笛下徵調求變徵之法皆如此」

23 고선이 궁이면, 유빈이 상, 이칙이 각, 무역이 변치, 응종이 치, 대려가 우, 협종이 변궁이 되므로, 청각조에서는 궁·상·치만 율과 맞고 나머지는 1율씩 낮다. 따라서 초취(哨吹)해서 높게 만들어야 한다. 『樂律表微』 권6 「淸角之調唯宮商及徵與律相應, 餘四聲非正者. 皆濁一律, 哨吹令淸, 假而用之其例一也」

24 이 부분은 전혀 이해하지 못한 상태에서 번역하였다. 참고할 수 있도록 『樂律表微』 권6의 원문을 실어놓는다. 「凡笛體中用角律其長者八之【蕤賓林鍾也】短者四之【其餘十笛皆四角也】 空中實容長者十六【短笛竹宜受八律之黍也. 若長短大小不合于此, 或器用不便聲均法度之齊等也. 然笛竹率上大下小不能均齊, 必不得已取其聲均合.】 三宮【一曰正聲二曰下徵三曰淸角】 二十一變也【宮有七聲錯綜用之, 故二十一變也. 諸笛例皆一也.】 伏孔四所以便用事也【一曰正角出于商上者也, 二曰倍角近笛下者也, 三曰變宮近于宮孔倍令下者也, 四曰變徵遠于徵孔倍令高者也. 或倍或半或四分一取, 則于琴徽也. 四者皆不作其孔, 而取其度以應進退上下之法, 所以協聲均便事用也. 其本孔隱而不見, 故曰伏孔.】」

25 3궁 : 정성(正聲)·하치(下徵)·청각(淸角) 〈『樂律表微』 권6〉

26 궁에 7성(聲)이 있으므로, 3궁이면 21변이 있게 된다. 〈『樂律表微』 권6〉

치는 응종이 되며, 길이는 2척 2촌 3분 3리 남짓이다. 유빈적은 정성이 유빈에 응하고, 하치는 대려가 되며, 길이는 3척 9촌 9분 5리 남짓이다. 임종적은 정성이 임종에 응하고, 하치는 태주가 되며, 길이는 3척 7촌 9분 7리 남짓이다. 이칙적은 정성이 이칙에 응하고, 하치는 협종이 되며, 길이는 3척 6촌이다. 무역적은 정성이 무역에 응하고, 하치는 중려가 되며, 길이는 3척 2촌이다. 응종적은 정성이 응종에 응하고, 하치는 유빈이 되며, 길이는 3척 9촌 9분 6리 남짓이다.

이는 그 법이 상세하다고 할 만하나, 2변을 걸어내어 5음을 온전히 하고, 60율을 제거하고 12율을 온전히 할 줄 몰랐으니, 선왕의 제도에는 멀지 않은가?

십이상적(十二箱笛)

149-8. 宋世十二箱笛之制, 其長短之度增損, 有所不同. 故晉荀勗[27]作律笛十二, 以正雅樂. 黃鍾箱笛三尺八寸, 元嘉中鍾宗之減, 爲三尺七寸, 奚縱又減五分, 爲三尺三[28]寸七分, 縱又減一寸一分, 爲三尺二寸六分. 姑洗箱笛三尺五寸, 宗之減, 爲二尺九寸七分, 縱又減五分, 爲二尺九寸二分. 蕤賓箱笛二尺九寸, 宗之減, 爲二尺六寸,[29] 縱又減二分, 爲二尺五寸八分. 其餘律笛, 無所損益, 一仍蔡邕之制而已.

至梁武帝, 又制十二笛, 寫四通聲, 飮古鐘玉律, 並周世古鍾焉. 故黃鍾三尺八寸, 大呂三尺六寸, 太蔟三尺四寸, 夾鍾三尺二寸, 姑洗三尺

---

27 대본에는 '勉'으로 되어 있으나, 사고전서 『樂書』에 의거하여 '勗'으로 바로잡았다.
28 대본에는 '二'로 되어 있으나, 사고전서 『樂書』에 의거하여 '三'으로 바로잡았다.
29 대본에는 '七'로 되어 있으나, 사고전서 『樂書』에 의거하여 '六'으로 바로잡았다.

一寸, 中呂二尺九寸, 蕤賓二尺八寸, 林鍾二尺七寸, 夷則二尺六寸, 南呂二尺五寸, 無射二尺四寸, 應鍾二尺三寸.

然黃鍾之元九, 合天地之氣, 故其笛十有八調. 上生者悉倍其韻, 下生者傳差一調半, 上生悉五指應飮, 下生者悉三指應飮. 下生中呂, 雖云不復生, 至於數窮復本, 又得上生黃鍾, 天地自然之數也.

黃鍾十八調, 下生林鍾七調, 黃鍾笛三指聲, 應林鍾笛飮聲. 林鍾七調, 上生太蔟十四調, 林鐘笛五指聲, 應太蔟笛飮聲. 太蔟十四調, 下生南呂五調半, 太蔟笛三指聲, 應南呂笛飮聲. 南呂五調半,[30] 上生姑洗十一調, 南呂笛五指聲, 應姑洗笛飮聲. 姑洗十一調, 下生應鍾四調, 姑洗三指聲, 應應鍾笛飮聲. 應鍾四調, 上生蕤賓八調, 應鍾笛五指聲, 應蕤賓笛飮聲. 蕤賓八調, 上生大呂十六調, 蕤賓笛五指聲, 應大呂笛飮聲. 大呂十六調, 下生夷則六調, 大呂笛三指聲, 應夷則笛飮聲. 夷則六調, 上生夾鍾十二調, 夷則笛五指聲, 應夾鍾笛飮聲. 夾鍾十二調, 下生無射四調半, 夾鍾笛三指聲, 應無射笛飮聲. 無射四調半, 上生中呂九調, 無射笛五指聲, 應中呂笛飮聲.

雖當時號爲雅樂, 考之先王之制, 其不及遠矣.

남조 송의 12상적 제도는 그 길이를 증손(增損)하는 법이 일정하지 않으므로, 진나라 순욱이 율적 12개를 만들어서 아악을 바로잡았다. 황종상적은 3척 8촌이었는데, 원가(424~453) 중에 종종지가 감하여 3척 7촌으로 만들었고, 해종이 또 5분을 감하여 3척 3촌 7분으로 만들었다가, 해종이 또 1촌 1분을 감하여 3척 2촌 6분으로 만들었다. 고선상적은 3척 5촌이었는데, 종종지가 감하여 2척 9촌 7분으로 만들었고, 해종이 또 5분을 감하여 2척 9촌 2분으로 만들었다. 유빈상적은 2척 9촌이었는데, 종종지가 감하여 2척 6촌으로 만들었고, 해종이 또 2분을 감하여 2척 5촌 8분으로 만들었다. 그 나머지 율적(律笛)은 손익하지 않고 한결같이 채옹의 제도를 그대로 따랐다.

30 대본에는 없으나, 사고전서 『樂書』에 의거하여 '半'을 보충하였다.

양 무제 때 또 12적(笛)을 만들어 사통성(四通聲)을 모사하고 고종(古鐘)의 옥율(玉律)을 받아들여 주나라 시대의 고종에 필적하였다. 그러므로 황종은 3척 8촌, 대려는 3척 6촌, 태주는 3척 4촌, 협종은 3척 2촌, 고선은 3척 1촌, 중려는 2척 9촌, 유빈은 2척 8촌, 임종은 2척 7촌, 이칙은 2척 6촌, 남려는 2척 5촌, 무역은 2척 4촌, 응종은 2척 3촌이었다.

황종의 원수(元數)는 9이니, 천지의 기운을 합한다. 그러므로 적(笛)에는 18조가 있다. 상생하는 것은 모두 그 운(韻)을 갊게 하고, 하생하는 것은 1조(調) 반을 차이나게 하니, 상생하는 것은 모두 오지응음(五指應飮)이고, 하생하는 것은 모두 삼지응음(三指應飮)이 된다. 중려를 하생한 뒤 더이상 다시 상생하지 않는다고 말을 하지만, 수가 궁진하여 근본을 회복하는데 이르면 또 황종을 상생하니, 이것이 천지자연의 수이다.

황종 18조는 임종 7조를 하생하니, 황종적 3지성(指聲)은 임종적의 음성(飮聲)에 응한다. 임종 7조는 태주 14조를 상생하니, 임종적 5지성은 태주적의 음성에 응한다. 태주 14조는 남려 5조 반을 하생하니, 태주적 3지성은 남려적의 음성에 응한다. 남려 5조 반은 고선 11조를 상생하니, 남려적 5지성은 고선적의 음성에 응한다. 고선 11조는 응종 4조를 하생하니, 고선적 3지성은 응종적의 음성에 응한다. 응종 4조는 유빈 8조를 상생하니, 응종적 5지성은 유빈적의 음성에 응한다. 유빈 8조는 대려 16조를 상생하니, 유빈적 5지성은 대려적의 음성에 응한다.

대려 16조는 이칙 6조를 하생하니, 대려적 3지성은 이칙적의 음성에 응한다. 이칙 6조는 협종 12조를 상생하니, 이칙적 5지성은 협종적의 음성에 응한다. 협종 12조는 무역 4조 반을 하생하니, 협종적 3지성은 무역적의 음성에 응한다. 무역 4조 반은 중려 9조를 상생하니, 무역적 5지성은 중려적의 음성에 응한다.

비록 이를 당시에 아악이라고 부르긴 했으나, 선왕의 제도에는 많이 못 미친다.

가정적(柯亭笛)

149-9. 昔[31]蔡邕嘗經會稽柯亭, 見屋東十六椽竹, 取以爲笛, 果有異聲, 可謂知無音之音矣. 晉桓伊善音樂, 爲江左第一, 有蔡邕柯亭笛, 常自寶而吹之. 至於爲王徽之, 作三調弄, 豈得已哉? 文士傳柯亭, 爲高遷亭, 誤矣.

옛날에 채옹이 회계의 가정을 지나가다, 지붕 동쪽의 16번째 서까래로 쓰인 대나무를 가져다가 젓대를 만들었더니 과연 뛰어난 소리가 났다. 채옹은 무음(無音)의 음을 알았다고 이를만하다. 진나라 환이는 음악에 있어서 강좌 지역의 으뜸이었는데, 채옹이 만든 가정적을 항상 보배로 여겨 불었으니, 왕휘지를 위해서 어찌 《삼조롱(三調弄)》을 연주하지 않을 수 있었겠는가? 문장가들이 가정을 '고천정(高遷亭)'[32]으로 기록한 것은 잘못이다.

연죽적(煙竹笛)

149-10. 國史補載 : "李舟嘗於村舍, 得煙竹爲笛, 以遺李牟, 堅並鐵石. 牟得之, 當時號爲第一手, 月夜泛江倚舟吹之, 其聲寥亮逸發, 往往異於他笛, 希代之器也. 俄有客至, 請笛吹之. 呼吸盤辟, 應指粉碎, 舟亦失客所在, 疑其爲蛟龍" 亦怪事已.

『국사보』[33]에 "이주(李舟)[34]가 시골집에서 연죽(煙竹)[35]를 얻어서 젓대를

31 대본에는 '晉'으로 되어 있으나, 사고전서『樂書』에 의거하여 '昔'으로 바로잡았다.
32 고천정(高遷亭) : 강소성(江蘇城) 비현(邳縣)의 경계에 있는 정자.

만들어 이모[36]에게 주었는데, 쇠나 돌처럼 단단했다. 당시에 제일가는 명인인 이모가 연죽적을 얻어서, 달 밝은 밤 뱃놀이를 할 때 배에 기대어 젓대를 불자, 높으면서 맑은 소리가 멀리 퍼져나가, 다른 젓대와는 달랐으니 시대에 드문 악기이다. 홀연히 어떤 객이 이르러 젓대를 달라 하여 불었는데, 호흡이 깊고 손놀림을 자유자재로 움직이며 연주하다가 어느 순간 객이 사라졌으니, 아마 그 객은 교룡이었을 것이다"라고 했으니, 기이한 일이다.

봉명적(鳳鳴笛)

149-11. 昔黃帝使伶倫, 採竹於嶰谷以爲律, 斫竹於昆谿以爲笛. 或吹之以作鳳鳴, 或法之以作龍吟. 由是觀之, 古人制作, 未有不貴其有循而體自然也. 宋辛宣仲善箏, 胡陶能吹笛, 惠度工歌, 同於林下絃管道韻. 時人謂之三公樂, 亦一時之盛也.

옛날에 황제가 영윤을 시켜서 해곡에서 대나무를 채취하여서 율관을 만들고, 곤륜산 계곡에서 대나무를 베어 젓대를 만들어, 봉황의 울음소리를 내기도 하고 용의 울음소리를 본뜨기도 했다. 이로 보건대, 옛사람이 기물을 만들 때 자연을 따르고 체득하는 것을 귀하게 여기지 않은 적

33 국사보(國史補) : 당 개원(開元 : 713~741) 연간에 이조(李肇)가 지은 3권의 책. 개원 연간에서 장경(長慶 : 821~824) 연간에 이르기까지 1세기 사이의 사회풍속이라든가 직관(職官), 그리고 선거제도의 연혁 등을 언급했다.

34 이주(李舟) : 당인(唐人). 문학을 좋아하고 글씨를 잘 썼다. 상서랑으로 출사하여 자사(刺史)가 되었다. 저서로는 『절운(切韻)』 10권이 있다.

35 연죽(煙竹) : 낚싯대로 쓰이는 대나무의 한 가지.

36 이모(李牟) : 당 개원 연간에 활약한 젓대의 명수.

이 없다[37] 송나라 신선중은 쟁을 잘 탔고 호도는 젓대를 잘 불었으며 혜도는 노래를 잘 불렀는데, 이들은 함께 숲속에서 관현악기를 연주하고 노래 불렀다. 당시 사람들이 이들을 일러 삼공악(三公樂)이라고 했으니, 또한 한 시대의 성대한 일이다.

37 『太玄經』 권7 玄瑩 「夫作者貴其有循而體自然也」

권150 악도론(樂圖論)

속부(俗部)/ 팔음(八音)/ 포지속(匏之屬)

우생(竽笙)

150-1. 近代竽笙十九簧, 蓋後人象竽倍聲, 因以名之. 然竽笙異器而同和. 故周官, 竽與笙均掌之以笙師焉. 旣謂之竽矣, 安得又謂之笙乎? 古人之制, 必不然矣. 世人或謂大笙, 謂之簧, 是不知笙中有簧, 而簧非笙也.

근대의 우생은 19황(簧)인데, 후세 사람이 우(竽)를 본떠서 많은 소리를 나게 했으므로 붙여진 이름이다. 그러나 우와 생은 각각 별개의 악기로서 함께 조화를 이루므로 『주례』에 우와 생이 모두 생사(笙師)의 소관으로 되어 있는데, 어찌 '우'라고 이미 이름을 붙이고 또 '생'을 같이 붙여 '우생'이라고 부를 수 있는가? 옛사람의 제도는 틀림없이 이렇지 않았을

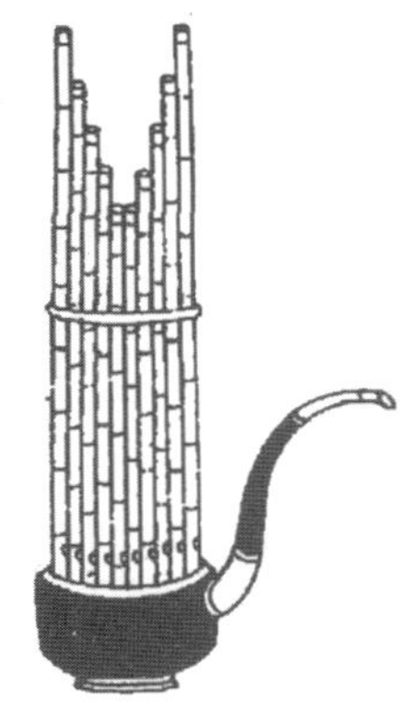

우생(竽笙)

것이다.

세상 사람들 중에 대생(大笙)을 황(簧)으로 일컫는 자가 있는데, 이는 황은 생에 딸린 울림쇠일 뿐이지, 황 자체가 생이 되는 것이 아님을 모르기 때문이다.

봉익생(鳳翼笙)

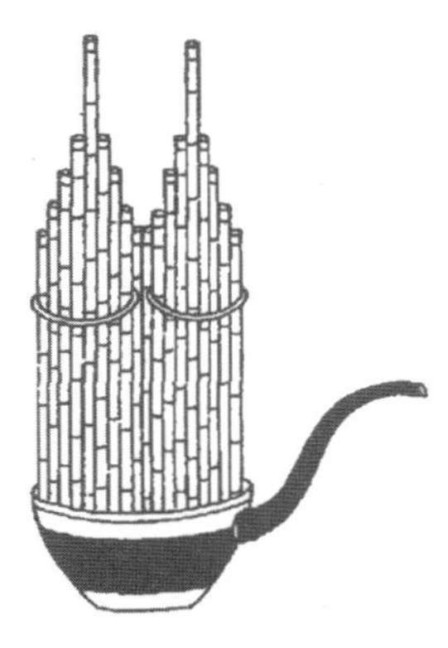

봉익생(鳳翼笙)

150-2. 昔王子晉之笙, 其制象鳳翼, 亦名參差竹,[1] 蓋嘗於緱山月下吹之矣. 唐太[2]和中, 有尉遲章尤妙於此, 宣宗已降, 有范漢恭焉. 其子師保在陜州, 亦曲盡父藝. 咸通以後, 有柳存質楊敬元, 並稱妙手矣.

옛날에 왕자진(王子晉)[3]의 생은 봉황 날개처럼 생기어 참치죽(參差竹)[4]으로도 불렸다. 왕자진은 일찍이 구산의 달빛 아래에서 이를 불었다.

당 태화(827~835) 연간에 위지장이 잘 불었고, 선종(宣宗 : 재위 846~859) 이후로는 범한공이 잘 불었다. 그 아들 사보는 협주에서 아버지로부터 물려받은 기예를 더욱 갈고 닦았고, 함통(860~873) 이후에는 유존질과 양경원이 뛰어난 연주가로 일컬어졌다.

1 대본에는 '美參差'로 되어 있으나, 사고전서『樂書』에 의거하여 '參差竹'으로 바로잡았다.

2 대본에는 '大'로 되어 있으나,『文獻通考』에 의거하여 '太'로 바로잡았다.

3 왕자진(王子晉) : 주나라 영왕(靈王)의 태자로, 이름을 교(喬)라고도 한다. 생황을 잘 불었으며 봉황의 소리를 본떠 ≪봉황곡(鳳凰曲)≫을 만들었다. 도인 부구생(浮丘生)의 인도로 선학(仙學)을 배워 신선이 되었다고 한다.

4 참치죽(參差竹) : 들쭉날쭉하여 가지런하지 않게 배열한 관대.

의관생(義管笙)

150-3. 聖朝大樂所傳之笙, 並十七簧. 舊外設二管, 不定置, 謂之義管. 每變均易調, 則更用之. 世俗之樂, 非先王之制也.

성조(聖朝 : 宋) 태악에 전해오는 생은 17황이다. 예전에 밖에 2개의 관을 더 설치했는데, 고정해 놓지 않았으므로 의관(義管)이라 불렀다. 균(均)을 변경하고 조(調)를 바꿀 때마다 쓴다. 이는 세속의 악기이고, 선왕의 제도는 아니다.

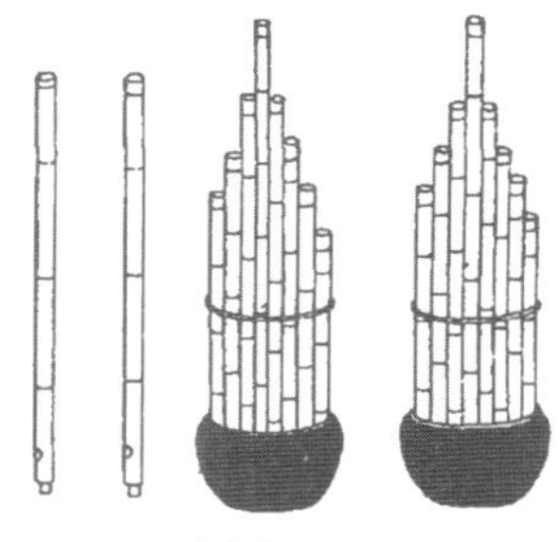

의관생(義管笙)

운화생(雲和笙)

150-4. 漢武帝內傳, 西王母命侍女董雙成, 吹雲和之笙. 蓋其首象雲也, 與雲和琴雲和箏類矣.

한 무제 내전(內傳)에 '서왕모가 시녀 동쌍성[5]에게 명하여 운화생을 불게 했다'고 했다. 운화생은 그 머리가 구름처럼 생겼으니, 운화금·운화쟁과 같은 부류이다.

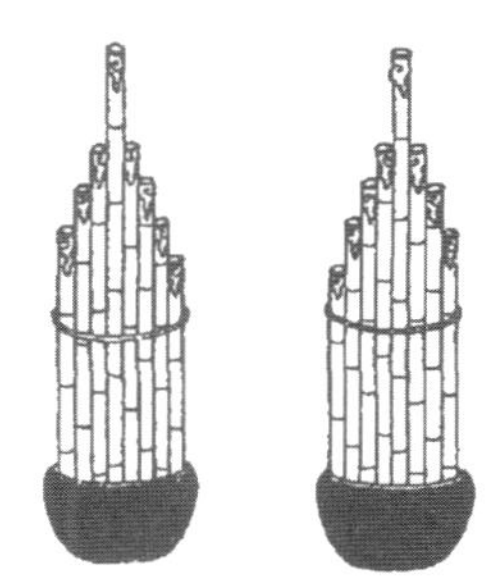

운화생(雲和笙)

---

5 동쌍성(董雙成) : 서왕모의 시녀로 집에서 연단(煉丹)을 만든 뒤, 옥소(玉簫)를 불며 학을 타고 신선이 되어 떠났다고 한다.

십칠관생(十七管笙)

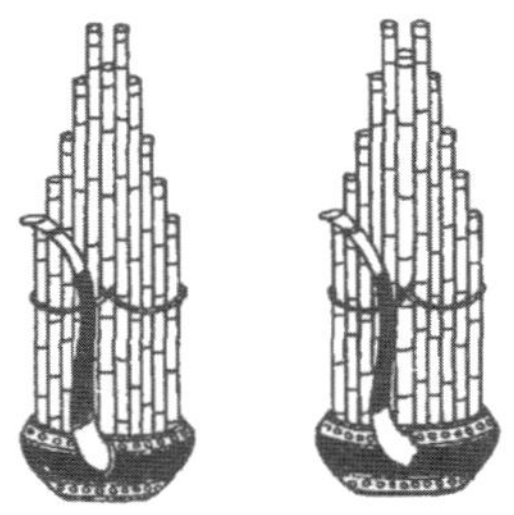
십칠관생(十七管笙)

150-5. 唐樂圖所傳十七管之笙, 通黃鍾二均聲, 淸樂用之.

당악도에 전하는 17관생은 황종 2균성과 통하며, 청악[6]에 쓰였다.

십이관생(十二管笙)

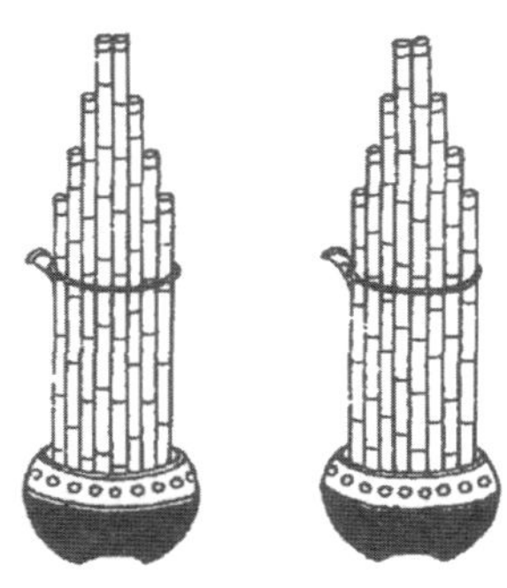
십이관생(十二管笙)

150-6. 唐樂圖所傳十二管之笙, 讌樂用之.

당악도에 전하는 12관생은 연악(讌樂)[7]에 쓰였다.

십이월생(十二月笙)

150-7. 後周鄭譯獻新樂, 十二月各一笙, 每笙十六管. 宣帝令與斛斯

6 청악(淸樂) : ≪청상삼조(淸商三調)≫에서 비롯된 것으로 한족의 전통 악무.

7 연악(讌樂) : 『舊唐書』 音樂志에 따르면, 정관(貞觀) 14년(640)에 장문수(張文收)가 ≪경운하청가(景雲河淸歌)≫를 짓고, '연악'이라 이름지었다고 한다. 제왕의 공적을 선양하고 태평성대를 송축하는 악무이다.

徵[8]議. 徵駁之曰 : "六律十二管還相爲宮. 然一笙十六管, 總一百九十二管. 旣無相生之理, 又無還宮之義, 深恐鄭聲亂樂, 未合於古, 竊謂不可" 帝納之, 停譯所獻焉, 其制今亡矣夫!

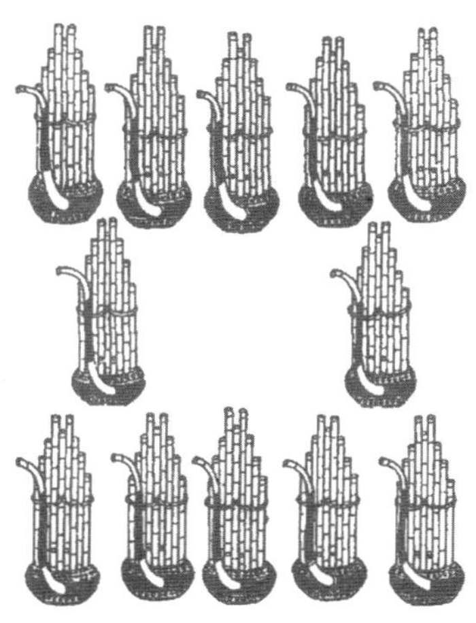

십이월생(十二月笙)

북주[9] 정역[10]이 바친 신악에는 열두 달에 걸쳐 달마다 각각 16관의 생이 하나씩 있었다. 선제[11]가 곡사징[12]에게 의논하게 하니, 징은 "6율 12관은 돌아가며 궁이 될 수 있다. 그러나 생 하나에 16관씩, 12개면 총 192관이 되는데, 이는 상생의 이치도 없고 선궁의 뜻도 없어서 정성(鄭聲)이 악을 어지럽혀 고악과 합치되지 않은 것과 같으니, 찬성할 수 없다"라고 반박하였다. 선제가 이를 받아들여 정역이 진상한 신악을 정지시켰으므로, 그 제도가 지금은 없다.

---

8 대본에는 '證'으로 되어 있으나, 사고전서 『樂書』에 의거하여 '徵'으로 바로잡았다.

9 원문에 '後周'로 되어 있으나, 951년에서 959년까지 존재했던 '後周'와 혼동될까 염려되어, '북주(北周)'로 번역했다. 북주는 우문각(宇文覺)이 서위를 멸망시키고 세운 나라로, 556년에서 581년까지 존재했다.

10 정역(鄭譯) : 540~591. 북주 때 급사중(給事中)을 지냈고, 거듭 승진하여 패국공(沛國公)에 봉해졌다. 수나라를 세운 양견(楊堅)과 함께 공부한 인연이 있다. 일찍이 황명을 받들어 율령을 제정하는 일에 참여했다. 또 『악부성조(樂府聲調)』 8권을 편찬했는데, 망실되었다.

11 선제(宣帝) : 북주의 제4대 황제(재위 578~ 579)인 우문윤(宇文贇, 559~ 580). 즉위하자 북제 공략의 공신인 제왕(齊王) 헌(憲)을 제거하고, 무제 우문옹을 모셨던 신하를 숙청했으며, 대규모 궁전을 축조 하는 등 사치를 부렸다. 579년에 7세의 아들 우문연에 양위하고, 스스로는 천원황제로 자칭했으며, 주색에 빠져 다음 해에 사망했다.

12 곡사징(斛斯徵) : 음률에 밝았으며 북주 무제 때 황태자의 스승을 지냈고, 수 문제때 태자태부(太子太傅)가 되었다. 저서에 『樂典』이 있다.

추(篍)

150-8. 篍吹筩也, 言其聲秋秋然也. 急就章: "箛篍起居課後先", 言箛簧及篍, 爲作休之節. 闤闠間欲相號令, 乃吹指爲節, 此吹筩之遺制歟!

불어서 소리내는 대통인 추(篍)에는 음색이 슬프고 쓸쓸하다는 뜻이 담겨있다. 『급취장』[13]에 "고(箛)[14]와 추는 일어나거나 앉을 때 앞선 자와 뒤쳐진 자를 격려하거나 북돋을 때 쓰인다"라고 했으니, 고·황·추는 동작을 하거나 쉬는 절도를 신호하는 것이다. 민간에서 서로 호령할 때 손가락을 입에 대고 휘파람을 세게 불어서 절도를 삼는데, 이는 대통을 불던 제도가 전해진 것일 것이다.

격죽(擊竹)

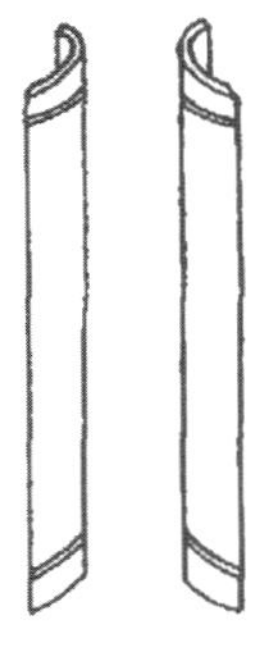

격죽(擊竹)

150-9. 擊竹之制, 近世民間多有之. 蓋取竹兩片緊厚者, 治而爲之, 其長數寸, 手中相擊爲節, 與歌拍相和焉. 方之高漸離[15]所善者固異矣.

대나무로 박자를 치는 제도는 근세 민간에서 많이 행하던 것이다. 단단하고 두꺼운 대나무 두 쪽을 다듬어 수촌(數寸)의 길이로 만들어, 손으로 잡고 맞부딪쳐 노래 박자와 서로 어울리게 했으니, 고점리[16]가 연주한 축(筑)과는 근본적으로 다른 것이다.

13 급취장(急就章): 한(漢)의 사유(史游)가 지은 아동용 자서(字書).

14 고(箛): 호가(胡笳)의 일종이다. 『樂書』 130-11 대고(大箛)와 130-14 소고(小箛) 참조.

15 대본에는 '離漸'으로 되어 있으나, 사고전서 『樂書』에 의거하여 '漸離'로 바로잡았다.

목지속(木之屬)

구룡거(九龍簴)

구룡거(九龍簴)

150-10. 昔闔閭伐[17]楚, 破九龍之鐘簴, 淮南子述之, 爲其不足法後世故也, 其楚人之侈心乎!

『회남자』에 '옛날에 오왕 합려가 초나라를 치고 구룡으로 장식된 종틀을 부셨다'[18]라고 쓴 것은, 그것이 후세에 본보기가 될 수 없기 때문이다. 이는 초나라 사람들의 사치의 산물이다.

당목(撞木)

당목(撞木)

150-11. 古者撞鐘擊磬, 必以濡木, 以其兩堅不能相和故也. 海中有魚曰鯨, 有獸曰蒲牢. 蒲牢素憚鯨魚.

16 고점리(高漸離) : 전국 시대 말기 연나라 사람. 축(筑, 비파와 비슷한 현악기)의 명수였다. 형가(荊軻)와 함께 진시황을 살해하려는 음모에 가담했다. 형가가 죽자 성명을 바꾸고 남의 머슴이 되었지만 발각되었다. 진시황이 축을 잘 친다 하여 눈만 멀게 하고 죽이지는 않았다. 얼마 뒤 진시황 앞에서 축을 연주하다가 축 속에 넣어둔 쇠망치로 진시황을 죽이려했지만 실패하고 피살당했다

17 대본에는 '代'로 되어 있으나 사고전서 『樂書』에 의거하여 '伐'로 바로잡았다.

18 『淮南子』 권20 泰族訓.

擊鯨則蒲牢鳴, 猶晉有石鼓不鳴, 取蜀中桐材, 斲爲魚形, 擊之則鳴矣. 後世由是, 作蒲牢於鐘上, 而狀鯨魚以撞之, 則石磬之器, 亦上削桐爲魚形以擊之. 張衡謂發鯨魚鏗華鐘, 抑有由矣.

옛날에 종과 경을 치는 도구를 반드시 부드러운 나무로 만든 것은 양쪽이 다 단단하면 조화될 수 없기 때문이었다. 바다에는 고래와 포뢰(蒲牢)[19]라는 바다짐승이 있는데, 포뢰는 본래 고래를 두려워하고 꺼리므로, 고래가 습격하면 포뢰가 울부짖는다. 이는 진(晉)에 울리지 않는 석고(石鼓)가 있었는데, 촉 지역의 오동나무를 깍아서 물고기 모양으로 만들어 석고를 치니 울린 것과 같다. 따라서 후세에 종 위에 포뢰 형상을 만들고, 고래 모양의 당목으로 쳤다. 이와 마찬가지로 석경이란 악기도 물고기 모양으로 깍아 만든 오동나무 채로 쳤다. 장형[20]이 '고래를 발동시켜 화종(華鐘)을 쟁쟁히 울리게 한다'고 말한 데는 그 근거가 있는 것이다.

대가(大架) · 소가(小架)

150-12. 漢魏以來, 有四廂[21]金石之樂. 其樂縣之架, 少則或六或八, 多則十六二十, 至唐始益爲三十六架, 高宗蓬萊宮有七十二架, 其小大之辨, 可知矣. 段安節: "雅樂部宮縣, 四面五架, 卽古簨虡也. 其上安金

---

19 포뢰(蒲牢): 전설에 나오는 바다짐승의 이름. 포뢰는 고래를 두려워하여 고래가 습격하면 큰 소리로 울기 때문에, 종 꼭대기에 포뢰 모양을 주조하여 붙였다.

20 장형(張衡): 78~139. 천구의(天球儀)인 혼천의(渾天儀)를 비롯해 지진계라 할 수 있는 후풍지동의(候風地動儀)를 만든 후한의 과학자 겸 문인. 하간왕(河間王)의 재상으로서 호족들의 발호를 견제하는 데 큰 공을 세웠다. ≪동경부(東京賦)≫ ≪서경부(西京賦)≫ ≪응간부(應間賦)≫ ≪사현부(思玄賦)≫ 등을 지었고, 저서에 『장하간집(張河間集)』이 있다.

21 대본에는 '箱'으로 되어 있으나, 『樂書』 124-4에 의거하여 '廂'으로 바로잡았다.

대가(大架)

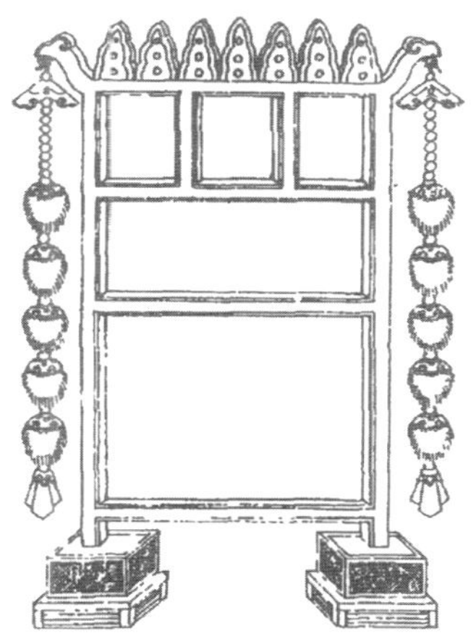

소가(小架)

銅仰陽, 以鷺鷥孔雀羽裝之, 兩面綴以流蘇, 以彩翠絲紘爲之. 十二律鍾上有九乳, 依月律排之. 每面石磬及編鍾各一架, 每架各列編磬十二, 亦依律呂編之. 雲韶部 用玉磬四架", 亦可謂詳矣.

한·위 이래로 사상(四廂)에 종·경을 적게는 6가(架) 또는 8가, 많게는 16가 또는 20가를 진설했으며, 수·당에 이르러 비로소 36가로 늘렸고, 고종(재위 649~683) 때에는 72가나 진설하여 봉래궁을 가득 채웠으니, 크고 작은 규모를 알 수 있다.

단안절[22]은 "아악부의 궁현은 4면(面)이고 매 면마다 5가(架)씩 있다. 가(架)는 곧 옛날의 순거(簨簴)이니, 그 위에 금동으로 떠오르는 태양을 얹어 놓고, 해오라기와 공작으로 장식했으며, 양쪽에는 선명하고 아름다운 비취색 끈으로 만든 유소(流蘇)를 달았다. 12율종은 표면에 구유(九乳)[23]가 있

22 단안절(段安節) : 건녕(乾寧 : 894~898) 연간에 국자사업(國子司業)이 되었고, 악률에 능했다. 저서에 『악부잡록(樂府雜錄)』이 있다. 당나라 초의 명장 단지현(段志玄)의 후예이다.

고 달에 따라 율을 배열한다. 매 면마다 석경과 편종이 각 1가씩 있고, 매 가마다 각각 경 12개씩을 율려의 순서로 매달았다. 운소부(雲韶部)에는 옥경 4가를 쓴다"라고 했으니, 상세하다고 이를만하다.

웅비안(熊羆案)

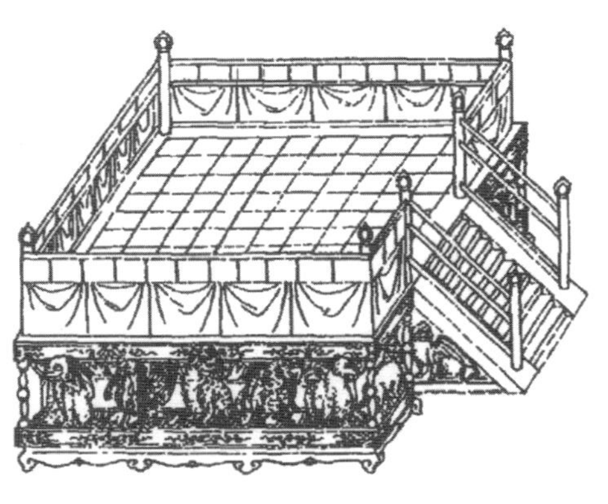

웅비안(熊羆案)

150-13. 熊羆案十二, 悉高丈餘, 用木雕之, 其上安板床焉. 梁武帝始設十二案, 鼓吹在樂縣之外以施殿庭, 宴饗用之. 圖熊羆以爲飾故也. 隋煬帝更於案下, 爲熊羆貙豹騰倚之狀, 象百獸之舞, 又施寶幰於上, 用金彩飾之, 奏萬宇淸月重輪等三曲, 亦謂之十二案樂, 非古人朴素之意也.

웅비안 12개는 모두 높이가 1장 남짓이고, 나무를 아름답게 아로새기고 그 위에 널빤지를 안치하였다. 양 무제가 처음으로 12안을 설치했다. 고취가 악현 밖에 있을 때 이것을 궁정 뜰에 설치해서 연향에 썼다. 웅비안이라고 이름지은 것은 작고 큰 곰을 그려서 장식했기 때문이다. 수 양제가 다시 안(案) 아래에 크고 작은 곰 및 삵괭이 · 호랑이 · 표범이 도약하는 모습을 만들어 온갖 짐승들이 춤추는 모습을 본떴으며, 위에 휘장을 치고

23 구유(九乳) : 종의 표면에 젖꼭지처럼 돌출된 9개의 장식. 〈부록-그림 4〉 참조.

이금(泥金)으로 아름답게 장식하고, 《만우곡(萬宇曲)》《청월곡(淸月曲)》《중륜곡(重輪曲)》 등 3곡을 연주하게 하고, 또한 12안악(十二案樂)이라 했는데, 이는 옛사람들의 소박한 뜻과는 거리가 멀다.

변(抃)

150-14. 昔帝嚳命人, 作爲唐歌, 有抃以爲節, 則樂之有抃, 擊之以爲節者也. 盖情發於心, 聲動於外. 是故怨怒之聲其抃速, 淫溺之聲其抃無節. 龜玆樂人, 彈指爲歌舞之節, 亦抃之細也.

옛날에 제곡[24]이 사람에게 명하여 당가(唐歌)를 짓게 했는데, 손뼉을 쳐서 절도를 맞추었다. 그렇다면 음악에 손뼉을 친다는 것은 손뼉을 쳐서 절도를 삼는다는 뜻이다. 대개 정이 마음에서 샘솟으면 소리가 밖으로 나오게 된다. 그러므로 원망과 노기를 띤 음악에서는 손뼉치는 것이 빠르고 음란에 빠진 음악에서는 손뼉치는 것이 절도가 없다. 구자국의 음악인이 손가락을 짚어가며 가무의 절도를 삼은 것 또한 손뼉치는 것의 일종으로 섬세하게 손동작을 하는 것이다.

24 제곡(帝嚳) : 고신(高辛) 사람으로 성(姓)은 희(姬)이고, 이름은 준(俊), 호는 곡(嚳)이다. 상고 시대의 부족장이자 제왕으로 황제(皇帝)의 증손(曾孫)이다. 황제(黃帝), 전욱(顓頊), 요(堯), 순(舜)과 더불어 '오제(五帝)'로 일컬어진다.

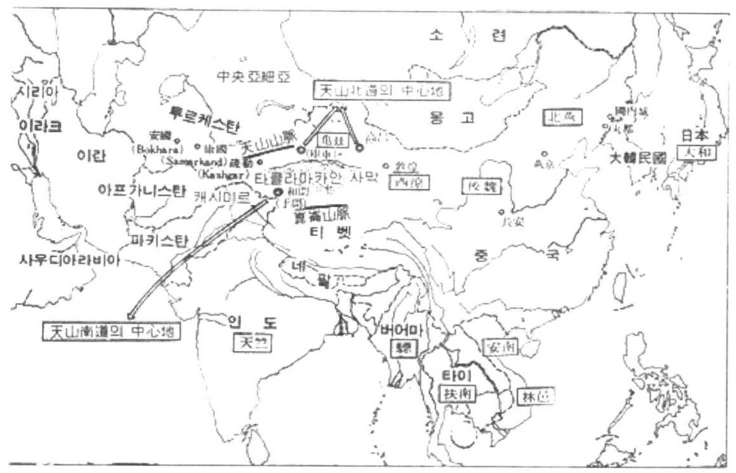

1. 현대의 지도 위에 표시한 옛 국명과 지명. 출처 : 장사훈 저, 『증보한국음악사』

2. 월남의 동고(銅鼓)

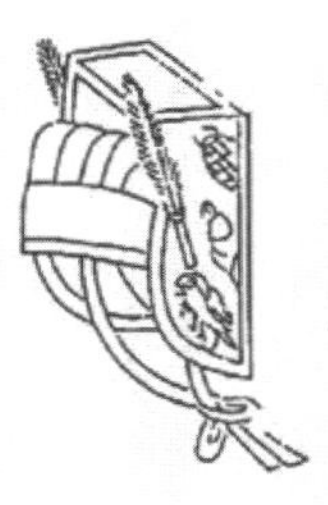

3. 무변대관(武弁大冠) 『三禮圖集注』 권3

4. 구유(九乳)

5. 성덕대왕신종의 포뢰(蒲牢)

6. 초두(鐎斗)

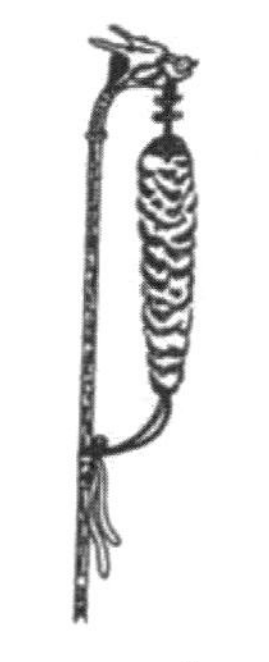

7. 우보(羽葆) 『禮器圖』

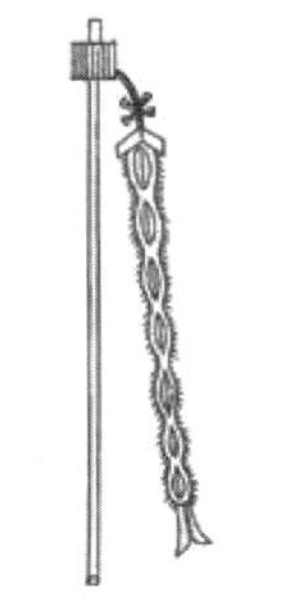

8. 절(節) 『樂書』 권170

9. 임악(臨嶽)과 용은(龍齦)『樂學軌範』권6

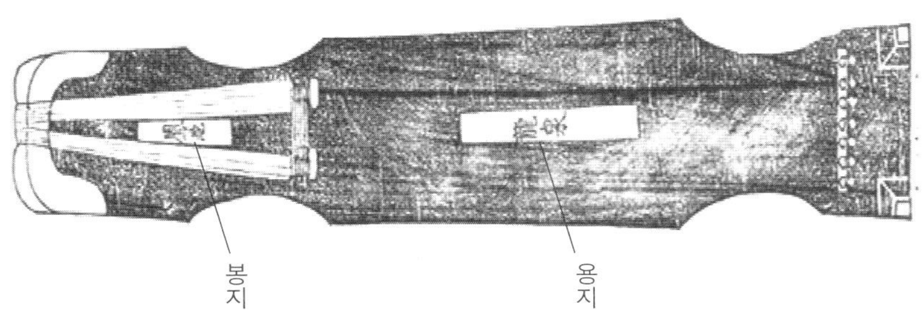

10. 용지(龍池)와 봉지(鳳池)

| 정오표 |

『역주 악서』 2

쪽수 분류번호	잘못된 곳	수정 사항
272 (53-5)	나약하고 음란하며	나약하고 길게 이어지며
272 (53-5)	급히 돌아서	갑자기 변화하여
272 (53-5)	경쾌하지 않다	흥이 나지 않는다
272 (53-2)	가죽옷을 입는다는 특징을 들어서 관직이름으로	가죽신을 뜻하는 용어로 관직이름을
273 (53-5)	이것으로 방위 이름을 삼았고, 『주례』에서는 관직 이름을 삼은 것이다. 신는 것만 이런 것은 아니다. 매사(昧師)는 입는 융복(戎服)으로 이름 지은 것이고 모인(旄人)은 손에 쥐는 의물(儀物)로 이름 지은 것이다.	이것이 방위를 가리키는 명칭으로 쓰였고, 『주례』에서는 관직명으로 쓰였다. 신발만 이런 것은 아니다. 매사(韎師)는 가죽옷으로 관직명을 삼은 것이고, 모인(旄人)은 손에 쥐는 의물(儀物)로 관직명을 삼은 것이다.
274 (53-5)	참람(僭亂)	참람(僭濫)

『역주 악서』 4

쪽수 분류번호	잘못된 곳	수정 사항
32 (97-2)	탁발부(拓跋部)	탁발규(拓跋珪)
272 (53-5)	각주 93) 후주(後周)	북주(北周)
272 (53-5)	곡사증(斛斯證)	곡사징(斛斯徵)